高等院校法学专业民商法系列教材（2）

张民安　主编

公　司　法

（第二版）

主　编　张民安　左传卫
副主编　徐　晓　樊云慧

中山大学出版社

·广州·

版权所有　翻印必究

图书在版编目（CIP）数据

公司法/张民安，左传卫主编；徐晓，樊云慧副主编. —2版. —广州：中山大学出版社，2007.8
（高等院校法学专业民商法系列教材（2）/张民安主编）
ISBN 978－7－306－02920－1

Ⅰ. 公… Ⅱ. ①张…②左…③徐…④樊… Ⅲ. 公司法—基本知识—中国
Ⅳ. D922.291.91

中国版本图书馆 CIP 数据核字（2007）第 115696 号

出 版 人：	叶侨健
策划编辑：	蔡浩然
责任编辑：	浩　然
封面设计：	方楚娟
责任校对：	王　睿
责任技编：	何雅涛
出版发行：	中山大学出版社
电　　话：	编辑部 020－84111996，84113349
	发行部 020－84111998，84111981，84111160
地　　址：	广州市新港西路 135 号
邮　　编：	510275　传　真：020－84036565
网　　址：	http://www.zsup.com.cn　E-mail：zdcbs@mail.sysu.edu.cn
印 刷 者：	虎彩印艺股份有限公司
规　　格：	787mm×960mm　1/16　25.5 印张　435 千字
版次印次：	2003 年 8 月第 1 版　2007 年 8 月第 2 版　2017 年 2 月第 4 次印刷
印　　数：	5001－9000 册　　　定　价：39.90 元

如发现因印装质量问题影响阅读，请与出版社发行部联系调换

内容提要

本书第一版于 2003 年 8 月出版后，由于内容新颖而受到广大读者的欢迎。

本书第二版在基本保留第一版内容的基础上，部分内容则根据近几年的立法情况作了修改。修改后的本书包括五编 16 章，内容涉及公司与公司法概论、公司设立制度、公司法的治理结构、公司组织结构的变更及公司的各种形式等方面，对公司法作了全面的系统的阐述。

本书内容新颖，与我国 2005 年的《公司法》规定保持一致；理论联系实际，引证法律充分，并不乏说明性案例。因此，本书很适合高等院校法学专业的学生作教材，也适合法官、律师等司法工作者阅读，对希望了解公司法的广大群众同样具有重要参考价值。

作者简介

张民安 男，1965年12月生，湖北黄冈市人。1987年毕业于湖北黄冈师范学院英语系，之后在湖北黄冈从事高中英语教学工作。1991年9月考入吉林大学研究生院，师从李忠芳教授，攻读民商法专业硕士学位，1994年7月获法学硕士学位；1999年9月考入中国社会科学院研究生院，师从梁慧星教授，攻读民商法专业博士学位，2002年7月获得法学博士学位。现为中山大学法学院教授，民商法专业硕士生导师，广东省人民检察院专家咨询委员会委员，中国法学会民法研究会理事，广东电视台《与法同行》栏目首席法律顾问和首席评论员，中华人民共和国执业律师。精通英文，熟悉法文。自1995年起，先后在《法学研究》、《民商法论丛》、《商事法论集》、《法制与社会发展》、《中外法学》、《法学评论》、《法律科学》、《现代法学》等法学核心期刊以及《中山大学学报》、《吉林大学社会科学学报》和《南京大学学报》等中文核心期刊上发表学术论文80多篇，其中绝大多数论文被国内权威学者援引并被重要刊物转载。2000年11月在法律出版社出版专著《现代英美董事法律地位研究》；2002年11月在中国政法大学出版社中青年法学文库中出版专著《过错侵权责任制度研究》；2003年1月在北京大学出版社出版专著《公司法上的利益平衡》；2003年4月在法律出版社出版专著《现代法国侵权责任制度研究》；2006年6月在中山大学出版社出版专著《公司法的现代化》；2007年3月在法律出版社出版专著《商法总则制度研究》。这些专著自出版之日起即被众多的学者广泛援引。先后在中山大学出版社主编出版"高等院校法学专业民商法系列教材（1）"，包括《民法总论》、《民法物权》、《债法总论》、《侵权法》、《婚姻家庭法》、《知识产权法》和《商事法学》；"高等院校法学专业民商法系列教材（2）"，内容包括：《商法总则》、《合同法》、《公司法》、《证券法》、《票据法》、《保险法》、《海商法》、《破产法》以及《国际商法》等；"高等院校法学专业民商法系列教材（3）"，包括《民法总论案例与评析》、《民法物权案例与评析》、《债法总论案例与评析》、《侵权法案例与评析》、《合同法案例与评析》、《婚姻家庭法案例与评析》、《知识产权法案例与评析》、《公司法案例与评析》、《证券法案例与评析》、《保险法案例与评析》、《票据法案例与评析》、《破产法案例与评析》以及《海商法案例与评析》等。先后在中山大学出版社主编系列出版物《民商法学家》和《21世纪民商法文丛》。主持国家社会科学基金项目《侵权法上的作为义务研究》（批准号06BFX045）。

左传卫 男，1966年10月生，湖南衡阳人。1987年6月毕业于湖南衡阳师范学院，1993年6月毕业于湘潭大学，获硕士学位；1998年通过律师资格考试；2001年考入中国社会科学院研究生院，攻读经济法博士学位，2004年6月获经济法学博士学位。2004年7月到广州大学任教至今，现为广州大学法学院副教授，民商法教研室主任，硕士生导师，主要从事民法、商法、公司法等主干课程的教学和科研工作。2005年被评为广州大学优秀教师，2006 年获广州大学教学优秀一等奖，广州市"千百十工程"培养对象；兼职律师，广东省高校知识分子联谊会理事。2004 年在中国法制出版社出版专著《股东出资法律问题研究》，先后在《法商研究》、《法学》等核心刊物上发表民商法方面的学术论文近 20 篇；2005 年在中国民主法制出版社主编教材《商法学》，2007 年在中山大学出版社主编教材《公司法》。

徐晓 男，1974 年 10 月生，河南南阳人。2000 年毕业于吉林大学法学院民商法学专业，获法学硕士学位；同年考入吉林大学法学院，攻读法学理论专业博士学位，于 2004 年毕业并获博士学位。现为吉林大学法学院副教授，商法学教研部副主任，并兼任吉林大学法学院高等法学教育研究所副所长。自 2000 年起，先后在《法制与社会发展》、《当代法学》、《金陵法律评论》等期刊发表论文十余篇；参加编写的著作《票据法问题研究》，2004 年入选全国"百部研究生教学推荐用书"；2005 年在吉林人民出版社出版学术专著《过错推定研究》。

樊云慧 女，1971 年 6 月生。1993 年 7 月毕业于首都经贸大学，获经济学学士学位；2000 年 7 月毕业于中国人民大学法学院，获法律硕士学位；2004 年 7 月毕业于中国社会科学院研究生院，获法学博士学位；2003 年 2 月至 2004 年 2 月于伦敦经济学院法律系做访问学者。现为山西财经大学法学院副教授，硕士生导师，中国法学会商法学研究会理事。著有《英国少数股东权诉讼救济制度研究》、《英国公司法精要》（译著）等著作，参与编写《中国金融法治 2005》、《中国金融法治 2006》等著作，发表了《公司经理权的性质》、《网上证券委托错误责任承担》等文章。

刘小勇 男，1971 年 5 月生，湖北武汉人。1992 年毕业于江汉大学法律系，1994 年进入武汉大学日语专业，1996 年取得日本语言文学学士学位；1997 年留学于日本神户大学法学院商法专业，师从日本著名公司法学家岸田雅雄教授，主攻公司法，2000 年取得法学硕士学位；同年进入经济关系法博士课程，并于 2004 年 3 月取得了该校法学博士学位。2004 年 11 月进入华南理工大学法学院任教，现为副教授。2004 年 12 月被推选为中国高校财税法教学改革研讨会理事。曾先后在《商事法务》（日本）、《法学》、《财税法论丛》等国内外著名期刊上发表论文数篇。

蔡元庆 男，1969 年 9 月生，山东青岛市人。1991 年毕业于山东大学经济学院，获经济学学士学位。1993 年赴日本留学，先后就读于日本熊本大学和日本广岛大学，分别师从植村启治郎教授（已故）和片木晴彦教授，专攻民商法。1997 年 3 月获得法学硕士学位，同年 4 月考入日本广岛大学研究生院社会科学研究科，攻读法学博士课程，2000 年 3 月获得法学博士学位；自 2000 年 4 月起，在日本广岛大学法学部担当客座研究员；2001 年 4 月开始在深圳大学法学院任教。现为深圳大学法学院法律系副主任，民商法教研室主任，主要从事民商法的教学和科研工作。先后在日本广岛大学的《法学论丛》和中国的《现代法学》、《法学》以及《政治与法律》等法学类核心刊物上发表论文十余篇。

目 录

第二版总序 …………………………………………………………………… （Ⅰ）
第二版序 ……………………………………………………………………… （Ⅳ）

第一编　公司与公司法概论

第一章　公司概论 …………………………………………………………… （1）

第一节　公司的意义 ………………………………………………………… （1）
　一、公司的界定 …………………………………………………………… （1）
　二、公司存在的理由 ……………………………………………………… （2）
　三、公司与合伙组织的关系 ……………………………………………… （4）

第二节　公司的种类 ………………………………………………………… （8）
　一、人合公司、资合公司和混合公司 …………………………………… （9）
　二、人合公司的种类 ……………………………………………………… （10）
　三、资合公司的种类 ……………………………………………………… （11）
　四、公司的其他分类 ……………………………………………………… （12）

第三节　公司的性质 ………………………………………………………… （13）
　一、概述 …………………………………………………………………… （13）
　二、公司拟制理论 ………………………………………………………… （14）
　三、公司契约理论 ………………………………………………………… （15）

第二章　公司法概论 ………………………………………………………… （19）

第一节　公司法的性质 ……………………………………………………… （19）
　一、公司法的界定 ………………………………………………………… （19）
　二、公司法的性质 ………………………………………………………… （19）
　三、公司法的任意性 ……………………………………………………… （20）

第二节　公司法的历史 ……………………………………………………… （22）
　一、早期的商事组织形式 ………………………………………………… （22）
　二、英国、法国公司法的历史 …………………………………………… （23）
　三、法国公司法的历史 …………………………………………………… （28）
　四、我国公司法的历史 …………………………………………………… （32）

第三节　当代公司法的统一化趋势 ………………………………………… （34）

一、英美法系国家公司法的统一化趋势 ……………………………… (34)
　　二、大陆法系国家公司法的统一化趋势 ……………………………… (35)
　　三、两大法系国家公司法的统一化趋势 ……………………………… (37)
　第四节　公司法的利益平衡作用 ………………………………………… (38)
　　一、概述 ………………………………………………………………… (38)
　　二、公司承担的社会责任 ……………………………………………… (39)
　　三、公司法调整的各种关系 …………………………………………… (46)

第二编　公司设立制度

第三章　公司设立的条件和程序 ……………………………………… (49)
　第一节　公司设立概论 …………………………………………………… (49)
　　一、公司设立的界定 …………………………………………………… (49)
　　二、公司设立的制定法根据 …………………………………………… (49)
　　三、公司设立的各种条件和程序 ……………………………………… (50)
　第二节　公司发起人 ……………………………………………………… (50)
　　一、公司发起人的界定 ………………………………………………… (50)
　　二、公司发起人对公司承担的受托义务 ……………………………… (51)
　　三、公司发起人承担的制定法上的义务 ……………………………… (54)
　第三节　公司设立的实质性要件（一） ………………………………… (55)
　　一、公司股东的同意 …………………………………………………… (55)
　　二、公司股东的缔约能力 ……………………………………………… (57)
　　三、公司的标的 ………………………………………………………… (60)
　　四、公司的合法原因 …………………………………………………… (60)
　第四节　公司设立的实质性要件（二） ………………………………… (61)
　　一、公司股东的非单一性要件 ………………………………………… (61)
　　二、公司股东对公司经营结果的分担与分享 ………………………… (63)
　　三、具有设立公司的主观意图 ………………………………………… (65)
　　四、公司股东的出资达到法定最低资本限额 ………………………… (66)
　第五节　公司的设立程序 ………………………………………………… (68)
　　一、公司股东的出资 …………………………………………………… (68)
　　二、公司章程的制定 …………………………………………………… (72)
　　三、公司章程的公开 …………………………………………………… (75)
　第六节　公司设立前契约的法律效力 …………………………………… (77)

一、公司设立前的契约行为 …………………………………………（77）
　　二、欧共体对公司设立前契约效力的规定 …………………………（77）
　　三、英美公司法对公司设立前契约效力的规定 ……………………（78）
　　四、公司就其设立中的行为承担法律责任的根据 …………………（79）
　　五、我国公司法应当采取的理论 ……………………………………（81）
　第七节　公司瑕疵设立的法律效力 ……………………………………（82）
　　一、公司设立瑕疵的界定 ……………………………………………（82）
　　二、公司设立证书的公信力 …………………………………………（82）
　　三、瑕疵设立公司的强制性解散 ……………………………………（83）
　　四、公司设立程序合法化理论 ………………………………………（83）

第四章　公司设立的法律后果：公司的法人格 …………………………（85）
　第一节　公司人格独立的具体表现：公司的生命 ……………………（85）
　　一、公司名称 …………………………………………………………（85）
　　二、公司的目的 ………………………………………………………（87）
　　三、公司的住所 ………………………………………………………（88）
　　四、公司的国籍 ………………………………………………………（90）
　　五、公司的持续期限 …………………………………………………（91）
　第二节　公司人格独立的具体表现：公司的权力 ……………………（92）
　　一、公司权力的种类 …………………………………………………（92）
　　二、公司章程规定的权力 ……………………………………………（92）
　　三、公司制定法规定的权力 …………………………………………（94）
　第三节　公司人格独立的其他具体表现 ………………………………（96）
　　一、公司股东的有限责任 ……………………………………………（96）
　　二、公司法人财产所有权 ……………………………………………（98）
　　三、公司的侵权责任能力 ……………………………………………（100）
　　四、公司的犯罪责任 …………………………………………………（102）
　　五、公司的诉讼主体资格 ……………………………………………（103）
　第四节　公司法上的越权行为原则 ……………………………………（104）
　　一、越权行为原则的历史 ……………………………………………（104）
　　二、越权行为原则的功能 ……………………………………………（104）
　　三、越权行为原则的衰落 ……………………………………………（105）
　　四、越权行为原则与我国公司法 ……………………………………（106）
　第五节　公司人格的否认 ………………………………………………（107）
　　一、公司人格否认的法律根据 ………………………………………（107）

二、公司人格否认的理论基础 ……………………………………（108）
　　三、公司人格否认适用的具体对象 ………………………………（110）
　　四、公司人格否认适用的原因 ……………………………………（111）
第五章　公司设立的法律后果：公司的资本 …………………………（113）
　第一节　公司资本的界定 ……………………………………………（113）
　第二节　公司的资本主义 ……………………………………………（114）
　　一、公司资本确定主义 ……………………………………………（114）
　　二、公司资本授权主义 ……………………………………………（115）
　　三、公司资本授权主义的优越性 …………………………………（117）
　第三节　公司资本维持原则 …………………………………………（119）
　　一、公司资本维持原则的意义 ……………………………………（119）
　　二、公司股份资本认购之限制 ……………………………………（119）
　　三、公司股份折价发行之禁止 ……………………………………（121）
　　四、公司对自己股份购买之禁止 …………………………………（121）
　　五、其他法律手段 …………………………………………………（122）
　第四节　公司的股份资本 ……………………………………………（123）
　　一、公司股份的界定 ………………………………………………（123）
　　二、公司股份的种类 ………………………………………………（124）
　　三、公司股份的发行 ………………………………………………（126）
　第五节　公司的债务资本 ……………………………………………（128）
　　一、公司债务资本的界定 …………………………………………（128）
　　二、公司债的性质 …………………………………………………（129）
　　三、公司债的种类 …………………………………………………（130）
　　四、公司债与公司股份的异同 ……………………………………（131）
第六章　公司设立的法律后果：公司义务的强制性承担 ……………（133）
　第一节　公司遵守财务会计制度的义务 ……………………………（133）
　　一、公司财务会计制度总论 ………………………………………（133）
　　二、公司制作财务会计报告的义务 ………………………………（134）
　　三、公司税后利润分配的规定 ……………………………………（140）
　第二节　公司董事重大利益的公开披露 ……………………………（142）
　　一、公司董事自我交易的公开披露 ………………………………（142）
　　二、公司董事对股票和债券的利害关系的公开披露 ……………（145）
　　三、公司董事特定事项的注册登记 ………………………………（147）
　第三节　公司在证券市场中的信息强制性公开 ……………………（148）

一、公司在发行市场上的信息公开 …………………………………… (149)
　　二、公司在流通市场上的信息披露 …………………………………… (150)
　　三、违反信息公开制度的法律责任 …………………………………… (152)

第三编　公司法的治理结构

第七章　公司股东与股东会 ……………………………………………… (154)
　第一节　公司股东概述 …………………………………………………… (154)
　　一、公司股东的概念 …………………………………………………… (154)
　　二、股东资格的取得与丧失 …………………………………………… (155)
　　三、公司股东资格的限制 ……………………………………………… (156)
　第二节　股东的权利 ……………………………………………………… (157)
　　一、股东权概述 ………………………………………………………… (157)
　　二、股东的表决权 ……………………………………………………… (160)
　　三、股东的知情权 ……………………………………………………… (164)
　　四、股东诉讼提起权 …………………………………………………… (166)
　　五、持异议股东享有的股份价值的评估权 …………………………… (168)
　　六、股东享有的其他权利 ……………………………………………… (170)
　第三节　股东的派生诉讼提起权 ………………………………………… (172)
　　一、提起派生诉讼的权利主体 ………………………………………… (172)
　　二、提起派生诉讼的前提条件 ………………………………………… (173)
　　三、派生诉讼的程序 …………………………………………………… (175)
　　四、派生诉讼股东的权利和责任 ……………………………………… (176)
　　五、法庭在派生诉讼中的作用 ………………………………………… (177)
　第四节　公司小股东的法律保护 ………………………………………… (178)
　　一、公司小股东法律保护的必要性 …………………………………… (178)
　　二、公司小股东法律保护的特点 ……………………………………… (179)
　　三、公司小股东法律保护的方法 ……………………………………… (180)
　第五节　公司股东的义务和责任 ………………………………………… (181)
　　一、股东义务概述 ……………………………………………………… (181)
　　二、股东的出资义务 …………………………………………………… (182)
　　三、股东的诚信义务 …………………………………………………… (184)
　　四、股东的其他义务 …………………………………………………… (185)
　第六节　公司股东会 ……………………………………………………… (186)

一、股东会的意义 …………………………………………………（186）
　　二、股东会的职权 …………………………………………………（187）
　　三、股东会会议的种类 ……………………………………………（188）
　　四、股东会会议的召集程序 ………………………………………（190）
　　五、股东会会议的运作 ……………………………………………（193）
　　六、股东会的决议 …………………………………………………（194）
　　七、股东大会决议瑕疵的救济 ……………………………………（197）
第八章　公司董事与董事会 …………………………………………（200）
　第一节　公司董事概述 ………………………………………………（200）
　　一、公司董事的界定 ………………………………………………（200）
　　二、公司董事的特征 ………………………………………………（200）
　　三、公司董事的种类 ………………………………………………（201）
　　四、公司董事的身份 ………………………………………………（203）
　　五、公司董事的人数及任期 ………………………………………（205）
　第二节　公司董事的选任与解任 ……………………………………（206）
　　一、董事的任职资格 ………………………………………………（206）
　　二、公司董事的选任方式 …………………………………………（209）
　　三、公司董事的解除 ………………………………………………（212）
　第三节　公司董事的权力及权利 ……………………………………（214）
　　一、公司董事权力的产生原因 ……………………………………（214）
　　二、公司董事权力的内容 …………………………………………（215）
　　三、董事行使权力时应遵循的原则 ………………………………（216）
　　四、公司董事的权利 ………………………………………………（217）
　第四节　公司董事的义务 ……………………………………………（217）
　　一、注意义务 ………………………………………………………（218）
　　二、忠实义务 ………………………………………………………（220）
　　三、忠实义务和注意义务的关系 …………………………………（223）
　第五节　公司董事的责任 ……………………………………………（224）
　　一、董事对公司承担的法律责任 …………………………………（224）
　　二、董事对第三人承担的法律责任 ………………………………（225）
　　三、对董事责任的追究 ……………………………………………（227）
　　四、董事责任的救济 ………………………………………………（227）
　第六节　公司董事会 …………………………………………………（231）
　　一、公司董事会的概念与特征 ……………………………………（231）

二、董事会的权限 …………………………………… (232)
　　三、公司董事会会议 ………………………………… (234)
　　四、大公司董事会的发展趋势 ……………………… (238)
第九章　公司法规定的其他利益关系主体 ……………… (244)
　第一节　公司的高级管理人员 ………………………… (244)
　　一、公司高级管理人员的法律地位 ………………… (244)
　　二、公司高级管理人员的权力来源 ………………… (245)
　　三、公司高级管理人员的权力范围及其限制 ……… (246)
　　四、公司高级管理人员的民事义务 ………………… (247)
　　五、我国公司法所规定的公司经理 ………………… (248)
　第二节　公司监事与监事会 …………………………… (250)
　　一、概述 ……………………………………………… (250)
　　二、监事会的组成 …………………………………… (250)
　　三、监事会的职权 …………………………………… (253)
　　四、监事的权利、义务和责任 ……………………… (256)
　　五、监事会独立性的确保和监督职权的强化 ……… (257)
　第三节　公司债权人 …………………………………… (258)
　　一、公司债权人的法律地位 ………………………… (258)
　　二、现代公司法为公司债权人提供的一般保护 …… (259)
　　三、公司董事对公司债权人承担的侵权责任 ……… (261)
　第四节　公司其他类型的利害关系人 ………………… (261)
　　一、公司雇员 ………………………………………… (261)
　　二、销售商 …………………………………………… (262)
　　三、客户 ……………………………………………… (262)
　　四、周边居民 ………………………………………… (263)

第四编　公司组织结构的变更

第十章　公司组织结构变更的各种形态 ………………… (264)
　第一节　公司组织结构变更 …………………………… (264)
　第二节　公司组织章程变更 …………………………… (265)
　　一、公司组织章程变更的意义 ……………………… (265)
　　二、公司组织章程变更的程序 ……………………… (265)
　　三、公司组织章程变更的效力 ……………………… (267)

第三节　公司资本的减少 …………………………………………… (268)
 一、公司资本减少的意义 …………………………………………… (268)
 二、公司资本减少的程序 …………………………………………… (268)
 三、减资的效力与无效之诉 ………………………………………… (270)

第四节　公司合并 …………………………………………………… (271)
 一、公司合并概述 …………………………………………………… (271)
 二、公司合并的程序 ………………………………………………… (273)
 三、公司合并对股东和债权人等利害关系人的保护 …………… (274)
 四、简易合并和略式合并 …………………………………………… (275)

第五节　公司分立 …………………………………………………… (276)
 一、公司分立的概念和意义 ………………………………………… (276)
 二、公司分立的形式 ………………………………………………… (277)
 三、公司分立的程序 ………………………………………………… (277)
 四、公司分立对股东和债权人等利害关系人的保护 …………… (278)

第六节　公司重整 …………………………………………………… (280)
 一、公司重整概述 …………………………………………………… (280)
 二、公司重整制度的内容 …………………………………………… (281)

第七节　公司组织形式的变更 …………………………………………… (284)
 一、公司组织形式变更概述 ………………………………………… (284)
 二、公司组织形式变更的种类 ……………………………………… (284)
 三、公司组织形式变更的条件 ……………………………………… (285)
 四、公司组织形式变更的程序 ……………………………………… (285)
 五、公司组织形式变更的效力 ……………………………………… (286)

第十一章　公司的收购 ……………………………………………… (287)

第一节　公司收购概述 ……………………………………………… (287)
 一、公司收购的界定 ………………………………………………… (287)
 二、公司收购的种类 ………………………………………………… (288)
 三、公司收购产生的原因 …………………………………………… (289)

第二节　公司收购的法律调整 ……………………………………… (290)
 一、公司收购法律调整概述 ………………………………………… (290)
 二、英国城市法典对公司收购的法律调整 ……………………… (290)
 三、美国有关法律对公司收购的法律调整 ……………………… (291)
 四、我国证券法对公司收购的法律调整 ………………………… (292)

第三节　公司收购方面的主要法律规则 …………………………… (293)

一、公司收购信息的强制性公开 ……………………………… (293)
　　二、目标公司股东的法律保护规则 …………………………… (296)
　　三、目标公司董事会的行为规则 ……………………………… (297)
　第四节　公司收购策略与反收购策略 …………………………… (299)
　　一、公司收购与反收购策略概论 ……………………………… (299)
　　二、公司收购要约人的进攻策略 ……………………………… (299)
　　三、目标公司的防御策略 ……………………………………… (301)

第十二章　公司的解散、破产和清算 ……………………………… (304)
　第一节　公司的解散 ……………………………………………… (304)
　　一、公司解散的概念及其特征 ………………………………… (304)
　　二、公司解散的原因 …………………………………………… (305)
　　三、解散公示和公司的继续 …………………………………… (309)
　　四、公司解散的生效及后果 …………………………………… (310)
　第二节　公司的破产 ……………………………………………… (311)
　　一、公司破产的基本功能 ……………………………………… (311)
　　二、公司破产原因 ……………………………………………… (312)
　　三、公司破产的程序 …………………………………………… (312)
　第三节　公司的清算 ……………………………………………… (314)
　　一、公司清算概述 ……………………………………………… (314)
　　二、清算人 ……………………………………………………… (315)
　　三、清算中对债权人的保护 …………………………………… (320)
　　四、清算中对董事责任的追究 ………………………………… (321)
　　五、公司财产的分派 …………………………………………… (322)
　　六、清算结束 …………………………………………………… (322)

第五编　各种形式的公司

第十三章　有限责任公司 …………………………………………… (324)
　第一节　有限责任公司概述 ……………………………………… (324)
　　一、有限责任公司的概念 ……………………………………… (324)
　　二、有限责任公司的特征 ……………………………………… (324)
　第二节　有限责任公司的优点和缺点 …………………………… (328)
　　一、有限责任公司概述 ………………………………………… (328)
　　二、有限责任公司的优点 ……………………………………… (329)

三、有限责任公司的缺点 …………………………………………（330）
　第三节　国有独资公司 ………………………………………………（331）
　　一、国有独资公司的概念和特征 ………………………………（331）
　　二、国有独资公司的设立 ………………………………………（332）
　　三、国有独资公司的组织机构 …………………………………（333）
　第四节　一人公司 ……………………………………………………（335）
　　一、一人公司的概念和特征 ……………………………………（335）
　　二、一人有限责任公司与其他企业组织形式的区别 …………（335）
　　三、一人有限责任公司的分类 …………………………………（336）
　　四、一人有限责任公司的特别法律规定 ………………………（337）

第十四章　股份有限公司 …………………………………………（339）
　第一节　股份有限公司概述 …………………………………………（339）
　　一、股份有限公司的概念 ………………………………………（339）
　　二、股份有限公司的特征 ………………………………………（340）
　　三、股份有限公司与有限责任公司的比较 ……………………（341）
　　四、股份有限公司的利弊 ………………………………………（343）
　第二节　上市公司 ……………………………………………………（346）
　　一、上市公司的概念和特征 ……………………………………（346）
　　二、上市公司的法定条件 ………………………………………（346）
　　三、股份有限公司申请股票上市的程序 ………………………（347）
　　四、上市公司股票上市的暂停和终止 …………………………（348）
　第三节　股份发行 ……………………………………………………（348）
　　一、股份发行的概念和种类 ……………………………………（348）
　　二、股份发行的原则 ……………………………………………（349）
　　三、股份发行的条件 ……………………………………………（350）
　　四、股票发行的程序 ……………………………………………（351）
　第四节　公司债券的发行 ……………………………………………（354）
　　一、公司债券的发行概念和特征 ………………………………（354）
　　二、公司债券的发行条件 ………………………………………（354）
　　三、公司债券的发行程序 ………………………………………（355）
　　四、公司债券的发行事项 ………………………………………（356）

第十五章　关联公司 ………………………………………………（358）
　第一节　关联公司概述 ………………………………………………（358）
　　一、关联公司的概念 ……………………………………………（358）

二、关联公司的特征 ·· (359)
　　三、关联公司的利弊 ·· (362)
　第二节　关联公司的几种表现形态 ································ (363)
　　一、母公司与子公司 ·· (363)
　　二、控股公司与被控股公司 ····································· (364)
　　三、企业集团 ·· (365)
　　四、跨国公司 ·· (366)
　第三节　关联公司的法律规制 ······································ (367)
　　一、关联公司对现行法律的挑战 ································ (367)
　　二、对关联公司中的从属公司债权人利益的保护 ············ (368)
　　三、对从属公司及其少数股东利益的法律保护 ··············· (371)
　　四、相互投资公司中少数股东和债权人的保护 ··············· (373)
　　五、我国对关联公司交易的一般规制措施 ····················· (377)

第十六章　外国公司分支机构 ·· (380)
　第一节　外国公司分支机构的法律地位 ·························· (380)
　　一、外国公司的概念和特征 ····································· (380)
　　二、外国公司分支机构的法律地位 ····························· (381)
　第二节　外国公司分支机构的设立 ······························· (382)
　　一、外国公司分支机构设立的概念 ····························· (382)
　　二、外国公司分支机构的设立条件 ····························· (382)
　　三、外国公司在中国境内设立分支机构的程序 ··············· (383)
　第三节　外国公司分支机构的撤销和清算 ······················· (384)
　　一、外国公司分支机构的撤销 ··································· (384)
　　二、外国公司分支机构的清算 ··································· (384)

主要参考文献 ··· (385)

第二版总序

2003年8月至2005年1月,在中山大学出版社领导的直接关心和支持下,在中山大学法学院和其他法学院民商法教师的共同参与下,"高等院校法学专业民商法系列教材(2)"顺利出版。本系列教材主要是商法方面的教材,一共九本,包括:《商法总则》、《合同法》、《公司法》、《证券法》、《票据法》、《保险法》、《海商法》、《破产法》以及《国际商法》。本系列教材出版以后,引起中国法学界和实务界的广泛关注和普遍好评:众多大学的法学教师和学生纷纷选用本系列教材;国内有重要影响的民商法学家及大学教师在编写民商法教材时重点参考本系列教材的内容;众多法官、律师在裁判文书或者代理词中也援引本系列教材中的观点。这样,"高等院校法学专业民商法系列教材(2)"自出版之日起就成为国内有重要影响的法学教材,在中国法学界尤其是民商法学界具有广泛的影响。

"高等院校法学专业民商法系列教材(2)"之所以能够广受欢迎,其原因很多,但是最主要的原因在于,"高等院校法学专业民商法系列教材(2)"能够援引新资料,提出新观念,反映新趋势,使我国民商法教材同两大法系国家的民商法教材保持一致,极大地提升了我国民商法的理论水准,为我国民商法的科学化、现代化和统一化作出了贡献。例如,在《商法总则》(第一版)中,作者在国内其他商法教材还没有讨论有限合伙的情况下率先详细讨论有限合伙制度,对两大法系国家的有限合伙制度作出了非常详细的介绍,认为我国立法机关应当承认有限合伙制度。此种建议最终得到立法机关的认可,我国立法机关在2006年修改合伙企业法,明确认可有限合伙制度。[①] 在《商法总则》(第一版)和《公司法》(第一版)中,作者对公司契约理论作出了说明,认为公司法虽然有一定的强制性,但是,公司法本质上是一种私法,因为,公司实质上是有关当事人之间的契约,我国公司法应当采取公司契约理论,减少公司法的强制性、禁止性规定,增加公司法

---

① 张民安、龚赛红著:《商法总则》,中山大学出版社2004年版,第96~97页。

的任意性，允许公司股东对有关公司内容方面的事务进行自由约定。① 此种观点不仅对我国公司法学界产生重要影响，被众多的学者所采纳，而且还被我国 2005 年《公司法》所采取。我国 2005 年《公司法》明确认可公司契约理论，大面积减少公司法的强制性规定、禁止性规定，增加公司法的任意性规定，使公司契约理论成为我国 2005 年《公司法》最重要的理论。在第 1 版的《公司法》中，作者认为，公司董事的忠实义务与注意义务是两种独立的义务，忠实义务包括众多的具体表现形式，不应当包含在董事注意义务之中。② 我国公司法应当规定公司机会理论③、公司董事利益与其义务相冲突的理论④，这些观点完全被我国 2005 年《公司法》所采用。我国 2005 年《公司法》明确规定董事要承担忠实义务，不得从事其利益与其义务相冲突的交易，不得利用公司的机会等。除了《商法总则》和《公司法》在国内民商法学教材中率先阐述上述各种新理论之外，本系列教材中的其他教材也大量阐述新的民商法理论，诸如《合同法》中有关合同对第三人的保护力理论⑤、合同对第三人的约束力理论⑥，《证券法》中有关证券法律责任的制度⑦等。可以这样讲，无论是本系列教材中的哪一本教材，都讨论过别的教材中所没有讨论过的内容，都存在着理论方面的创新。

  为什么"高等院校法学专业民商法系列教材（2）"的主编和作者们十分强调其教材的理论创新？这是因为，"高等院校法学专业民商法系列教材（2）"的主编和作者们清楚地认识到，高校民商法教材不能仅仅满足于对我国现有民商法律制度作出解释，满足于对有关民商法条款、条文作出注释，他们必须将这些民商法律制度存在的公共政策、理论基础阐述出来，让学生不仅能够知道现行民商法律制度的具体内容，而且还能知道现行民商法律制度存在的问题、存在问题的原因，可供解决问题的最佳方案，使他们主编的民商法教材具有很强的理论性，为学生掌握民商法的理论提供深厚的基础。

---

① 张民安、龚赛红著：《商法总则》，中山大学出版社 2004 年版，第 135～137 页；张民安主编：《公司法》，中山大学出版社 2003 年版，第 16～20 页。
② 张民安主编：《公司法》，中山大学出版社 2003 年版，第 255～256 页。
③ 张民安主编：《公司法》，中山大学出版社 2003 年版，第 254～255 页。
④ 张民安主编：《公司法》，中山大学出版社 2003 年版，第 253～254 页。
⑤ 张民安主编：《合同法》，中山大学出版社 2003 年版，第 167～186 页。
⑥ 张民安主编：《合同法》，中山大学出版社 2003 年版，第 187～199 页。
⑦ 杨峰主编：《证券法》，中山大学出版社 2003 年版，第 241～333 页。

具有深刻理论性的教材不仅能够让学生阅读之后对有关民商法条文、条款的具体规定作出妥当的解释，为他们正确理解有关民商法条文、条款的精神提供保障，而且还可以培养他们的民商法理念，为他们将来处理具体的案件、解决具体问题提供基础。

之所以要对"高等院校法学专业民商法系列教材（2）"作出修改，其原因有二：一方面，我国立法机关在2005年和2006年开始了大范围的法律修改和新法的制定活动，以便建立现代意义上的民商法律制度，为我国民商法主体从事民商事活动提供保障。例如，我国立法机关在2005年对公司法作出了修改，废除了我国传统公司法规定的落后制度，建立了众多的新制度，使我国公司法同两大法系国家的公司法律制度基本保持一致；我国立法机关在2006年对合伙企业法作出了修改，规定了有限合伙制度，使我国有限合伙制度同两大法系国家的合伙制度保持一致；我国立法机关在2005年对证券法作出修改，使我国证券法体现两大法系国家证券法的趋势；我国立法机关在2006年制定了企业破产法，第一次对企业破产采取完全平等的法律规则，使我国破产法同两大法系国家的破产法保持一致。为了体现新的民商法律制度的精神，我们应当修改本系列教材。另一方面，自从"高等院校法学专业民商法系列教材（2）"出版以来，读者也对本系列教材提出了一些意见，其中有些意见十分合理，需要加以改进。例如，有读者提出，本系列教材中的某些理论过深，增加了本科学生的理解难度，影响了本系列教材的使用；还有任课老师指出，本系列教材的内容过多，讲授存在困难。为了使本系列教材更适合本科生适用，我们对有关教材中过深的理论作了简化，对有关内容作了精简。

我们希望，经过改版后的"高等院校法学专业民商法系列教材（2）"能够得到更多读者的喜爱。

张民安博士
2007年3月16日
于广州中山大学法学院

第二版序

2005年，我国立法机关对1993年颁布的《公司法》作出了重大修改，将我国公司法学界人士经过十多年努力取得的学术成果规定在新公司法中，使我国公司法在商法的现代化道路上迈开了重要一步。

当你翻开第一版的《公司法》教材时，你肯定会发现，我国2005年《公司法》规定的众多新的公司法律制度，诸如公司契约理论、公司人格独立和公司人格否认理论、公司股东的查阅权理论、持异议股东的股份价值评估权理论、股东的派生诉讼理论、司法强制公司解散理论、董事的忠实义务理论、公司机会理论、公司股东决议的书面通过理论、公司组织结构的变更理论等，已在本书第一版中有详细体现。第一版的《公司法》教材之所以能够在我国新公司法规定这些新的制度之前就已经详细地讨论、介绍这些新的理论，一是因为这些制度是公司法上的重要制度，如果一本公司法方面的教材不对这些方面的内容作出介绍，那么这样的教材显然存在严重的问题；二是因为第一版《公司法》教材的主编和作者们大都是公司法领域的专家，他们长期从事公司法的教学和研究工作，他们通过自己所掌握的良好外语水平，广泛、深入研究当代两大法系国家公司法律制度，提供对我国公司法律制度有重要意义的众多建议，为我国立法机关制定反映公司法最新发展趋势的公司法律制度提供众多理论上的指导，此时他们将其研究成果编入所编写的教材中，使所编写的《公司法》教材能够反映公司法的最新成就。正是由于这些原因，第二版的《公司法》教材无须增加我国2005年《公司法》规定的新制度和新内容，而仅仅需要对已经存在于第一版《公司法》教材中的有关内容作相关修改即可。

由于本书第二版能与我国2005年的《公司法》规定保持一致，内容新颖，希望第二版的《公司法》教材能够获得更多读者的喜爱。

张民安博士
2007年3月15日
于广州中山大学法学院

第一编　公司与公司法概论

第一章　公司概论

第一节　公司的意义

一、公司的界定

公司法虽然是现代商法的基础，但是，公司法的确切范围是什么，各国法律所作出的规定并不相同，因为，在法律上讲，公司（company société）这个词语并没有严格的法律意义。① 在英国，所谓公司是指一定的人为了营利的目的而成立的组织。② 在法国，所谓公司是指两个或两个以上的人订立的契约，在此种契约中，当事人同意将他们的财产或劳务提供给共同的企业，以便分享所获得的收益。③ 在我国，2005 年《公司法》第 2 条没有对公司作出界定，而仅仅对公司的种类作出了说明。本书认为，所谓公司，是指依照公司法或有关公司组织方面的其他法律所设立的营利性社团法人组织。对此定义，分述如下：

（一）公司为法人组织

公司与合伙组织虽然同是经济上的组织，但是，公司是一种法人组织，具有自己独立的人格，可以以自己的名义对外从事活动，可以依法享受民事权利，承担民事义务和责任，公司成员对公司的债务承担有限责任，而合伙组织则不具有人格独立的性质，不属于法人，其成员须对商事组织的债务承担个人责任。

（二）公司为社团性法人组织

法人组织分为两种，即以社员为组织设立和营运基础的社团法人和以财产为组织设立和营运基础的财团法人。公司属于社团法人而非财团法人。因为，依据各国公司法，公司作为一种商事组织，其设立原则上必须具备两名或两名以上的股东，仅有一名股东原则上不得设立公司；在公司设立以后所从事的正常经营活动中，公司必须维持最低限

---

① Per Buckley J. in Re Stanley [1906] 1Ch. 131, 134.
② Paul L. Davies, Gower's Principles of Modern Company Law, 6th ed, London Sweet & Maxwell, p. 3.
③ Article 1832, Code civil.

度的股东人数，否则，公司的法人地位将受到影响。

（三）公司为营利性的社团法人组织

凡以营利为目的之社团法人均为营利性社团法人。公司属于营利性社团法人，因为，根据两大法系国家的公司法，公司设立的目的是为了从事经济活动，是为了通过商事经营活动的开展而满足公司股东利益最大化的要求。所谓营利性，是指公司以股东的出资为基础而从事某种商事经营活动，获取利益并将其以一定的方式分配给其股东。"《法国民法典》对契约当事人设立公司的目的作出明确规定，表明法律仅认可公司设立契约的最终原因。人们成立组织，其目的多种多样，但如果他们的目的在于通过设立组织而实现营利，并因此而使他们自己分享此种利益，则此种组织即为公司。"[1] 在20世纪20年代，公司的营利性特征极为突出，公司的一切活动均应围绕这一目的而开展。20世纪20年代以后，基于公司社会责任理论和公司法利益平衡的思想，营利性在公司法中的地位下降，但总的说来，公司的营利性仍然是公司的重要特征。[2] 在我国，由于市场经济刚刚起步，因此，我国公司法更要强调公司的营利性特征。

（四）公司为依法组织

公司作为一种商事组织体，必须依照某种制定法的规定来设立，无明确的制定法作为根据，公司组织不得设立。在两大法系国家，作为公司设立根据的制定法并不完全相同。在英国，作为公司设立根据的制定法包括英国国王在19世纪所颁发的特许令、国会在19世纪所颁发的特别商事制定法以及英国公司制定法。在法国，公司设立的制定法主要是指法国民法典和1966年的公司制定法。在我国，作为公司设立根据的制定法包括民法通则、公司法、中外合资企业法、中外合作企业法以及外资企业法等。无论是根据什么样的制定法设立公司，公司的设立都应当符合一定的条件和遵守一定的程序。我国2005年《公司法》对有限责任公司和股份公司的设立条件和设立程序作出了明确规定。此外，由于公司被看作契约，因此，公司的设立也应当符合有关契约订立的条件。关于公司设立的条件和程序，本书将在下面有关章节加以讨论。

二、公司存在的理由

在现代商事社会，商事组织形式主要有三种，即独资企业、合伙企业和公司企业。所谓独资企业是指由一个人拥有商事事业所有权的组织，在此种组织中，单一所有权人对商事事业享有排他性的管理权，对商事经营活动所获得的收益享有排他性的取得权并对商事事业的经营风险承担无限责任。所谓合伙企业是指两个或两个以上的成员共同投

---

[1] George Ripert et René Roblot, Traité De Droit Commercial, seizième édition, L. G. D. J. p.519.
[2] 张民安、刘兴桂主编：《商事法学》，中山大学出版社2002年版，第83页。

资、共担风险和共享收益的经济组织。虽然独资企业和合伙企业都有自己的优越性，但是，同公司组织相比，这些组织也存在这样或那样的问题，无法完全满足商事社会的需要。在实际生活中，人们更愿意选择公司这种组织形式，这主要包括经济上的考虑、法律上的考虑、税负方面的考虑以及社会方面的考虑。

(一) 经济上的考虑

企业主选择何种形式的企业组织往往取决于经济上或财务上的考虑。从经济上讲，独资企业和合伙企业往往适宜于小型或较小型的商事事业，此种事业规模不大，所需资本数额不多，完全可以由单个或几个自然人提供；公司企业则往往适宜于大型的商事事业，此种事业规模较大，所需资本数额较多，单个或几个自然人无法提供，而必须由众多的社会公众提供。为了在更大的范围内从事各种类型的商事活动，人们更愿意选择公司这种企业形式。"对于大型的企业而言，无论它们是商业企业还是工业企业，它们都需要大量的资本。股份公司……可以向社会公众公开招股。例如，公司为了增加资本，可以向公司既存的股东或第三人发行股份。"[1]

(二) 法律上的考虑

同独资企业和合伙企业相比，公司企业在法律上有自己的重要特点，此种特点使公司更适宜于人们从事商事经济活动。首先，公司具有独立的法人格，即公司一旦设立就享有独立的权利主体资格，可以以自己的名义对外从事商事活动，可以取得、转让财产，可以独立对他人承担法律责任。而独资企业或合伙企业则不具有或不完全具有法人格，至少就他们的责任而言是如此。其次，公司股东对公司债务承担有限责任，而独资企业或合伙企业的成员对企业的债务承担无限责任。在独资企业或合伙企业中，由于企业财产同企业的个人财产没有分离，一旦企业主将其部分财产投入企业，则企业主不仅要就所投入部分的财产对企业的债权人承担责任，而且还要就没有投入部分的财产对企业的债权人承担责任。当企业债权人要求企业主就自己未投入企业的那部分财产对自己承担责任时，企业主不能以该部分财产未投入企业为由而主张不对企业债权人承担责任。而在公司中，公司股东的责任仅仅限于自己的出资份额或股份，在此范围之外，公司债权人不能要求股东以未投入或未承诺投入的财产对自己承担责任。这样，那些不愿将自己的全部财产作为对外承担责任的商人就更愿意选择公司这种法人形式[2]而不愿意选择个人企业这种企业形式。再次，公司企业的生命具有恒久性。在独资企业或合伙企业中，企业的生命 (vie) 同企业主或合伙人的生命密切相关，企业主或合伙人死亡，则企业事务的管理举步维艰，他们很难确保企业活动的连续性甚至使企业的经营活动陷

---

[1] Philippe Merle, Droit commercial, sociétés commerciales, Dalloz, p. 4.

[2] Philippe Merle, Droit commercial, sociétés commerciales, 5e édition, 1996 Dalloz, 4; Michel de Juglart et Benjamin Ippolito, cours de Drolt commercial, septième édition, Edition Montchrestien, p. 8.

入停止。对于公司而言,由于公司具有独立的法人格,公司的生命独立于公司股东的生命,即便公司股东死亡,公司仍然会持续下去,这就是公司生命的恒久性(pérennité),"此种恒久性的生命尤其表现在股份公司中,在此种资本公司中,公司股东的人格实际上并不起任何作用,甚至在有限责任中亦是如此,公司可以有效和持续地开展经营活动,即便死亡股东的股份已经转移给了股东的继承人"。① 最后,公司企业的转让要比个人企业的转让更加容易,更加具有可能性,这不仅表现在股东死亡的情形,而且还表现在管理人在自己将要退休时将企业转让给自己的孩子或第三人时。"公司股份或出资额(parts sociales)的转让更容易进行,在税负方面的待遇更好。而个人企业的资产转让所征收的税款要高得多……"②

(三) 赋税方面的考虑

在现代社会,人们之所以逐渐放弃独资企业或合伙企业而更多地设立公司企业,其重要原因在于法律对公司企业和非公司企业实行不同的赋税待遇。在法国,法律对独资企业和对公司所实行的赋税待遇是不同的。在独资企业中,法律仅仅对企业主征收个人收入所得税,不对企业本身征税。③ 在公司企业中,法律根据公司的类型实行不同的赋税待遇。对于人合公司而言,法国法律采取类似于个人企业的赋税待遇,仅仅对公司股东征收个人收入所得税,国家直接从股东手里征收此种所得税。对于资合公司而言,法国法律采取双重赋税待遇:对公司本身征收税收;如果公司对股东分配股利,则对获得个人收益的股东征收个人收入所得税。④ 在美国,公司与合伙组织的赋税待遇也是不同的。对合伙组织而言,法律仅仅对合伙人个人征收个人收入所得税,不对合伙组织本身征税。对公司组织而言,除了有限责任公司实行类似合伙组织的赋税待遇以外,法律对公司本身征税,并且也对公司股东的股息征收个人收入所得税。

三、公司与合伙组织的关系

(一) 公司与合伙的区分原则

在大陆法系国家,法律很少明确区分公司与合伙,因为根据大陆法系国家的法律,合伙组织实际上是一种公司组织:一般合伙被看作无限公司,有限合伙被看作两合公司。在英美法系国家,法律明确区分公司和合伙组织,认为二者是性质不同的商事组织。在我国,立法机关明确区分公司和合伙组织,因为我国立法机关分别制定了公司法和合伙法,分别对公司和合伙作出规定。我国学说有时区分公司和合伙,有时则没有明

---

① Philippe Merle, p. 5.
② Philippe Merle, p. 5.
③ Philippe Merle, p. 6; Michel de Juglart et Benjamin Ippolito, pp. 8~9.
④ Philippe Merle, p. 7.

确区分公司和合伙。实际上，我国学说应当区分公司和合伙。因此，并非我国台湾学者认可的法人和公司理论都可以在我国大陆得到适用。例如，我国台湾学者在讨论公司的设立主义时，认为在中世纪法律对公司采取自由设立主义，他们的观点没有问题。因为，在我国台湾，立法机关将一般合伙看作无限公司，而在中世纪，法律的确对无限公司采取自由设立主义。而在我国大陆，不能说公司的设立曾经采取过自由主义，因为我国立法机关区分公司和合伙，公司的设立没有采取自由设立主义，但是，合伙则采取自由设立主义。本书认为公司区别于合伙组织，两者构成两种独立的商事主体。然而，公司与合伙组织的区别的存在并不能否认两者关系的密切性，因为无论是公司还是合伙组织，它们的目的基本相同，它们的许多规则亦基本相同，并且它们之间有时发生转换，即从合伙组织转换成公司。

（二）公司与合伙组织的具体区别

1. 公司是依法设立的，而合伙组织则是依契约而设立的

任何公司的设立均需有明确的制定法作为根据，没有明确的制定法作为根据，公司不得设立，亦不产生公司法上的效力。在17世纪，公司的设立须经国王的特许方可设立，无国王的特许即无公司的设立。在19世纪，除了国王的特许以外，公司的设立还可依据国会的特别法令，国会颁发特别法令，授权公司设立。到了19世纪中后期和20世纪初期，公司的设立虽然无须国王的特许或国会的特别授权，但公司的设立仍须明确的制定法作根据，这就是公司制定法。无明确的公司制定法作为根据，公司即不得设立。关于这一点，本书将在公司设立中加以说明。同公司设立的制定法根据相比，法律对合伙组织的设立采取更宽松的原则，除了有限合伙组织的设立需要具备制定法根据以外，一般合伙组织的设立无须明确的制定法作为根据，只要合伙人订立了合伙协议，合伙组织即设立。① 由于公司和合伙的设立根据不同，它们的设立程序也是不同的。根据公司法的原理，公司的设立需要经过严格而复杂的程序，而合伙组织的设立则无须经过严格而复杂的程序，尤其是，公司的设立需要将公司章程予以注册登记，并予以公告，而合伙组织的设立则无须完成此种程序。

2. 公司的营运更多地受强制性规则的约束，而合伙组织的营运基本上贯彻意思自治原则

在现代社会，基于公司契约理论的要求，两大法系国家和我国公司法都将公司看作契约，认为公司契约应当遵守一般契约所遵守的意思自治和契约自由原则，公司法的规定像一般契约法的规定那样仅仅是当事人意思表示的补充。但是，由于公司是法人，具体参与社会经济活动，为了对社会公众尤其是公司债权人提供最低限度的保护，两大法

---

① 张民安、刘兴桂主编：《商事法学》，中山大学出版社2002年版，第51页。

系国家和我国公司法仍然对公司的组织和活动作出了强制性的规定，要求公司设立后必须严格按照公司法的规定开展经营活动，它必须设立股东会，必须依法召开股东会会议，必须依法作出股东会决议，并依法记录股东会会议召开的情况和保留会议记录；也必须设立董事会，依法召开董事会会议，依法作出决议，依法记录董事会会议召开的情况并保留会议记录。否则，公司的独立人格会受到影响，股东的责任有可能从有限责任转为无限责任。而合伙组织则不同，合伙组织如何营运，如何设立管理机构，管理机构如何行为，法律并不作强制性规定，而听凭合伙人自由约定。当然，两大法系国家也对有限合伙组织的活动作出了众多强制性规定。

3. 公司事务的管理权由董事享有，而合伙事务的管理权则由全体合伙人享有

公司事务的管理权专属于公司董事会，公司股东不得享有公司事务的管理权，不得非法剥夺或干预公司董事会管理权的行使。否则，即违反了公司法所贯彻的所有权与管理权分离的原则，公司的独立人格有可能被否认，股东的责任有可能从有限责任转为无限责任。而合伙组织则不同，原则上讲，所有合伙人均享有合伙事务的管理权，他们对内享有管理合伙事业的权利，对外享有代表合伙组织行为的权利。①

4. 公司股东承担有限责任，而合伙人则承担无限责任

除非公司股东自愿或基于公司法人格的否认而对公司债务承担无限责任，否则，公司股东对公司债务承担有限责任，他们仅以其承诺出资额为限对公司债务承担责任，当公司资不抵债时，股东不就公司债务对公司债权人承担法律责任。而合伙人则不同，除了有限合伙组织中的有限合伙人对合伙组织的债务承担有限责任以外，一般合伙组织的合伙人和有限合伙组织中的一般合伙人均应就合伙组织的债务承担共同的和连带的责任。

5. 公司的稳定性与合伙组织的脆弱性

由于公司组织具有独立的法人格，因此，公司组织的生命不受公司股东变动的影响，当公司股东转让自己的股份而退出公司时，或当公司股东因为死亡而退出公司时，或当公司股东破产或丧失行为能力时，公司股东不得要求强制解散公司。而合伙组织则不同，根据有关合伙法的规定，除非合伙组织确定了明确的固定期限，否则，任何合伙人均可以要求强制解散合伙组织；除非合伙协议作出相反规定，否则，合伙组织将因为合伙人的死亡或破产而自动解散。②

6. 公司股份的受让人可以获得股东身份，而合伙人利益的受让人则不能获得合伙人身份

除非公司章程作出相应的规定，否则公司股份可以自由转让给公司股东以外的第三人。并且，当此种股份被转让以后，受让人即成为公司的成员，享有转让人所享有的一

---

① 张民安、刘兴桂主编：《商事法学》，中山大学出版社2002年版，第55页。
② Robert R. Pennington, Company Law, 4th ed., London Butterworths, p.4.

切权利。除非合伙协议作出相应规定，否则，合伙人对合伙组织所享有的股份可以自由转让给合伙人以外的第三人，但是，受让人并不因为此种转让而成为合伙组织的成员，他们仅仅享有该种股份之上所存在的经济利益，除非合伙组织的其他合伙人全体同意，否则，受让人不得成为合伙人。①

（三）公司与合伙组织的联系

虽然公司与合伙组织之间存在上述重要区别，但公司与合伙组织亦有众多的联系，表现在两者的目的相同，两者的实质性要件基本相同，两者适用的法律原则有时相同。

1. 公司与合伙组织的目的相同

无论是公司还是合伙组织，都是商事组织，都以实现其成员利益最大化作为终极目标，都以追求营利并将利益分配给自己的成员作为目的。

2. 两者的实质性要件基本相同

无论是公司组织还是合伙组织，其设立都须具备各种实质性要件。实际上，这两种商事组织设立的实质性要件基本相同，这就是，成员的非单一性规则，成员的主观意思的存在，成员的主观意图的真实性，成员出资形式的多样性等。所谓成员的非单一性规则，是指公司的成员或合伙组织的成员应当是2个或2个以上的自然人或法人组织，仅仅具有1名成员，公司不得设立，合伙组织亦不得设立。所谓成员的主观意图的存在，是指公司股东或合伙组织的合伙人在设立公司或合伙组织时，具有与其他股东或合伙人共同设立公司或合伙组织的主观意图，具有共同出资、共享收益和共担风险的愿望。如果公司股东或合伙人无与其他股东或合伙人共同设立公司或合伙组织的主观意图，则该公司或合伙组织无效。但是，基于企业维持原则的贯彻，当代两大法系国家认为，如果公司或合伙组织已依法设立并获得法人格，则公司或合伙组织并不因为某成员欠缺主观意图而无效，该成员仅可以取回自己的出资，不得要求解散公司或要求宣告公司无效。所谓成员主观意图的真实性是指公司股东或合伙组织的合伙人成为公司股东或合伙组织合伙人的主观意图是自主、自由和自愿的，不是基于其他成员的欺诈、胁迫或基于误解而作出的。如果公司股东或合伙组织的合伙人是基于欺诈、胁迫或误解而成为公司股东或合伙组织的成员，则当公司或合伙组织设立以后，公司股东或合伙人不得主张公司或合伙组织无效，而仅可要求公司或合伙组织将自己的股份买回。所谓成员出资形式的多样化，是指无论是公司组织还是合伙组织，其成员均可以通过现金、实物、土地使用权或技术甚至劳务出资，以便成为公司或合伙组织的成员，并因此而获得投资回报。

3. 两者实行的法律规则有时相同

公司虽然同合伙组织有较大的区别，但是，此类区别往往存在于股份公司和合伙组

---

① Robert R. Pennington, Company Law, 4th ed, London Butterworths, p. 3.

织之间，因为股份公司的治理结构和合伙组织的治理结构之间存在较大的分歧，此类区别往往在家族式有限责任公司和合伙组织之间并不明显，家族式有限责任公司和合伙组织的治理结构并无很大的区别，有时甚至极其相似。例如，在合伙组织中，合伙人均参与合伙事务的管理，而在有限责任公司中，所有的股东事实上也参与了公司事务的管理。正是由于合伙组织同家族式有限责任公司之间的联系，现代法律往往将合伙法的规则适用到有限责任公司领域，尤其是将有关合伙人所承担的义务规则引进到公司领域。例如，在美国，司法判例将合伙人之间所承担的忠实义务理论引入有限责任公司中，认为有限责任公司中的股东应像合伙组织中的合伙人那样对其他股东承担忠实义务，应当在行为时维护公司和其他股东的利益，不得追求个人利益。① 除此之外，英美公司法还将合伙组织的强制解散理论引入公司法领域，使公司与合伙组织的强制性解散制度趋同。根据英美合伙法，当合伙组织的合伙人实施不公平行为的时候，那些遭受不公平行为影响的合伙人有权向法院起诉，要求法院强制合伙组织解散。鉴于有限责任公司同合伙组织的相似性，英美公司法认为，如果有限责任公司的股东像合伙组织的合伙人那样实施不公平的行为，则那些遭受此种不公平行为损害的股东可以像合伙人那样提起诉讼，要求法院强制解散公司。②

（三）合伙组织向公司组织的转换

无论是独资企业还是合伙企业均可转换为公司组织，如果它们的经营规模已经发展壮大，使合伙人或独资企业所有权人无法就其经营过程中所产生的债务承担个人性质的责任的话。在进行此种组织形式的转换时，合伙人或独资企业所有权人只要将其合伙事业或独资企业出卖给他们自己设立的公司，而他们自己则获得该种公司所发行的全部已缴付股款的股份或债券，作出出卖合伙组织或独资企业的价格；同时，他们使自己被任命为所设立的公司的董事，以便公司所购买的事业仍然控制在自己的手中。③

第二节　公司的种类

公司究竟如何分类，不同国家的法律有不同的规定，不同国家的学者有不同的学说。在现代社会，由于各国公司法对公司范围所作的界定不同，学者对公司的分类也不同。总的说来，在大陆法系国家，由于公司法并不区分公司和合伙组织，因此，大陆法系国家的学者在对公司进行分类时往往对公司采取广义的理论，认为公司不仅包括有限责任公司和股份有限公司，而且还包括无限公司、两合公司。在英美法系国家，由于公

---

① 张民安：《现代英美董事法律地位研究》第二版，法律出版社 2007 年版，第 579～585 页。
② 张民安：《现代英美董事法律地位研究》第二版，法律出版社 2007 年版，第 562 页。
③ Robert R. Pennington, Company Law, 4th ed., London Butterworths, p. 4.

司法严格区分公司和合伙组织，因此，学者在对公司组织进行分类时往往对公司采取狭义的分类，认为公司仅仅指其股东承担有限责任的组织，不包括一般合伙组织和有限合伙组织。在我国，由于公司法仅仅承认有限责任公司和股份公司，因此，我国学者仅仅将公司分为两种，不承认无限公司和两合公司。因为，无限公司在我国是指一般合伙组织，两合公司至今还没有得到我国制定法的认可。除了有限责任公司和股份公司以外，我国学者还像两大法系国家那样将公司分为公营公司与私营公司、本国公司和外国公司、母公司和子公司、本公司与分公司等。

一、人合公司、资合公司和混合公司

大陆法系国家的学说根据公司对外信用的不同而将公司分为人合公司、资合公司和混合公司。

（一）人合公司、资合公司和混合公司的含义

所谓人合公司（sociétés de personnes）是指股东基于彼此之间的信赖关系而建立的公司。在人合公司中，股东彼此之间存在友情、爱情或亲情，此种友情、爱情和亲情不仅是公司设立的基础，而且也是公司维持的基础。在此种公司中，公司股东的出资份额除非获得其他全体股东的同意，否则不得转让给第三人；股东死亡或丧失行为能力原则上导致公司解散；公司股东对公司债务承担无限连带责任。在大陆法系国家，无限责任公司、简单两合公司和隐名公司为人合公司。

所谓资合公司（sociétés de capitaux）是指公司股东不是基于彼此之间的信赖而是基于资本设立的公司。在资合公司，公司股东之间并不存在信赖，不存在友情、爱情和亲情，此种人际关系在公司设立和公司维持之中没有意义，人们仅仅考虑公司资本，认为并非人际关系支配和维持公司的存在和发展，而是公司资本维持公司的存在和发展，也维持着股东之间的关系。在资合公司中，公司股东以其所认缴的股份额为限对公司债务承担责任，公司债务人在公司资本不足时不能要求股东以其个人财产承担责任；公司的股份可以自由转让，无须其他股东同意，公司股东死亡或丧失行为能力并不会导致公司的解散。在大陆法系国家，资合公司包括股份公司和股份两合公司。

所谓混合公司，是指既具有人合公司特点也具有资合公司特点的公司，实际上是这两种公司的一种混合形式的公司。在大陆法系国家，混合公司仅仅指有限责任公司，因为，一方面，有限责任公司是建立在股东彼此了解、相互认识的基础上；另一方面，有限责任公司也是建立在股东出资形成资本和对外信用的基础上，前一基础就是有限责任公司的人合性，后一基础就是有限责任公司的资合性。

（二）区分人合公司、资合公司和混合公司的意义

在法律上区分人合公司、资合公司和混合公司的意义在于：①公司设立的基础和维

持的基础不同。人合公司设立和维持的基础在于股东之间的良好人际关系，而资合公司设立和维持的基础则在于公司的资本，混合公司设立和维持的基础在于人际关系和资本，已如前述。②公司股东股份或出资额转让的原则不同。在人合公司，股东出资的转让须经其他全体股东同意，而在资合公司，股份的转让无须其他股东的同意。③股东的意外事件对公司的生命维持的影响不同。在人合公司，股东的死亡或行为能力丧失，公司即解散；而在资合公司中，股东死亡或丧失能力并不影响公司的持续存在。④赋税待遇不同。在人合公司，法律不对公司本身征税而仅仅对公司股东征收个人收入所得税；而在资合公司，法律不仅要对股东征收个人收入所得税，而且还要对公司本身征收税收。在现代社会，人合公司和资合公司之间的上述区别正在因为制定法的规定而缩小。首先，《法国公司法》第 21 条虽然规定，公司因其一名股东死亡而解散，但如果当事人为了规避此种规则的适用而在他们的契约中规定，即便公司一名股东死亡或丧失行为能力，公司仍然持续存在，则公司在一名股东死亡或丧失行为能力时并不因此而解散。其次，在股份公司中，虽然人际关系已不是最重要的因素，但如果当事人在他们的契约中规定了这样的内容，则此种规定仍然有效。最后，即便是股份公司，法律也允许它通过法律的途径将自己从公共持股公司（sociétés ouverte）转变为紧密型的有限责任公司（sociétés fermée）。①

二、人合公司的种类

（一）无限责任公司

此种公司的特征在于：公司的全体股东均具有商人资格，对公司债务承担无限连带责任，公司股东的出资份额不得转让；公司可以使用自己的商号；公司事务由股东授权的一个或几个经理来管理。无限责任公司，其优点在于其成立的极端简便性：只要草拟章程，并将章程放在商事法庭书记员室，并在商事登记处注册登记即可。此种公司的缺点在于：公司的资本很小，仅仅适宜于小型公司。

（二）简单两合公司

在此种公司中，公司股东分为两类，即承担无限责任的股东（commandité）和承担有限责任的股东（commanditaires），其中前一种股东对公司债务承担无限责任，参与公司事务的管理，而后一种股东对公司债务承担有限责任，不得参与公司事务的管理。此种公司的优点在于：承担有限责任的股东可以从事商事活动而又不对公司债务承担无限连带责任。其缺点在于：此种公司像一般无限责任公司一样，资本较小，无法从事大型的商事活动。

---

① Philippe Merle, p. 19.

三、资合公司的种类

（一）股份公司

此种公司亦被称之为无名公司，是一种典型的资合公司。在此种公司中，公司的名称（dénomination）不得标明公司股东的姓名或名称。在此种公司中，公司资本被分割成可以转让的股份，股东持有此种股份后可以按照自己的意愿自由转让所持有的股份；公司股东仅以其出资额为限对公司债务承担法律责任。一般说来，股份公司适合大型的商事事业，其管理权和所有权分离，公司设立董事会或监事会，负责和管理公司事务。

（二）股份两合公司

此种公司是资合公司的一种组织形式，但又具有人合公司的性质。因此，此种公司类似于简单的两合公司。在此种公司中，股东分为两类：无限责任股东，他们对公司债务承担无限责任，并且他们所持有的公司出资份额除非获得全体股东的同意，否则不得转让；有限责任股东，他们对公司债务承担有限责任，不得参与公司事务的管理，同简单的两合公司中的有限责任股东不同，他们获得的股份是通过公开的招股方式而认购的，可以自由转让。在股份两合公司中，公司事务的管理由公司承担无限责任的股东负责，或由公司以外的第三人负责。

（三）混合公司

在现代社会，有限责任公司同时兼有人合公司和资合公司的双重性质，被称之为混合公司。有限责任公司同人合公司的相似性表现在：公司系建立在股东之间的友情、爱情和亲情基础上，股东之间的信赖是此种公司设立和维持的基础；股东持有的并非是股份而是出资份额；除非获得公司其他股东的同意，否则，公司股东的出资不得被转让。有限责任公司同资合公司的相似性表现在：股东承担有限责任，公司使用自己的名称而非商号；公司由董事负责管理。有限责任公司虽然被认为更接近资合公司，但在实际生活中，此种公司更接近人合公司，这表现在两方面：一方面，此种公司适合于那些彼此熟识的商人之间所从事的活动，如果股东有足够的资本，他们往往不希望陌生的第三人进入公司，他们都希望在法律上限制彼此的行为，防止某些股东过份干预公司事务；另一方面，由于此种公司资本不足，当公司向外借贷时，借贷银行往往要求公司董事或股东以自己的个人财产对公司债务承担责任。①

---

① Michel de Juglart et Benjamin Ippolito, pp. 28~29.

四、公司的其他分类

（一）本国公司与外国公司

公司以其国籍为标准可以分为本国公司与外国公司。本国公司是指依照本国公司法组织设立而成立的公司；外国公司是指在本国以外，依照其他国家的公司法组织设立的公司。我国 2005 年《公司法》第 192 条规定，外国公司是指依照外国法律在中国境外设立的公司。外国公司属于外国法人，如果要在本国从事商事活动，必须取得本国的允许和授权，否则，不得从事商事活动。

（二）本公司与分公司

公司根据其管辖系统为标准可以分为本公司与分公司。本公司也称总公司，是指对所属机构、公司业务的经营和管理以及资金的调度等享有发号施令权力的公司。分公司则是指受本公司管辖的分支机构。本公司具有独立的人格，分公司则不具有独立的人格，分公司的债务和责任由本公司承担。在我国，公司法将分公司分为两类，即本国公司的分公司和外国公司的分公司。我国 2005 年《公司法》第 14 条规定，公司可以设立分公司。此时所谓的分公司就是指本国公司的分公司。我国 2005 年《公司法》第 193 条规定，外国公司在中国境内设立分支机构，必须向中国主管机关提出申请，并提交其公司章程、所属国的公司登记证书等有关文件，经批准后，向公司登记机关依法办理登记，领取营业执照。此处所谓分支机构就是指外国公司的分公司。

（三）公营公司与私营公司

公司根据其投资人的身份可以分为公营公司和私营公司。公营公司实际上是指由政府投资和设立的公司；私营公司是指由私人投资设立的公司，此种性质的公司为私人而非政府所有。在我国，公营公司实际上就是指国家投资设立的公司，而私营公司则是指由政府以外的个人或法人出资而设立的公司。如果某种公司既有政府投资，又有私人投资，此种公司是公营公司还是私营公司？对此，应采取 51% 的大股东规则确定：谁持有公司 51% 以上的股份，则该公司的性质根据他的身份确定。政府如果持有 51% 的股份，私人持有 49% 的股份，即为公营公司，否则，即为私营公司。

在日常的商事活动中，私营公司与公营公司的区分并无重要的意义，但是，在我国，由于法律实行不平等的政策，公营公司与私营公司的区分仍然具有重要意义。根据我国 1993 年《公司法》的有关规定，国有独资公司（公营公司）虽然仅仅由国家投资，但它仍然属于有限责任公司，其单一股东仍然像一般有限责任公司那样对公司债务承担有限责任。而在投资人不属于国家的情况下，如果仅仅存在一个投资人，则法律不允许其设立有限责任公司，而仅仅允许其设立独资企业，对企业债务承担无限责任。目前，随着我国 2005 年《公司法》的实行，此种状态已经发生改变，一个自然人或者公司可以设立一人公司。但是，不能因此说公营公司和私营公司之间的差异就完全消灭，它们之间仍然存在差异。根据我国2005年《公司法》的有关规定，如果是国有独资公司（公营公司），则公司不设立股东会，而仅仅设立董事会，享有股东会所享有的部分职权，其余部分的职权包括公司的合并、分立、解散、增减资本和发行公司债券，则由国家授权投资的机构或国家授权的部门决定。而在私营公司中，公司原则上应当同时设立股东会和董事会，并且分别享有不同的职权。我国《公司法》的此种规定存在严重的问题，这就是，它使国有独资公司同时享有独资企业和公司企业的优点，同时又抛弃了它们的缺点，对公司债权人的保护极其不利。同时，由于国家某些机构或部门享有重要事项的决定权，当他们滥用自己的权力并损害公司债权人的权利时，公司的独立人格是否应当像一般有限责任公司那样予以否定，并因此强加国家有关机构或部门以个人责任？我国《公司法》没有作出回答。本书认为，我国《公司法》应当废除国有独资公司理论。

（四）母公司和子公司

公司根据彼此之间的控制与被控制的关系可以分为母公司和子公司。母公司是指持有其他公司的股份并因此而直接或间接控制或支配其他公司的公司；所谓子公司则是指其股份被其母公司所持有并且其事务因此而被其母公司所控制的公司。母公司也被称为控制公司，子公司也被称为从属公司。无论是母公司还是子公司，均具有独立的法律人格，子公司不因为被母公司控制而丧失自己独立的人格。但是，如果公司彼此之间存在控制与被控制的关系，则公司彼此之间要承担法律所规定的某些义务，否则，公司的独立人格有可能被否定，母公司可能要责令对其子公司的债务承担法律责任。

第三节　公司的性质

一、概述

公司究竟是什么，人们的回答并不完全一样，有人认为，公司是一种法人，可以享有独立的法人格，可以以自己的名义对外从事活动，可以以自己的资财对外独立承担法律责任。有人认为，公司并非是一种法人，它们仅仅是公司成员之间的契约或仅仅是公司成员之间的财产关系。公司为什么享有法人格，法律并没有作出明确的回答，学者一百多年来对此问题争论不休，主要有两种观点：即公司拟制理论和公司实在理论，前者认为公司是一种法律上的拟制体，以制定法的认可作为基本前提，后者则认为公司是一种实在体，不以制定法的明确认可作为前提。公司为什么不享有法人格，法律也没有作出明确的回答，学者一百年来同样争论不休，主要有两种观点：即公司契约理论和公司财产共有理论，前者认为公司是股东之间所订立的契约，后者则认为公司是股东之间的财产共有关系。本书仅仅讨论公司拟制理论和公司契约理论。

二、公司拟制理论

(一) 公司拟制理论的含义

公司拟制理论（artificial entity）也称为公司法律制度理论（théorie de l'institution），它认为，在人类社会，仅仅自然人（les êtres humains）享有法人格，可以享有各种权利，成为民事权利的主体，因此，也只有自然人才是唯一的人（personnes）。某种组织如果要享有人格，要享有自然人所享有的权利，必须以立法机关明确授予该种组织以人格为前提，让该种组织享有自然人所享有的权利。换句话说，根据经典的公司拟制理论，公司法人格仅仅在立法机关明示或默示规定公司享有自然人所享有的权利时才享有，在立法机关规定的制定法之外不存在公司的法人格。Marsh 指出："公司是一种法律拟制人，看不见，摸不着，并且仅以法律的认可而存在。因为公司仅为法律的产物，所以它仅拥有公司设立章程授予给它的那些特征，或者是明示的特征，或者是因其存在而引起的各种附属的特征。"[①]

(二) 公司拟制理论的优点

公司拟制理论可以解释公司享有法人格的原因。根据现代各国公司法，公司的设立同公司法人格的享有并非同时发生，公司的设立自公司股东签订公司契约即公司章程时完成，公司即便没有完成章程的公开和注册登记程序，公司设立的行为仍然有效，而不是像传统公司法那样无效，仍然对公司股东产生约束力，股东之间的权利、义务和责任完全根据他们之间所订立的契约来决定。但是，如果公司股东仅仅签订此种契约而不履行公司章程的公开和注册登记程序，则该公司不能获得法人格，如果公司要获得法人格，公司必须完成公司章程的公开和注册登记程序。因此，公司法人格是在公司股东遵守了公司法所规定的条件和程序的情况下被公司法所赋予的，是法律制度调整私人生活的产物，而非当事人的意思表示所授予的。

(三) 公司拟制理论的缺点

公司拟制说将公司拟制成自然人，让公司成为像自然人那样的民事主体，虽然可以为公司从事商事活动提供法律上的理论根据，但是，此种理论也存在问题。首先，此种理论虽然建立在自然人拟制的基础上，但实际上，各国法律并不认为公司所享有的权利范围等同于自然人所享有的权利范围，公司实际享有的权利范围要比自然人享有的权利范围小，公司在从事商事活动时应当在自己的目的性条款所规定的范围内进行，不得超越自己的经营范围，否则，构成越权行为。传统公司法认为公司越权行为无效，对公司

[①] Dartmouth College v. Woodward 17 V. S. 518 (1819).

无约束力，现代公司法虽然认可其法律上的约束力，但是，公司仍然应当在自己的经营范围内从事活动。其次，此种理论将公司的法人格完全建立在公司制定法的基础上，排除了当事人意思自治在公司设立和运行中的作用，同实际生活是不符的。在现代社会，即便公司的设立条件和程序由制定法直接规定，法律也不得强制人们违反自己的意愿而设立公司，公司是否设立和何时设立，完全取决于当事人的意思表示，法律不得强迫当事人设立或不设立公司。可见，公司并非完全是制定法的产物，它应当是当事人意思自治和制定法共同作用的产物，离开当事人的意思表示，公司也无法设立。最后，公司拟制理论实际上强化了公司法领域的国家干预现象，为国家干预私生活提供了根据，但是此种理论过分限制了股东的自由，防碍了公司股东创制法律规则的积极性。

三、公司契约理论[①]

（一）公司契约理论的意义

公司契约理论（conception contractuelle）认为，公司并非像公司拟制说或公司实在说所宣称的那样是一种法人，而仅仅是公司股东之间的一种契约，是股东之间通过协商所达成的一种协议；此种契约同一般民法或普通法所规定的契约并没有什么区别，一般民法或普通法所规定的契约理论完全适用于公司这种契约。公司契约理论源于罗马法，经过近现代两大法系国家法律的认可，已经成为现代公司法的通说。在我国，《民法通则》和《公司法》都不承认公司的契约性质，虽然我国《民法》和《公司法》都要求公司应当制定章程，但是，我国法律并不将公司章程看做是一种契约。我国学说大多采取公司实在说而否认公司契约理论。为了解决公司内部所存在的问题，本书作者在第一版中明确提出建议，要求我国公司法像两大法系国家公司法那样将公司看做是一种契约。此种建议得到国家立法机关的认同，因为，我国 2005 年《公司法》的重要指导思想就是增加股东章程的自治性，将公司章程看做股东和公司之间、公司与其董事和监事之间的契约。公司契约理论在我国 2005 年《公司法》上存在众多的反映，尤其在有限责任公司领域得到广泛的适用。

（二）公司契约理论的具体表现

在现代社会，不仅两大法系国家的法律和学说明确认可公司的契约性质，而且我国当代公司法和学说也都坚持公司契约理论。《法国民法典》第 1832 条规定：公司是指 2 个或 2 个以上的人所订立的契约，根据该种契约，他们将自己的财产（biens）或劳务（industrie）交付给某一共同的企业，以便分享该企业经营所带来的利益。在英国，《1985 年公司法》第 14（1）条也明确规定，公司的章程一旦注册登记之后即对公司和

[①] 张民安：《公司契约理论研究》，《现代法学》2003 年第 2 期，第 45~50 页。

公司的成员产生约束力，就如同公司的每个股东与其他人所订立的契约一样。在我国，2005年《公司法》虽然没有直接规定公司就是一种契约。但是，公司法的众多具体条款对公司契约性质作出了说明。例如，我国2005年《公司法》第42条规定，召开股东会会议，应当于会议召开15日前通知全体股东。但是，公司章程另有规定或者全体股东另有约定的除外，其中，所谓章程另有规定就是指公司的契约性质。再如，我国2005年《公司法》第43条规定，股东会会议由股东按照出资比例行使表决权；但是，公司章程另有规定的除外，其中，公司章程另有关规定的除外就是指公司的契约性质。

在两大法系国家和我国，公司契约理论体现在三个方面：首先，在人合公司和有限责任公司中，公司契约理论可以起重要作用，它可以为公司股东之间的权利、义务和责任的强制执行提供合理的解释。因为，根据两大法系国家和我国法律的有关规定，在人合公司或有限责任公司中，公司股东有时可以作出与公司法规定相反的约定，法律并不因为这些规定违反法律的明确规定而无效。其次，在法国法中，公司契约理论可以为法国法中的隐名公司提供理论根据。根据法国法的有关规定，隐名公司虽然是一种公司形式，但是，此种公司并不具有法人格，而完全是一种契约关系。法国法的此种规定同公司契约理论高度吻合，因为公司契约理论认为，公司本身并非是一种法人，它仅仅是股东之间的一种契约，在此种契约中，每一个股东承诺将自己的某一财产或资本交由其他股东支配，或至少交给对公司事务进行管理的公司股东支配，由这些股东或管理者用所交付的财产或资本来从事商事活动，并将由此而获得的收益交付给自己。最后，公司契约理论不仅在人合公司中得到反映，而且还在资合公司中得到反映。在资合公司中，虽然法律的强制性或禁止性规定远较人合公司的强制性或禁止性规定要多，但是此种公司并非完全不受股东之间所订立的契约的影响。实际情况是，在资合公司中，股东之间往往也订立契约，规定股东之间的权利、义务和责任，用来调整他们彼此之间的关系。由于公司股东之间的此种做法越来越多，现代法国立法机关和司法机关迫于压力而越来越多地认可股东之间所订立的此类契约，尤其是当此种规定符合公司利益的保护时，更是如此。

（三）公司契约的法律效力

1. 公司契约效力的特殊性

公司既然被认为是一种契约，则公司契约自然应当像一般契约那样对契约当事人产生法律上的效力，即对契约当事人产生法律上的权利、义务和责任关系。然而，公司又不仅仅是一种契约，公司在履行法律所规定的程序之后即成为一种法人。这样，公司契约虽然具有一般契约的法律效力，但是，公司契约也有自己的特殊效力，表现在两方面：一方面，在一般契约，契约仅仅对那些在契约上签名的契约当事人产生约束力，对于没有在该契约上签名的人不产生约束力；而在公司契约中，公司契约不仅仅对那些在公司契约上签名的股东产生约束力，而且还对那些没有在公司契约上签名的人产生约束力，只要他们被认为是公司契约的当事人。在现代公司法中，两种人仍然被认为是公司契约的当事人，即便他们没有在公司契约上签名，这就是公司本身和那些认购公司股份的非公司发起人。另一方面，在一般契约中，契约一旦有效成立，即对所有契约当事人产生约束力，除非经过所有契约当事人的一致同意，否则，契约不得被变更。而在公司契约中，公司契约效力的发生以公司大股东的同意作为条件，即便公司小股东不同意公司契约的修改，只要公司大股东同意，公司契约即可被修改。换句话说，在公司法中，公司股东之间的关系受公司法的基本规则即大股东规则的约束，公司大股东可以将自己的意图强加给公司小股东。在现代公司法中，公司契约的效力表现在两个方面：公司契约对股东彼此之间的关系所产生的约束力，公司契约对公司与其股东之间的关系所产生的约束力。

2. 公司契约对公司股东与其他股东之间的关系所产生的约束力

公司作为一种契约是否对公司股东彼此之间的权利、义务和责任产生约束力？对此有三种理论，即肯定说、否定说和折中说。肯定说认为，公司章程作为股东个人之间的契约对每个股东均产生约束力，一个股东对另一个股东所承担的义务如果被违反，另一方可以直接提起诉讼，要求义务违反方承担责任；否定说认为，公司章程并不是股东个人之间的契约，而仅仅是股东与公司之间的契约；折中说认为，公司章程是公司成员之间的契约，但是，此种契约的违反通常不能由公司成员个人提起诉讼，而仅能通过公司这一媒介提起诉讼。在这三种理论中，折中理论成为现代公司法的通说，它较好地协调了公司大股东规则和公司小股东权利保护之间的关系。因为，此种理论认为，如果公司股东违反该契约的规定导致股东的个人性质的权利受到侵犯，则公司个人股东可以对违反公司契约的其他股东提起诉讼，要求违约股东对自己承担法律责任。

3. 公司契约对公司与其股东之间的关系所产生的约束力

公司作为一种契约，不仅对公司股东之间的关系产生约束力，而且还对公司与其股东之间的关系产生约束力。此种约束力表现在两个方面：一方面，公司契约一旦注册登记，公司即对其股东承担义务，当公司违反此种义务并导致股东的权利受到损害时，公司股东有权提起诉讼，要求公司对自己承担责任。因此，当公司作出决议要取消公司股东的成员资格时，股东可以提起诉讼，要求法院宣告该种决议无效；当公司违反契约没有将股东的姓名登记在股东名簿上时，公司股东有权提起诉讼，要求公司履行所承担的义务，将其姓名登记在股东名簿上；当公司违反契约不允许股东在股东会会议上投票表决时，股东可以提起诉讼，要求法院强迫公司允许自己参加股东会，并行使表决权；当公司违反契约不对股东分配股息时，公司股东可以提起诉讼，要求法院强迫公司对自己分配股息。另一方面，公司契约一旦注册登记，则不仅公司对其成员承担契约所规定的义务，而且公司成员也应对公司承担契约所规定的义务。因此，如果公司契约规定，公司大股东可以通过特别决议变更公司契约，则当公司大股东根据公司契约规定的程序变更公司契约的内容时，公司股东应当服从此种变更决议，因为公司作为一种民主组织，需要人们作出某种集体性的决议。如果公司契约规定，股东没有缴付的出资在公司董事会要求其缴付时即应当缴付，而当公司董事会请求其缴付时却没有缴付，则公司可以提起诉讼，要求股东缴付该种出资。

（四）公司契约理论在我国公司法中的确立

在我国，学说对公司采取实在理论和拟制理论，很少对公司采取契约理论。本书认为，无论是公司实在理论还是公司拟制理论均存在共同的问题，就是这些理论仅仅能够对公司与第三人的关系作出解释，即对公司的外部关系作出解释，但他们根本不能对公司内部的问题作出解释，不能解释为什么公司股东在股份平等的情况下所享有的权利是不平等的，不能解释为什么公司或公司其他股东在某些股东要转让自己的出资的时候要承担以公平合理的价格购买该股东的股份的义务，不能解释为什么公司在采取某些重要的行为时应当获得公司某些股东的同意。总之，它们都不能解释公司内部股东与股东之间、股东与公司董事之间以及公司与董事之间的关系。这些问题仅仅能够通过公司契约理论得到解决。因为，公司契约理论认为，公司实际上是股东之间所缔结的契约，他们的权利、义务和责任实际上取决于他们之间所缔结的契约。随着我国公司的发展，我国公司内部的纠纷逐渐增多，公司法在关注外部的关系的同时也应当关注公司内部的关系，否则会影响公司组织的稳定、协调和健康发展。这样，在将公司界定为实在体、拟制体的同时，我国公司法也应当将公司界定为一种契约，认为公司也仅仅是股东之间所缔结的契约，该种契约同一般契约并没有什么区别。

将公司界定为一种契约，除了能够为公司处理内部问题提供理论基础之外，还能够为公司的发展和经济的繁荣提供动力。因为，根据公司契约理论，既然公司是股东之间的契约，则公司契约也应像一般民事契约那样遵行契约自由的原则，股东可以根据自己的意愿设立公司，法律不得强迫股东设立或不设立公司。当前，我国公司发起和设立制度的设计必须放弃计划经济时代所践行的抑制公司设立的指导思想，适应公司法发展的时代潮流，将鼓励和刺激人们建立商事公司组织的积极性放在首位。我国2005年《公司法》基本上反映了这样的要求，将公司尤其是有限责任公司看作契约。公司契约理论的建立是我国《公司法》适应公司法发展时代潮流的必然要求和反映，必将刺激人们设立公司的积极性，必将为我国商事经济的繁荣提供强大的动力。

第二章 公司法概论

第一节 公司法的性质

一、公司法的界定

所谓公司法是指规范公司商事组织的设立、营运、解散、清算以及公司对内和对外关系的商事法。公司法属于商事法,是商事组织法的一种,以公司这种商事组织体为调整对象,对公司组织的设立、营运、解散、清算以及公司对内和对外的各种关系作出明确的规定。

二、公司法的性质

(一) 公司法的团体性和人格性

公司法属于团体法,以2个或2个以上的自然人或法人所设立的团体作为组织基础,实行少数服从多数的大股东规则,它原则上将拥有公司51%的表决权的大股东的意志和决定看做是公司组织的意志和决定,允许公司执行大股东的意志和决定。公司法属于人格法,其股东虽然是公司设立和营运的基础,但是,公司一旦设立,即独立于公司股东,公司有自己的名称、财产、所在地和决策人,可以以自己的名义对外从事商事活动并可以对自己的商事活动独立承担法律责任。

(二) 公司法的交易性和行为性

公司法属于交易法,公司之最终目标不外乎实现股东利益之最大化,为了确保此种目的的实现,公司必须开展商事经营活动,必须与社会公众从事交易活动,尤其是公共持股公司,它们有时既向公众发行股票,又向公众发行债券,这两种证券通过证券市场,流通于公众之中,在当今社会上已成为一种重要的交易,因而公司法对于交易之安全,非特别加以保护不可[①]。公司法还是行为法,对公司行为的做出和公司行为的执行等问题给予明确规定,它认为,在一般情况下,公司决议的作出由公司董事会为之,公司某些重要的决议应当由公司股东会作出,某些非常重要的决议应当由公司董事会和股东会共同作出。

---

① 郑玉波:《公司法》,三民书局印行1982年版,第3~4页。

（三）公司法的实体性和程序性

公司法属于实体法，它对公司的权利、义务和责任等作出了明确规定，它对公司设立的实质性条件作出了明确规定，它对公司股东会的权利、董事会的权利和监事会的权利作出了规定，对公司股东、董事、监事以及公司总经理的权利、义务和责任等作出了规定。公司法属于程序法，它对公司组织的设立程序作了明确、肯定和清楚的规定，它认为，公司之设立应当符合公司法的规定，应当严格遵行公司法所规定的程序，否则，公司不得设立，不得享有法人格。

（四）公司法的强行性和任意性

公司法属于强行性法，它对许多重要问题作了明确的禁止性规定，不允许当事人违反这些禁止性规定，它同时也对许多问题作了明确的强制性规定，要求当事人在从事有关行为的时候必须按照这些规定进行，不允许当事人以自己的意志代替法律的规定。公司法属于任意性法律，它的许多规定属于补充性规定，补充当事人意思表示的不足。当当事人对有关问题作出不同于公司法的规定的时候，当事人的规定优先于公司法的规定，这在有限责任公司中是如此，有时也表现在股份公司中。关于公司法的任意性，本书将作专门介绍。

（五）公司法的变动性

公司法具有恒久的变动性。由于社会政治、经济和文化的变化，各国的公司法经常处于变动不居之中。当公司法之规定落后于社会的当前需要时，公司法对此需要的满足不是通过司法的方式而是通过立法的方式来完成，由立法机关直接废除或修改那些不符合商人要求的条款。公司法之所以具有变动性，最根本的原因在于商人行为的变动性。商人所为的商行为并非像民事行为那样一成不变，随着商人经济活动的广泛进行，商人营商的手段和方式亦不同，公司法作为以商人为中心的法律需及时体现商人的此种要求，将它们及时上升到法律的高度。在英国，为了体现公司法的变动性，英国大约每隔20年就修改一次公司法；在美国，为了体现公司法的变动性，美国法学会经常对其标准商事公司法作出修改，形成了各种版本的修正标准商事公司法；在欧共体，为了体现公司法的变动性，欧洲委员会经常颁发各种公司法指令，使欧共体各国的公司法经常处于变动之中。

三、公司法的任意性

在现代社会，公司法正在经历这样的一种发展进程：即公司法的强行性规范减少，公司法的任意性规范增加，公司法正逐渐从严格意义上的公法走向意思自治法，表现在公司法上就是所谓的契约自由原则的贯彻。契约自由原则在公司法领域的反映表现在三个方面：公司契约的设立自由、公司组织形式的选择自由以及公司契约内容约定的自由。

(一) 公司契约的设立自由

所谓公司契约的设立自由，是指是否设立公司和何时设立公司完全由契约当事人即公司股东来决定，法律不得强制某一个人违反自己的意愿而设立公司或不设立公司，其他股东不得强制某一个股东违反自己的意愿而与自己设立公司或不设立公司。公司契约的设立自由得到两大法系国家的认可。在我国，虽然2005年《公司法》没有明确规定公司设立自由原则，但是由于我国公司法像两大法系国家那样对公司设立采取登记主义，因此，我国2005年《公司法》完全承认公司设立自由原则，包括有限责任公司的设立自由和股份公司的设立自由。因为，根据公司登记主义，公司法事先对所设立的各种性质的公司规定了成立条件，任何人只要符合这些条件的要求即可设立公司。

(二) 公司组织形式的选择自由

所谓公司组织形式的选择自由是指公司股东可以根据自己的意愿来选择公司的组织形式，法律不能强迫公司股东违反自己的意愿而选择或不选择某种公司形式，其他股东也不得强迫某一股东违反自己的意愿而选择或不选择某种公司组织形式。在大陆法系国家，商事公司形式多种多样，诸如无限责任公司、有限责任公司、股份两合公司和股份公司等，每一种公司形式都具有自己的优点和缺点，选择何种公司组织形式，完全由当事人自由选择，"某种商事公司可能应当强制性地根据这些类型中的某一种公司设立，但是，公司发起人（fondateurs）可以自由选择某一种公司组织形式，此种选择无须政府的批准。"[①] 在我国，公司股东在设立公司时，可以根据自己的意愿来选择所设立的公司形式，他们既可以根据民法通则的规定来设立民法意义上的全民所有制公司、集体所有制公司或私营所有制公司，可以根据公司法的规定来设立公司法意义上的有限责任公司、国有独资公司和股份公司，也可以根据中外合资企业法、中外合作企业法或外资企业法来设立合资公司、合作公司或外资公司。

(三) 公司契约内容约定的自由

所谓公司契约内容约定的自由，是指公司股东可以根据自己的意愿自由规定公司契约的内容，即便这些内容违反公司法或民法的规定，法律也认为这些内容合法有效，对公司股东产生法律上的约束力。在两大法系国家，基于公司契约理论，法律在维持公司法的强制性效力的同时也逐渐认可公司股东之间契约的有效性，尤其是有限责任公司股东之间契约的有效性。因为，根据两大法系国家的法律，在此种公司中，虽然公司法对公司的许多规则都作了明确规定，但这些规定通常在公司契约没有作出相反规定的情况下适用，如果股东契约"作出了相反规定"，则这些规定并不生效。不仅如此，20世纪60年代以来，法国立法机关在资合公司中亦逐渐认可股东之间协议的有效性，认为股

[①] Michel de Juglart et Benjamin Ippolito, p. 29.

东之间的某些约定即便违反了公司法的规定,他们之间的规定并非一定无效。在我国,虽然学者在讨论公司法的性质时都将公司法看作是强制性法律,但是,此种理论显然同两大法系国家公司法发展的潮流相背离,是我国长期以来所实行的高度集中的计划经济体制在我国公司法中的反映。为反映现代公司法的最新发展趋势,我国公司法应当采取公司契约理论,软化公司法的规定,将公司法的大多数规定看作是任意性的规定,仅仅起补充公司契约当事人意思表示不足的作用,正如一般契约法仅仅起补充契约当事人的意思表示不足的作用一样,在契约当事人对有关内容作了规定的场合,如果该种规定不会损害公司债权人的利益,则该种规定对所有契约当事人产生约束力;如果仅仅部分股东缔结契约,则该种契约仅仅对这些股东产生约束力,对其他股东不会产生约束力。股东违反契约的规定即应当对其他股东承担违约责任,其他股东有权请求该股东承担违约责任。公司契约理论尤其可以在有限责任公司中得到适用。在此种公司中,公司的治理结构建立在公司股东所有权和公司事务的管理权高度合一的基础上,建立在公司股东彼此之间所存在的亲情、友情和爱情基础上,因此,公司股东往往希望他们彼此之间的关系能够通过契约关系来加以控制,防止公司成为大股东压制小股东的工具。这样,当公司股东通过契约规定了累积表决权(cumulative voting right)、股息分配的优先权(preemptive right)、公司股份的类型化、选举董事的表决权之类型、超大股东规定、不可取消的代理权、表决信托、股东表决权协议和董事控制协议时,即便这些规定违反了公司法的明确规定,法律也应当认可这些规定的有效性。事实上,我国2005年《公司法》基本上体现了这样的要求,它允许股东自由规定章程的内容。

第二节 公司法的历史[①]

一、早期的商事组织形式

在中世纪,法律认可各种形式的组织(associations),其中很多组织很早即被认为是一种法人组织(incorporation)。然而,在最初的时候,法人组织这一概念似乎是用来指教会组织和公共团体组织,诸如修道院,享有自治权的市镇(boroughs)。这些组织享有法人格,可以以自己的名义从事活动,因为国王授予这些组织以特许权(charter)。在商事领域,中世纪所存在的主要组织是商人行会(the Guilds of Merchants),此种商会在发展过程中逐渐获得国王颁发的特许证,可以从事特定商事领域的垄断经营活动。对于此种商人行会而言,法律没有授予它们以法人资格,因为此种商事组织根本没有获

[①] 33 See L. C. B. Gower, Gower's Principles of Modern Company Law 4th ed, Stevens, pp. 22~93; Robert R. Pennington, Company Law, 4th ed, Butterwortns, pp. 5~13.

得法人格的必要，在此种组织中，行会组织的成员单独从事自己的商事活动，只要他们在从事此种商事活动时遵守商人行会的规章（regulations）即可。随着时代的发展，中世纪的商事法中出现了共同经营的合伙组织，这就是，两个或两个以上的成员将自己的资金、财产或劳务投入某一商事组织中，共同经营、共享收益和共担风险。当时存在两种合伙组织，即 Commenda 组织和 Societas 组织。在 Commenda 这种合伙组织中，某些合伙人向 Commenda 提供资本，供那些积极从事经营活动的合伙人管理和支配，他们自己不从事合伙事务的经营和管理，并且仅以自己的出资额为限对合伙组织债务承担责任。在大陆法系国家，中世纪的 Commenda 组织亦被称之为"Command 契约"[1]，经过 17 世纪的发展，至今仍然成为大陆法系国家商事法的重要组织制度，这就是大陆法系国家公司法中的"两合公司"（société en commenditi）制度。在英美法系国家，中世纪的 Commenda 组织经过爱尔兰 1781 年制定法的规定，最终在 20 世纪成为英美商事法的重要制度，这就是英美商事法中的有限合伙制度（limited partnership）。无论是大陆法系国家的"两合公司"还是英美法系国家的有限合伙组织，其基本精神同中世纪的 Commenda 组织相同，都是将合伙组织的成员分为两类，即承担有限责任的合伙人和承担无限责任的合伙人，前一种合伙人分享利润，提供出资，不参与合伙事务的管理并以自己的出资额为限对合伙组织债务承担责任，后一种合伙人则参与合伙事务的管理，并对合伙组织债务承担无限责任。在 sociéta 这种组织中，合伙人所承担的责任是共同的和连带的，当合伙组织资不抵债时，每一个合伙人均有义务清偿合伙组织的全部债务，之后再请求其他合伙人对自己承担他们应当承担的法律责任。所有的合伙人均参与合伙事务的管理。在大陆法系国家，sociéta 这种组织经过 17 世纪的发展，最终演变成现代大陆法系国家商事法的重要组织形式，即无限公司；而在英美法系国家，sociéta 这种组织形式经过 18 世纪和 19 世纪判例法的发展，最终成为英美法系国家商事法的重要组织形式，即一般合伙组织。

二、英国、法国公司法的历史

（一）英国 1720 年的 Bubble 法

在英国 16 世纪和 17 世纪，公司设立的方法有两种：即通过国王颁发特许证的方式设立公司和通过英国国会颁发特别制定法的方式设立公司。所谓通过国王颁发特许证的方式设立公司是指任何人，如果希望设立公司，应向国王提出书面申请，国王接到申请以后，进行审查，然后作出是否同意其申请的决定。如果国王同意申请人的申请，即将从事某种商事活动的特权授予给申请人，由该申请人根据国王的特许而设立公司。所谓

---

[1] Michel de Juglart et Benjamin Ipploito, cours de Droit Commercial, septième édition Editions Montchrestien, p. 12.

通过国会颁发特别法令的方式设立公司,是指那些希望设立公司的人,向英国国会提出申请,如果国会同意其申请,即颁发有关公司设立方面的特别法令,申请人即根据此种特别法令设立公司。在公司法上,人们将根据国王的特许证设立的公司称之为"特许公司"(chartered companies),将根据国会的特别法令所设立的公司称之为"制定法上的公司"(statutory companies)。无论是特许公司还是制定法上的公司,其设立程序复杂,代价高昂,使公司设立过程困难重重,旷日费时。为此,许多人开始谋求更加简便和快捷的设立方式,这就是通过契约方式(deeds of settlement)设立公司。在此种公司设立方式中,公司成员彼此之间订立契约,规定特许公司的特许证所规定的条款,并将这些契约条款作为股东之间权利和义务的根据。这些公司设立之后,为了获得法律的保护,它们往往会购买其他特许公司已经过期或将要过期的特许证,然后以这些公司的名义来从事自己的商事活动。[①] 为了筹集资本,这些公司有时私自向社会公众发行股份。

通过契约方式设立的公司,其效力如何?在18世纪20年代的英国,基于对公司发起人的不信任,英国国会在1720年通过了英国历史上的第一部公司法,这就是1720年的Bubble法(the Bubble Act 1720)。该法的目的虽然表面上是为了抑制投机性公司或欺诈性公司的设立,但其真正的目的是什么,人们不得而知。该法的基本精神是要强调公司设立的合法性,排除公司设立的自由性,因为,该法第18条规定:任何以公共公司名义所进行的行为,均须依法获得法律的授权,包括通过国会的特别法的授权和通过英国国王颁发特许证的授权,如果没有获得此种法律的授权,则该类公司为非法公司、无效公司。该法第18条除了强调公司设立的法律根据之外,还强调公司一切行为的合法性,包括公司向公众的股份发行行为、股款的缴付行为和接受行为、股份的转让行为等,如果公司此类商事行为没有获得国会特别法或国王特许令的授权,则此类行为被认定为非法行为和无效行为。除了第18条以外,该法第21条还规定,证券经纪人从事非法公司的证券交易,其行为系严重的犯罪行为,将要受刑事法律的制裁。无论Bubble法的目的是什么,英国1720年Bubble法的通过和实行的确抑制了商事组织的设立,阻碍了18世纪初方兴未艾的商事事业的发展,使公司组织的设立更加困难,违反了商事法所贯彻的鼓励从商和从商自由的原则。因此,作为英国历史上的第一部公司法,Bubble法没有体现社会的需要,即在贯彻公司设立形式方便原则的基础上,保护社会公众免受欺诈设立行为和管理行为的损害。

(二)英国19世纪的商事公司法

英国1720年Bubble法颁布以后,英国一方面严格限制商事公司的自由设立,坚持公司设立的合法性,一方面对那些通过契约方式设立的公司提起诉讼或对那些购买他人

[①] Robert R. Pennington, Company Law, 4th ed, Butterworths, p.6; L. C. B. Gower's Principles of Modern Company Law, 4th ed, Stevens, p.28.

过期的特许证而设立的公司提起诉讼，要求法院宣告所设立的公司无效。这样，在 Bubble 法通过的近一个世纪内，英国实际上已经进入了公司无效的诉讼时代，许多公司因此而被宣告无效。但是，并非所有的公司均因为 Bubble 法而消失，相反，许多依据国王的特许状而设立的公司和少数根据契约方式设立的公司度过了困难时期并因此而生存了下来。此外，为了规避英国 1720 年 Bubble 法的适用，英国商人开始利用 Bubble 法不禁止合伙组织设立的政策，通过英国传统的信托法原理设立各种名义上是合伙组织而实际上是公司的商事组织。此种公司组织完全根据当事人的契约设立，其资本被分成股份，契约的条款可以根据公司特定多数成员的意见进行变更；公司事务的管理被委托给董事委员会；公司的财产被委托给一个单独的受托人团体，此种受托人团体时常就是董事。此种契约还规定，公司的受托人可以代表公司起诉和应诉。鉴于 Bubble 法适用范围被规避，英国在 1825 年废除了 1720 年 Bubble 法。在 19 世纪 20 年代，英国通过契约方式设立的公司大量存在，并且意外地获得了英国政府的鼓励。到了 19 世纪 30 年代，随着 Bubble 法在 1825 年的废除，英国司法判例确立了这样的规则，即虽然通过契约方式设立的公司允许其股份自由转让，但此种公司在英国普通法上仍然是合法有效的公司。①

为了规范公司的行为，英国从 19 世纪 30 年代开始颁发大量的公司法，对公司股东的法律责任和公司的设立程序作出规定。首先，英国在 1837 年制定了《特许公司法》（the Chartered Companies），将公司股东的法律责任从完全的个人责任改为有限责任，它认为，特许公司股东的责任是有限责任，但是，对公司作出的不利判决可以对任何股东强制执行，只要这些股东退出公司的期限没有超出 3 年。到了 1844 年，英国颁发了《股份公司法》（the Joint Stock Companies Act），该法废除了公司设立方面的特许主义，允许公司通过注册登记的方式设立，但是，该法对股东的个人责任所作的规定同 1837 年的特许公司法完全相同。此外，该法明确区分了公司和合伙组织，要求那些超过 25 名成员的合伙组织注册登记为公司。此后的大约 10 年内，英国人为争取股东的有限责任制度而进行了不懈的努力，此种努力最终得到了英国国会的赞同，英国国会在 1855 年通过《有限责任法》（the Limited Liability Act），该法规定了股东有限责任制度，认为公司股东对公司的债务仅限于他们未缴付的股款的范围。该法在 1856 年被废除，代之以《1856 年股份公司法》（the Joint Stock Companies），该法仍然保留了股东的有限责任制度，规定了现代公司的设立制度，要求公司设立同时具备设立大纲（Memorandum of Association）和设立章程（Articles of Association）。此后，英国《1856 年股份公司法》被废除并被英国《1862 年公司法》（the Companies Act 1862）所取代。英国《1862 年

---

① Walburn v. Ingilby (1833) 1 My & k61; Garrard v. Hardey (1843) 5man & G471; Harrison v. Heathorn (1843) 6 Man & G81.

公司法》是英国第一部现代意义上的公司法，它有 200 条，将在它之前的公司法的内容予以整合而成。之所以说英国《1862 年公司法》是英国历史上的第一部现代公司法，是因为，此部公司法规定了现代公司法的重要原则和制度，包括公司事务的公开性原则、公司的注册登记原则、公司股东的有限责任制度以及公司股份的自由转让制度。

（三）英国 19 世纪后期的公司判例法

在英国 19 世纪中后期，司法判例在发展公司法和创设公司法律制度方面发挥了十分重要的作用，成为推动英国公司法不断发展和完善的重要力量。英国司法在发展公司法中所起的作用主要是通过两种方式实现的，即对既存的公司法作出解释和创导自己的公司学说。综观 19 世纪中后期的英国司法活动，英国司法判例主要创设了这样几个重大的公司法律制度：公司大股东规则，公司损害原则上仅由公司提起诉讼的规则，公司内部管理规则，公司越权行为无效规则，公司人格独立理论等。

1. 公司大股东规则

公司大股东规则是指当公司董事欠缺代理权而从事某种交易时，如果公司大股东可以通过召开股东会并作出追认董事越权交易的决议，则公司小股东原则上不得对董事的行为提起诉讼，要求董事对公司承担责任。公司小股东应当受公司大股东决议的约束。公司大股东规则是由英国司法判例在 1843 年的 Foss v. Harbottle[①] 一案中确立的。公司大股东规则确立以后得到英美司法判例的不断援引，从而成为 19 世纪公司法上的重要制度，目前，该种制度已经得到两大法系国家和我国公司法的完全认可和明确规定。

2. 公司损害原则上由公司提起诉讼的规则

公司损害发生以后，公司小股东是否可以为公司提起诉讼？在 19 世纪，英国司法判例在著名的 Foss v. Harbottle[②] 一案中对此问题作出了回答，它认为，当公司董事作出损害公司利益的行为时，只有公司大股东才有权代表公司提起诉讼，小股东原则上不得代表公司提起此种诉讼，因为公司的损害应当由公司本身提起诉讼，而公司在一定的意义上讲就是公司大股东。这样，当公司遭受损害时，仅公司可以提起诉讼，公司的个人成员原则上不得作为原告提起诉讼。[③] 此种规则确立以后得到英美司法的不断援引，从而成为英美公司法的重要制度，也成为大陆法系国家和我国公司法的重要规则。

3. 公司内部管理规则

所谓公司内部管理规则是指当公司董事的行为没有超出公司章程所规定的范围时，即便公司董事的行为违反了公司内部的管理细则或股东会的授权范围，公司也必须就此种越权行为对与董事从事交易的善意第三人承担责任，公司不得以董事违反公司内部规

---

① (1843) 2 Hare 461；张民安：《现代英美董事法律地位研究》，法律出版社 2000 年版，第 449～452 页。
② (1843) 2 Hare 461.
③ 张民安：《现代英美董事法律地位研究》第二版，法律出版社 2007 年版，第 445～449 页。

定为由而拒绝对第三人承担责任。① 公司内部规则是英国司法在 1855 年通过著名的 Royal British Banks v. Turquand② 一案确立的。此种规则的确立，对于维护交易安全和保护公司债权人的利益具有重大意义。目前，此种规则已被两大法系国家的法律所废除。

4. 公司越权行为无效规则

公司越权行为无效规则是指，当公司所从事的行为超出公司章程所规定的目的性条款所载明的范围时，公司所进行的行为即因为公司欠缺权利能力而无效，公司和行为相对人均不得要求对方履行此种合同，因为无效行为不得被转化为有效行为。越权行为无效原则是英国司法在 1875 年的 Ashbury Railway Carriage Co. v. Riche③ 一案中确立的。公司越权行为原则确立以后即被两大法系国家的法律所借鉴，并成为 20 世纪 50 年代之前各国公司法的重要制度。

5. 公司人格独立理论

公司人格独立理论是指公司一旦设立即成为独立的民商事主体，可以以自己的名义对外从事活动，可以拥有自己的财产，可以独立对外承担责任，公司股东原则上仅以自己承诺的出资额为限对公司债务承担法律责任，即便公司仅有两个股东，其中的一个股东占有大多数股份份额，也是如此。公司人格独立理论是英国在 1875 年通过著名的 Salomon v. Salomon④ 一案确立的。在该案中，法官认为，即便是仅由 2 个股东所组成的公司，也像由 200 个股东组成的公司一样，公司股东不对公司债务承担个人责任。因为，公司具有责任能力，可以对自己的债务承担责任，公司人格独立理论确立以后即得到不断地援引，成为两大法系国家的重要制度。

（四）英国 20 世纪的商事公司法

作为第一部现代意义上的公司法，英国《1862 年公司法》制定以后即被不断地修改，此种修改涉及公司法的各个方面，其中最重要的包括：公司可以减少自己的资本，⑤ 可以变更自己的经营范围，⑥ 强加在招股章程和募集债券章程中作出虚假陈述的人以法律责任，⑦ 规定仅由两名股东成立的有限责任公司。⑧ 到了 1908 年，英国将所有这些公司制定法加以整合，形成了英国《1908 年公司整合法》（Companies〈Con-

---

① 张民安：《现代英美董事法律地位研究》第二版，法律出版社 2007 年版，第 313~315 页。
② (1855) 6 E. & B. 327.
③ 张民安：《现代英美董事法律地位研究》第二版，法律出版社 2007 年版，第 250~258 页。
④ [1875] A. C. 22.
⑤ S. 9, Companies Act 1867.
⑥ Ss. 1-2, Companies (Menorandum of Association) Act 1890.
⑦ Ss. 3-4, Directors Liability Act 1890.
⑧ S. 37, Companies Act 1907.

solidation〉Act 1908）。该法在 1929 年被修改，形成了《1929 年公司法》。《1929 年公司法》在 1947 年又被修改，形成了《1947 年公司法》。到了 1948 年，英国将这些公司制定法予以整合，形成了英国《1948 年公司法》。英国《1948 年公司法》又分别在 1967 年和 1976 年被修改，形成了英国《1967 年公司法》和《1976 年公司法》。此后，为了同欧共体有关公司法的指令保持一致，英国又先后在 1980 年和 1981 年修改了公司法，形成了英国《1980 年公司法》和《1981 年公司法》。到了 1985 年，英国又开始将这些公司制定法加以整合，形成了英国《1985 年公司法》。为了同英国《1985 年公司法》相配套，英国在 1985 年同时颁布了三部补充性的法律，即《公司证券（内幕交易）法》、《商事名称法》（the Business Names Act）以及《公司整合（重大规定）法》（the Companies Consolidation〈Consequential Provisions〉Act）。到了 1989 年，为了同欧共体有关公司方面的指令保持一致，英国又制定了《1989 年公司法》。

除了公司法以外，英国 20 世纪以来还制定了许多同公司有关的法律。英国《1963 年储户保护法》（the Protection of Depositors Act 1963），对那些吸收储户存款的公司的行为作了规范；英国《1963 年股份转让法》（the Stock Transfer Act 1963）对公司股票和债券的简易转让形式作了规定；英国《1974 年保险公司法》对保险公司的营运作出了规定；英国《1976 年破产法》亦对公司破产问题作了规定。英国《1985 年破产法》和《1986 年破产法》对公司破产问题作了规定；英国《1986 年公司董事消极资格法》对之前的有关董事消极资格的规定进行了整合，对董事的消极资格作了全面规定。

三、法国公司法的历史

（一）法国 17 世纪 70 年代之前的公司与法国 1673 年商事条例

到了 17 世纪，欧洲中世纪所出现的这两种公司，即无限公司和两合公司，均已在法国存在。为了规范法国现实生活中所存在的这两种公司，法国在 1673 年颁布了《1673 年商事条例》（L'ordonnance de 1673）。该商事条例最重要的特点是，公司的设立必须通过书面的法律文件加以确立，必须通过公共权力机关的注册登记和公开而设立。虽然法国《1673 年商事条例》根本没有得到公司的遵循，但此种商事条例仍然具有重要意义，因为，它表明商事公司并非仅仅是私人之间的事情。①

（二）法国 18 世纪的公司与法国 1804 年民法典和 1807 年商法典

在 18 世纪，法国现实生活中的公司形态除了 17 世纪已经存在的无限公司和两合公司之外，还存在第三种公司形态即股份公司。此种公司不同于前两种公司的重要地方在于这种公司是大型的公司，是进行殖民贸易的公司，它具有半公共的性质。这些公司是

---

① Michel de Juglart et Benjamin Ippolito, p. 20.

经过王权特别批准而成立的特许公司，它们有军队和舰队，有时甚至可以发行货币。这些公司有法人格。① 为了对这些公司尤其是第三种公司进行调整，法国分别在 1804 年和 1807 年制定了民法典和商法典。在这两部法典中，公司均有自己的法律规则。根据法国《1804 年民法典》第 1873 条的规定："该法典中有关公司的规定适用于所有的商事公司，如果它们不违反商事法或商事惯例。"此种规定刚好同法国《1807 年商法典》第 18 条相对应，该条规定："公司契约由民法调整、由商事特别规则调整以及由当事人之间的协议调整。"根据当时的法律，法国《1804 年民法典》的规定应当优先于商法的规定，虽然此种优先仅是名义上的而非实质上的。

法国民法有关公司的规定实际上是对被誉为法国民法之父的 Pothier② 先生有关公司契约论著的一种简明和优雅的摘录。在民法典中，公司或被认为是一种普通的契约，或被认为是一种财产共有关系。该法对一般公司和特定公司的规定都极其过时。例如，根据法国《1804 年民法典》，有关特定公司的股东无须公开其协议；除非作出相反规定，否则，每一个公司股东都是经理，每一个经理的行为都可以遭遇其他经理的否决；任何股东，只要有适当的动机，都可以随时提起诉讼，要求法院解散公司，即便公司契约没有规定特定的持续期，其他股东也不能阻止股东提起公司解散之诉。③ 民法典的这些规定显然无法满足商事公司的需要，使公司组织处于极不稳定的状态，也使公司的股东处于十分不确定的地位，不利于社会经济的发展。

法国《1807 年商法典》认可了四种公司组织形式：无限责任公司、两合公司、股份公司以及隐名公司，其中，前两种公司已经为法国《1673 年商事条例》所认可，而后一种公司则为法国 18 世纪所产生的公司，在法国《1673 年商事条例》中并不存在。法国《1807 年商法典》一方面确认了《1673 年商事条例》中的许多规定，尤其是关于公司法律文件的公开制度，同时又创设了某些新的规定，此种新的规定尤其是针对股份公司而作出的。总的说来，法国《1807 年商法典》关于股份公司的规定是保守的、限制性的，这突出地表现在公司设立主义问题上。根据法国《1807 年商法典》第 37 条的规定，公司发起人要发起设立股份公司，必须预先获得政府的批准，而不得通过公司契约方式设立。具体说来，根据法国《1807 年商法典》，任何人，如果要申请设立股份公司，都必须向省长（préfet）提出书面申请，并提交各种法律文件。省长收到申请之后即开始着手调查，之后将申请连同自己对该申请的意见转交给内务大臣（ministre de l'Intérieur）。内务大臣收到此种材料之后又开始调查，并将这些档案材料转交给法国行政法院（conseil d'etat）。法国行政法院对这些材料进行研究，要求申请人作出解释，阐

---

① Michel de Juglart et Benjamin Ippolito, p. 13.
② 关于 Pothier，参见张民安：《过错侵权责任制度研究》，中国政法大学出版社 2002 年版，第 63～70 页。
③ Michel de Juglart et Benjamin Ippolito, p. 24.

释自己的条件，最后拟定法令草案，将它们交由法国国王，并在法律公报（Bulletin des lois）上公布。国王收到这些材料之后亦要进行研究并最终作出是否同意设立股份公司的决定。可见，法国《1807年商法典》关于股份公司设立所采取的预先批准程序是沉重的、漫长的和不确定的。[①] 法国《1807年商法典》之所以对股份公司的设立采取如此严格的程序，是同法国19世纪初期人们对股份公司所怀抱的不信任和恐惧心理息息相关的。Locré指出："这种公司是相当有用的公司，因为它可以适合大型的经营活动和大型的事业。它可以使人们在没有其他办法筹措资本的时候获得资本，但是，我们不得不承认，由于没有严格的监督，此种公司形式可能会产生欺诈。"[②]

（四）法国1867年7月24日的法律

在19世纪中后期，法国工商业快速发展，大型的工业企业和商业企业迅速崛起，他们急需大量的资本来从事商业活动。为此，他们要求放宽设立股份公司的条件，简化股份公司设立的程序，使大型的股份公司更自由地设立，以满足公司对大量资本的需求。此外，英国虽然在1856年之前对股份公司的设立采取与法国法类似的设立方式，认为股份公司的设立同样需要预先批准，但自1856年开始，英国法律废除了此种设立主义原则，认为股份公司的设立无须政府的批准。法国政府对股份公司的设立是否应当像英国政府那样采取更自由的方式？为适应社会对股份公司的迫切需要，并使法国法律关于股份公司的设立主义同英国法保持协调，法国开始改变《1807年商法典》对股份公司所采取的原则，开始通过1863年的法律，允许小型股份公司的自由创设。之后，法国又在1867年颁布法律，认为"从今以后，股份公司可以在不经政府批准的情况下自由设立"。这就是法国1867年7月24日的法律。然而，由于对股份公司的不完全信任，该法仍然对股份公司的发起人和董事规定了众多的刑事处罚措施。

法国1867年7月24日的法律在法国商事法律中占有重要地位，在法国商事生活中存在了99年，在长达一个世纪的岁月中，该法又经历了多次修正。在1893年，为了使公司的生命更容易获得，法国对1867年7月24日的法律作出修改，降低了公司股份的最低价格；在1913年和1930年，法国又颁布法律，授权公司大股东通过决议来修改公司章程；在1953年，法国颁布法律，重新规范公司股东会会议，使公司章程的修改更加方便。在1925年，法国颁布有关有限责任公司方面的法律，允许小型的家族式的企业享有股份公司的优越性，即股东的有限责任，这就是法国1925年3月7日的法律。"对1867年7月24日的法律所进行的不断修改，使我们的公司法旧貌换新颜，使1867年7月24日所构建的公司幻影消失，诸如公司仅仅因为私法上的简单契约而产生的幻影，公司仅仅作为一个小小的共和团而生存，其臣民都是君主的幻影。但是，另一方

[①] Civculaires ministerielles du 23 déc, 1807, du 22 oct. 1817, du lljuill, 1818.

[②] Locré, Code de commerce, t. 20, p. 191.

面，我们的立法，尤其是有关股份公司的立法，实际上已经变成了不同的法律文件、不同的时代精神和不同的灵感的堆积，它们常常被修改，有时相互矛盾，而这一切都让人们对我们的法律的无序感到不满。"①

（五）法国1966年7月24日的法律

由于《法国商事公司法》所存在的杂乱无章和相互矛盾的现象，使《法国商事公司法》难以为人们提供有效的指导，法国立法机关在1966年颁布法律，意图消除《法国商事公司法》的混乱状态，统一法国商事公司方面的法律。这就是法国1966年7月24日的法律。《法国商事公司法》共计509条，内容除了序章之外，还包括三编。其中，序章对公司的基本原则作了规定，包括公司的商事形式、公司的章程、公司事务的公开、公司法人格的产生和存在以及公司创办人及管理人员的行为规则等；第一编对各种形态的公司的活动规则作了具体说明：第一章对无限责任公司的活动规则作出规定，第二章对简单的两合公司的活动规则作了规定，第三章对有限责任公司的活动规则作了规定，第四章对股份公司的活动规则作了规定，第五章对股份公司发行的有价证券作了规定，第六章对所有具有法人格的公司所共同适用的规则作了规定；第二编对有关刑事处罚方面的内容作出了规定，界定了有关公司设立和公司经营过程中可能产生刑事处罚的各种情形；第三编对有关公司方面的其他内容和过渡性的内容作了规定，其中第505条规定，所有在1966年7月24日之前所颁布的商事法都被废除，尤其是《法国商法典》第18条至第64条、法国1925年有关有限责任公司的法律等。

（六）法国1978年1月4日的法律

在20世纪70年代，法国民法关于公司的规定同样面临需要修改的问题。一方面，随着法国社会的发展，法国民事公司的种类逐渐增多，这些公司均取得了某种特别制定法的认可，《法国民法典》不能为这些民事公司提供共同的和基本的指导原则，无法成为这些公司的普通法；另一方面，自第二次世界大战以来，人们不断地修改法国商事公司法，使商事公司法的规定难以同法国民法的规定保持协调，人们因此要求修改法国民法的呼声也日益高涨。② 为此，法国立法机关在1978年通过法律，决定修改法国民法典关于公司的规定，这就是法国1978年1月4日的法律。该法被编入《法国民法典》，这就是该法典第九编。该编分为三章，第一章是"一般规定"，内容涉及到所有的公司，无论是民事公司还是商事公司，因为《法国民法典》第1834条规定，本章之规定适用于所有的公司，无论这些公司的形式是什么，或其目标是什么，但法律另有规定的除外。实际上，《法国民法典》第九编第一章的规定是关于所有的公司的一般性规定和

---

① Palu Didier, p. 22.

② Palu Didier, p. 24.

原则性规定；第二章是关于民事公司的规定，民法典对该种民事公司所作的规定实际上类似于《法国商法典》对无限责任公司的规定；第三章是关于隐名公司的规定。

四、我国公司法的历史

（一）我国20世纪80年代之前的企业组织与企业组织法

在我国，基于传统观念的影响，法律长期以来不承认商事公司这种组织形式，现实生活中也不存在公司这种商事组织形式。即便到了20世纪80年代，公司作为一种现代企业的组织形式也没有得到法律的认可。全国人大在1986年4月12日通过的《中华人民共和国民法通则》仅仅使用了企业法人这个概念，没有使用公司这个概念。根据民法通则的有关精神，结合其有关企业法人的具体规定，完全可以说，公司在我国20世纪80年代的制定法中是没有得到认可的。为什么我国制定法到了20世纪80年代还不规定公司法律制度？其原因主要在于当时社会观念的保守。在高度官僚和高度集权制度的影响下，人们将公有制作为我国社会存在的根本，法律原则上仅仅认可两种形式的公有制企业，即全民所有制企业和集体所有制企业，禁止公有制企业以外的其他企业组织形式的存在。20世纪70年代末和80年代初，随着改革开放政策的实施，法律逐渐认可公有制企业以外的其他企业，允许人们设立所谓的"三资企业"。此时，法律除了承认公有制企业和"三资企业"外，不再承认其他形式的企业。个人不得自由设立企业，因此，公司企业也是被禁止的。此种保守的社会观念反映在当时的法律上，就是我国根据企业所有制来分别制定企业法，诸如《中华人民共和国中外合资经营企业法》和《中华人民共和国全民所有制工业企业法》。作为我国民商事领域的第一部重要法律，《中华人民共和国民法通则》根据所有制对企业分为五类：即全民所有制企业、集体所有制企业、中外合资经营企业、中外合作经营企业以及外资企业。

（二）我国20世纪90年代公司法的制定

20世纪90年代初期，随着我国长期坚持的计划经济体制的废除和市场经济体制的确立，人们的观念发生了重大的变化。人们认为，公司制度尤其是股份公司制度同公有制并不冲突，公司制度尤其是股份公司制度实际上是我国公有制实现的重要形式，我国完全可以利用股份公司制度来改造国有企业，使国有企业摆脱传统企业制度的束缚并因此而建立现代企业制度。为此，经过国家有关行政机关的推动，我国部分地区开始了国有企业的股份制改造的尝试并取得了一些经验。由于这些经验的存在，我国大部分地区都开始了国有企业的公司股份制的改造。为了规范国有企业股份制改造行为，国家有关主管机构在1992年发布了《股份有限公司规范意见》和《有限责任公司规范意见》。随着形势的发展，我国有关部门开始起草有关公司法方面的草案，将其提交全国人大常委会审议。在充分听取有关部门的意见后，经过反复认真修改，有关公司法的草案在

1993年12月提交给全国人大常委会讨论并获得通过，这就是现行的《中华人民共和国公司法》。该法共11章230条，内容包括总则、有限责任公司的设立和组织机构、股份有限公司的设立和组织机构、股份有限公司的股份发行和转让、公司债券、公司财务和会计、公司合并和分立、公司破产、解散和清算、外国公司的分支机构、法律责任以及附则。《中华人民共和国公司法》的颁布和实行是我国商事生活中的重大事件，对于建立我国现代企业制度，规范公司的组织和行为，保护公司股东、投资人和债权人以及社会公共利益，都具有重大意义。但是，由于该公司法在制定的时候，其出发点是通过公司组织来改造传统的国有企业，因此，该公司法的许多规定还带有明显的计划经济时代的印痕，主要表现在：其一，我国公司法不区分有限责任公司和股份公司的治理结构，将有限责任公司的治理结构等同于股份公司的治理结构。因此，有限责任公司股东会、董事会的职权和活动规则同股份公司股东会、董事会的职权和活动规则几乎完全相同。我国公司法之所以将有限责任公司和股份公司的治理结构混同，其重要原因在于，在我国20世纪90年代初期，无论是有限责任公司还是股份公司，基本上都是由国有企业转制而来，公司法基本上是对披上公司这层面纱的国有企业进行规范的法律。其二，我国公司法的行政色彩十分浓厚。我国公司法受计划经济时代行政权力至上的影响，对某些行政机关的权力作出了明确规定，使某些行政机关可以不经任何司法程序即可责令公司组织解散。其三，对公司的设立采取抑制的态度。我国公司法的基本指导原则是抑制他人从事商事活动，而不是鼓励他人积极从事商事活动，因此，我国公司法规定了世界上最高的最低注册资本、最严格的公司设立程序和最严厉的违法制裁，使大多数人没有资格和经济能力去设立公司。

（三）我国2005年公司法的通过

为了推动我国公司法的发展，十届全国人大常委会第十八次会议最后在2005年10月27日表决，通过了修改后的公司法，这就是2005年《公司法》，修改后的公司法共13章219条，自2006年1月1日起施行。修改的主要内容有：降低公司最低注册资本，废除法定资本制度改用授权资本制度；完善上市公司的治理结构，强化监事会的地位；强化公司董事会的职权，弱化公司董事长的职权；建立公司小股东保护制度，赋予公司小股东申请法院强制公司解散的权利。增加的新内容主要有：一人公司制度，独立董事制度，公司僵局制度以及公司人格否定制度等。2005年《公司法》的通过具有重大的意义，它一方面反映了现代公司制度的要求，第一次将现代公司法上的许多重要制度规定下来，使我国公司法律制度同其他国家的公司法律制度逐渐靠拢，消除了我国公司法和其他国家公司法之间存在的重大差异，为我国公司法的现代化、统一化做出了重大贡献；另一方面反映了我国市场经济体制的要求，第一次将商人的要求规定在公司法中，大大提升了意思自治原则和契约自由原则在我国公司法中的地位，使我国公司法所具有的浓烈公法气味得以逐渐消散，使我国公司法中的强制性规定和禁止性规定得以逐渐减缓。不过，我国 2005 年《公司法》并非现代意义上的公司法，虽然它在我国公司法通向现代化的公司法的道路上已经大大跨出了一步。因为，我国 2005 年《公司法》仅仅是对 1993 年《公司法》规定的某些制度作出了改革，没有从指导思想上对公司法加以矫正，因此，我国 2005 年《公司法》仍然属于传统公司法的范畴，仍然要面临不断的修改、补充和完善。

第三节　当代公司法的统一化趋势

一、英美法系国家公司法的统一化趋势

（一）英美法系国家公司法统一的力量

在英美法系国家，虽然各国公司法的规定存在极大的相似性，但是，各国公司法的规定仍然存在重要的区别。例如，英国公司法和美国公司法之间存在重要的区别，英国公司法和澳大利亚公司法以及新西兰公司法之间存在重要区别。不仅如此，在美国，由于商事公司法的立法权属于各个州的立法机关，因此，美国各个州的公司法也存在差异，一个州的公司法可能不同于另一个州的公司法。英美法系国家公司法差异的存在不仅影响到了英美有关公司法方面的普通法的发展，而且还严重影响了商事交易的有效进行。为此，消除英美法系国家在公司法方面所存在的分歧，统一有关公司法方面的重要规则，以为商事交易提供统一的公司法规则，已经成为摆在英美法系国家面前的重要问题。自 20 世纪 50 年代以来，有两股法律力量在推动英美公司法的统一，这两股法律力量都来源于美国即德拉瓦州的公司制定法和公司判例法以及美国律师协会所颁发的标准商事公司法。

（二）美国公司法的统一化

在整个 20 世纪，德拉瓦州的商事公司制定法和德拉瓦州最高法院的商事公司判例法都成为美国现代公司法的主要渊源，为统一美国各个州的公司制定法和判例法做出了重要贡献。就德拉瓦州的商事公司制定法而言，人们认为德拉瓦州的商事公司法是 20 世纪以来美国公司法中最为有效、最为灵活和最为现代化的一部公司法，其法律用语相对确定，法律的可操作性和可适用性非常强，公司法的限制性规定和禁止性的规定极少，而授权性规定极多，完全是按照商人的现实要求所设计的公司法。就德拉瓦州的商事公司判例法而言，由于在美国纽约证券交易所上市的所有公司中有 1/3 的公司是在德拉瓦州设立的，因此，德拉瓦州最高法院经常面临其他州的最高法院所不能面临的重要案件，这些重要案件为德拉瓦州最高法院创设重要的公司判例制度提供了保障。

为了统一美国各州的商事制定法，美国律师协会（the American Bar Association）

在1950年制定了著名的《标准商事公司法》（Model Business Corporation Act），虽然该法在法律上并无约束力，但由于它具有适应性强、内容科学和观念创新的革命精神而受到美国各个州的欢迎，有的州在制定商事公司法时主要参考该法，有的州则直接适用该法。随着形势的发展，美国律师协会在1984年对《标准商事公司法》作出修改，这就是所谓的《修正标准商事公司法》（Revised Model Business Corporation Act）。该法共分16章，内容包括一般规定、公司设立、公司的目的和权力、公司的名称、公司的注册机构和代理人、公司股份与分配、公司股东、公司董事和高级行政官员、公司章程和管理细则的修改、公司的合并和股份交换、公司持异议股东的价值评估权、公司解散、外国公司以及公司会议记录和公司报告等。

（三）美国公司法对其他英美法系国家公司法的影响

美国公司法的现代化和统一化为整个英美法系国家公司法的现代化和统一化提供了基础，其他英美法系的国家在制定自己的商事公司法时或在作出自己的商事公司判例法时，都会参考美国商事公司法的规定或美国商事公司判例法的精神。这样，现代英美法系国家的公司法在逐渐统一。

二、大陆法系国家公司法的统一化趋势

（一）欧共体有关公司法指令颁发的背景

在大陆法系国家，各国的公司法存在着较大的差异，此种差异使大陆法系国家的公司法规则并不完全相同。一方面，英国公司法区别于法国公司法和德国公司法，因为，英国公司法属于英美法系国家的公司法，而法国公司法和德国公司法则属于大陆法系国家的公司法，两者在公司法的理念、渊源等方面都存在较大差异；另一方面，法国公司法区别于德国公司法，即便两者都属于大陆法系国家的公司法。公司法所存在的此种差异影响到了商人的跨国交易活动，使他们的公司设立活动和经营活动受到不同的公司法规则的调整，以至同样的商事交易行为可能产生完全相反的法律后果。为了消除大陆法系国家在公司法问题上的差异，谋求大陆法系国家公司法的统一，使大陆法系国家的公司在从事经营活动时受统一规则的调整，欧共体所订立的《罗马条约》（the EEC Treaty）第100条规定：欧洲议会应当颁发指令，使各成员国的法律、规章或行政命令的规定大同小异，以便建立统一的共同市场。欧洲议会所颁发的这些指令并没有直接的约束力，它们只有通过各成员国的立法机关的方式把这些指令规定在自己的国内法律中，这些指令才能对欧洲共同体成员国的公司产生约束力。自1968年开始，欧洲议会先后颁发了一系列有关公司法方面的指令，其中某些指令已经被有关欧共体成员国通过国内制定法的方式得以落实，为统一欧共体各成员国的公司法做出了重要贡献。

（二）欧共体有关公司法方面的具体指令

（1）有关公司法方面的指令一，在1968年3月9日颁布，它适用于股份公司、股份两合公司以及有限责任公司，其主要目的是为了消除各个成员国的公司法在有关公司设立前契约规则、越权行为规则以及公司章程对公司董事会代理权限加以限制的规则等方面的分歧，为那些同公司从事交易的债权人提供同等的法律保护。法国通过1969年12月20日所颁布的条例贯彻这一指令所规定的内容，而英国则通过《1972年欧共体法》贯彻这一指令。

（2）有关公司法方面的指令二，在1976年12月13日颁布，它对股份公司的设立、股份公司的资本以及资本的修改作出了规定，对公司设立的最低要件以及公司资本的维持、增加和减少等问题也有明确的说明。此种指令被1992年12月23日的指令所修改。法国通过1981年12月30日的法律将这一指令所规定的内容规定下来。

（3）有关公司法方面的指令三，在1978年7月25日颁布，对股份公司合并时股东和第三人利益的保护作出规定，法国通过改变有关公司合并方面的法律使这一指令在法国得以实行。

（4）有关公司法方面的指令四，在1978年7月25日颁布，规定公司年度财务报告的内容和结构，管理者所作的工作报告，股份评估的方式以及股份公司和有限责任公司文件的公开性。

（5）有关公司法方面的指令五，在1972年10月9日颁布，规定公司为了保护股东或第三人的利益而提供的担保问题，涉及到股份公司的结构、公司机关所享有的权利和所承担的义务问题。

（6）有关公司法方面的指令六，在1982年12月17日颁布，规定了股份公司的分立问题。

（7）有关公司法方面的指令七，在1983年6月颁布，主要规定公司集团年度财务报表的规则。

（8）有关公司法方面的指令十一，在1989年12月颁布，主要规定成员国的公司在其他成员国的分支机构所应当公开的事项规则。

（9）有关公司法方面的指令十二，在1989年12月颁布，主要规定有关一人公司的规则。

（三）欧共体有关公司法指令的经验

欧共体有关公司法方面的一系列指令并非是欧洲议会主观思维的产物，而是欧共体各国公司法成功经验的总结，是通过指令的方式将欧共体各成员国公司法中的优秀制度规定下来，并提供给其他成员国，各成员国的公司法借鉴和吸收其他成员国的公司法的优秀经验，为欧共体各成员国公司法的统一提供了重要的保证。有学者认为，欧共体公司法的统一同德国公司法、法国公司法以及英国公司法所做出的重要贡献分不开：在当今欧洲公司法中，德国公司法为欧洲公司法的统一做出了三个重要的贡献，即承认有限责任公司是特殊形式的商事组织，建立双重董事会体制以及共同决议的原则；英国公司法对欧洲公司法的统一化所做出的最重要的贡献在于，它规定了公司事务的公开性原则，认为承担有限责任的公司应当对公司股东、公司债权人、公司投资者以及最广大的社会公众承担公开公司事务的义务；法国公司法对欧洲公司法的统一所做出的重要贡献是有关上市公司股份转让问题的解决方式。①

三、两大法系国家公司法的统一化趋势

传统英美法系国家和大陆法系国家的商事公司法是不同的，表现在三个方面：其一，公司法的渊源形式不同。在英美法系国家，商事公司判例法是公司法的最主要渊源；而在大陆法系国家，商事公司法的主要渊源是公司制定法，商事判例法不是公司法的渊源。其二，公司法调整的范围不同。在英美法系国家，商事公司法主要调整股份公司，法律很少对有限责任公司表示关注；而在大陆法系国家，公司法不仅调整股份公司，而且还调整有限责任公司，有的国家甚至制定了单独的有限责任公司法。其三，公司法的内容不同。英美法系国家尤其是美国公司法的内容同大陆法系国家的公司法存在较大的区别，它们在公司的范围、公司的效力和公司的治理结构等方面都存在极大的差异。

20世纪以来尤其是20世纪50年代以来，两大法系国家之间在公司法方面的区别逐渐减少，为统一两大法系国家的公司法提供了保障。这表现在：

（1）公司法渊源的逐渐统一。无论是在英美法系国家还是在大陆法系国家，公司法的渊源逐渐统一，因为在大陆法系国家，公司法在强调公司制定法作用的同时也强调公司判例法在公司法中的作用，而在英美法系国家，公司法在强调公司判例法重要作用的同时也十分强调公司制定法的作用，无论是公司制定法还是公司判例法都是现代两大法系国家公司法的渊源。

（2）公司法调整范围的逐渐统一。在英美法系国家，公司法不仅调整股份公司，而且也调整有限责任公司，因为英美法系的一些国家也像大陆法系国家那样制定专门的有限责任公司法，对有限责任公司进行调整。例如，在美国，许多州在20世纪70年代以后开始制定有限责任公司法。为了统一美国各州在有限责任公司法方面的规定，美国统一州法委员会在1994年制定了《统一有限责任公司法》（Uniform Limited Liability Company Act）。

---

① Clive M. Schmitthoff, the Future of the European Company Law Scene, in Harmonisation of European Company Laws, see H. R. Hahlo and M. J. Trebicock, Hahlo's Casebook on Company Law, second edition, Sweet & Maxwell, p. 94.

(3) 公司法内容的逐渐统一。在现代社会，两大法系国家的公司法所规定的内容大同小异，使两大法系国家的公司法在内容方面逐渐统一。公司法内容方面的逐渐统一是通过两种方式实现的：一方面，英国公司法与大陆法系国家公司法通过欧共体有关公司法方面的指令逐渐实现了统一；另一方面，大陆法系国家在制定或修改公司法时往往要重点参考英美公司法的制度，当他们认为自己的公司法律制度存在问题，而英美法系国家的公司法律制度存在优越性时，他们就有可能放弃自己公司法所规定的制度，而采取英美法系国家的公司法律制度，这样，大陆法系国家公司法的规定逐渐同英美法系国家公司法的规定相同。例如，大陆法系国家早期对公司资本制度采取法定资本主义原则，而英美法系国家则一直以来都采取资本授权主义原则，由于资本授权主义原则具有众多的优点，大陆法系国家最后放弃了长期坚持的资本法定主义原则而改采英美法系国家的资本授权主义原则。[①] 同样，为了加强公司董事在公司法中的地位，大陆法系国家放弃了长期坚持的以股东为中心的公司治理结构，而改为以董事会为核心的公司治理结构，这正好是英美公司法所坚持的公司治理结构。

第四节 公司法的利益平衡作用

一、概述

公司法的重要作用之一是为公司法上的利益主体提供法律上的保护。不同的历史时期，公司法所保护的利益主体的范围是不同的。在20世纪20年代之前，公司法所保护的唯一利益主体是公司的股东，公司董事会的唯一社会责任就是尽一切可能和采取一切手段以确保公司股东利润最大化目标的实现，即便此种目标的实现是建立在公司债权人利益被严重牺牲的基础上也是如此。20世纪20年代之后，公司法学家开始提出新的社会责任的理论，认为公司法所保护的利益范围应当逐渐扩张，公司法不仅应当保护公司股东的利益，而且还应当保护公司股东利益之外的其他利益主体的利益，防止公司采取牺牲这些利益主体利益的方式来达到保护公司股东利益的目的。20世纪50年代以来，公司法应当对公司法上的各种利益主体加以平等保护的观念日益深入人心，公司法对各种利益主体提供法律保护的制度逐渐确立，公司所承担的社会责任的范围已经向广度和深度发展。公司法对包括公司股东在内的各种利益主体提供法律保护，其根据在于两个方面，即经济上的合理性和法律上的合理性。就经济上的合理性而言，公司作为现代企业制度的基础和核心，在贯彻股东责任有限制度的前提下，必须充分注重公司债权人和那些对公司有利害关系的人的利益，使公司在实现股东利益最大化目标的同时不损害公

[①] 张民安、刘兴桂主编：《商事法学》，中山大学出版社2002年版，第118~119页。

司债权人以及其他与公司有利害关系的人的利益，否则，公司就会成为股东进行违法或犯罪的工具。就法律上的合理性而言，公司作为一种民主组织，必须在贯彻公司大股东规则的前提下有效地保护好公司小股东的利益，不允许在公司内部出现大股东欺诈、压制和排挤小股东的现象，否则，公司小股东的利益就会遭受严重的损害。无论是从公司法提供法律保护的经济上的合理性来看，还是从公司法提供保护的法律上的合理性来看，公司法对涉及到的各种利益关系主体提供法律保护的根本目的，是为了平衡公司法所调整的各种利害关系主体之间的利害关系，制止某些主体以牺牲其他主体的利益为代价而实现不正当利益，确保公司组织的稳定、健康和持续发展。

二、公司承担的社会责任

（一）公司社会责任的争论

长期以来，公司法学家都在对公司所承担的社会责任的性质和内容争论不休。此种争论源于这样的事实即公司商事组织的设立，主要是为了实现公司所有人股东的利益，是为了股东的利益最大化目标的满足。因为，公司股东之所以购买公司股份，是因为他们期待自己能够取得股息的分配或投资的回报。公司管理机关在代表公司行为时，承担实现股东利益最大化的义务和责任。问题在于，董事在这样行为时，是否应当超出此种义务和责任的范围而对公司股东以外的其他利益主体承担民事义务和责任。

在现代公司法中，任何人，如果他们不是公司的股东的话，并且如果他们直接受到公司行为影响的话，则被看作与公司有利害关系的主体。此种利益关系的主体包括但不限于公司产品的供应商、产品的批发商、公司的顾客、公司债权人、邻居、所在社区、地方或国家政府以及普通的社会公众等。在公司的经营或管理活动中，这些人的利益可能会以这种或那种方式受到公司行为的影响，并且在许多情况下，这些人的利益会同公司股东的利益发生直接的冲突。在此种冲突面前，公司管理者如何作出自己的行为，是完全将公司股东的利益最大化置于公司董事会考虑的唯一范围，还是应当将公司股东以外的其他利益主体的利益亦同时置于公司董事会考虑的范围之内，是现代公司法所关注的重要问题。这实际上就是所谓的公司社会责任的问题。从理论上讲，公司社会责任的理论多种多样，学者基于不同的立场而提出不同的学说。目前主要有四种学说：股东利益最大化的社会责任理论，最低道德要求的社会责任理论，股东以外其他利益主体的利益得以保护的社会责任理论以及良好公民的社会责任理论。

（二）公司社会责任的各种理论

1. 股东利益最大化的理论

传统的公司社会责任理论认为，公司作为一种商事组织，其最根本的目的在于满足股东利益最大化的要求，其他受公司行为影响的有关利害关系人的利益实现不是公司的目的，公司的管理机关在代表公司作出某种决议或采取某种行动时，有义务使用一切合法的手段来实现此种目的。公司股东利益最大化的公司社会责任理论始于 19 世纪，在 20 世纪初期得到广泛的适用。这在美国著名的案件中得到说明。在 1919 年，美国 Ford 公司董事会作出决议，认为公司不应当将所获得的全部可分配利润分配给公司股东，而仅仅将一部分利润分配给他们，其他的利润则不加分配而重新投入公司以扩大公司的规模。Ford 公司董事会作出这样的决议，其目的是为了"雇佣更多的工人，使尽可能多的人员享受由该公司所从事的汽车工业所带来的利益，使他们能够过上幸福美满的生活。为此，公司正在将大部分的利润投入公司的商事活动中。"为了实现这样的目的，Ford 公司董事会也开始减少该公司所产生的小汽车的价格，并因此而减少了该公司原本可以获取的利润。原告向法庭提起诉讼，要求 Ford 公司将可分配的利润分配给股东。法庭作出有利于原告的判决，它认为，"商事公司之组织和营运，主要是为了公司股东盈利目标之实现。公司董事会权力的行使应当围绕这样的目的。公司董事会所享有的自由决定权的行使仅仅表现在他们可以选择实现此种目标的手段，而不在于可以改变该目标本身。他们不得为了其他目标而减少公司的利润，不得拒绝将公司利润分配给公司股东。"[①] 20 世纪 70 年代以来，此种社会责任理论再一次受到学者的重视，学者认为，除了考虑公司股东利益的实现以外，公司并无义务考虑股东以外的其他人的利益，其中最为人所注重的是著名保守派经济学家 Milton Friedman。Friedman 在 1970 年 9 月 13 日的《纽约时代杂志》上发表了《实现股东利益之满足是公司的社会责任》的文章，具体阐述了此种意义上的公司社会责任理论。他认为，在一个自由社会，"公司组织所承担的社会责任只有一个并且也仅仅只有一个，这就是，使用自己的资源从事旨在实现公司股东利益的行为，只要这些行为符合游戏规则的要求，即从事公开的、自由的和无欺诈的竞争。"[②] 根据 Friedman 的观点，公司无所谓社会责任，因为只有个人才有所谓的社会责任；在一个建立在私有财产基础上的经济制度中，公司的管理者是被公司雇佣来在遵守法律和道德规则的前提下尽可能为他们赚取更多的金钱；他们作为公司股东的代理人在代表公司作出决定时，无须考虑社会投资者的利益；公司股东期待公司能够给予他们以投资回报而没有期待他们从事某种社会活动。当公司管理者基于社会责任的理由而代表公司采取行动时，他们实际上是在以更低的利润的形式将公司股东的金钱拿走。

2. 最低道德要求的社会责任理论

此种公司社会责任理论认为，公司有义务实现其股东利益的满足而又不对他人造成损害。根据此种理论，只要公司所从事的商事活动避免了或矫正了他们自己的行为所引

[①] Dodge v. Ford Motor Co., 170N. W. 668 (Mich. 1919).

[②] Milton Friedman, The Social Responsibility of Business Is to Increase Its Profits, The New York Times Magazine, Sept 13, 1970.

起的社会损害,则公司履行了自己所承担的社会责任[1]。最低道德要求的社会责任理论也被某些学者称为保守的唯心主义,或者说公司自愿遵守法律的理论(voluntary compliance with the law),它要求公司的董事会在代表公司行为时,应当使公司遵守那些对该公司可予适用的法律和规则,即便公司不遵守这些法律或规定会使公司的现有财产增加,使公司股东的利益得到暂时的满足[2]。例如,某一个公司长期以来都习惯将该公司所产生的废物排放到公司附近的河流,虽然公司在这样做的时候并没有违反有关环境保护和环境污染防治方面的制定法,但是,后来公司董事会代表公司作出决定,每年花费5万元购买废物减缓和污染防止的设备,以便公司能够自愿遵守有关环境保护和环境污染防治方面的制定法,减少环境的污染所造成的损害。从表面上看,公司董事会的决定并非是为了公司的最好利益,不符合公司股东利益最大化的原则要求,但是,公司董事会的行为仍然被认为是为了公司的利益的行为,因为公司董事会的行为被认为是社会道德所要求的最低行为。

3. 公司股东以外其他利益得以保护的社会责任理论

此种理论认为,公司股东利益最大化虽然是公司组织所应实现的最为重要的目的,但是,它并非是公司组织的唯一目的。公司作为一种商事组织,同整个社会环境息息相关。公司在实现整个社会财富的增长方面具有重大意义。而公司要实现此种目的,必须有赖良好的财产受保护的法律规则和一个稳定的具有良好架构的市场环境。在这样的市场环境中从事商事活动,公司不仅仅同自己的股东发生关系,而且还同公司股东以外的雇员、供应商、顾客、债权人以及政府发生密切的关系。公司在从事商事活动时,不仅要考虑此种活动对其股东所产生的影响,而且还要考虑此种活动对这些人的利益所造成的影响。公司在作出某种决定时必须考虑这些人的利益,否则,对他们所造成的损害应当承担责任。就公司的雇员而言,传统法律认为,公司的雇员也仅仅是那些被公司雇佣来完成某些雇佣工作的劳动者,他们同所在的公司签订劳动契约,承诺为公司完成其雇佣范围内的工作,取得该劳动契约所规定的报酬。因此,公司董事会在代表公司作出某种决定时无须考虑公司雇员的利益。因为,公司雇员的利益仅仅由公司与其雇员所签订的契约所规定,在雇佣契约所规定的利益之外,公司雇员对公司不享有更多的利益。20世纪50年代以来,此种观点逐渐被人们所反对,他们认为,公司的利益同公司雇员的利益息息相关,公司事业的稳定发展离不开公司雇员的积极性和创造性的发挥,因此,公司雇员的法律地位应当从普通劳动法的地位提升为公司法上的利益主体的地位,公司董事会在代表公司作出决议或采取行动时不应当单纯考虑公司股东的利益,而且还要考虑公司雇员的利益。此种理论最终被有关国家的法律所采取。英国有关公司法明确规

---

[1] Henry R. Cheeseman, Business Law, second edition, Prentice Hall Englewood Cliffs, New Jersey, 1995, p. 148.
[2] Robert Charles Clark, Corporate Law, Little, Brown and Company, 1986, pp. 684~685.

定，公司董事会在代表公司行为时，有考虑公司雇员利益的义务①。就公司债权人的法律地位而言，传统公司法认为他们仅仅是民法或普通法上的一般请求权人，他们的权利、义务和责任完全由契约所规定，在该种契约所规定的利益之外，他们对公司不享有更多的利益。20 世纪 80 年代以来，此种理论也逐渐遭受人们的批判，人们认为，公司债权人的地位应当从契约法上的一般请求权人的地位提升为公司法的利益主体的地位，公司董事会在代表公司作出决议时应当考虑他们的利益。就公司与政府的关系而言，传统法律认为，公司事务由公司董事会自己决定，政府不应当对公司事务加以干预。20 世纪 80 年代以来，此种理论也遭到某些人的反对，他们认为，公司董事会应当包括政府的代表以便公司董事会所代表的利益范围得以拓展②。

4. 良好公民的社会责任理论

此种理论认为，公司作为一种商事组织虽然以营利作为目标，但是公司亦负有助人为乐的责任，也就是，公司负有解决某些社会问题的责任，如公司负有捐赠教育或慈善机构的责任。此种理论的出发点在于，自然人作为公民，在他人面临某种危险或需要时，会尽力帮助他人。公司作为商事组织，也应像公民那样去帮助社会有希望帮助的人或组织。良好公民的社会责任理论也被某些学者称为一元论（monism）的公司社会责任理论，它要求公司董事会在采取某种行为时应当实现公司股东私人目的和公司股东以外其他利益主体利益满足的公共目的的最终统一。公司董事会所采取的行动虽然从表面上看并不是为了公司股东的利益，甚至构成公司财产的表面浪费，但是，如果公司董事会所采取的行为最终是为了实现公司股东利益的满足，是为了公司本身的发展和壮大，则公司董事会的行为不应当被股东提起诉讼。"典型的一元论者相信，社会生活中存在某些活动，这些活动要求公司基于所承担的社会责任而加以实行，并且公司在实行这些社会活动时是有好处的，因为，公司实行这些活动将最终使公司创造了公司能够在其中开展经营活动的更好的气候或文化氛围。这些活动通常在传统的意义上理解为包括对所认可的慈善机构和非营利机构所作的捐助，对受到损害的城市地区进行少量的投资，雇佣少数民族或有残疾的工人，等等。"③ 在早期，当公司董事会决定向慈善机构和非营利机构作出捐助时，司法允许公司股东代位公司对该董事会提起派生诉讼，因为，司法认为公司董事会所作出的此种捐助实际上是对公司财产的浪费，不是为了公司股东的利益。但是，在现代法律中，公司董事会有权对慈善机构和非营利机构作出捐助，只要该种捐助不仅仅表现为一种道义上的慈善活动，而是公司从事商事活动的一种手段，是为

---

① 张民安：《现代英美董事法律地位研究》第二版，法律出版社 2007 年版，第 145～146 页。
② 张民安：《现代英美董事法律地位研究》第二版，法律出版社 2007 年版，第 148～149 页。
③ Robert Charles Clark, Corporate Law, Little, Brown and Company, 1986, p. 681.

了直接推动公司营利目的的实现的话。① 《美国修正标准商事公司法》（the Revised Model Businese Corporation Act）第3.02（13）条规定，公司有权为了公共利益或为了慈善、科学或教育的目的而作出捐助。美国法学会在有关公司治理机构的原则中，对良好公民的社会责任理论作出了规定，它认为，在公司从事商事活动时，"（a）公司应当像自然人那样承担在法律所规定的范围内活动的义务；（b）可以考虑各种道德的要求，只要这些道德要求对一个负责任的商人来说是适当的；（c）可以基于公共利益、人道、教育和慈善的目的而使用一定数量的资源。"② 详见下表：

公司社会责任的理论	
理论	社会责任
利益最大化理论	为股东利益最大化目标而行为
最低道德要求理论	避免对别人造成损害并赔偿所引起的损害
其他利益的保护理论	考虑所有同公司有利益关系的人的利益，包括股东、雇员、顾客、供应商、债权人和社会
公司良好公民理论	助人为乐并解决社会问题

（三）我国公司法应当采取的公司社会责任理论

我国2005年《公司法》规定了公司承担的社会责任，这就是《公司法》第5条。该条规定，公司从事经营活动，必须遵守法律、行政法规，遵守社会公德、商业道德，诚实守信，接受政府和社会公众的监督，承担社会责任。问题在于，我国公司法应当采取哪一种公司社会责任理论？这是我们研究公司法时应当明确回答的问题。本书认为，有关公司社会责任的上述四种理论各有优缺点，我国公司法应当采取股东利益最大化的理论。

1. **股东利益最大化的社会责任理论的优缺点**

就股东利益最大化的社会责任理论而言，此种理论的优点表现在两个方面：一方面，仅仅将公司股东利益最大化的实现作为公司的目的而无须将公司股东以外的其他利益主体利益的满足作为公司的目的，公司董事会能够在代表公司行为时目标明确，不至于因为要考虑众多利益主体的利益而茫然失措，最后可能导致公司股东的利益和股东以外的其他人的利益都无法实现的后果。因为，像利益最大化这样单一的、确定的目标要

---

① 张民安：《现代英美董事法律地位研究》第二版，法律出版社2007年版，第288页。
② S. 2. 01, American Law Institute, Principles of Corporate Governance: Analysis and Recommendations, tent. draft no. 2.

比考虑众多利益主体利益这样众多的、模糊的目标更容易控制和监督。"他们越是清楚自己应当干什么，他们越是能够有效地从事这些活动。"①另一方面，公司单一目标的确定和实现虽然使公司股东获得了大量的投资回报，但是，公司此种单一目标的完成并没有使公司股东以外的其他利益主体受到损失或使他们变得更加贫穷，公司股东以外的其他利益主体的利益可以通过其他法律途径来获得保护，诸如契约、民法以及特别法等。当然，此种理论也存在一定的问题，这就是，公司股东以外的其他利益主体的利益通过其他方式加以保护，不能使他们的利益获得强有力的保护。因为，在许多情况下，公司董事会的行为在严重损害他们利益的时候根本没有违反公司与这些人之间所订立的契约，传统民法无法为他们提供周详的保护。

2. 最低道德要求的社会责任理论的优缺点

就最低道德要求的社会责任理论而言，此种理论的优点在于，当公司董事会在行为时达到了最低的道德要求，自觉地遵守了法律并没有强迫他们遵守的法律，则其行为可以产生更加重要和理想的效果，并剔除其行为可能产生的不利后果，为公司开展商事经营活动提供良好的环境和条件。例如，如果公司在没有法定义务的情况下，支出一定数量的金钱购买环保设备，减轻公司所排放的废物量，改善公司所在社区的空气质量，公司就可能吸引大量的优秀雇员来公司工作。此种理论的缺点在于，一个社会的最低道德是什么，法律并没有规定，如果公司将一定数量的金钱花在遵守原本不需要遵守的法律上，尤其是如果公司将该笔金钱花在遵守昂贵的制定法方面，则公司可能会贻误发展机会，影响公司的发展壮大，损害公司股东利益。

3. 公司股东以外其他利益主体的利益得以保护的社会责任理论的优缺点

就公司股东以外其他利益主体的利益得以保护的社会责任理论而言，此种理论的优点在于，它能够为公司股东以外的其他利益主体提供良好的保护，防止公司借口公司股东利益最大化目标的实现而损害公司雇员、债权人或消费者的利益。因为，现代社会的一个重要现象是，大型公司在社会生活中拥有强大的经济力量、政治力量，他们所作出的决定不仅对公司股东产生重要的影响，而且也对公司雇员、公司债权人和社会公众产生重要的影响，在此种情况下，人们期待公司股东以外的利益关系主体对公司事务享有直接的发言权，以便能够保护自己的利益。公司股东以外其他利益主体利益得以保护的社会责任理论使股东以外的这些利益主体的利益得到了较好的保护。此种理论的缺点在于，此种理论在实际生活中难于操作，一旦实行，会严重损害公司效率的发挥，阻却公司董事会管理的积极性并最终使社会经济陷入停顿。

4. 良好公民的社会责任理论的优缺点

就良好公民的社会责任理论而言，此种理论同股东利益最大化的社会责任理论并不

---

① Robert Charles Clark, Corporate Law, Little, Brown and Company, 1986, p. 679.

矛盾，实际上是该种理论的一种变种和延伸。因为，该种理论并不否认公司行为目的的最终性即公司股东利益最大化，而仅仅要求公司在实现这一最终目标时采取某些表面上仿佛违反这一目标的手段。其优点和缺点同股东利益最大化的社会责任理论的优点和缺点相同。

5. 我国公司法应当采取的公司社会责任理论

有关公司社会责任的上述几种理论均具有合理和不合理的地方，我国公司法必须确定一种利大于弊的社会责任理论以作为自己的指导思想。就股东利益最大化的理论而言，此种理论虽然有损害其他利益主体的弊端，但其具有鼓励投资、促进商事事业发展与繁荣的优点，因此，此种公司社会责任的理论应当为我国公司法所坚持。本书认为，我国市场经济还不发达，商事事业还不繁荣，我国公司社会责任的承担必须在确定股东利润最大化目标实现的基础上强调公司对其他利益主体的利益的保护：股东利润最大化是公司商事组织的终极目标，其他利益主体利益的保护虽然也是公司的目标，但处于次要的地位，隶属于主要目标。当公司的主要目标和次要目标发生冲突时，公司董事会应当放弃次要目标的考虑而坚持主要目标，否则，当公司董事会的行为违反了他们所承担的为公司最好利益而行为的忠实义务，应当对公司承担法律责任。[①]

（四）公司承担社会责任的途径

公司在现代社会应当承担更多的社会责任，是现代公司法学家一致的结论。问题在于，公司社会责任如何承担，学者之间并无一致的学说。在公司如何承担社会责任的问题上，公司的管理者时常面临许多难以解决的问题。总的说来，公司在其具体的商事活动中采取的责任承担方式多种多样，主要包括：道德法典的制定，董事会中的道德委员会的设立，高级行政官员中道德委员会的设立，公司利益主体参与公司事务的管理等。

1. 道德法典的制定

在美国，超过90%的公司制定了正式的道德法典，用来作为雇员行为的基本法典，指导雇员如何对待公司和处理与公司其他利害关系主体之间的关系。这些法典的内容通常都以正规的方式对其雇员作出通知，有的公司甚至采取最正规的方式，要求雇员作出这样的书面陈述，即雇员知悉该种道德法典的内容并且愿意遵守这些规定的意图。虽然这些道德法典的方式不同，但是，它们大都在公司内部得到了强制执行。雇员违反这些道德法典所规定的内容，其所受的制裁并不完全相同，主要包括否定性的评价、工资的减少、职务的降低甚至开除等。

2. 有利害关系的主体参与公司事务的管理

公司在作出决议和决定时不仅要考虑公司股东的利益，而且还要考虑股东以外的其

---

① 张民安：《公司法上的利益平衡》，北京大学出版社2003年版，第9~10页。

他利益主体的利益，让他们通过参加董事会并成为董事会成员的方式来体现自己利益的维护。有利害关系的主体参与公司事务的管理方式，实际上涉及到这样的三个程序：首先，辨明公司目前或未来的对公司有利害关系的主体，之后再辨明这些主体对公司所享有的利害关系，最后，将这些主体的利益置于公司的战略计划或公司正常经营期间决议的作出或公司事务的管理之中。

三、公司法调整的各种关系

（一）公司发起人与公司的关系

公司之设立需有公司发起人，公司发起人是公司最初的投资人，他们在公司设立之前实际上对公司的命运和前途具有决定性的影响。公司如果设立成功，公司设立人因为发起和设立公司所从事的活动、所缔结的契约或所支付的费用是否要由公司承担？如果公司法完全持肯定的态度，则公司的利益有时会得不到有效的保护，因为，公司发起人有时会借口公司设立的需要而将大量不合理的费用转嫁给公司，甚至会借口公司发起的需要而代表未来公司缔结有损公司利益的契约。如果公司完全不对公司发起人的行为承担任何责任，完全将公司设立的所有费用、发起人代表未来公司缔结的所有契约当作是公司发起人个人所缔结的契约，则公司发起人的利益也会受到损害，影响了公司发起人设立和发起公司的积极性，不利于商事事业的发展与繁荣。为此，公司法要平衡公司和公司发起人之间的关系，既要防止公司发起人借发起公司而损害未来公司行为的发生，也要防止借口公司利益的保护而抑制了公司发起人设立公司的积极性。

（二）公司股东与公司管理人员之间的关系

传统公司法理论认为，选择公司管理人员和解除公司管理人员的职务是公司股东所享有的一项重要权力，这一权力的享有和行使不仅是公司股东法律地位的重要表现，而且亦是公司管理人员忠实地、勤勉地服务于公司和公司股东的根本性保障。为此，传统公司法对公司董事规定了大量的义务和责任，以确保他们能够在代表公司进行活动时不损害公司股东的利益。现代公司法打破了此种陈规，确立了公司董事会的核心地位，公司董事会能够通过各种手段使公司股东选择和解除董事职务的权力落空。在这种时代背景下，强化董事的责任，拓展其义务范围，加强公司股东的监督和约束，不仅是保证公司管理人员正确行使职权的必要，也是确保公司股东不受违法、不当行为侵害的必要。为此，各国公司法均不同程度地强化了股东的地位，赋予他们以各种形式的权利，借以从内部约束公司董事的行为。

（三）公司股东与公司债权人之间的关系

公司股东和公司债权人的关系密切：公司股东的投资构成公司最初的财产来源，而公司财产又构成公司债权人债权的总担保；当公司将大量的财产分配给公司股东之后，公司债权人债权的总担保就会受到削弱；当公司因为某种原因而陷入破产时，公司股东原则上不就公司的债务对公司债权人承担个人责任；公司财产虽然同时是公司股东利益和公司债权人利益实现的基础，但是公司法并没有将他们两者同样对待而认为两者是性质不同的利益主体，即公司股东是公司的所有权人，对公司享有表决权、诉讼提起权和剩余财产的分配权，而公司债权人仅仅是公司的请求权人，他们除了对公司享有债权请求权之外，不对公司享有任何其他权利。公司债权人的此种地位不仅使公司债权人面临不能控制公司行为、防止公司违约甚至公司破产的问题，而且还要面临交易费用和成本增加的问题。在这种情况下，将公司债权人的法律保护纳入现代公司法的范畴不仅是必要的，而且是可能的。事实上，现代公司法对债权人利益的保护问题已作了较为详细的规定，并且，随着公司法的不断完善，此种保护的程度和范围还在不断加强，出现了诸如董事对债权人承担义务的规定和债权人享有派生诉讼提起权的规定。

（四）公司股东与社会公众之间的关系

公司尤其是大型的公共持股公司作为社会经济生活中的重要力量，其决议之作出，其行为之效力对于社会公众的影响是广泛的。一旦公司作出在何处建造工厂、安排何种环保设备、生产何种产品、产品的价格如何、在产品中采取何种安全措施等决议时，这些决议将会成为一种既具有"经济意义"也具有"社会意义"的决议，将会对个人、社会和国家产生深远的影响[1]。由此，人们开始了对公司承担社会责任的讨论。此种讨论源于19世纪70年代中期的美国，发端于对成千上万的大型公共持股公司在美国国内外行贿、捐赠事实的披露。这些披露使人们对公司承担社会责任的要求更加强烈，亦引发了人们对董事会的高度集中管理作用的认识，同时也促进了人们关于制定更好的调控机制以确保公司管理机关的行为符合法律和道德原则的认识之提高。目前，关于公司社会责任的讨论主要在两个层次上展开，一是公司管理机关在作出重要决议时是否应当明确地考虑到社会利益，亦是说，他们在实现公司股东利益最大化目标的同时，是否应接受政府和社会的干预与监督；二是人们认为是否有必要在公司的管理机关中增加政府、劳动者、供销商、消费者、债权人等的代表人，以使公司的管理机关所代表的利益有所扩张[2]。这些争论虽然还没有结束，但这些争论的本身反映出人们希望加强对大型公共持股公司董事会的约束，使公司股东利益与社会公共利益协调起来。

（五）公司股东相互之间的关系

公司作为一种民主组织是由两大类型的股东所组成，其中拥有51%的有表决权的股东称为大股东，拥有49%以下有表决权的股东为小股东。公司法的基本规则是大股

---

[1] Robert W. Hamilton：The Law of Corporations, 1990, West Publishing Company, p. 9.
[2] 张民安：《现代英美董事法律地位研究》第二版，法律出版社2007年版，第9～11页。

东规则，投票权的简单多数即足以控制公司董事会的组成，并足以在公司的各种会议上作出有利于大股东的决议[1]。然而，公司大股东的权力并非是绝对的、毫无限制的。他们在作出决议和决定或进行其他行为时，必须从整个公司的利益出发，不得为自己的利益而牺牲、损害小股东的利益，否则，法律要给予小股东一定的法律救济。

---

[1] K. R. Abbott, Company Law, D. P. Publications, p. 20.

第二编 公司设立制度

第三章 公司设立的条件和程序

第一节 公司设立概论

一、公司设立的界定

所谓公司设立是指公司发起人为使公司获得法人资格而依法完成法律所规定的各种要件的行为。在现代公司法中,公司设立制度占有重要的地位,各个国家的公司法都对公司的设立制度表示关注。因为,公司在社会经济生活中发挥作用是以公司有效设立作为前提,如果公司没有有效设立,则公司根本不能获得法人格,不得成为商人。在当今社会,人们设立公司的积极性并没有减弱,很多人仍然希望通过设立公司来满足利益最大化的愿望。而在我国,随着市场经济体制的确立,随着我国对外开放的程度进一步加强,大量的公司也会得到设立,这样,研究公司的发起和设立制度就具有重大的理论和现实意义。

二、公司设立的制定法根据

任何公司的设立,都必须有严格的法律上的根据,没有法律上的根据即不得设立公司。这一点与合伙组织形成鲜明的对比。一般商事合伙组织的设立无须任何法律上的根据,当事人凭借契约即可成立合伙组织。在英美国家,法律明确要求公司根据制定法来设立,不允许当事人凭借契约来自由设立。英国《1948年公司法》第455节规定:所谓公司是指根据该法注册设立的既存的公司。《美国修正商事公司法》第1.40条规定:所谓公司是指按照本法所组织和设立的或受本法调整的公司。在大陆法系国家,法律明确认可公司设立的制定法根据。我国《台湾民法》第45条规定:以营利为目的之社团,其取得法人资格,依特别法之规定。此处所谓特别法,即指公司法。我国2005年《公司法》第2条规定:本法所称公司是指依照本法在中国境内设立的有限责任公司和股份有限公司。这表明,公司要取得独立的人格,必须根据公司法组织登记而成立,否则,不得称之为公司。在我国,因为历史或现实的原因,除了公司制定法均可以成为公司设立的根据以外,中外合资经营企业法、中外合作经营企业法、外资企业法均可以成为公司设立的根据，我国民法通则也可以成为公司设立的根据。公司设立根据的多样化而非统一化，是我国法制不健全的表现，是我国市场经济不发达的产物。公司设立根据的多样化所存在的主要问题在于它使我国公司组织形态多种多样，根据此种制定法而设立的公司与根据彼种制定法而设立的公司有很大的区别，即便他们在性质方面是相同的。在市场经济条件下，法律对相同性质的公司的设立条件和设立程序应当是相同的，否则会造成严重的后果。为此，本书认为，我国应当废除公司设立方面的多根据性，确立公司设立依据的唯一性。[①]

三、公司设立的各种条件和程序

公司的设立必须有严格的制定法根据是指公司的设立应当符合作为该种公司设立根据的制定法的规定，包括符合该种制定法所规定的条件和符合该种制定法所规定的程序。然而，究竟公司的设立需要符合哪些条件，需要符合哪些程序，各国法律的规定并不完全相同。本书结合当代两大法系国家公司法和其他法律的规定，将公司设立的条件分为一般契约法所规定的条件和公司制定法所特别规定的条件，只有同时具备民法典所规定的一般契约的构成要件和公司法所规定的特殊构成要件，公司契约才能够有效设立。一般认为，一般契约的有效要件包括三个：即契约当事人的同意、有订约所必要的法律上的能力以及标的。公司法所规定的特殊要件包括公司股东的非单一性、股东的共同出资、对公司经营结果的分享与分担以及具有设立公司的主观意图。就公司设立的程序而言，公司的设立应当遵行哪些程序，各国法律的规定并不完全相同，总的说来，各国都要求公司设立遵行公司股东的出资、公司章程的制定以及公司章程的公开等程序。仅仅具备公司成立的实质性要件，公司并非完全成立，只有同时具备公司法所规定的程序要件，公司才能成立。因此，公司的设立程序在公司设立制度中具有重要意义。

第二节 公司发起人[②]

一、公司发起人的界定

虽然公司发起人在现代公司法中占有重要的地位，但是各国法律并不愿意对公司发起人这一词语作出明确的说明，各国司法也不愿意对此种词语作出明确的界定。因为，如果法律对公司发起人作出明确的规定，或者如果司法对此种词语作出明确的说明，则那些非常希望规避发起人所承担的法律责任的人就会谨小慎微，影响到公司组织的发起

[①] 张民安：《公司法上的利益平衡》，北京大学出版社2003年版，第15~18页。
[②] 张民安：《公司法上的利益平衡》，北京大学出版社2003年版，第35~45页。

和设立①。本书认为,公司的发起人实际上就是负责公司成立、向公司提供资本、使公司处于正常运转并且因此而采取某种措施完成此种目的的人。通常而言,公司发起人往往是一个积极进取、富有想象力的企业家,他们常常能够捕捉到某种商机并通过其设立行为将自己的商事信息付诸实施。公司发起人的活动往往表现在多个领域,但最主要的表现在三个领域:发起人必须为公司安排好必要的资本;必须获得公司开展商事活动所必要的财产和从业人员;必须安排好公司本身的成立事务。然而,并不能因此而认为,任何公司发起人都要从事如此富有积极性的活动。即便某个人在公司设立时仅仅安排他人担当公司董事,此人也被看作是公司发起人。因此,某个人是否公司的发起人实际上是一个事实问题而非法律问题。

二、公司发起人对公司承担的受托义务

(一) 公司发起人的受托人地位的确立

公司发起人同公司是什么样的法律关系?在现代社会,公司发起人被认为是公司的受托人,基于公司的委托而发起和设立公司,因此,在发起和设立公司时应当对公司作出受托义务。公司发起人在发起和设立公司时与其所要设立的公司之间形成信托关系的原则源于19世纪,是由英国Lord Cairns在1878年的判例中所确定的。在Erlanger v. New Sombrero Phosphate Co.② 一案中,Lord Cairns指出:"公司发起人在公司设立时与其所要设立的公司处于受托人与委托人的关系,这一点是毫无疑问的。他们手握创设公司的大权。有关公司如何设立、何时设立、设立成何种性质的公司、由谁来对所设立的公司加以监督并且公司何时以公司的身份来从事商事活动的权力都由他们所享有……"此种原则被确立以后得到英美司法的完全认可,许多判例开始援引此种判例规则作为强加公司发起人受托义务的根据。在现代英美公司法中,公司发起人的受托人或代理人的法律地位并没有得到公司制定法的说明,有关此类义务完全是由司法判例作出的。在我国,公司法虽然对公司董事所承担的各种受托人的义务作出了规定,但是,没有对公司发起人所承担的受托义务作出规定。本文认为,为保护发起人所设立的公司利益,防止发起人借设立公司之机谋求不当利益,我国公司法应当对公司发起人在发起公司时所承担的受托义务作出明确的规定。

(二) 公司发起人所承担的利益说明的义务

由于公司发起人是其所要设立的公司的受托人,因此,在没有取得所设立的公司的同意的情况下,公司发起人不得以牺牲其所要发起和设立的公司的利益的方式而获得任

---

① Boyle&Sykes, Gore – Browne on Companies, Vol. 1, Jordans, 1990, p. 8.
② (1878) 3 App. Cas. 1218, 1236.

何利益，无论是以直接的方式还是以间接的方式；如果公司发起人无视此种规则而取得了某种秘密利益，则公司可以强迫该发起人就其所获得的秘密利益对公司承担利益说明义务[1]。此种义务的强加是为了防止公司发起人借设立公司之机寻求个人利益而损害所设立的公司利益。在实际生活中，公司发起人违反所承担的受托义务并因此而获得不应当获得的秘密利益的方式多种多样。首先，公司发起人获得秘密利益的最为普遍的方式是由他们自己购买某种财产或商事事业，之后再以高于购买价的方式将该财产或商事事业出卖给所要设立的公司。此时，公司发起人就其所获得的价格差对所设立的公司承担利益说明的责任[2]。其次，发起人如果将自己的财产出售给其正在设立的公司，其可能会利用自己的发起人的身份谋求不当利益，他可能会抬高所出售的财产的价格，设定该种交易的条件从而损害所设立的公司利益。在此种情况下，发起人必须充分公开此种个人性质的利益、从此种交易中所获取的利益的范围以及任何可能会影响公司作出是否购买此种财产的决定的其他因素。最后，如果公司发起人在与那些将要把自己的财产出卖给公司的人进行谈判时，出卖方同意将所出卖的财产利益中的一部分给予公司发起人时，法律认为公司发起人应当就此利益对公司承担利益说明义务[3]。总之，公司发起人在发起和设立公司时，不得在没有取得公司同意的情况下获得任何形式的利益，即便公司发起人在行为时是以财产出卖人的代理人身份或者是以其他发起人的代理人身份，也是如此。

（三）公司发起人就其利益所作的公开披露

在现代法律中，公司发起人所承担的受托义务是一种严格意义上的义务，此种义务的承担并不以公司发起人在获得秘密利益时主观方面存在着恶意或欺诈作为条件，公司发起人只要在事实上获得了秘密利益，则应当就该种秘密利益对公司承担利益说明义务。Lord O'Hagan 指出，一旦公司要求发起人将其所获得的秘密利益返还给公司，公司发起人即应承担利益返还的法律责任，而"不需要发起人在获得秘密利益时有恶意或故意欺诈的主观动机。"[4] 公司发起人如果要免除此种义务和责任，必须在获得该种利益时对公司公开此种利益并取得公司的同意。在现代社会，公司发起人就自己在公司发起和设立中所获得的利益对公司承担利益的公开说明义务时，既可以对公司完全独立的董事会作出说明，也可以对整个既存的和潜在的成员作出此种说明。公司发起人在获得此种利益时如果对公司承担了利益的说明义务并且取得了公司的同意，则公司发起人可以不对公司承担法律责任，否则，即应对公司承担法律责任。

---

[1] Emma Sliver Mining Co. v. Grant (1879) 11Ch. D. 918.
[2] Re Cape Breton Co. (1885) 29ChD795.
[3] Whaley Bridge Printing Co. v. Green (1880) 5QBD 109.
[4] Erlanger v. New Sombrero Phosphate Co. (1878) 3 App. Cas. 1218, 1256.

（四）公司发起人违反受托义务所承担的法律责任

1. 利益返还责任

如果发起人违反所承担的受托义务，则其承担的法律责任主要是将自己所取得的个人利益或秘密利益返还给公司；公司可以以自己的名义对发起人提起诉讼，要求其将所取得的利益返还给公司，即便产生此种利益说明责任的事件发生在公司设立之前。

2. 契约之撤销

如果公司发起人违反所承担的受托义务而与所设立的公司订立契约，将自己的财产出卖给所设立的公司，则公司可以向法庭起诉，要求法庭撤销公司与发起人所订立的契约，即便该财产已经根据契约转移给公司，或者当发起人根据该契约将财产出卖给公司时，公司根据该种契约已经对发起人发行了股份，也是如此。但是，公司要撤销与发起人订立的契约，必须以公司能够将发起人所出卖给公司的财产返还给公司发起人作为条件，并且此种被返还的财产与发起人将它们出卖给公司时的状态无实质性的改变。因此，如果公司已经将此种财产出卖给第三人，则公司也不得要求撤销该种契约[①]。同时，在公司享有该种权利的情况下，如果公司在行使该种权利时有不合理的迟延，则公司所享有的契约撤销权也消失。

3. 损害赔偿

如果因此而给公司造成其他财产损失，发起人还应当承担损害赔偿的责任。如果公司发起人在允许公司购买包括自己的财产在内的财产时，因为过失而使公司支付的价格高于该财产的真实价格，公司发起人应当就公司因此而遭受的损失承担赔偿责任[②]，即便公司在此种情况下没有撤销发起人与公司所缔结的契约。

（五）发起人之间的共同责任

公司发起人彼此之间并非必然是合伙人，一个发起人也并非必然是另一个发起人的代理人。因此，一个发起人并不就另一个发起人的受托义务的违反行为承担共同的和连带的法律责任。但是，如果公司的发起人共同取得某种秘密利益，则他们应当就此秘密利益对公司承担共同的和连带的责任，一个发起人有全部返还该种秘密利益或全部赔偿公司所遭受损失的义务和责任，之后，他有权要求其他发起人对自己的损害承担相应的法律责任[③]。即便公司发起人已经死亡，他所遗留下的财产也应当用来作为此种法律责任的基础[④]。

---

① Robert R. Pennington, Pennington's Company Law, 4th ed, Butterworths, 1979, p. 488.
② Jacobus Marler Estates Ltd v. Marler (1913) 85LJPC167；《日本商法》第139（1）条。
③ Gluckstein v. Barnes [1900] AC240.
④ Phillips v. Homfray (1883) 24ChD 439.

三、公司发起人承担的制定法上的义务

在现代公司法中，公司发起人就其发起和设立公司的行为，有要求公司支付报酬的权利，同时，也有根据公司法承担制定法所规定的责任的义务。根据现代法律，公司发起人所承担的制定法上的责任主要包括股款连带认缴的责任、公司不成立时所承担的法律责任和损害赔偿责任。

（一）发起人所承担的股款连带认缴责任

为了防止公司发起人借公司发起之机谋求不当利益，现代公司法认为，在公司设立之后，如果公司应当发行的股份没有发行或者虽然发行但是没有人缴付股款，则公司发起人应当认购这些股份或应当缴付这些股款。这就是发起人所承担的股款连带认缴责任。此种责任为我国《台湾公司法》和《日本公司法》所规定。我国《台湾公司法》第 148 条规定：未认足第一次发行股份及已认而未缴付股款者，应由发起人连带认缴。其已认而经撤回者，亦同。实际上，我国《台湾公司法》的此种规定是参考了《日本商法》第 192 条，该条将公司发起人在此种情况下所承担的法律责任称之为发起人的担保责任。根据此种担保责任，公司设立时所发行的股份，在公司设立后仍无人认购时，视为发起人及公司成立时的董事共同认股，有认股撤销时，亦同。公司成立后，有未缴清股款或未全部给付现物出资的股份时，发起人及公司成立时的董事负连带缴纳股款及支付未缴财产价额的责任。我国 2005 年《公司法》第 31 条规定了此种性质的连带责任。该条规定，有限责任公司成立后，发现作为设立公司出资的非货币财产的实际价额显著低于公司章程所定价额的，应当由交付该出资的股东补足其差额；公司设立时的其他股东承担连带责任。

（二）公司不成立时发起人所承担的法律责任

公司发起人在发起和设立公司时也存在公司不能成立的风险，在此种情况下，一旦公司真的没有成立，公司发起人应当对第三人的损害承担法律责任。此种法律责任有两种形式：其一，公司不能成立，公司发起人对公司发起和设立的费用承担连带法律责任。公司发起人发起和设立公司的费用在公司设立成功时是由公司发起人承担还是由所设立的公司承担，各国的法律所作出的规定是不完全相同的，但是，如果公司没有成功设立，则公司发起人因为发起和设立公司所支出的一切费用由公司发起人承担，则是各国公司法的原则规定。并且，各国法律都要求所有的公司发起人对此种费用承担共同的连带责任。《日本商法》第 194（2）条规定，公司设立失败时，因设立公司而支出的费用，由发起人承担。我国 2005 年《公司法》第 95（1）款规定，公司不能成立时，股份公司的发起人对设立行为所产生的债务和费用负连带责任。其二，当所发起的公司不能成立时，公司发起人应当就认股人的损害承担法律责任。我国 2005 年《公司法》

第 95（2）条规定，公司不能成立时，对认股人已经缴纳的股款，股份公司发起人负返还股款并加算银行同期存款利息的连带责任。

（三）公司发起人所承担的连带损害赔偿责任

公司发起人在发起和设立公司时，如果因为故意或过失而损害所有效设立的公司的利益，公司发起人应当对所设立的公司承担损害赔偿责任。公司发起人一旦承担发起和设立公司的职责，即应对所要设立的公司承担合理的注意义务。公司发起人如果违反了此种义务，并导致了所设立的公司受损害，公司发起人即应对公司承担损害赔偿责任。我国《台湾公司法》第 155（1）条规定，发起人对于公司设立之事项，如有疏忽其任务致公司受损害时，应对公司负连带赔偿责任。《日本商法》第 193（1）条规定，发起人对其任务如有疏忽，该发起人对公司负连带损害赔偿责任。我国 2005 年《公司法》第 95（3）条也规定，在公司设立过程中，由于发起人的过失使公司利益受到损害的，应当对公司承担赔偿责任。

第三节 公司设立的实质性要件（一）

无论是在大陆法系国家、英美法系国家还是在我国，公司均被认为是股东之间的一种契约，此种契约虽然具有自己的特点，但是，此种契约仍然具有一般民事契约的性质，其成立应当符合一般民法上契约的成立要件，包括：契约当事人的同意、有订约能力、有标的以及合法的原因。

一、公司股东的同意

（一）公司股东同意的意义

公司作为一种契约，像任何契约一样，均是契约当事人意思表示的一致，没有此种意思表示的一致，即没有公司契约，也就没有公司。此种意思表示，亦即公司股东的同意。正如契约当事人对契约的同意是构成契约有效成立的条件一样，公司股东对公司契约的同意亦是公司有效成立的要件。根据现代公司法，公司股东所作出的同意表示必须是真实的和真诚的，而不是虚假的，否则，即构成虚假公司；同时，公司股东所作出的同意表示必须是自主和自愿的，而不是基于欺诈、胁迫或误解而作出的，否则即构成同意之瑕疵（vices de consentement），会产生民法关于欺诈、胁迫及误解契约的法律效力。在具体讨论这些理论之前，本书先讨论公司股东对公司契约的同意阶段。

（二）公司股东对公司契约所作的瑕疵同意

从理论上讲，公司股东对公司契约所作的同意表示必须是自主和自愿的，如果股东基于他人的欺诈、胁迫或基于误解而作出同意公司契约的表示，则此种同意表示为瑕疵同意表示。在现代社会，股东的瑕疵同意表示分为三种：欺诈、胁迫和误解。所谓欺诈（dol）是指股东使用阴谋手段导致其他股东与自己订立公司契约，在欺诈场合，如果不是基于此种阴谋手段，其他股东不会订立公司契约。[①] 所谓胁迫（violence）是指股东实施某种言行，使其他股东产生恐惧心理并因此而订立公司契约。[②] 公司股东基于其他股东的胁迫而订立公司契约，在理论上是可行的，但在实践中则很少发生。所谓误解（erreur）是指公司股东对公司标的、公司形式或其他股东的错误理解，基于此种错误理解而与其他股东订立公司契约。所谓对公司标的的错误理解主要是指对公司性质的错误理解，例如，一方认为他所订立的契约是公司契约，而另一方则认为它是一种借贷契约。所谓对公司形式的错误理解是指公司股东对公司种类的错误理解，例如，一方认为他所设立的公司是资合公司，而另一方则认为它是人合公司。所谓对其他股东的错误理解，是指对公司股东的身份、品德或能力的错误理解。不过，对其他股东的错误理解仅仅发生在人合公司中，不会发生在资合公司中，因为在人合公司中，公司股东之间的人际关系构成公司的基础。无论是对其他股东所为的欺诈还是所为的胁迫或所发生的误解，股东与其他股东设立公司均违反了股东的真实意愿，均构成瑕疵同意，但此种瑕疵同意并不必然导致公司契约的无效。

（三）虚假公司

公司股东对公司契约的同意必须建立在真实和真诚的基础上，如果公司股东在设立公司时无真实和真诚的意思表示，则即便他们订立了公司契约，该种公司契约也因为欠缺当事人的真实意图而无效。此种公司被称之为虚假公司。虚假公司之所以是无效公司，是因为当事人虽然设立了表面上的公司，但此种公司欠缺公司有效存在的必要条件，即欠缺成为公司股东的主观意愿，欠缺出资或虽有出资，但其出资是虚假的。公司股东之所以在不具有设立公司的主观意图的情况下仍然与其他人设立虚假公司，主要是虚假公司的设立可以规避某些禁止性法律，可以实现原本通过其他手段不能实现的目的。因此，虚假公司仅仅是当事人规避法律的手段。在虚假公司中，当事人之间实际上存在两个契约，即表面上的公司契约和真实的其他契约。表面上的公司契约并不反映当事人的真实意愿，而真实的其他契约则反映当事人的真实意愿。当表面上的公司契约被用来作为掩盖其他契约的手段时，当事人之间即存在虚假公司。在实际生活中，虚假公司可以被用来规避多种禁止性法律，诸如当事人为了规避禁止高利贷的行为而设立虚假公司，借以掩盖当事人之间所存在的真实高利贷契约；[③] 当事人为了规避社会保障法

[①] Art. 1116, C. Civ.
[②] Art. 1112, C. Civ.
[③] Com. 12 déc. 1978, Bull. Civ IV, no306, p. 252.

(lois sociales)而设立虚假公司，借以掩盖当事人之间所存在的真实劳动契约；① 当事人为了规避更高的税制而设立虚假公司，借以掩盖当事人之间所真实存在的买卖契约；② 当事人为了规避法国法关于保护继承特留份（réserve héréditaire）的规则而设立虚假公司，借以掩盖当事人之间所真实存在的赠与契约。③

当事人在设立虚假公司时，其法律效力应区分两种情况加以讨论：虚假公司契约的效力和被掩盖的其他契约的效力。就虚假公司契约的效力而言，法国司法传统上采取契约不成立的理论，认为此种契约并非无效而为不成立，虚假公司就如同公司契约根本没有订立一样。④ 但是，到了1992年，法国最高法院放弃了此种传统理论，认为虚假公司是一种无效公司，而非不成立公司。⑤ 当虚假公司被宣告为无效公司以后，那些因为该种无效而遭受损害的利害关系人有权要求那些以公司名义从事商事活动的人对公司因此而产生的债务承担法律责任，⑥ 法院可以宣告有关的交易无效，要求双方当事人将交易恢复到缔结之前的状态，或者进行法律上的清算。之所以对虚假公司进行清算，是因为在虚拟公司中，公司的财产往往和那些管理公司事务的主要股东的财产混为一体，当公司被宣告无效时，有必要对此种财产进行清算。⑦ 就虚假公司契约所掩盖的其他契约的效力而言，此种契约完全体现了意思自治的原则，是当事人真实意思表示的反映，因此，如果此种契约本身合法，则该种契约为有效契约；⑧ 如果此种契约本身非法，则为无效契约，对当事人不产生约束力。

二、公司股东的缔约能力

（一）概述

所谓能力是指人参加法律生活的资格（aptitude）。在公司法中，公司股东的缔约能力是指公司股东参加公司组织活动的资格。正如一般民事主体在缔结契约时需要具备缔约能力一样，公司股东在缔结公司契约时亦应具有缔约能力，无缔约能力即不得缔结有效的公司契约。在现代社会，一般国家的公司法并没有就有关公司股东缔结能力的问题作出规定，因此，有关公司股东缔约能力的规定应当适用有关国家民法或契约法有关缔

---

① Soc, 30 avril 1985, B. R. D. A. 1985, no17, p. 9.
② Rouen 6 juin 1973, rev. Société 1974, 740, J. P. sortais.
③ 89 Aix 7 avril 1971, Rev, Société 1971, 576, D. Schmidt.
④ Cass civ, 11 avril 1927, D. 1929. 1. 25, note Pic; Cass. Civ, 20 janvier 1976, Rev. Soc,. 1976, 671, note Gastaud.
⑤ Cass com, 16 juin 1992, Dr, des soc,. 1992, no 178, obs. Bonneau, Bull. Joly, 1992, 875, note Le cannu, R. J. D. A. 1992 , 40.
⑥ Soc. 30 avril 1985, B. R. D. A., 1985, no 17, p. 9.
⑦ Rouen 6 juin 1973, rev. Société 1974, 740, J. P. sortais.
⑧ Aix 7 avril 1971, Rev. Société 1971, 576. D. Schmidt.

约能力的一般规定，但是，将民法的一般规则适用到公司时也会面临一些新的问题，诸如无行为能力人的缔约能力问题、夫妻或家庭成员的缔约能力以及法人的缔结能力问题等。

（二）无行为能力人的缔约能力

在法国，法律根据公司股东的身份和所承担的责任性质来讨论公司股东的缔约能力。在无限责任公司中，公司股东具有商人身份，必须从事商事活动，并且对公司债务承担共同的连带责任，因此，他们必须具有缔约能力，未成年人，即便已经解除了监护关系，亦不得成为商人，不具有缔约能力，不得缔结公司契约。在两合公司中，无论是简单的两合公司还是股份两合公司，公司股东分为两种，即承担无限责任的股东和承担有限责任的股东，前一种股东具有商人身份，参与公司的商事活动，必须具备缔约能力，未成年人，即便已被解除监护关系，亦不具有缔约能力；后一种股东则不具有商人身份，不参与公司的商事活动，因此，无须其具备缔约能力，未成年人亦可成为股东。在股份公司和有限责任公司中，公司股东仅以其出资额为限对公司债务承担责任，他们本身并非商人，公司本身为商人，这样，公司股东无须具有缔约能力，未成年人，即便未被解除监护关系，亦可成为有限责任公司或股份公司的股东。在英国，未成年人可以同公司缔结契约并购买公司股份，从而成为公司股东。但是，如果公司知道某一个人是未成年人，则公司有权拒绝将其登记为公司股东，同时，为了保护未成年人，英国公司法还规定，当未成年人已经被登记为公司股东之后，在他成为成年人之前或成为成年人之后的合理期限内可以撤销所缔结的契约，取消自己的股东身份。在我国，公司法没有对公司股东的缔约能力作出规定，因此，有关公司股东的缔约能力应当适用《中华人民共和国合同法》有关缔约能力的规定。根据我国《合同法》第 47 条的规定，如果是限制行为能力人缔结的公司契约，则该种契约是效力待定的契约，经过其法定代理人的追认，契约有效，否则，契约无效。但是，如果此种契约是单纯为了限制行为能力人的利益而缔结的，则不必通过其法定代理人的追认。在这里，应当强调的是，所谓契约无效并不是指所设立的公司无效，因为根据企业维持理论，公司的设立证书具有公信力，只要公司获得了营业执照，则公司即为有效，并不因为公司股东是限制行为能力人而无效，此种无效是指对该股东个人而言无效，对公司其他股东而言仍然有效，公司可以将该股东的出资退回给该股东。公司法之所以实行这样的制度，显然是基于鼓励公司设立的理念和便利公司设立的实际需要，因为公司在接受公司股东的股份认购时不可能去判断该股东的身份，去确保股东有完全的行为能力。

（三）夫妻之间的公司

夫妻之间是否可以设立公司？在法国，法律对此问题所作的回答并非始终一致。在 19 世纪和 20 世纪前半期，法国司法认为，无论夫妻之间的财产制度是什么，无论公司设立是在夫妻结婚之前还是之后，无论是夫妻俩设立公司还是与其他第三人设立公司，法律均予以禁止，否则，他们所设立的公司无效①。对此仅有一种例外，即夫妻可以同时成为股份公司的股东，因为在此种公司中，公司股东的人格无关紧要。法国司法禁止夫妻成为公司的股东，其主要原因在于，如果允许夫妻设立公司，则夫妻之间即存在利益共同体，而此种利益共同体同法国法律或婚姻契约所建立的夫妻财产制度相冲突。然而，此种观念受到学者的批判。为此，法国1958年12月19日的条例第一次废除了法国长期以来所流行的观念，认为夫妻可以同时成为公司的股东，可以集体或单独地参与公司事务的管理。但是，《法国民法》原先的第1832 – 1条也对此种原则作了一条重要限制，它规定，夫妻双方不得对同一公司的债务承担共同的连带责任。这样，该条实际上禁止夫妻成为无限责任公司的股东和两合公司中的无限责任股东。到了1985年，法国1985年12月23日的法律取消了此种限制，允许夫妻同时成为公司的股东，无论是人合公司的股东还是资合公司的股东。目前，此种法律被编入《法国民法典》中，这就是《法国民法典》新的第1832 – 1条，该条规定，夫妻双方可以单独地或与第三人一起成为公司的股东，可以集体或单独地参与公司事务的管理。自此以后，法国法律完全允许夫妻设立公司，无论此种公司的性质是什么，股东所承担的责任是什么，夫妻之间均可同时成为公司的股东。在我国，公司法并没有禁止夫妻之间共同设立公司，但是，由于我国工商行政主管部门长期以来拒绝登记夫妻所设立的公司，因此，我国司法也不承认夫妻之间所设立的公司。本书认为，夫妻之间设立公司应当受法律保护，既然公司法没有明确禁止夫妻设立公司，则夫妻完全有缔结公司契约的能力，工商行政主管部门不得拒绝登记夫妻设立的公司，否则，是对国家立法机关立法权的褫夺。

（四）家庭成员之间所设立的公司契约

除了夫妻之间设立公司之外，其他家庭成员之间也可能会设立公司。诸如父母与子女之间，兄弟姐妹之间所设立的公司，这些公司被称之为家族公司（société de famille）。法国法并不禁止家庭成员之间设立公司，并且，法国现实生活中存在大量家族式公司，虽然此种公司存在着许多的缺点。英美法系国家不仅不禁止家族公司的设立，而且还鼓励家族成员之间设立公司，尽管家族公司的确存在股份公司所不存在的问题，诸如公司事务陷入僵局性，公司股东之间不公平性行为的存在。在我国，公司法并没有禁止家庭成员之间设立公司，但是，由于我国工商行政主管部门对家庭成员严格的限制态度，要求家庭成员在设立公司时必须首先分割家庭共有财产，② 因此，我国司法

---

① George Ripert et René Roblot, p. 536。
② 国家工商行政管理总局1995年《关于公司登记管理中的几个具体问题的答复意见》第5条，1998年《公司登记管理若干问题的规定》第23条。

也不承认夫妻之间所设立的公司。① 本书认为,既然公司法没有明确否认家族公司的存在,我国司法或有关行政部门就不得禁止或否认家族公司的成立,况且,家族公司可以解决家庭成员的就业问题,对于我国减轻社会就业的压力,刺激经济的繁荣和社会的发展均有好处,没有理由不承认。

三、公司的标的

任何契约均须具备标的这一构成要件,公司契约也不例外。《法国民法典》第1833条规定,任何公司均应具备合法的标的。何为公司标的?在现代社会,公司标的有两种含义:其一,标的是指契约当事人有义务提供的给付,根据《法国民法典》第1832条,公司的标的实际上就是公司股东所提供的出资,此种出资或者是现金,或者是实物,或者是劳务,但无论是什么形式的出资,均不得违反公序良俗。关于此种意义上的标的,本书将在公司设立程序中讨论。其二,标的是指公司的经营活动,公司的目标或目的。关于公司的目的,本书将在公司的法人格中加以讨论。

四、公司的合法原因

(一) 合法原因与不法原因

在法国,契约有效成立的重要构成条件是契约的原因合法。如果契约无原因,或基于错误原因或不法原因而产生,则该契约不发生法律效力。既然公司被认为是一种契约,则公司有效成立亦应具备合法的原因。所谓原因实际上是指股东设立公司所欲追求的目的(but),是股东设立公司的动机(motif)。所谓合法原因是指公司不应当违反强制性法律,不应违反公序良俗。如果公司违反强制性法律,违反公序良俗,则其原因被称之为不法原因。②

(二) 原因合法的判断

任何公司的设立均应基于合法的目的,否则,该种公司不产生公司的法律效力。在实际生活中,如果公司设立的目的在于开办赌场并从事赌博活动,则该种公司即不具备合法的原因;如果公司设立的目的在于从事走私活动,则该种公司亦不具备合法的原因;同样,如果公司设立的目的在于实行垄断,则该种公司同样不具备合法的原因。在判断某种公司的原因是否合法时,法律考虑的是公司设立的真正目的而不是表面上的目的,因此,即便公司设立的目的在表面上是合法的,而在实际上是不合法的,该公司亦不具备合法的原因。③

---

① 蒋大兴主编:《公司法律报告》,中信出版社2003年版,第280~285页。
② Art. 1131, C. Civ.
③ Michel de Juglart et Benjamin Ippolito, p. 70.

（三）欠缺合法原因的后果

如果公司基于不合法原因而设立，则该种公司应当被宣告无效；同样，如果公司之设立违反强制性的法律规定，该种公司亦应被宣告无效。有时，虽然公司的目标合法，公司仍然因为原因不合法而被宣告无效。[1]

第四节 公司设立的实质性要件（二）

公司除了应当具备一般契约法所规定的构成条件外，还应当具备公司法所规定的各种条件。公司法所规定的条件有哪些，取决于各国公司法的明确规定。本书结合两大法系国家公司法和我国公司法的规定，将公司法所规定的实质性条件分为四种，即公司股东的非单一性、股东的出资达到法定资本最低限额、对公司经营结果的分享与分担以及具有设立公司的主观意图。

一、公司股东的非单一性要件

（一）公司股东的最低人数与最高人数

《法国民法典》第1832（1）条规定，公司契约的订立至少要有两个或两个以上的股东。我国2005年《公司法》虽然没有像1993年《公司法》那样明确要求有限责任公司的设立最少要有两个股东，但是，我国2005年《公司法》还是坚持这样的原则，因为，除非所设立的公司是国有独资公司或者一人公司，否则，一般意义上的有限责任公司仍然要求有两个股东。这表明，公司至少应当由两个或两个以上的股东设立，公司原则上不得由一个股东设立。为什么公司至少要有两名股东？这主要是因为，在两大法系国家和我国，公司被认为是一种契约，根据契约法的一般原则，契约是双方当事人意思表示的合意，仅有一方当事人的意思表示不得成立契约。公司的设立究竟应当具备几个股东，取决于公司的种类和法律的具体规定。公司的种类不同，公司法所规定的具体数目也不同：在法国，有限责任公司需要两个股东才能设立，股份两合公司至少要有4个股东才能设立，股份公司至少要有7个股东才能设立；关于股东的最高人数，除了有限责任公司股东的最高人数限制在50人以内之外，法国商法并没有对其他种类的公司规定最高人数的限制，在实际生活中，某些大型的股份公司的股东可能达到几百万。在我国，一般意义上的有限责任公司的最低人数为2个，最高人数为50个；股份公司的最低人数是50个，最高人数则没有限制。

---

[1] Com 19 janv. 1970, D. 1970, 47 G. Poulain; RTD com. 1970, P736, no15, observ. R. Houin.

（二）公司最低股东人数的维持

公司只有达到公司法所规定的最低股东数才能成立，除非公司法另有规定，否则，公司不得成立。在公司成立时，如果公司符合公司法所要求的最低股东数，则在符合其他要件的情况下，公司即成立。公司股东的非单一性不仅应当在公司设立时存在，而且还应当在公司生命持续的整个时期存在，[①] 这样，公司的最低股东人数在公司设立以后至公司解散之前均应得到遵守。

在公司的日常生活中，经常会发生这样的现象，即公司的两个股东中的一个死亡，另外一个股东刚好是死亡股东的继承人；或者公司两个股东中的一个将自己的股份转让给另一个股东，或者公司有许多股东，其中某一股东将其他所有股东的股份都购买下来，此时，公司仅有一个股东，学者称之为一人公司或单人公司（société unipersonnelle）。对于单人公司如何处理？1966年7月24日的《法国商事公司法》第9条规定：公司所有的份额转由一个股东拥有完全不会导致公司的解散，公司仍然继续存在。到了1985年，《法国商事公司法》第9条的规定被法国1981年12月30日的法律所取代，这就是《法国民法典》第1844-5条。该条规定，公司的全部份额转由某一个股东拥有完全不会导致公司的解散；如果在一年的期限内，此种状况未按规定方式进行调整，则任何关系人均有权向法院起诉，请求法院强制公司解散。法院可以宽限6个月，使公司的状况得以调整。在英国，如果公司因为某种原因而使其股东少于法定最低人数，使公司成为单人公司，则该种公司可以持续6个月，如果在6个月内公司单一股东没有采取行动，则在6个月的期限经过以后，公司单一股东对6个月以后公司的债务承担法律责任。在我国，法律是否应当对这样的问题作出说明？虽然我国2005年《公司法》允许设立一人公司，但是，由于一人公司的设立条件和非一人公司的设立条件并不相同。因此，当两个股东设立公司后一个股东死亡、退休或者将其股份全部转让给另外一个股东时，公司仅仅剩下一个股东。此时，该一人股东的公司命运如何？我国2005年《公司法》没有对这样的问题作出规定，本书认为，公司在正常经营期间发生单人公司的现象的确在所难免，因此，公司法应当对此问题作出明确的说明。比较上述两种法律规定，本书认为，法国公司法的规定更好，它在维持公司企业组织稳定的同时，也兼顾了公司债权人的保护，应当为我国公司法所坚持。因此，在我国，当公司成为单人公司之后，单人公司的唯一股东应当在12个月内采取行动，或者将自己的部分股份转让给第三人，由他们持有公司的部分份额，或者进行资本的增加，使新的股东进入公司，或者解散公司，或者将其转换为我国2005年《公司法》规定的一人公司，否则，即应对公司债务承担个人责任。

[①] Philipple Merle, p. 36.

(三) 单人公司的创设

法律是否允许一个股东自由设立公司？法国在 1985 年颁布法律，认为在例外情况下人们可以设立单人公司，这就是法国 1985 年 7 月 11 日的法律，也就是《法国民法》第 1832 (2) 条。该条规定：在法律有明确规定的场合，公司得以一人的意思表示而设立。所谓在法律有明确规定的场合，实际上指两种情况：即承担有限责任的一人企业 (l'entreprise unipersonnelle à responsabilité limitée，C. E. V. E. L.) 和承担有限责任的农业企业。除了这两种单人公司之外，法国法原则上不承认单方意图可以创设公司。在英美法系国家，法律原则上也不允许人们创设单人公司。各国法律原则上不认可单人公司的自由创设，其理由有二：其一，单人公司的自由创设违反了公司的契约性质，因为根据各国法律的规定，公司是一种契约，必须由两方或两方以上的当事人所缔结；其二，单人公司的自由创设会损害公司债权人的利益，使公司债权人面临许多风险。然而，现代公司法不允许单人公司创设的精神受到当代法律的严峻挑战，因为欧共体在 1989 年 12 月所颁发的有关公司法方面的指令 12，欧共体各成员国有必要在他们的公司法中规定单人公司。在实际生活中，某些国家的法律已经承认单人公司的自由创设。例如，在英国，《1985 年公司法》第 1 (3) 条允许设立单人公司。在我国，1993 年《公司法》除了允许国家创设国有独资公司外，不允许一个自然人或者法人创设单人公司。到了 2005 年，我国 2005 年《公司法》废除了这样的规则，允许一个自然人或者法人设立单人公司，不过，对其条件作出了非常严格的限制。关于我国 2005 年《公司法》规定的一人公司，本书将在有关章节作出详细的说明。

二、公司股东对公司经营结果的分担与分享

(一) 概述

作为公司设立的重要构成条件，公司股东不仅应当分享公司经营活动所获得的收益，而且还要分担公司经营活动所遭受的损失，如果公司某些人仅仅分享公司经营活动所获得的收益，而不承担公司经营活动所遭受的损失，或者如果公司某些人仅仅分担公司经营活动所遭受的损失而不分享公司经营活动所获得的收益，则该人不得被认为是公司的股东。公司股东对公司经营收益的分享必然意味着他们对公司经营亏损的分担，两者缺一不可，共同构成公司法所规定的有效条件。对经营收益的分享和对经营损失的分担互为原因，互为结果，如果公司契约仅将公司收益的分享归由某一股东享有，而仅将公司经营损失的分担归由另一股东分担，则公司股东之间的此种契约被称之为仅对一方有利的狮子条款 (clauses léonines)，是被法律所禁止的条款。

(二) 公司股东对公司经营所获得的利益的分享

公司股东对公司经营所获得的利益的分享被认为是公司设立的重要构成条件，也被

认为是区分公司组织和社团组织的根本标志。因此，公司股东的利益如何界定，将直接影响公司组织的存在，也将影响公司同社团组织在法律上的意义。法国最高法院认为，"利益"应当被理解为"公司股东所获得的金钱上的收益（gain pécuniaile）或物质上的收益"（gain matériel）。法国最高法院对"利益"所作的此种界定极大地限制了公司的适用范围，引起了法国实务界和理论界的激烈争论，并引起法国立法机关的重视，法国立法机关在1978年颁布法律，决定改变《法国民法典》第1832条的规定，使其适用范围得以扩张。这就是法国1978年1月4日的法律，其他包括新的1832条。根据《法国民法典》新的1832条的规定，判断某种组织是不是公司组织，其判断标准不再仅仅是利益分享的标准，而且还包括使其成员节省费用，并使他们从该种节俭中获利（profiter de l'economie）。

所谓使公司股东分享利益实际上就是指使公司股东从公司获得了金钱上的收益或物质上的利益，它实际上就是法国最高法院在1914年所使用的利益意义上的利益。所谓金钱上的收益是指公司成员所获得的金钱收入（enrichissement），它主要是通过公司对其股东分配股利的方式来实现的；所谓物质上的利益主要是指公司对其成员分配自己公司或非自己公司生产的产品，或者分配公司的股份，或对某一共有财产的使用等。① 无论是金钱上的收益还是物质上的利益，公司股东在获得这些利益时，其现有财产均得以增加，因此，这两种方式都是公司成员个人财产的积极增加。所谓使公司成员从节俭中获利，主要是指，当股东通过自己的个人行为从事某种活动时，其成本较高，费用较大，而当股东通过设立公司组织来从事同样的活动时，则其成本较低，费用较小。这样，公司股东因为公司的集体活动而减少交易或服务的费用并因此而获益。"通常而言，使公司成员从节俭中获益习惯上是使公司的成员节省金钱：他们可以以更少的价格购买产品或物资，可以以更低的费用享受共同的服务。"②

（三）公司股东对公司经营所遭受的损失的分担

作为公司设立条件的重要组成部分，公司股东必须在享受公司经营所带来的利益的同时对公司经营失败所带来的风险承担责任，这是公司区别于社团组织的重要标志。公司股东不能仅仅享受公司经营所带来的利益而不对公司所遭受的损失承担责任。《法国民法典》第1393（3）条规定：公司股东有责任分担公司损失。公司股东对公司损失的分担仅仅在公司清算之时实现，在公司正常经营活动中，公司的经营亏损无须由公司具体的股东负责。必须注意的是，公司股东对公司损失的分担仅仅涉及到公司股东之间的关系，而不影响公司、公司股东与第三人之间的关系。当公司清算之时，公司股东对公司债权人的法律责任取决于公司的种类和性质，某些股东仅以自己的出资额为限对公司

---

① Philippe Merle, p. 45.
② 同上。

债权承担责任，某些股东则除了以自己的出资额对公司债务承担责任以外还可能要就公司债务对公司债权人承担共同连带责任。一旦公司有两个或两个以上的共同连带责任人，则在其中的一个人对公司债权人承担了全部责任之后，该股东有权就超出自己应当分担的损失部分请求其他应当分担损失的股东对自己承担责任，这就是股东的代位权。

三、具有设立公司的主观意图

（一）具有设立公司的主观意图的意义

公司要有效设立，其股东必须具有设立公司的主观意图（affectio societatis），如果公司股东没有设立公司和成为公司股东的主观意图，则公司不可能有效设立。作为公司设立的有效要件，公司股东具有设立公司的主观意图虽然没有为《法国民法典》第1832条所规定，但是，法国司法还是认可这一要件。因为，根据法国司法判例，如果公司股东之间不存在设立公司的主观意图，则他们之间根本不可能存在公司。[①] 一般认为，具有设立公司的主观意图是指2个或2个以上的股东具有合作设立公司的共同主观意思表示，其中的一个股东具有与其他股东共同设立公司的意图，其他股东亦同意与该股东设立公司。

（二）具有设立公司的主观意图的表现

具有设立公司的主观意图不仅要求公司股东有2个或2个以上，而且还要求他们以积极的方式和平等的方式来参与公司活动，并且共同分享公司经营的收益和分担公司经营的亏损。因此，仅有一个股东时即不具有设立公司的主观意图。

所谓以积极的方式（d'une façon active）参与公司活动，是指公司股东不仅具有参加公司活动的主观意图，而且还与他人共同订立公司契约，共同确定公司的目标，共同实现公司的目标或共同分享公司的收益和分担公司的亏损。"换句话说，公司股东不得仅仅满足于为公司提供出资，或仅仅满足于公司对其提供自己获得利益或承担损失的公司账目，因为，这仅仅是一种消极的态度；公司股东应当努力参与公司的生活以期实现盈利。"[②] 公司股东究竟在何种程度上参加公司事务，取决于公司的种类。在人合公司中，由于公司是建立在股东相互信赖的基础上，因此，公司股东之间的合作更加具有感性的特点，股东彼此之间往往可以平等地参与公司的活动；而在资合公司中，公司股东参与公司事务主要是通过股东大会的方式来进行，以确保自己的意见被公司董事所遵从。

所谓以平等的方式参与公司活动，是指公司股东在设立公司的过程中和公司设立以

---

① 3e Civ. 8 janv. 1975, Rev. Societés 1976, 301. I. Balensi; 3e Civ, 22 juin 1976, D. 1977, 619, p. Diener.
② Michle de Juglart et Benjamin Ippolito, p. 89.

后参加公司事务时都处于与其他股东平等的地位,他们彼此之间不存在隶属关系。"公司股东对公司事务的参与应建立在平等的基础;他们之间不存在隶属关系,因为如果存在隶属关系,则此种契约不再是公司契约,契约当事人不再是公司股东。"[1] 将公司股东之间的关系平等理解为股东具有设立公司的共同意愿的组成部分同公司股东与公司董事、经理或监事之间的关系如何协调?在法律上讲,虽然公司的董事、经理享有众多的权力,但是,这些管理人员并非是公司股东的雇主,而仅仅是公司的代理人,因此,他们在行为时应当考虑其委托人的利益,而这些委托人实际上就是公司的股东。[2]

(三) 具有设立公司主观意图理论的适用范围

必须注意的是,具有设立公司的主观意图的构成要件一般仅在小型公司中适用,在这些公司中,公司的股东数量有限,每一个股东要与其他股东一起共同设立公司,共同参与公司事务,他们往往会具体地与其他股东进行谈判,确定公司的种类,规定每一个股东的权利、义务和责任。这样,具有设立公司的主观意图的构成要件可以真实地在这类公司中表现出来。在大型的股份公司尤其是挂牌上市的公司中,公司股东人数多,一个股东不可能和其他股东一起共同讨论公司的形式,协商自己的权利、义务和责任,他们如果要进入公司,仅需从其他股东那里购买或受让股份,无须在公司的契约上亲自签字。这样,具有设立公司的主观意图的理论在上市公司根本就不适用。[3] 还必须指出,具有设立公司的主观意图不仅应当在公司创设时存在,而且还应当在公司正常经营期间存在,如果一个股东在公司创设时不具有与其他人共同设立公司的主观意图,该种公司即不能有效成立;同样,如果公司股东在公司正常经营期间不具有与他人共同设立公司的主观意图,则该公司同样不能有效成立。

四、公司股东的出资达到法定最低资本限额

(一) 两大法系国家公司法关于最低资本额的规定

在现代社会,大陆法系国家的法律仍然要求公司具备最低注册资本的要件,即便这些国家的公司法对公司资本采取资本授权主义原则。在法国,如果公司是有限责任公司,则其最低资本不得少于5万元;如果公司是向社会非公开发行股份的股份公司,则其最低资本不得少于25万元;如果公司是向社会公开发行股份的股份公司,则公司最低资本不得少于150万元。在德国,如果公司是有限责任公司,则其最低资本为5万元,如果是股份公司,则其最低资本为10万元。在英美法系国家,法律并不要求公司应当具备最低注册资本的要求,从理论上讲,股东可以在不要一分钱的情况下设立公

---

[1] Michel de Juglart et Benjamin Ippolito, p. 90.
[2] 同上。
[3] Philippe Merle, p. 55.

司，虽然美国有少数州仍然要求公司设立应当具备最低资本要求，但是，其最低资本非常低，甚至是1000元或者是500元。①

（二）我国1993年《公司法》关于最低资本额的规定

在我国，由于1993年《公司法》实行严格的法定资本主义原则，因此，我国1993年《公司法》对各种类型的公司所应当具备的最低注册资本作出了明确规定，公司如果不具备所要求的最低注册资本，公司即不得设立。根据我国1993年《公司法》第23条的规定，有限责任公司的注册资本为在公司登记机关登记的全体股东实缴的出资额，以生产经营为主的公司，其最低注册资本不得低于50万元；以商品批发为主的公司，其最低注册资本不得低于50万元；以商业零售为主的公司，其最低注册资本不得低于30万元；科技开发公司、咨询公司、服务性公司，其最低注册资本不得低于10万元。根据我国《公司法》第78条的规定，股份公司的最低注册资本不得低于1000万元，除非法律、行政法规作更高的要求。

（三）我国2005年《公司法》关于最低资本额的规定

同世界上其他国家的公司法相比，我国1993年《公司法》所规定的最低注册资本数额是世界上最高的。我国1993年公司法之所以规定世界上最高的最低资本额，其原因有两方面：一方面，正如其他法规规定最低资本制度一样，我国公司法规定最低注册资本制度是为了对公司债权人提供保护，防止公司债权人债权基础薄弱而损害公司债权人的利益。公司最低资本数额越高，公司债权人的利益越有保障。另一方面，我国公司法规定如此高的最低注册资本，也是为了阻却社会公众设立公司的积极性，防止太多的人设立公司。因为，我国公司法在最初制定的时候主要不是为了通过公司法的颁布来刺激社会公众设立公司和从事商事活动的积极性，而是通过公司法的颁布来改组我国传统的国有企业，使所谓的国有企业从传统企业转向公司这种现代企业，为国有企业的发展提供制度上的保障。为了同两大法系国家的公司法保持一致，并且刺激社会公众设立公司的积极性，本书作者在第一版中提出建议，要求立法机关降低最低注册资本制度：有限公司的最低注册资本为5万元是适当的，而股份公司的最低注册资本为50万元也是适当的。如果公司是向社会公开募集股份的话，则其注册资本为100万元也是适当的。因为，在现代公司法中，公司债权人的保护同公司的最低注册资本没有必然的关系，随着公司法人格的否认理论的确立，公司债权人的保护完全可以建立在公司法人格否认制度的基础上，如果公司的商事活动同公司的资本不协调，公司资本不足，则公司股东有可能要被责令承担无限责任。我国2005年《公司法》反映了这样的要求，降低了最低注册资本的数额。根据2005年《公司法》的有关规定，有限责任公司的最低注册资本

---

① 张民安：《公司法上的利益平衡》，北京大学出版社2003年版，第64页。

为 3 万元，股份公司的最低注册资本为 500 万元。

第五节　公司的设立程序

一、公司股东的出资

（一）公司股东出资的必要性

公司股东出资（apport）实际上是指公司股东为了设立公司而根据公司章程的规定将自己的资本、财产或技术提交给公司，供公司支配和使用的行为。在现代公司法中，公司股东的出资行为在公司设立中具有重要地位。因为，一方面，此种出资构成公司最初的财产，而所有的公司均应具有自己的财产；[1] 另一方面，公司股东的出资也表明公司股东具有设立公司的主观意图，并使公司具有从事商事活动的能力。[2] 如果公司欠缺出资或仅有虚假出资，则公司无效。[3] 在现代社会，公司股东的出资方式有三种即金钱出资、实物出资和劳务出资。无论是何种形式的出资，公司股东均应将作为出资的财产的所有权或使用权转移给公司，而作为此种转移的报偿，公司股东获得公司所交付的出资份额（parts）或股份（actions）。[4] 在现代社会，各国公司法均对公司股东出资的形式、股东实物出资的评估以及出资的具体缴付等问题作出了明确说明，我国 2005 年《公司法》第 27 条、第 28 条、第 83 条和第 84 条对也对这些问题作出了明确说明。

（二）股东出资的具体形式

我国 2005 年《公司法》第 27 条规定，股东可以用货币出资，也可以用实物、知识产权、土地使用权等可以用货币估价并可以依法转让的非货币财产作价出资；但是，法律、行政法规规定不得作为出资的财产除外。这表明，在我国，股东出资的方式主要有二：金钱出资和实物出资。其中，金钱出资也被称为货币出资，实物出资包括财产所有权的出资、知识产权的出资、用益物权的出资等。我国公司法的此种规定同两大法系国家公司法的规定大同小异。

1. 金钱出资

所谓金钱出资，也称货币出资，是指公司股东根据公司章程和公司法的规定将一定数量的金钱提供给公司，由公司支配并用来从事商事经营活动，公司股东因此而获得出资凭证或股份。公司以金钱出资，其出资何时缴付，不同的国家有不同的规定。根据两

---

[1] George Ripert et René Roblot, p. 542.
[2] Philippe Merle, p. 37.
[3] Art. 1844 – 10, al. 1. et 1832, C. Civ.
[4] Art. 1843 – 2, al. 1. C. Civ.

大法系国家的公司法,当公司股东认购公司股份后,他们无须即刻缴付所认购的股款,股款何时缴付,取决于公司章程的规定和公司对资本的需求。原则上,如果以金钱作为出资,公司股东可以自由决定何时缴付此种出资,他们可以在公司设立时一次性全部缴付,也可以根据公司章程的规定分次缴付,如果章程没有规定分次缴付的时间,则股东将根据公司的需要或具体情况来缴付未缴付的股款。在我国,1993年《公司法》规定,公司股东以金钱出资的,其出资在公司成立前必须一次性全部缴清,不允许公司股东分期缴付。我国2005年《公司法》修改了这样的规定:《公司法》第26(1)条规定,如果是有限责任公司,公司全体股东的首次出资额不得低于注册资本的20%,也不得低于法定的注册资本最低限额,其余部分由股东自公司成立之日起2年内缴足;其中,投资公司可以在5年内缴足;同时,有限责任公司全体股东的货币出资金额不得低于有限责任公司注册资本的30%。《公司法》第84条规定,如果是以发起设立方式设立股份有限公司的,发起人应当书面认足公司章程规定其认购的股份;一次缴纳的,应即缴纳全部出资;分期缴纳的,应即缴纳首期出资。

2. 实物出资

所谓实物出资是指以金钱或技术以外的财产所为的出资。在现代社会,作为出资的财产(biens)可以是动产(如机器、设备)、不动产(土地、建筑物)、有形财产,也可以是无形财产,诸如债权等。无论是什么形式的实物出资,均涉及到对实物价值的评估。关于实物价值的评估将在下面加以讨论。

(1) 财产所有权出资。所谓财产所有权出资是指那些认购了公司股份的股东将自己作为出资的财产所有权转移给公司以便公司进行有效支配的行为。《法国民法典》第1843-3条第2款规定:实物出资,以将财产所有权转移给公司并供公司有效支配而实现。在法国,股东以财产所有权出资的行为类似于出卖人出卖自己财产的行为,因此,有关出卖方在出卖财产时所承担的瑕疵担保责任同样适用于公司以财产所有权出资的股东;股东就其实物出资的行为对公司承担担保责任,他们必须确保他们作为出资的财产不被第三人侵夺(eviction),必须确保该种财产不存在隐蔽瑕疵。《法国民法典》第1843-3条第3款规定,股东以财产所有权出资的,必须对公司承担担保责任,如同出卖人对买受人所承担的担保责任那样。不过,公司股东并非其出资财产的出卖人,因此,他们并不享有出卖人所享有的权利;此外,公司股东将自己的财产转移给公司后所获得的对价是公司的出资凭证或股份,其价值随着公司经营状况的变化而变化,而出卖人出卖自己的财产所获得的对价仅仅是一笔金钱。[①]

(2) 财产使用权出资。财产使用权出资是指那些认购了公司股份的人将自己的财产使用权转移给公司,供公司支配的行为。在财产使用权出资的场合,出资人所转移的

---

① Philippe Merle, p. 40.

仅仅是财产的使用权而非所有权,公司对该种财产仅有自由使用的权利,而没有所有权,出资人仍然是出资财产的所有权人。对于以财产使用权出资的股东而言,此种出资对他们有极大的优点,因为,虽然出资财产的使用权由公司享有,但所有权仍然由出资人享有,这样,出资财产并不包括在公司财产之中,当公司不能清偿自己的债务时,公司的债权人不能要求公司以此种财产承担责任。虽然有此种优点,财产使用权出资在法国的实际生活中极少存在。①

在法国,当公司股东以财产使用权出资时,他们应当对公司承担担保责任,正如财产的出租人对承租人所承担的担保责任一样。② 虽然以财产的使用权出资时,公司并不享有出资财产的所有权,但在某些情况下,公司仍然有可能获得股东作为出资的财产所有权。这体现在两个方面:如果股东作为出资的财产是可消耗物(choses consomptibles),则当公司使用该物时,公司实际上享有所有权;如果股东作为出资的财产是可替换的种类物,则当公司使用该物时,公司实际上享有所有权。此时,公司应当对出资股东承担这样的责任:当公司解散时,公司对出资股东提供同等数量、同等质量和同等价值的财产。③

(3) 财产用益物权出资。所谓用益物权出资是指那些认购了公司股份的人将自己所享有的不动产用益物权转移给公司并由公司予以行使的行为。正如在股东以财产使用权出资的场合,公司仅仅对出资的财产享有使用权而不享有所有权,在股东以用益物权出资的场合,公司虽然获得了股东作为出资的不动产的使用权和收益权,但不享有该不动产的处分权。在法国,有关财产所有权出资的法律规则完全适用于有关用益物权的出资,这包括用益物权的转移、出资人对用益物权的担保责任以及风险等。

(4) 劳务出资。也称技能出资(apport en industrie),是指认购公司股份的人将自己的技术、知识、服务和劳务提供给公司并供公司自由支配的行为,它实际上是指公司股东在获得公司出资凭证或股份时承诺为公司工作或劳动的行为。当公司股东以技能出资时,他们是以股东身份来执行公司事务和管理公司业务。因此,除非在将来成为公司雇员,否则,以劳务出资的股东同公司不存在隶属关系。劳务出资具有连续提供、不间断执行的特点,④ 这就是,公司股东一旦承诺以自己的劳务作为出资,则在公司存续期间,股东必须持续不断地提供所承诺的劳务或服务,以供公司支配,直到出资人死亡或公司解散或股东退出公司时为止。当股东以劳务作为出资时,该股东即应将自己所允诺的服务提供给公司,并将因自己的服务或劳务而获得的任何收益交付给公司。⑤ 作为股

---

① Philippe Merle, p. 42.
② Art. 1843 - 3 . al. 4. C. Civ.
③ 同上。
④ Cass civ. 14 juin, 1865, D. 66. 1. 132.
⑤ Art. 1843 - 4 al. 6 C. Civ.

东劳务出资的必然要求，股东在承诺以劳务出资之后，即不应从事那些与公司所从事的活动有竞争关系的活动。①

在现代社会，法律面临公司股东是否可以以劳务出资的问题。在法国，法律原则上不允许有限责任公司和股份公司的股东以劳务作为出资，只允许无限责任公司、两合公司和职业性质的民事公司的股东以劳务出资，其中两合公司中的无限责任股东可以以此种形式出资，而有限责任股东则不能以此种方式出资。在我国，2005年《公司法》虽然没有明确禁止股东以劳务出资，但是，通过2005年《公司法》第27（1）条的规定，我们完全可以说，我国2005年《公司法》是禁止股东以劳务出资的。因为该条规定，货币以外的其他形式的出资必须可以用货币估价并可以依法转让，股东的劳务虽然可以依法估价，但是，无法依法转让，尤其是当公司无法偿还债权人的债权时，法律不得强制执行股东还没有履行的劳务出资，因为股东的劳务出资并不构成公司资本的组成部分，并不构成公司债权人债权担保的基础。因此，当公司不能清偿自己的债务时，公司债权人不能提起诉讼，要求法院用股东未提供的劳务服务来清偿公司债权人的债权，否则，即是对公司股东人身自由的一种侵犯。

（三）对股东实物出资的价值评估

虽然股东出资方式对股东所享有的权利和所承担的义务并无影响，但如果股东以实物方式出资，则法律将面临股东以金钱方式出资不会面临的问题，这就是股东实物价值的评估问题。由于所为的出资是实物，其价值不像金钱出资那样明确、肯定和一目了然，因此，为明确股东实物价值的大小，现代各国公司法要求对公司股东的实物出资进行法律上的评估。我国2005年《公司法》第27（2）条规定，对作为出资的非货币财产应当评估作价，核实财产，不得高估或者低估作价。法律、行政法规对评估作价有规定的，从其规定。公司法之所以要求对股东的实物出资进行价值上的评估，其原因有两方面：一方面，作为出资人的股东具有高估其实物价值的天生倾向（tendance naturelle），而这种倾向一旦变为事实，则股东所提供的实物的真实价值将被夸大，并因此而损害第三人的利益，因为当公司股东高估其出资实物的价值时，作为公司债权担保基础的公司资本即与其实际情况不符。② 另一方面，当公司股东高估其出资实物的价值时，股东的此种高估行为也会损害公司其他股东的利益，因为股东分享收益的多少取决于股东在公司出资或股份中所占的比例，如果股东的实物出资被高估，则股东可取得的收益比其原本应当取得的更多，而其他股东获得收益比他们原本应当获得的更少。为了避免此种结果的出现，法国立法机关规定了一系列的重要制度，以确保股东的出资实物不被高估。而我国公司法仅仅简单地规定了上述原则，没有对评估程序和违反法律规

---

① Philippe Merle, p. 42.

② Philippe Merle, p. 40.

定的评估要求所产生的法律后果作出规定，借鉴其他国家公司法的规定，完善我国公司法，仍然是我国未来公司法应当努力的方向。①

二、公司章程的制定

（一）公司章程的功能

公司章程是指对公司的组织、营运、解散、公司名称、目的、组织机构以及股东和董事的权利和义务等内容作出明确、肯定和具体规定的公共性质的法律文件。公司章程的意义有二：其一，公司章程是公司内部的契约，是公司与其股东、董事或监事之间权利、义务和责任的法律依据。各国公司法均对公司股东、股东会的权利和义务作出明确的规定，此种规定一方面使股东及股东会的权利明确而清晰，另一方面也使其权力范围受到限制，防止股东会的权力过大而对董事会构成不当干预。同时，各国公司法也对董事、董事会的权利和义务作出了说明，使董事会在对内管理公司事务和对外代表公司时有法律上的根据。公司、股东和董事之间权利和义务的关系均在公司章程中作出规定，使他们彼此之间形成相互依赖与监督的关系，这就是所谓的公司治理结构。其二，公司章程是公司事务公开性的手段。作为有限责任制度的抵消条件，各国公司法均将公司事务的公开性作为公司法的基本原则。公司章程的强制性注册登记和强制性维持是此种基本原则最重要的表现。公司章程关于公司性质、公司资本和公司目的的记载通过强制性注册登记和注册登记的强制性维持而对社会作了公开，此种公开构成公司重大信息和重大事项的披露，对公司债权人或潜在的债权人提供了某种保护。公司债权人或潜在的债权人通过公司章程了解公司的重要信息，并据此作出是否与公司从事某种交易的决定。

（二）公司章程的形式

公司章程的形式是指公司设立契约的形式，即公司章程是采取口头方式、书面方式还是其他方式。在现代社会，两大法系国家的公司法都要求商事公司的章程采取书面形式，不允许采取口头形式或者其他形式。在我国，2005 年《公司法》虽然没有明确规定公司章程应当采用书面形式，但是，我国公司法仍然暗含地坚持这样的规则。因为，我国 2005 年《公司法》第 11 条规定，设立公司必须依法制定公司章程；公司章程对公司、股东、董事、监事、高级管理人员具有约束力。公司章程之所以要采取书面形式，是因为：一方面，如果公司章程不采取书面形式，则公司股东之间以及公司股东与公司董事之间的权利、义务和责任即难以具体和明确，不利于公司组织的稳定、协调和健康发展；另一方面，如果公司章程不采取书面形式，则各国公司法所规定的许多重要

---

① 关于法国公司法对实物出资的规定，请读者参考张民安主编：《公司法》，中山大学出版社 2003 年版，第 73～75 页。

制度将得不到落实。如果公司章程不采取书面形式,则公司法所规定的公司章程的的必要内容(mentions)即无法载明;如果不采取书面方式,则公司章程的备案制度、公开制度和注册登记制度即无法实施。可见,公司章程必须以书面方式订立,口头方式不具有公司章程的效力。

(三) 公司章程的内容

1. 公司章程内容的分类

在大陆法系国家,传统公司法将公司章程的内容分为两类:绝对必要记载事项和相对必要记载事项。所谓绝对必要记载事项是指公司章程必须加以记载的事项,不记载这些事项,公司章程无效;相对必要记载事项则是指章程如果没有记载,仅未记载的事项不生效力,章程仍然有效。关于何种事项是绝对必要记载事项,何种事项是相对必要记载事项,各国法律的规定并不相同。在现代社会,由于公司法坚持公司维持原则,当公司章程没有规定绝对必要记载事项时,公司章程并不因此无效,公司仅仅承担在其章程中补充规定应当规定事项的义务。在我国,法律并没有区分绝对必要记载事项和相对必要记载事项,而仅仅区分必要记载事项和任意记载事项。所谓必要记载事项,是指公司法明确要求所有公司章程必须规定的事项,无论公司股东是否愿意在他们的章程中规定这些事项,他们都必须按照公司法强制性规定这些事项。所谓任意记载事项,是指公司根据股东的意愿在其章程中自由规定的事项,是否规定这些事项,完全由公司股东自由决定,法律并不作强制性规定。

2. 公司章程应当记载的事项

根据我国 2005 年《公司法》第 25 条的规定,有限责任公司章程应当载明的事项包括:公司名称和住所;公司经营范围;公司注册资本;股东的姓名或者名称;股东的出资方式、出资额和出资时间;公司的机构及其产生办法、职权、议事规则;公司法定代表人。根据我国 2005 年《公司法》第 82 条的规定,股份有限公司章程应当载明的事项:公司名称和住所;公司经营范围;公司设立方式;公司股份总数、每股金额和注册资本;发起人的姓名或者名称、认购的股份数、出资方式和出资时间;董事会的组成、职权和议事规则;公司法定代表人;监事会的组成、职权和议事规则;公司利润分配办法;公司的解散事由与清算办法;公司的通知和公告办法。

3. 公司章程所任意记载的事项

我国 2005 年《公司法》第 25 条第(八)项规定,公司章程可以规定股东会会议认为需要规定的其他事项。该法第 82 条规定了同样的内容。任何事项,即便公司法没有明确规定公司章程要加以记载,公司股东都可以决议记载在公司章程中,这样的事项就是任意记载的事项。公司任意记载的事项原则上对公司、股东和其他人员产生约束力,但是,如果这些规定违反公共秩序,则其规定无效。我国公司法之所以允许公司章程规定任意记载事项,是因为我国公司法将公司章程看作公司与其股东、股东与股东之间的契约。

（四）公司章程的签署

除了向公众公开募集股份的股份公司实行新的程序之外，所有形式的公司股东均须在公司章程上签名，无论是由他们本人亲自在章程上签名还是通过自己的代理人在章程上签名。如果股东通过自己的代理人来签名，他们必须享有代表股东签名的特别权限。公司股东之所以要在公司章程上签名，是因为股东所具有的与其他人共同设立公司的主观意图不仅应当明确表示出来，而且还应当通过能够为他人所看得见的方式表示出来，公司股东在公司设立章程上签名不仅明确表示股东具有与他人一起设立公司的主观意图，而且还表明他们是以能够为他人所看得见的方式表现自己的此种主观意图。根据现代公司法，公司股东在公司章程上签名会产生重要的法律后果，这就是，一旦公司股东在公司章程上签字，公司契约即得以有效成立，公司股东之间的权利、义务和责任关系即根据该种契约和民法关于契约的一般原则来调整。因此，公司股东在公司章程上签名是公司契约成立的标志，也是公司契约有效的法律根据。

（五）公司章程的法律效力

1. 概述

传统公司法认为，公司章程具有双面的法律效力：对内而言，它是公司与其股东、董事等人之间的契约；对外而言，它对公司债权人具有推定通知的效力。在现代社会公司法中，公司章程仅具有对内的效力，而没有对外的效力。但是，在我国公司法中，公司章程既具有对内的法律效力，也具有对外的法律效力。确立公司章程对内的法律效力而废除章程对外的法律效力，应当是我国公司法所坚持的方向。

2. 公司章程对内的效力

公司章程实际上是公司与其股东和董事等人之间的一种契约，因此，任何一方均应根据公司章程享受自己的权利和承担自己的义务。如果某一方违反自己的义务并因此而损害他人的权利，即应对他方承担违约责任。将公司章程看作是公司与其成员以及成员与成员之间的契约，具有重大的理论意义和现实意义，它为公司与其成员以及成员与成员之间的关系提供了最基本的理论根据，对于公司成员的保护和公司组织的稳定起了重大作用。

3. 公司章程对第三人的效力

传统公司法认为，公司章程一旦注册登记，则不仅对公司成员产生约束力，而且还对公司债权人产生约束力，如果公司债权人要同公司从事交易，他们应当到公司章程注册登记机构查阅公司的章程并了解公司的有关信息。如果公司债权人完全可以查阅公司章程的内容并掌握和清楚地了解公司的有关信息而不去查阅、了解和掌握此种信息，则公司债权人应当承担与公司从事交易的不利后果，公司即可以不就董事代表公司所从事的越权交易行为承担法律责任，而仅仅由董事个人对公司债权人承担法律责任。这就是公司法上长期以来所实行的公共文件的推定通知制度。根据此种推定通知制度，公司的章程只要经过了注册登记，即被认为对所有的潜在债权人和社会公众作了通知，他们被认为已经知悉此种章程中所规定的内容，被认为已经了解并掌握了公司章程中所规定的事项，即使他们根本不知悉公司章程的具体内容。在 20 世纪 60 年代之前，公司章程的推定通知是传统公司法所信奉的原则。20 世纪 60 年代之后，两大法系国家均废除了此种制度，认为即便公司的章程已被登记，该种章程也不具有使公司对抗第三人的效力。英国《1985 年公司法》第 711A（1）条明确加以废除，该条规定：任何人在与公司从事交易时，并不仅仅因为公司注册机构保有公司的章程并且被披露而被认为已经注意到其中所包括的内容。

三、公司章程的公开

（一）公司章程公开的意义

一旦公司股东在公司章程上签名，公司的发起人和首任管理人即应开始将公司章程以及其他重要的法律文件提交给公司注册登记机构，并提出公司设立的申请。当公司的申请获得批准之后，公司登记机关即向公司签发公司设立证书，公司因此而设立。公司设立之后，还应当在有关报章上公告其章程的主要内容。在公司法中，人们将这些程序称之为公司章程的公开（publication）程序。我国公司法仅仅规定了公司章程的注册登记制度，没有规定公司章程在报刊上的公告制度。公司章程的公开程序是完全必要的，首先，公司章程的公开程序可以对社会潜在的债权人提供保护，使公司股东以外的第三人可以了解那些专心致力于商事经营活动的法人的存在，使他们在与公司法人从事交易之前能够了解公司的基本状态，从而理智地决定是否同公司从事交易。其次，公司章程的公开也是保护公司股东利益的必要，使那些意图购买公司股份的人能够了解其即将购买股份的公司的基本状况，从而决定是否成为公司的股东。再次，公司章程的公开也是为了调整公司内部股东之间法律关系的必要，使他们之间的权利、义务和责任具体、清楚和明确，防止他们之间权利冲突的产生。最后，公司章程的公开也是公司设立的重要程序，它使公司一步一步地走向独立的商事主体的地位，为它们最终享有法人格提供了重要的规则。

（二）公司章程的注册登记

公司的设立应当由公司发起人或其他代理人向公司注册登记机关提出书面申请作为前提。根据现代两大法系国家公司法和我国公司法的规定，申请设立公司，申请人应当提交众多的法律文件。在法国，申请人应当提交公司章程的正本或副本两份；如果公司章程没有载明的话，申请人应提供有关公司机关成员的姓名、董事、经理或监事的姓名的复印件两份；公司守法声明复印件两份；公司法律文件公告的复印件等。在英国，申请人应当提交的法律文件包括公司设立大纲、公司章程、公司有关担当首届董事会成员愿意担当首届董事职位的陈述、公司的主要办公机构所在地、公司守法声明等。在美国，申请人仅仅要求提交公司的章程给公司注册登记机构。在我国，申请人应当提交公司名称的预先核准申请书、公司董事长签署的设立登记申请书、公司章程、由具有法定资格的验资机构出具的验资证明以及公司住所证明等。公司注册登记机构在收到上述申请书和上述附件材料之后应当进行审查，如果它认为申请人所提交的材料不完整，有权要求申请人补足材料，如果认为所提交的材料完整，即应在收到公司注册申请以后的一定期限内完成公司章程的注册登记程序，颁发公司设立证书或营业执照，公司即成立，享有法人格。如果认为申请不符合法律的规定，公司注册登记机构可以作出不予注册登记的决定，申请人不服此种决定，可以上诉。

（三）公司章程的公告

在法国，公司章程的公告制度源于法国《1673年商事条例》，该条例要求公司在设立之际在报纸上公告公司章程的摘要（extrait）。目前，此种制度已经被废除，代之以在那些具有刊登法律广告的报纸上公开公告公司章程的方式。在法国，1967年的命令要求，当公司其他设立程序完成之时，公司的发起人或主要管理人应当在公司所在地的具有刊登法律广告的报纸上公告公司章程的摘要，诸如公司名称、公司形式、公司所在地、公司的目的、公司资本总额、公司经理的姓名等。在英国，《1972年欧共体法》第9（3）规定，当公司注册登记机构完成了公司的注册登记程序之后，应当在法律公报上刊登公司的设立证书通告。公司章程的公告，其目的在于向社会公众披露公司设立的条件，保护第三人尤其是公司债权人的利益，使他们知道公司将要提供给自己的一般担保是什么。① 不过，此种目的能否实现值得怀疑，因为那些刊登公司章程摘要的报纸影响存在问题。

（四）公司法人格的开始

在现代社会，公司章程的注册登记程序具有十分重要的意义，因为现代两大法系国家的公司法和我国公司法规定，商事公司自其在公司注册登记机构完成登记注册程序并获得公司注册登记机构所签发的设立证书之日起享有法人格，公司拥有独立的商事主体资格，拥有独立于公司股东财产的公司财产，拥有自己的名称、住所和期限，可以独立地对外从事活动。

---

① Michel de Juglart et Binjamin Ippolito, p. 154.

第六节　公司设立前契约的法律效力

一、公司设立前的契约行为

在现代社会，虽然公司法有时对公司的设立程序作出了十分简便的规定，但是，实际上，公司设立的程序往往极其复杂，要经过众多的阶段，诸如公司章程的谈判阶段、公司章程的草拟阶段、公司章程的签名阶段、公司章程的公告阶段以及公司章程的注册登记阶段。公司设立过程的漫长性使公司发起人和与公司从事交易的第三人面临这样的问题：由于公司发起人在与第三人从事交易时是以未来设立的公司名义同第三人订立契约或从事交易的，在公司注册登记之前，应当由谁就公司发起人以未来公司名义同第三人订立的契约承担责任？

在公司设立期间，公司发起人或公司首届管理人可能会以公司的名义从事三种行为：一是以公司名义同股东订立契约，由股东认购公司股份并因此而承诺将自己的资财以出资的方式交付或转移公司。二是以公司的名义同公司股东以外的第三人订立契约，例如与第三人订立租赁契约，承租第三人的房屋作为公司的办公地点；与他人订立劳动契约，招募公司的雇员；与他人订立买卖契约，购买他人的材料和办公设备；与他人订立电话租赁契约，为公司安装电话、传真或网络；与他人订立开户契约，为公司设立银行账号，等等。三是以公司名义从事其他具体的行为，诸如为公司印刷文件，为公司办理公司章程的公告手续，为公司召开股东会作准备。无论是在什么情况下，虽然公司发起人在与第三人从事交易时均是以公司名义对外活动，但由于公司没有注册登记，没有法人格，因此，公司不可能在设立之中与第三人订立契约。这样，公司发起人在以公司名义行为时，公司不能就该种行为对第三人承担责任。

二、欧共体对公司设立前契约效力的规定

在欧洲，欧共体 1968 年 3 月 9 日的指令规定：如果某些法律行为是在公司获得法人格之前以设立中的公司名义所为，并且如果公司不愿意承担因为这些法律行为而产生的义务（engagements），则那些完成公司设立行为的人应当就该种行为对相对人承担共同连带责任，但有相反规定的除外。[①]《法国商事公司法》第 5 条规定：商事公司自其在商事和公司登记机构注册登记之日起享有法人格；那些在公司获得法人格之前以设立中的公司名义行为的人，应当就这些行为对相对人承担共同的和连带的法律责任，除非公司在注册登记之后明确表示愿意对这些行为所产生的义务承担法律责任；一旦公司在

---

① Art. 7, Directive de mars 1968.

注册登记之后承诺承担这些行为所产生的义务，则这些行为所产生的义务将被认为是自公司开始设立时起由公司承诺承担的义务。

根据《法国商事公司法》第5条的规定，如果公司注册登记之后对公司注册登记之前代表公司所为的行为予以追认，则公司应就该种行为对第三人承担责任，公司设立人或公司首届机关成员即不用就该种行为对第三人承担共同的连带责任。因此，公司对发起人或首任机关成员代表设立中的公司所为行为的追认是公司发起人或首任机关成员免责的唯一途径。根据法国司法判例，公司对其予以追认的行为必须是为公司利益而实施的行为。公司发起人或公司首届机关成员在公司设立过程中所为的行为必须是为了设立中的公司的利益，而不是为了他们个人的利益或设立中的公司以外的第三人的利益。公司发起人在与第三人行为时，必须明确表明他们不是为了自己的个人利益而行为，而是以设立中的公司的名义行为，[1] 否则，公司即不得追认这些行为，公司设立人即应自己对契约当事人承担个人责任，就如契约当事人在普通法中所承担的契约责任一样。[2]

三、英美公司法对公司设立前契约效力的规定

根据英美公司判例法，公司仅仅在获得公司注册登记机构所签发的公司设立证书时才获得法人格，才能对以自己的名义所订立的合同承担责任。因此，在公司设立过程中，公司发起人以公司的名义所订立的合同，公司设立以后也不能承担法律责任。如果要公司就其设立过程所订立的合同承担责任，必须由所成立的公司在公司成立之后与第三人缔结契约并且该种契约的条款同公司发起人与该第三人所缔结的契约条款完全相同。在这种情况下，公司之所以对第三人承担契约责任并不是为了执行发起人与第三人所缔结的契约，而是为了执行自己与该第三人所缔结的契约，这就是所谓的新契约理论。根据新契约理论，公司就其发起人代表公司缔结的契约承担法律责任，必须以公司与该契约的对方当事人缔结明确的协议作为条件，如果仅仅是公司的章程规定公司要受公司设立之前的契约的约束[3]，或者仅仅是公司默认第三人将自己看作该契约当事人，还不足以使公司就设立之前的契约对该第三人承担法律责任[4]。同时，根据英美法，不仅公司的明确协议具有使公司就其设立之前所缔结的契约承担法律责任的效力，就是公司的某些行为也足以使公司就其设立之前的契约对第三人承担法律责任，如果具体情况表明公司的行为是为了与第三人缔结一个新的契约的话[5]。但是，仅仅公司董事会认为他们应当受该种契约的约束还是不够的，即便董事会因为此种误解而支付了大量的代价

---

[1] Com. 27 oct, 1975, Rev. sociétés 1976, 297, D. Randoux.
[2] 24 février 1987, Bull Joly, 1987, 211 R. D. C., 1988, 64.
[3] Melhado v. Porto Alegre Rly Co. (1874) L. R. 9 CP503.
[4] Scott v. Lord Ebury (1867) LR 2 CP174.
[5] Re Johannesburg Hotel Co. [1891] 1Ch119.

或完成了大量的工作①。如果没有新的契约的存在,则公司原则上不就其设立人代表公司与第三人订立的契约承担法律责任,仅仅公司发起人对第三人承担契约责任。② 英国《1985 年公司法》第 36C 条规定,除非有相反的协议,否则,仅仅由那些以公司名义同第三人订立契约的人对该第三人承担个人契约责任,如果此类契约是在公司还没有成立时所订立的话。如何理解"除非有相反的契约"?根据英国司法判例,根据公司发起人与第三人订立的契约明确排除公司发起人就所订立的契约承担个人责任,则公司发起人可以不就公司设立中的契约承担责任。③

四、公司就其设立中的行为承担法律责任的根据

公司发起人在公司获得法人格之前以公司的名义所为的法律行为为什么能够在公司获得法人格之后由公司承担责任?换句话说,公司就其发起人在设立公司中所为的法律行为承担法律责任的理论根据是什么?对此问题,学者见仁见智,提出了各种学说,主要包括:为他人利益的契约理论、无因管理理论、活体胎儿理论、设立中的机关理论以及单方意图理论,等等。

(一) 为他人利益的契约理论

此种理论认为,公司注册登记之后之所以要就公司发起人在公司设立期间与第三人所订立的契约或所为的法律行为承担责任,是因为公司发起人在与第三人订立契约时并不是为了自己的利益,而是为了未来公司法人的利益。当公司经过设立并取得法人资格之后,即基于契约中的利益第三人的身份获得公司发起人所订立的契约所规定的利益,因此,应当就发起人在公司设立期间代表自己所为的行为承担责任。将为他人利益的契约理论适用到公司就其发起人的行为所承担的责任场合,存在两个方面的问题:一方面,在为他人利益的契约的场合,利益第三人作为债权人仅享有他人契约所规定的权利和利益,而不承担他人契约所规定的义务和责任,而在公司就其发起人的行为承担法律责任的场合,作为利益第三人的公司不仅要享有公司发起人与他人订立的契约所规定的权利,而且还要承担此种契约所规定的义务;④ 另一方面,在为他人利益的契约中,契约债权人在与契约债务人为有利于第三人利益的契约时,是以自己的名义而非以利益第三人的名义从事活动。而在公司发起人与第三人为法律行为时,他们并非以自己的名义行为而是以设立中的公司的名义行为。可见,为他人利益的契约理论并无说服力。

---

① Harvard v. Patent Ivory Co. (1888) 38ChD 156.
② 张民安:《公司法上的利益平衡》,北京大学出版社 2003 年版,第 48 页。
③ Phonogram Ltd v. Lane [1982] QB938.
④ George Ripert et René Roblet, p. 556.

(二) 无因管理理论

此种理论认为，公司注册登记之后之所以要就公司发起人在公司设立期间与第三人订立的契约或所为的法律行为承担法律责任，是因为公司发起人在未经公司委托的情况下为公司利益来管理公司事务，为公司利益与第三人订立契约。将公司发起人看作是公司的无因管理人，并因此而使公司就其发起人所为的行为承担法律责任，存在两个方面的问题：一方面，在无因管理中，无因管理人所进行的管理行为是以他们自身的名义来进行的，而不是以被管理人的名义来进行的，而在公司发起人所为的法律行为中，公司发起人是以设立中的公司的名义来从事行为的；另一方面，在无因管理中，无因管理人在实施无因管理行为之后不可能转变为本人，两者仍然是两个独立的主体，而在公司发起人所为的法律行为中，公司发起人往往就是公司的首任管理者，两者身份统一。可见，无因管理理论亦存在问题。[1]

(三) 活体胎儿理论

此种理论为法国学者 Sebag 所主张，他认为，设立中的公司并非完全没有法人格，而是有一定的法人格。正如人们认为自然人的人格始于出生的一般理论并不否认胎儿具有一定的人格一样，公司的法人格始于公司章程的注册登记之时的理论也不能否认设立中的公司具有一定的法人格，设立中的公司就像未出生的活体胎儿那样，虽然不能像已出生的自然人那样享有完全的人格，但他们也在某些方面享有一定的法人格。它们可以与其股东订立股份的认购契约，要求其股东缴付股款，这样，设立中的公司可以部分等同于已经设立的公司。[2] 此种理论所存在的问题是，虽然法国司法有时也认为设立中的公司具有一定的法律人格，[3] 但法国立法机关实际上并不承认设立中的公司具有此种人格。

(四) 设立中的公司机关理论

此种理论认为，发起人乃为设立中的公司机关，因此，他们与第三人所订立的契约实际上是设立中的公司机关所为的契约，应由公司对第三人承担义务和责任。此种理论的缺点有二：一方面，并非任何发起人在公司成立以后，均自动成为公司的董事，虽然他们通常是如此；另一方面，公司设立之前并无机关可言，因此，此种理论无说服力。

(五) 单方意图理论

此种理论认为，单凭那些为设立中的公司的利益而行为的人的单方意图即足以产生

---

[1] Paul Dldier, p. 173.
[2] Sebag, La condition juridique des personnes physiques et des personnes morales avant leur naissance, th., 1938; V. George Ripert et René Roblot, p. 556.
[3] Com. Cass, com, 13 février 1957, Bull, eass., 1957, 3. 47.

有利于公司的权利和义务,公司即应承受因为此种单方意图所产生的债务,也应享受因为此种单方意图而产生的权利,只要代表设立中公司行为的人完成了公司设立的所有法定程序。[①] 此种理论虽然在实际生活中可以导致公司对发起人在公司设立过程中所为的行为承担责任,但对公司和公司股东有时极其不利,因为,如果公司发起人在代表设立中的公司行为时严重损害未来公司的利益,公司获得法人格之后亦应根据此种理论就发起人所为的行为对第三人承担责任。

五、我国公司法应当采取的理论

在我国,2005年《公司法》没有对发起人在设立公司时代表公司所订立的契约问题作出规定。学者对此基本上采取了我国台湾学者所谓的"设立中公司机关理论",他们认为,在发起人与设立中公司的关系中,"发起人作为设立中的公司机关,对内履行设立义务,对外代表设立中的公司……当公司一经成立,发起人作为一个整体便不存在。由于设立中的公司与成立后的公司其实体是同一的,所以,发起人为设立公司而取得的权利和承担的义务,应归属于成立后的公司"。[②] 本文在前面指出了该种理论所存在的两方面的弊端,除此之外,该种理论还存在这样的问题:公司发起人在发起和设立公司时如果因为故意或过失而严重损害公司的利益,则公司根据此种理论也要对第三人承担义务和责任。此种理论对公司而言极其不利。

本书认为,对于公司发起人所代表公司缔结的契约,公司在成立之后是否应当就此契约对第三人承担义务和责任,应当根据既要保护公司发起人设立公司的积极性又应当保护所设立的公司利益不受损害的原则来决定。这就是,公司法应当首先将公司发起人所代表公司缔结的契约看作是公司发起人所缔结的契约,即便公司发起人在与第三人缔结契约时明确承认是以所设立的公司身份与该第三人缔结契约。因为,在公司最终成立之前,公司发起人既不是公司的代理人,更不是公司的机关。但是,如果此种契约对公司而言是公平的、合理的,则公司可以在设立以后作出决议,认可该种契约对公司的约束力。此种理论可以称之为追认理论或批准理论。

此种理论的优越性在于:其一,即便公司事后没有设立,此种理论也可以解释为什么公司发起人要对第三人承担个人责任;其二,它将发起人的恶意行为所产生的责任排除在公司责任之外,保护了公司的利益;其三,它也不会妨碍发起人设立公司的积极性,因为只要公司发起人在发起和设立公司过程中善意行为,对公司承担了受托人所承担的义务,没有追求个人利益,则公司发起人代表公司与第三人缔结的契约就可以由公

---

① George Ripert et René Roblot, p. 557.
② 王保树主编:《中国商事法》,人民法院出版社1996年版,第160页。

司对第三人承担法律责任，发起人个人无须自己就此契约对第三人承担法律责任。①

第七节　公司瑕疵设立的法律效力

一、公司设立瑕疵的界定

所谓公司设立瑕疵，是指公司虽然已经获得公司设立证书，但是公司发起人在设立公司时违反公司制定法的规定，不具备或不完全具备制定法所规定的条件，不履行或不完全履行制定法所规定的程序。公司设立瑕疵是否导致所设立的公司无效？传统公司法认为，公司如果在设立过程中存在瑕疵，则所设立的公司是无效公司，任何人均有权向法院起诉，要求法院宣告公司无效。现代公司法认为，公司虽然存在设立瑕疵，只要公司已经获得设立证书，则公司仍然有效，公司不得被宣告为无效。

二、公司设立证书的公信力

现代公司法认为，一旦公司获得了设立证书，则即便公司在设立过程中存在违反公司法规定的地方，公司仍然有效存在，公司并不因为存在设立瑕疵而无效，这就是公司设立证书的公信力理论。公司设立证书的公信力理论源于英国《1862年公司法》，并被现代英美公司法所坚持。英国《1948年公司法》第15（1）条对此原则作了明确规定，它认为公司设立证书是确定性的证据，表明公司法所规定的所有有关公司注册登记方面的要件、登记注册之前的事项以及其他附属性的事项均得到遵行；所设立的公司是被授权注册登记的公司，是根据公司法的规定适当注册登记而设立的公司。《美国修正标准商事公司法》第2.03条也规定：公司设立证书确定性地证明，公司发起人在公司设立之前已经符合公司法所规定的所有条件和程序要件。

根据现代公司法，公司设立证书的公信力表现在三个方面：其一，公司设立证书确定性地证明公司已经获得独立的法人格，可以像自然人那样从事商事活动，虽然英国法对公司设立证书获得后即刻从事商事活动作出了某种限制，认为公共持股公司只有在同时获得公司从商证书（trading certificate）后方可从事商事活动。但是，此种规定在实际生活中并不会妨害公共持股公司自其获得设立证书之时起从事商事活动，因为在英国，公共持股公司往往是由私营公司转换而来，而私营公司有权自其设立证书获得之日起即刻从事商事活动。② 其二，公司设立证书确定性地证明公司已经遵行了公司设立之前所应当遵行的程序。因此，即便公司在设立过程中存在任何程序方面的瑕疵，该种程

---

① 张民安：《公司法上的利益平衡》，北京大学出版社2003年版，第52~53页。
② See Robert R. Pennington, Company Law, 4th ed, Butterworths, p.37.

序瑕疵也无关紧要，公司仍然有效设立，人们不得主张公司设立行为无效。其三，公司设立证书确定性地证明，公司已经被授权注册登记。因此，即便公司的某些目的非法，公司仍然有效设立。[1] 可见，在英美，公司即便存在设立瑕疵，存在不符合公司法所规定的条件和程序的地方，只要公司已经获得公司设立证书，公司即有效成立，公司并不因为存在设立瑕疵而无效。

三、瑕疵设立公司的强制性解散

虽然公司设立证书具有使公司有效的效力，但是，公司设立证书并不具有使公司违法行为合法化的效力。因此，如果公司在设立过程中存在严重违法的行为，虽然公司设立证书排除了利害关系人主张公司设立无效的可能性，但是，并不能排除利害关系人主张公司解散的可能性，公司有关利害关系人可以向法院起诉，要求法院强制公司解散，并对公司予以清算。《法国商法典》第368条规定，公司被宣告无效时，依照公司章程和公司清算的规定进行清算。《法国民法典》第1844-15条规定，一旦公司被宣告为无效，则公司仅向将来发生无效，公司无效不溯及既往地使公司自始消灭，仅公司契约不再履行。这就是法国公司法中的事实公司理论。在英美法系国家，此种理论也得到适用。根据英国公司法，如果公司之设立是为了从事非法的目的，则即便公司已经获得了设立证书，法院也可以基于公司债权人或公司股东的申请而强制性解散公司；[2] 如果英国贸易部所指定的调查员在调查公司事务之后提交的报告认为，公司设立不是基于合法的目的，则英国贸易部可以向法院提出申请，要求法院颁发命令强制公司解散。[3] 此外，英国公司法还认为，英国检察总长也有权向法院起诉，要求法院颁发命令解散公司。[4] 无论是由公司债权人起诉还是由公司股东起诉或是由英国贸易部或检察总长起诉，只要法院颁发命令，责令存在瑕疵的公司解散，则公司解散仅向将来发生法律效力，公司解散之前所从事的交易仍然有效，公司不会溯及既往地消灭。[5]

四、公司设立程序合法化理论

在公司注册登记之后，如果人们发现公司的设立存在瑕疵，他们可以向法院起诉，要求法院采取措施，责令公司矫正所存在的瑕疵，在所存在的瑕疵被矫正之后，公司无效的原因即消灭，公司即不得被宣告为无效。这就是法国法所规定的公司设立程序合法化制度（régularisation de la sociètè）。此种制度为《法国商法典》第6条第2款和《法

---

[1] Prince of Reuss v. Bos (1871) LR 5 HL 176.
[2] Prince of Reuss v. Bos (1871) LR 5 HL 176.
[3] S. 165, Companies Act 1948.
[4] R. v. Registrar of Company, ex p. H. M.'s Attorney-General [1991] BCLC476.
[5] See Paul L. Davies, Gower's Principles of modern Company Law, 6th ed, London Sweet & Maxwell, 1997, p. 114.

国民法典》第 1839 条所规定。根据这两条的规定，如果公司注册登记之后发现其章程没有规定法律或规章要求章程所规定的全部内容，或者如果公司注册登记之后发现公司发起人或其他人在设立公司过程中没有遵循或没有适当遵循法律或规章所要求的程序，则所有利害关系人均有权向法院提起诉讼，要求法院责令公司矫正所存在的瑕疵，将章程没有规定的内容规定下来，或补办公司设立的程序。检察机关亦可以提起此种诉讼。此种诉讼的时效期间为 3 年，从公司注册登记之日起开始计算。根据法国法，有权提起公司合法化诉讼的利害关系人包括公司股东、公司代理人、公司债权人以及公司雇员等，他们均同公司有一定的法律关系。

第四章　公司设立的法律后果：公司的法人格

第一节　公司人格独立的具体表现：公司的生命

各国公司法都规定，一旦公司设立者完成了公司设立登记的程序并取得了公司设立证书（营业执照），公司即开始享有独立的人格，可以以公司自己的名义对外从事活动，可以持有、转移、取得和处分财产，可以对外独立承担法律责任。这就是公司法上的公司人格独立理论。公司人格独立使公司成为公司股东、公司董事之外的独立主体，成为最重要的商人。

一、公司名称

公司作为一种法人组织，须贯彻公司事务的公开性原则。公司名称的公开使用实际上是此种公开性原则的重要反映。在高度发达的商事社会，公司名称不仅具有财产的价值，应当受到法律的保护，而且还具有反映公司重要信息的作用，构成对股东有限责任加以限制和抵消的一种法律手段，因此，各国公司法关于公司名称的说明大同小异。

（一）公司名称的自由选择与预先核准

公司发起人在设立公司时是否享有选择所拟设立公司名称的自由？对此，各国公司法大都作否定性的回答。公司名称对与公司从事交易的人而言意义重大，对于其他公司而言也同样具有重要意义。因此，公司名称一直以来受到各国公司法的重视，各国公司法大多认为，公司发起人并不享有选择自己公司名称的充分自由，他们所选择的公司名称必须受到国家行政机关的审核，否则，公司注册机关可以拒绝对公司的名称予以注册登记。在英国，贸易与工业部有权允许或拒绝公司所使用的公司名称。根据英国有关法律，如果贸易与工业部认为公司申请注册的公司名称是不适宜的，可以拒绝对此名称予以注册登记[1]；在该公司名称予以注册登记以后，如果贸易与工业部认为该公司的注册名称同其他已经注册登记的公司名称过于相似，则可以在该名称注册登记以后的6个月内强迫该公司改变其名称[2]；在任何时候，如果贸易与工业部认为所注册的公司名称具有极大的误导性，容易引起公众损害，则可以要求该公司改变其名称[3]。在我国，公司

---

[1] 英国《1948年公司法》第17条。
[2] 英国《1948年公司法》第18（2）条。
[3] 英国《1967年公司法》第46条。

法对公司名称问题没有作出明确的说明,但公司登记管理条例则规定了公司名称的预先核准制度,根据此种制度,欲设立公司者,应当向公司登记机关申请名称预先核准,经过公司登记机关的审查同意后,须以公司登记机关核准的公司名称向公司登记机关申请公司设立登记。本文认为,公司名称的预先核准的问题应当由法律作出规定,以体现公司法对这一问题的重视。

(二) 公司名称的使用原则

在现代社会,各国公司法关于公司名称的使用原则大同小异,均包括积极性原则和消极性原则。所谓积极性原则即公司所使用的名称必须包括的内容;所谓消极性原则是指公司名称中所不应包含的内容。各国法律大都认为,公司的名称必须反映出该公司的性质和规模,因此,如果所设立的公司是有限责任公司,则其名称中必须使用"有限责任"这样的词语;如果是股份有限公司,则其名称中必须使用"股份公司"这样的词语。就消极的内容而言,各国法律大都认为,公司所使用的名称不得与其他已经登记注册的公司名称相同或相类似,不得使用具有误导性的公司名称[1]。在英国,贸易与工业大臣有权拒绝注册那些他认为是不适宜的公司名称,并且当他拒绝对某一公司名称予以注册时,当事人不得向法庭起诉,对其自由决定权予以攻击。在我国,工商行政管理部门也颁布了《工商企业名称登记管理暂行条例》,对公司所注册登记的名称提出了具体的指导原则。

(三) 公司注册名称的变更

公司名称一旦被注册登记,即不得随便加以修改或变更。如果公司需要变更名称,必须取得 2/3 以上的有表决权的股东同意,并且申请注册登记。登记机关是否对此有批准权?我国公司法无明确规定。英国公司法认为,公司通过特别决议通过的公司名称变更决议须取得贸易与工业部的批准。其目的在于确定公司所为的名称变更没有侵犯其他人的公司名称,没有人作出反对变更的决定[2]。

(四) 公司名称的公开化

根据英国《1948 年公司法》[3] 和《1972 年欧共体法》的规定[4],公司的名称必须出现在公司所有的商事信函中以及公司所有的其他公开性文件中,并且还必须出现在容易让人看得见的位置上,从而以让人理解和明白的方式加以表示。

---

[1] 参见 Clive M. Schmitthoff Maurice Kay Geoffrey K. Morse, Palmer's Company Law, 2nd edition, London Stevens & Sons, 1976, p.64;我国《台湾公司法》第 18 (1) 条。

[2] 英国《1948 年公司法》第 18 (1) 条。

[3] 英国《1948 年公司法》第 108 条。

[4] S. G. (7) (e), the European Communities Act 1972.

二、公司的目的

（一）公司目的的界定

公司的目的是公司设立所欲追求的目标，在我国，公司的目的就是公司的经营范围，它是公司章程必须加以规定的重要事项。公司的目的性条款在公司法和公司章程中起着重要的作用，它是公司从事商事活动的根据，是公司权利能力的尺度，是公司机关行为的准绳，也是公司成员约束和监督公司机关行为的重要手段。公司的目的性条款一直受到各国公司法的重视，也受到我国公司法的关注[①]。各国公司法之所以极其关注公司的目的性条款，是因为该种条款可以起到两方面的作用：一方面，公司的目的性条款肯定性地规定了公司所享有的权力以及该种权力所受到的约束和限制；另一方面，它也为公司成员和公司债权人提供法律上的保护，使他们免受公司资本滥用的危害。

（二）公司目的性条款的型态

在历史上，公司的目的性条款发生了四次大的变化，总的趋向是从具体到抽象的发展。这四次大的变化是：单一性目的条款、附属性目的条款、独立性多目的条款以及抽象性目的条款[②]。

（1）单一性目的的条款。这是指公司的章程仅规定了一个经营范围，公司仅能在此种经营范围内从事经营活动，否则，即会受到严厉的制裁。此种目的性条款流行于19世纪。在我国计划经济时代亦存在，那时公司仅能在核准的某一经营范围内从事活动，不得进行越权交易。单一性目的的条款将公司的经营范围限制在十分狭小的范围，严重限制了公司的经营活动，妨碍了公司的发展。

（2）附属性目的的条款。这是指公司在从事某一主要的经营活动时，还可以从事与该种经营活动有密切关系的其他活动，此时，公司所从事的此种附属于主要经营活动的活动并不是无效的，而是有效的。在我国，此种目的性条款实际上就是所谓的"一业为主，兼营其他"的目的性条款。附属性目的的条款的弊端在于：一方面，如果主业不存在，则从业不得作为主业而为公司所经营，否则，其行为会被认为无效；另一方面，公司所进行的附属性活动有时被认为无效，有时被认为有效，是否有效取决于私法的自由裁量，这样，附属性目的的条款使公司的交易处于不确定的状态。

（3）独立性多目的的条款。这是指公司在其章程中规定各种目的，并且公司章程还规定，所有的目的均独立存在，一种目的不附属于另一种目的，不受另一种目的的效力的影响。独立性多目的的条款的使用，使公司的目的范围惊人地扩张，但也存在弊端，主

---

① 张民安：《公司的目的性条款研究》，《中山大学学报》1998年第3期，第117页。
② 张民安：《公司的目的性条款研究》，《中山大学学报》1998年第3期，第117～119页。

要是其内容过于庞杂，不易为外人所理解。

（4）抽象性目的条款。这是指公司在其章程中并不明确、肯定和清楚地载明其经营范围，而仅仅简单地规定，公司的经营范围是任何合法的商事活动或从事生产资料或生活资料的经营。《美国修正标准商事公司法》第3.01（A）节明确认可此种目的性条款的效力，但我国工商管理部门则拒绝认可此种条款的效力。

（三）公司目的性条款的制定原则

在我国，公司的目的性条款一直受到行政机关的干预，行政机关以各种手段禁止公司从事越权交易行为。本文认为，这是计划经济的产物，不符合市场经济的要求。为此，本文认为，在公司的经营范围问题上，我国公司法应采取这样的原则：

（1）目的性条款的自由订定原则。公司的目的是什么，不应由行政机关决定，而应由股东会和董事会去决定。公司发起人在设立公司时，其章程规定何种经营范围，应当由公司发起人确定，公司登记机关不得对公司的经营范围加以干涉。

（2）目的性条款不得违反法律的强制性或禁止性规定。公司目的的自由订定不得违反公司法或其他制定法的强制性或禁止性的规定，否则，其目的是严重违法的，是无效的。公司目的的严重违法可以导致公司被强制性解散的法律后果。

（3）公司的抽象性目的条款的法律认可原则。长期以来，我国公司所使用的一般性质的目的条款得不到承认，公司登记机关在核定公司的经营范围时要求其用语准确，不允许公司使用界限不明、含义不清的用语。这导致了公司章程的经营范围的冗长化的趋向，影响了公司章程的简明性和纲领性，也不利于他人去了解和掌握。因此，随着公司目的性条款作用的淡化和越权有效原则的确立，公司使用一般性目的条款应予准许。

三、公司的住所

（一）公司住所的意义

正如自然人有自己的住所一样，公司也有自己的住所。公司的住所是指公司的主要机构（principal établissement）所在地，是公司的管理机关和行政部门（services administratifs）所在地，是公司法人生命的中心。[①] 公司的住所有时独立于公司的经营所在地（lien d'exploitation）。有时，为了更有利的税负方面的考虑，或者为了更方便地创设公司，公司住所地往往并不是公司章程所规定的主要机构所在地，而是公司章程所规定的主要机构以外的所在地。在法国公司法中，当公司的实际住所与公司章程所规定的住所不一致时，人们将公司章程所规定的住所称之为虚拟住所（siége fictive），而将公司的实际住所称之为真正住所（siége reel）。《法国商事公司法》第3条第2款规定：

---

① Cass. 25 février 1895, D. 95. 1. 341, S. 95. 1. 180; Paris, 30 janvier 1970, R. D. C., 1972, 493.

如果公司的真正住所在其章程所规定的住所以外，公司不得以其公司章程所规定的住所对抗第三人。对于第三人而言，法国司法认为，如果公司章程所规定的住所和公司的真正住所不一致，第三人可以根据自己的自由选择，或者选择公司的虚拟住所作为公司的住所，或者选择公司的真正住所作为公司的住所。

（二）规定公司住所的实质

《法国商事公司法》第 2 条、《美国修正标准商事公司法》第 2.01 条和我国 2005 年《公司法》第 25 条规定，公司章程应当载明公司住所。公司住所之所以受到法律的关注，其原因有二：一方面，公司住所的确定是决定诉讼管辖权的根据。根据《法国民事诉讼法典》第 43 条的规定，如果对公司提起诉讼，原告应当向公司住所地的法院起诉。[1]根据我国《民事诉讼法》第 22 条的规定，对法人提起的民事诉讼，由被告住所地人民法院管辖。另一方面，公司住所也是决定公司完成有关公开程序的场所和公司设立适用法律的根据。根据法国法的规定，公司应当在其公司住所地履行公司设立方面的公开程序；如果公司的住所地在法国，则该种公司在设立的时候应当遵守法国的法律。[2]在我国，法律也采取同样的规则。

（三）公司住所的变更

所谓公司住所的变更是指公司将其章程所规定的住所从一个地方迁移到另一个地方。然而，究竟在什么范围内迁移公司章程所规定的住所才构成公司住所的变更，法律并没有作出明确的说明。一般学者认为，公司住所的变更并非仅仅是公司地址（adress）的变更，而是公司章程所规定的主要机构从一个城市转移到另一个城市。[3]原则上，公司住所的变更应当履行一定的法定程序，包括决议的作出、公司章程的修改和公司章程的登记与公告等。根据《法国商事公司法》第 99 条和第 125 条的规定，当股份公司在本省之内迁移自己的住所或将住所迁移到外省时，公司住所变更应当由董事会或监事会作出决议，并提交下一届普通股东大会批准，此时，公司应当修改章程，否则，即不得变更住所。[4]同时，一旦公司修改了章程，变更了住所，即应公开此种修改，正如公司章程的任何修改均应公开一样。[5]如果公司变更住所而不履行公开程序，公司即不得以住所的变更对抗第三人。[6]根据我国《公司登记管理条例》第 26 条的规定，公司变更住所的，应当在迁入新住所前申请变更登记，并提交新住所的使用证明。

---

[1] Comp. Cass, com., 4 nov. 1963, D. 1964, 144.
[2] Philippe Merle, p. 94.
[3] George Riport et René Roblot, p. 618.
[4] Lyon, 25 nov. 1948. J. C. P., 1949. 2. 5052, Rev. Soc, 1950, 423.
[5] D. no67 – 236 du 23 mars 1967, art, 287 et 289; D. 30 mai 1984, art. 19 et 53.
[6] Com. 2 déc. 1980, Bull. civ. IV, no405, p. 325.

四、公司的国籍

（一）公司国籍在法律上的意义

所谓国籍是指某个人与某个国家之间所形成的隶属关系。国籍原指自然人对某一国家的隶属关系。具有某一国籍的自然人被称之为该国的公民，享有该国法律所规定的众多公权力。除了自然人有国籍外，公司法人是否有国籍？对此问题，学者有不同的意见，有人认为，公司没有国籍，仅自然人有国籍，因此，自然人的国籍理论不能适用到公司法人领域。[①]有人认为，不仅自然人有国籍，而且公司法人也有国籍，两者都是表示与某个国家的隶属关系。目前，后一种意见成为法国学说的主流意见。[②]Ripert 和 Roblot 也指出："正如自然人隶属于某个国家一样，法人亦隶属于某个国家。公司必须有自己的国籍是强制性的，因为自然人可能会无国籍，而公司必须有自己的国籍。"[③]法国 1966 年 7 月 24 日的法律明确认可了公司的国籍。[④]在法律上认可公司的国籍，其意义有三：首先，公司的国籍决定着公司设立、营运和解散的法律的适用，决定着公司经营活动的有效性的法律的适用；其次，公司国籍决定着公司是否享有某一国家法律所规定的权利；最后，国籍决定着战时对敌人财产所采取的措施的范围。[⑤]

（二）决定公司国籍的标准

关于公司国籍的判断标准，学说提出了四种理论即公司住所地理论、公司经营中心理论、控制理论以及公司设立理论。根据公司住所地理论，公司的国籍取决于公司的住所地，公司的住所地在哪个国家，公司即具有哪个国家的国籍。在此种意义上讲，公司的住所地是指公司的真正住所地，并非公司章程所规定的虚拟住所地；同时，在国籍意义上的住所地是指公司的主要机构所在地。根据公司经营中心（centre d'exploitation）理论，公司的国籍取决于公司的经营中心所在地，公司的经营中心在哪个国家，公司即具有哪个国家的国籍。根据控制理论，公司的国籍取决于提供公司资本的股东和管理公司事务的董事的国籍，提供资本的股东和管理公司事务的董事具有哪个国家的国籍，公司即具有哪个国家的国籍。根据公司设立理论，公司的国籍取决于公司设立的法律根据和公司完成法人格所必要的各种程序的法律。公司设立的这些法律是哪个国家的法律，公司即被认为是哪个国家的公司，公司即具有有该国的国籍。在上述四种判断标准中，

[①] Niboyet, Existe‑t‑il vraiment une nationalité des sociétés? Rev. dr int. priv. 1927, 402.
[②] Michel de Juglart et Benjamin Ippolito, p. 112.
[③] George Ripert et René Roblot, p. 619.
[④] Art. 31, 60al. 1re, 154, L. 1966.
[⑤] Michel de Juglart et Benjamin Ippolito, pp112～113；Philippe Merle, p. 96；George Ripert et René Roblot, pp. 619～620.

英美法采取的是公司设立理论，法国法采取的是公司所在地理论和控制理论。而《罗马条约》则实际上采取了上述四种标准。因为，《罗马条约》第58条第1款规定："根据某一成员国的法律所设立的公司，如果有章程规定的住所地、有自己的管理中心或主要机构，则这一公司被认为……同等于该成员国的自然人。"

（三）公司国籍的变更

所谓公司国籍的变更是指公司将其住所从一个国家迁入另一个国家。在法国，公司国籍的变更包括公司将其住所从法国迁入外国，或从外国迁入法国，无论是哪种形式的国籍变更，均须符合一定的程序。根据《法国商事公司法》第31条和第60条，简单两合公司和有限责任公司要变更自己的国籍，必须经过全体股东的一致同意。根据《法国商事公司法》第154条和第251条第2款，股份公司和股份两合公司要变更公司国籍，将公司住所迁入法国之外的其他国家，必须符合这些条件：迁入国同法国签有特殊协议，允许法国公司获得该国的国籍，并且在迁入该国之后，该公司仍然享有法人格；公司变更国籍的决议由公司以特别股东大会决议方式作出。法国法的此种规定主要是为了确保公司组织的稳定，防止公司国籍的变更使公司组织解体，并重新根据迁入国的法律来设立并获得法人格。

五、公司的持续期限

在现代社会，公司虽然享有法人格，但是，该种法人格仅仅在公司的持续期限内存在，超过公司的持续期限，公司即不享有法人格，因此，公司的持续期限究竟是多少，将对公司组织的稳定和发展具有重要意义。在现代社会，公司的持续期限究竟有多长，取决于公司章程所作的规定，公司可以根据实际情况在其章程中规定公司的持续期。一般认为，公司的持续期限有两种，即确定期限和不确定期限，前者就是明确的、肯定的持续期限，后者就是不明确和不肯定的期限。在前一种情况下，当公司章程所规定的期限界满时，公司即应被解散，但如果公司决议延长其持续期限，则公司将在被延续的期限内继续存在；而在后一种情况下，公司可以因为一个或几个股东的意愿而解散，如果股东解散公司的愿望是善意的、不是不合时宜的话。[①]法国1966年7月24日的法律借鉴了民法典改革者的建议，对公司的持续期限规定了最长期限的限制，认为无论是什么形式的公司，公司的最长持续期限为99年。这样，即便公司某一股东希望解散公司，在公司所规定的持续期限没有界满时，公司股东也不得解散公司。根据《法国商事公司法》第2条的规定，公司的持续期限必须为公司章程所规定。这样，公司持续多长时间，取决于公司章程的规定，如果公司章程对此期限没有作出规定，则公司的持续期

---

① Paul Didier，p. 109.

限为 99 年。然而，99 年最长持续期的规定并无重大意义，因为公司章程所规定的最初持续期限是完全可以延长的，即便公司章程规定的期限是确定期限，公司亦可以延长此种期限。

第二节　公司人格独立的具体表现：公司的权力

一、公司权力的种类

公司作为一种商事组织，自其成立时起就依法享有各种权力。例如它们有权以自己的名义对外缔结契约、购买他人财产或出卖自己的财产，有权以自己的名义对他人提起诉讼，有权以自己的名义对公司债权人承担法律责任等。然而，公司究竟有哪些权力，学者们很少讨论。我国学者论及公司法人的权力时往往从消极方面论及公司权力的特性，认为公司的权力应当受到各种限制，包括自然性质的限制、法律的限制以及目的的限制等，而不是从积极方面论及公司享有权力的种类。此种理论过于消极，不符合民商法的本质要求，是传统民法理念的反映。因此，为繁荣我国商事经济，提升公司法人在我国社会经济生活中的地位，我们应当从权利本位而非义务本位角度讨论公司法人的地位，并对公司法人的权力范围作出明确说明。

在现代公司法中，公司的权力可以分为两类，即明示权力和暗含权力。所谓明示权力，是指公司根据法律、法规和公司章程及公司董事会的决议所享有的权力。所谓暗含权力，是指公司在其章程明确规定范围之外所享有的从事某些活动的权力，这些权力虽然没有明确规定在公司章程之中，但由于它们同公司章程所规定的明示权力具有某种关系，因而公司仍然可以享有这些权力。然而，根据一般公司法所设立的一般公司通常并不能从事某些特殊性质的商事活动，诸如银行业、保险业以及公用事业等，从事这些特殊性质的商事活动的公司只能是根据特别公司法所设立，此种公司除应符合相应的特别法律规定的条件外，还必须取得有关行政机构的批准。[①]

二、公司章程规定的权力

（一）英美法关于公司权力与公司目的关系的学说

公司目的和公司权力是何种关系？在英美法上，早期对公司目的和公司权力并未作任何区分，认为公司权力仅限于公司目的性条款中明示规定的目的范围，超过公司明示的目的范围，公司也就不享有从事某种活动的权力。以后英美判例法对公司目的和公

---

① 张民安：《公司法上的利益平衡》，北京大学出版社 2003 年版，第 157 页。

权力又作了明确区分,认为公司的目的仅仅是公司目的性条款所列明的公司经营活动范围,而公司权力并不限于公司目的性条款所规定的目的范围,公司除了享有目的性条款所规定的明示权力外,还享有公司法暗含每个公司都享有的权力。但是,一些公司为增加交易的安全感,在其公司章程中不仅列明了所享有的明示权力,而且还将法律所暗含的权力也作为一种目的而规定在目的性条款中,因此造成了公司目的与公司权力难以区分。在这种情况下,公司的权力已实际表现为公司的目的,而公司的目的又表现为公司的权力。英美司法上的做法是,公司的权力和目的的区分或不区分往往取决于法庭的自由裁量:为了此种目的,司法会强调权力和目的区分的重要性;而为了彼种目的,司法会视权力与目的为同一。[①]

(二) 我国学者关于公司权力与公司目的的关系的学说

在我国,绝大多数学者将公司的经营范围等同于公司的目的,认为公司只能在其目的范围内才享有从事经营活动的权力,超出了自己的目的,公司就不享有权力;公司的目的实际上是对公司权力的限制,在此意义上,公司的权力和公司的目的是同一范畴的概念。这就是我国民商法学界长期占主导地位的权利能力限制说。公司权利能力限制说产生的原因有二:一方面,我国传统民法理论认为,所有法人的权利能力或权利都应当受其目的限制,而没有区分不同性质法人尤其公司法人与国家机关法人之间的特殊性,由此所致的恶果就是将原本仅仅对非公司法人尤其是国家机关法人所适用的规则适用到公司身上。公司的商事主体性和营利性使法律对其所采取的应当是市场化规则,而非公司法人尤其是国家机关法人的非市场主体性和非营利性决定了法律对其应采取非市场化规则:对公司法人而言,公司的行为是否能够超出公司的目的,其决定权应在于公司法人成员,如果公司法人成员认可公司董事会的目的外行为,则此种行为对公司具有约束力,否则,即对公司无约束力;对国家机关法人而言,他们仅仅能够在自己的目的范围内从事活动,不得从事其目的外的行为。另一方面,将公司的目的等同于公司权力,也是我国计划经济时代的产物。在计划经济时代,公司法人的任务是在生产领域执行国家经济计划,且只能在自己的计划范围内完成其承担的生产经营活动,因而公司的权力不能超出其所承担的计划目的范围。

(三) 本书关于公司权力的学说

将公司的权力等同于公司目的,明显地限制了公司组织的发展,不利于商事经济的繁荣发展,因为公司作为一种商事组织,其营利性和经营性特征使其具有不断适应商事社会的快速发展而突破其原有目的范围的需要,将公司目的等同于公司的权力必然限制公司的权利能力和行为能力,如果董事会的行为超出了公司的目的,则该行为并非公司

[①] 张民安:《公司法上的利益平衡》,北京大学出版社2003年版,第158~159页。

的行为而仅是董事们的个人行为，只能由董事们对债权人承担个人性质的法律责任，对公司而言则属于一种越权无效行为，公司并不承担该行为由此产生的法律责任，即使该行为对公司有利亦是如此。

随着我国商事经济的不断发展，公司作为重要的商事组织形式为适应更加快速多变的市场发展需要，客观上要求公司的权力应比公司目的宽泛，公司在其目的之外所进行的某些行为，应属于公司有权进行的行为。当前司法实践通过将公司章程的目的性条款作扩张解释而认可公司权力不限于公司目的，虽有一些明显的进步，但这种对公司章程扩张解释的方法仍然未能摆脱公司权力受公司目的范围影响的传统观念。因此本书认为，公司权力与公司目的并非同一层面的概念，公司权力应当区别于公司目的。公司权力除了公司章程所明确规定的权力之外，还应包括公司制定法所规定的权力和司法所暗含公司享有的权力。[①]

三、公司制定法规定的权力

公司是现代社会重要的商事主体，其从事商事经营所享有的权力，除由公司章程加以规定外，还应当由某些制定法作出规定，包括实体法和程序法，这已为我国多数学者所肯定。然而，公司制定法是否应当对公司所享有的权力作出明确、肯定和清楚的规定？对此，我国公司法没有规定，我国的学者也少有论及。

《美国修正标准商事公司法》第3.02条对公司所享有的各项权力作出了明确的规定。根据该条，除非公司章程作出相反的规定，否则任何公司都可以永久存在，其名称可以继续使用并且有权像自然人那样去从事一切有关公司业务的执行和事务的管理所必要和有益的活动，包括享有下列不受限制的权力：

以公司名义起诉和应诉；具有公司图章，有权任意更改这一图章，有权加盖这一图章；有权制定和修改公司内部管理细则；有权购买、接受、租用或以其他方法获得、拥有、改良、使用或以任何其他方法处理不动产或动产；有权出售、转让、抵押、租赁、交换或以其他方法处置公司的全部或部分财产；有权购买、接受、认购或以其他方法获得、持有、表决、使用、出售、抵押、出租，或以其他方法处置、经营和买卖其他经济组织的股票、期权和债券；可以订立协议和担保协议，承担各种债务，借贷，发行债券并且可以用公司的任何财产、许可证或收入作为此种义务履行的担保；可以出借金钱，用公司的资金来投资或再投资；可以成为任何合伙组织、联营组织、信托组织或其他实体的发起人、合伙人、成员、联营人或是上述实体的经理；可以从事经营活动，设置营业地；可以选举董事、任命高级职员、雇员和公司代理人，规定他们的责任、报酬，可以对他们提供借贷；可以支付年金和设立年金计划、股票特权计划以及福利和激励计

[①] 张民安：《公司法上的利益平衡》，北京大学出版社2003年版，第161页。

划；可以基于公益、慈善和科学利益而进行捐赠；可以在和法律无抵触的情况下，作出有利于公司业务和公司发展的捐赠。可以认为，《美国修正标准商事公司法》对公司所享有的各项权力作出明确、肯定和清楚的规定，是对公司制度作出的重要贡献，体现了其应有的科学性和先进性。

公司法对公司所享有的一般权力作出明确规定，具有如下重要意义：

（1）公司法对公司法人的权力作出明确规定，是法人独立人格地位的客观必然要求。民商事主体有多种，但最主要的是自然人和法人。我国《民法通则》对自然人所享有的各种权利都作了规定，包括财产权和人身权。自然人民事主体地位的享有以自然人享有众多的明示权利作为基础；同样法人也是一种独立的民事主体，享有独立的人格，而此种独立的人格也应以法人享有众多类型的权力为基础，如果仅仅宣告法人是独立民事主体而不对其所享有的具体权力作出明确说明，则公司的独立人格也难以得到保障。因此，公司法对所有公司均享有的一般性权力作出规定，是公司独立人格的要求。

（2）公司法对公司所享有的各种一般性权力作出明确规定，是公司得以有效开展商事经营活动的保障。公司所享有的各项权力受到多个法律部门的保护，但是在不违反法的强制性规定情况下，公司章程对公司权力的规定往往最为重要。公司的性质不同，规模不同，则公司章程所规定的权力也不同。然而，公司章程对公司权力的规定作出了列举，公司除了享有其章程所规定的权力以外，是否还可以享有公司法所规定的权力？本书认为，公司法对公司所规定的权力是公司普遍享有的权力，是任何类型的公司均自动享有权力。因此，当公司章程没有规定这些权力时，公司法规定的这些权力亦可以为该公司所享有，公司从事这些活动和实现这些权力是有效的，而不是越权无效的。将公司的权力分为两大部分，即公司章程所特别规定的权力和公司法所普遍规定的权力具有重大意义，它意味着公司是否越权不仅根据公司章程加以判断，而且还要以公司法作为判断标准。公司制定法上所规定的权力，为公司有效开展商事活动提供了便利，保证了公司在无须通过繁琐程序的情况下更加快捷地开展活动。

（3）公司法对公司所享有的权力作出明确规定，是防止国家机关对公司事务非法干预的重要手段。在我国，公司虽作为一种法人得到法律的认可，但对于公司所从事的活动范围究竟有多大，我国的行政机关和司法机关往往采取强制性观点，认为公司仅可以在自己章程所规定的权力范围内从事活动，不得超出公司章程所规定的权力范围从事活动，否则，即构成越权行为，对公司不产生效力，国家可以对从事越权行为的法人及该法人的机关给予行政处罚直至刑事处罚。如果公司法对公司的权力作出了明确规定，则公司不仅可以享有其章程所规定的权力，而且还可以享有公司法所规定的权力，这样公司陷入越权纠纷的可能性就会大大减少。①

---

① 张民安：《公司法上的利益平衡》，北京大学出版社2003年版，第162~163。

第三节 公司人格独立的其他具体表现

除了本书在前面已经讨论的公司的生命之存在和公司的权力之享有以外，公司独立人格还表现在股东的有限责任之承担、公司法人财产所有权之享有、公司侵权责任之承担、公司诉讼主体资格之享有以及公司犯罪责任之承担等方面。

一、公司股东的有限责任

（一）有限责任的含义

有限责任，亦称股东有限责任，是指公司股东以其出资额或所持股份为限对公司债务承担的责任。作为公司人格独立的必然要求和反映，公司必须就自己的契约和债务以其全部资产承担法律责任。当公司因为某种原因而破产清算时，公司股东原则上不对公司的债务承担个人责任。因此，股东有限责任具体包括两方面的含义：其一，股东原则上不对公司债务承担个人责任，除了自己承诺出资的数额外，股东不承担更多的责任。股东不对公司债权人承担直接清偿公司债务的责任，公司债权人也不得直接要求股东对公司债务负责。在此意义上，股东有限责任实际上是股东为公司债务和亏损所承担的一种间接的民事责任。其二，公司亦不对股东的个人债务承担责任。当公司股东无力清偿其个人债务时，股东的债权人不能对公司提出要求，要求公司以自己的财产清偿股东本人的债务。公司的财产只能用于清偿公司的债务，而不能用于清偿任何其他人的债务，股东的个人债务也只能用股东个人的财产来清偿。在此意义上，股东有限责任实际上是指股东对公司所承担的责任，而不是公司为公司债务承担的责任。公司以自己独立财产为公司债务承担的责任，称为公司的独立责任。股东有限责任原则的产生，是人类为了商事活动而进行的法律上的最伟大的发明，可以与蒸汽机的发明相提并论。[①]

股东有限责任是与公司的独立责任相对而言的。在公司人格独立理论中，股东有限责任与公司独立责任是一个问题的正反两个方面，前者自股东角度而言，后者自公司角度而言。若不存在股东有限责任，公司与股东的民事主体资格就难以彻底区分，公司的法人资格即公司的独立人格就不可能产生；反之，若不肯定公司的独立人格和独立责任，实际上等于否定了股东有限责任，股东就要为公司承担无限责任。所以，公司一经成立即独立承担责任，股东也仅承担出资额范围内的有限责任，这是公司人格独立的法律后果。无论英美法系国家还是大陆法系国家，股东有限责任和公司独立责任都被确认为是现代公司独立人格制度的基本标志。

---

① 张民安、刘兴桂主编：《商事法学》，中山大学出版社2002年版，第83页。

（二）有限责任原则的优点

有限责任自产生以来直至被各国立法确立，经历了漫长的发展过程，在此期间，它为公司制度的发展完善和社会经济的繁荣与进步发挥了巨大的推动作用，而这一切都归功于其所固有的一系列优点。有限责任原则的优越性主要表现在：限制和降低了股东的投资风险，将股东的投资风险预先确定在可预见的范围之内，鼓励了人们的投资热情，实现了资本积聚和公司规模经营；降低了股东监督公司运营和其他股东活动的成本，促进了公司所有权与公司经营权之分离，并为职业经理队伍的形成创造了前提条件；极大地提高了公司的运营效率，促进了公司人格独立和公司形态的分化发展，为公司制度乃至法人制度进一步发展完善奠定了基础。正因为股东有限责任原则适应社会化大生产发展的要求，为我国建立现代企业制度所需要，所以，它被确立为我国公司立法的责任基础。

（三）有限责任原则的缺陷

股东有限责任原则并非十全十美，其固有的一些缺陷也随着经济的不断发展而日益显露出来。其缺陷主要在于：

（1）有限责任原则将股东的投资风险转嫁到公司外部债权人的身上，对公司债权人而言有失公平。股东有限责任意味着本应由股东承担的投资经营风险转移给了与公司有经济关系的债权人，因为股东可以控制公司，并从公司获取利润，一旦公司经营失败和破产清算，股东可以凭借有限责任原则而免除对公司债务的清偿责任，而公司的巨额亏损和未清偿债务的责任只能由对公司经营毫无过错的债权人承担。

（2）股东有限责任潜藏着一种股东的"道德风险"，也就是说，股东有可能滥用有限责任和公司独立人格，规避法律和契约义务，欺骗债权人，将公司作为自己牟取非法利益的工具。在股东有限责任原则下，出资人利用公司独立人格这一面纱从事经营，实际上是利用股东有限责任原则之屏障，将股东与公司债权人隔开。虽然公司法规定公司财产独立于股东而存在，股东不得随意"抽回"或"支配"公司财产，但公司法中关于股东享有的选择管理者、重大决策和请求分配股息的权利，以及股份自由转让的权利等，都是股东尤其是大股东拥有了对公司实际控制的能力，那么，股东从关心自己利益的情况出发，会千方百计地去控制或操纵公司。当股东过度地利用股东控制权时，公司则成为股东的"化身"和"另一个自我"。在此情况下，股东可以有限责任和公司人格为掩护，以公司作为其从事不法活动和欺诈债权人的工具，而债权人由于隔着公司独立人格这道屏障，也无法了解公司内部真实情况，即使能够调查了解，也要涉及昂贵的资信调查费用。

（3）股东有限责任也不利于保护与公司有利害关系的其他社会群体的利益。现代公司多数是开展多种经营活动的"国家"的缩影，一些现代化大公司的规模经营所导致的产品缺陷、医疗事故、环境污染公害等严重的社会问题已经危害着公司的职员、贷款人、供应商、消费者和社区居民等利益群体的生命财产安全。一旦发生重大的侵权损害事故,在巨额的损害赔偿面前,公司的经济实力往往使公司难于承受,而有限责任使得受害人在公司之外再无请求的对象,这对于处于"弱者"地位的受害人而言是极不公平的。

二、公司法人财产所有权

(一) 公司法人财产所有权的界定

公司法人财产所有权,就是指公司对于由股东投资形成的全部法人财产及其所生利益,依法享有独占性支配和排他性的权利。现代各国公司法普遍赋予公司对公司财产这种独立拥有并自主支配的权利。我国 2005 年《公司法》第 3 条规定,公司是企业法人,有独立的法人财产,享有法人财产权。公司的财产虽然是公司股东出资形成的,但是,公司的财产属于公司法人所有,公司股东不得占有、使用公司财产。公司有权占有、使用、收益和处分公司财产。

具体说来,这种权利主要包括以下四种涵义:其一,股东出资形成的公司全部财产属于公司所有而非股东所有。其二,股东的出资一旦投入公司即成为公司的财产,由公司自主支配并使用,股东不得再行直接支配其出资的财产。股东以放弃对其出资财产的直接支配权为代价,取得了按其投入公司的资本额享有所有者的资产收益、重大决策和选择管理者等股东权利。其三,公司可以自主处置其财产,并以其全部财产承担法律责任。其四,公司以营业所得拥有收益的权利,并依照法律、公司章程和公司机关的意思决定分配其收益。公司对公司财产的上述权利即为所有权,对于公司的这些权利,有的国家公司立法明文规定,有的国家公司立法则将其体现在具体的制度和原则中。如《美国标准公司法》第 302 条关于公司"一般权力"中规定,公司有权"购买、接受、租用,或用其他方法获取、拥有、持有、改善、使用或者用其他方法处理无论置于何处的动产和不动产,或任何设于财产上的法定的或合乎衡平原则的权益";公司有权"销售、转让、抵押、担保、租赁、交换或用其他方法处置他的全部或一部分财产……"。《德国有限责任公司法》第 13 条明确规定:"有限责任公司本身独立具有其权利和义务;它可以取得所有权和不动产的其他物权,可以在法院起诉和应诉;对于公司的债务,仅以公司的财产向公司的债权人承担责任。"

(二) 公司财产的独立性:公司股东

公司财产虽然最初来源于公司股东的出资,但是,一旦股东将其出资财产转移给公司,则该种财产即成为公司财产,独立于公司股东。对公司股东而言,公司财产的独立性表现在三个方面:其一,作为具有法人格的主体,公司是公司财产的所有权人,公司股东不享有公司财产的所有权，即便公司财产是由公司股东出资的；换句话说，公司股东不是他们出资财产的共同所有权人，因为公司股东一旦将财产缴付给公司即丧失了对该种财产的所有权。作为股东丧失其出资财产所有权的对价，公司股东在丧失出资财产的所有权之后取得了股权（droits sociaux），包括对自己出资份额所享有的权利和对自己的出资股份所享有的权利，此种股权既包括财产性的权利（droits pécuniaires），也包括非财产性权利（droits extra-pécuniaires），前者如股息获得权，后者如表决权等。这些权利在性质上属于动产，即便公司仅仅拥有不动产，因为根据《法国民法典》第529条规定，在公司存续期间，公司股东对公司所享有的权利性质上为动产。其二，在公司股东死亡之时，公司人格仍然持续存在，公司股东的继承人不得直接主张继承公司的财产，要求公司将其财产予以分割，他们也不得对公司财产予以查封，① 而仅能继承股东死亡时所遗留的作为动产的股权。其三，原则上，当公司不履行对第三人所承担的义务时，公司本身应当对第三人承担法律责任，公司股东原则上不对第三人承担此种责任；当公司不能履行对第三人所承担的义务时，仅仅公司本身可能会进入法定的清算程序，以公司的财产来偿还第三人的债权，公司股东不进入该种程序，其个人财产不对第三人承担责任。

（三）公司财产的独立性：公司债权人

就公司债权人而言，公司财产的独立性表现在三个方面：其一，公司债权实现的一般担保是建立在公司财产的基础上，而非建立在公司股东个人财产的基础上，当公司不履行自己的债务时，公司债权人只能请求公司以其财产对自己承担责任，不能请求公司股东对公司债务承担责任。其二，公司股东的个人债权人的债权实现是建立在公司股东的个人财产基础上，而非建立在公司财产的基础上，当公司股东个人不能清偿自己的债务时，股东的个人债权人仅可以向法院起诉，要求股东以其个人财产清偿自己的债务，不得要求公司以其财产清偿此种债务。② 当然，公司股东的个人债权人可以扣押股东对公司所持有的股份，以该种股份的价值充抵自己的债权。其三，公司的债权或债务同公司股东的债务或债权不得进行抵消（compensation），公司只能就其债权或债务同债权人进行抵消。

关于公司财产的独立性使公司债权人不得强制执行公司股东的个人财产的理论，应有两个例外的限制：其一，在人合公司中，公司债权人不仅可以要求公司以自己的财产对公司债务承担责任，而且也有权要求那些对公司债务承担共同连带责任的股东以其个人财产对公司债务承担责任；其二，在某些公司中，即便公司股东在法律上对公司债务承担有限责任，但基于公司股东的意愿，他们以自己的财产对公司债权人承担个人责

---

① Amqers 21 mars 1934, D. H., 1934, 323.

② Com. 2 mai 1983, B. R. D. A. 18－1983. p. 19.

任。此时，当公司不能清偿自己的债务时，公司债权人有权要求公司股东对公司债务承担个人责任。

（四）公司财产的独立性：管理的独立性

公司作为一种法人，有充分的法律上的能力，因此，人们无须像讨论自然人那样来讨论法人的能力，法人不会面临自然人所面临的无行为能力的问题。既然法人有行为能力，他们可以有自己的意思，有自己的思维，有自己的管理机关和执行机关。这样，公司法人完全可以采取行动以实现自己章程所规定的目的。在为实现此种目的过程中，公司可以支配、使用、管理甚至处分公司的财产。公司对自己财产的支配、使用、管理和处分的行为均是公司本身所实施的行为，而不是公司股东所实施的行为，换句话说，公司是以其自身的名义行为或通过自己的机关或法定代表人行为。①

三、公司的侵权责任能力

（一）公司侵权责任能力的概念

公司的侵权责任能力，亦称公司侵权行为能力或公司的民事责任能力，是指公司作为民事主体据以独立承担民事责任的法律地位或法律资格。一般情况下，公司的设立和运营都是为促进公司合法目标的实现，即公司成员的利益最大化而服务的，但是在逐利目标的驱使下，公司法人亦会被其成员用来作为从事违法犯罪行为和实施侵权行为的工具。因此，公司具有潜在的被滥用的危险，以及潜在的对他人财产和人身构成侵害的危险。但是公司的侵权行为之实施不同于自然人的侵权行为：自然人的侵权行为均由自然人自身直接去实施，而公司的侵权行为并不由公司本身去完成，必须由代表公司的某些自然人即董事去实施。董事在管理公司事务时，并非以公司成员个人身份进行，而是以公司机关的身份进行的。公司机关代表公司对外所为的一切行为即为该公司的行为，若其代表行为符合侵权行为的构成要件，自应构成侵权行为，由公司对受害人或债权人承担侵权损害赔偿责任，所以公司有侵权行为能力。

（二）公司侵权责任的构成要件

从各国民商法规定来看，构成公司侵权行为应具备如下要件：

1. 须是公司代表人或其他工作人员实施的行为

公司代表人亦可称为公司的代表机关，是依照法律和公司章程规定，有权代表公司对外行为的个人或集体。在公司组织机构中，股东会是公司的最高意思决定机关，但其不能对外代表公司从事活动；监事会或监事为公司的监督机关，在特定情况下可以公司名义对董事、经理提起诉讼，也可以公司名义聘任财务顾问、法律顾问等，但其并非公

---

① Michel de Juglart et Benjamin Ippolito, p. 109.

司正常情况下的对外代表机关；通常情况下能够对外代表公司表示意思的法定代表机关，各国民商法的规定并不相同，且因公司的类型而不同，但绝大多数情况下公司的董事会或者执行董事被视为公司的对外代表机关。根据我国公司法规定，有限责任公司董事长或执行董事、股份有限公司董事长是公司的法定代表人，公司的代表人代表公司所为的行为视同公司自身的行为，故代表人所代表公司实施的侵权行为也视同公司的侵权行为，由公司承担责任。此外公司的代表人在特定情况下也可能借助于其他工作人员如经理人等实施代表行为，在我国所谓其他工作人员，应解释为包括其他有代表权和有代理权的人，如董事长以外的公司董事、经理、清算人、重整人以及其他有代理权的职员。至于不具有代表权和代理权的普通职员和雇员，因执行职务损害他人，应依民法关于雇佣人责任的规定由公司作为雇佣人承担责任。[1]

2. 须为公司代表人或其他工作人员在执行职务时的加害行为

公司法定代表人或其他工作人员所实施的行为要构成公司的侵权行为，必须是其在执行职务时对第三人有加害行为，如非执行职务时造成他人损害则不能视为公司侵权行为，也不应由公司承担该行为的法律责任，而应由该代表人或工作人员自负其个人责任。但何为执行职务？各国法律的规定不尽相同。在我国，所谓执行职务，应解释为凡从事法人经营活动及与经营活动有关的行为，无论法律行为、准法律行为或事实行为，均属于"执行职务"的行为。[2]依"执行职务说"来界定公司代表人的侵权行为是否应由公司负责，对公司债权人的保护较为有利。传统民商法认为，公司董事在代表公司从事活动过程中，如果故意或过失侵害他人，则公司就此侵害行为是否负担法律责任，取决于董事的此种行为是否属于董事权限内的行为，如果董事的侵权行为在代表权范围以外所实施的，则即使是代表公司所实施，公司亦不对该越权行为中的侵权行为负责，而仅董事个人对此行为负损害赔偿责任。我国的一些学者仍持此种观点。这种公司仅就董事代表权范围内的侵权行为负责的观点和规定，对公司债权人的利益之保护极为不利。因为，现代有限责任制度本来就将公司经营失败和破产的风险转嫁于债权人，已经对公司债权人甚为不公。而随着现代公司董事会权限的扩张和董事会地位的强化，董事会或董事已掌握公司的实际不受限制的经营决定权和事务管理权，更加增大了小股东和债权人的利益受侵害的风险。因此，现代各国公司法实际上均已废除了董事越权行为无效原则，认为公司章程不过是公司、股东和董事之间的一种内部契约，仅具有内部的约束力，对公司债权人不具有约束力。所以，公司章程对公司董事权限的内部规定不能对抗外部善意的第三人，董事即便是实施了超越公司权限的行为，只要此种侵权行为是代表公司所为的职务行为，公司即应对债权人负责。在此种新的体制下，董事代表公司实施

---

[1] 梁慧星：《民法总论》，法律出版社1996年版，第134页。
[2] 梁慧星：《民法总论》，法律出版社1996年版，第135页。

的侵权行为，是否应由公司承担法律责任，必须从两个层面加以分析：董事会决议的侵权行为，即便超出公司章程所规定的经营范围，亦应由公司对债权人负责，公司不得借口董事会决议越权而拒绝对债权人负责；公司董事长和董事的侵权行为，其是否应由公司负责，要取决于其是否在代表公司执行其职务行为，如属于职务行为，公司应就其职务侵权对债权人负责，即使该行为已经超越了公司内部授权范围，如属非职务行为，则公司不就其侵权行为对债权人负责。①

3. 须具备侵权行为的一般构成要件

公司就其董事、经理或者其他雇员的职务侵权行为承担侵权责任，其责任的性质是过错责任，以公司的董事、经理或者其他雇员的侵权行为违反所承担的注意义务作为条件；如果公司的董事、经理或者其他雇员在行为时不存在过错，则公司将不就他们实施的损害行为对债权人承担侵权责任。同时，公司就其董事、经理或者其他雇员的职务侵权行为承担侵权责任，要以公司董事、经理或者其他雇员的侵权行为同债权人的损害之间存在因果关系作为条件。

（三）公司侵权责任能力与董事个人侵权法律责任

公司董事就其代表公司所实施的侵权行为由公司承担法律责任后，是否意味着董事个人就不对债权人承担侵权责任？对此我国民商法未作具体规定，我国学者一般均采纳内部责任说，否认公司董事的个人责任，本书认为，此种理论违反了现代民商法理论，对公司债权人保护不利，董事个人应当就其代表公司所实施的侵权行为承担侵权责任。关于这一点，本书将在公司债权人的保护中作出详细的说明。

四、公司的犯罪责任

公司一经成立即取得法人资格，可以独立地享有权利和承担义务，同时，公司对自己活动的法律后果也独立承担法律责任，包括侵权责任和犯罪责任。公司的侵权和犯罪责任是公司人格独立制度的重要组成部分。这里仅论述公司的犯罪责任问题。

公司犯罪责任问题是指公司的刑事责任能力或犯罪责任能力问题。在学理上，法人是否有犯罪能力，取决于对于法人本质的认识。法人拟制说不承认法人有犯罪行为能力，而法人实在说在肯定法人有犯罪意思的基础上，承认法人有犯罪能力。对此各国法律的规定亦不尽相同。大陆法系国家传统的刑事立法大多严格遵守自古罗马法以来"社团无犯罪能力"的原则，认为法人并无犯罪能力，只有自然人才能担负刑事责任并给予刑事制裁。但是，随着社会经济的发展，法人违法现象日趋增多，大陆法系国家纷纷在其辅助刑事立法中规定了有关法人的刑罚措施，从而在事实上承认了法人有犯罪能

---

① 张民安：《公司法上的利益平衡》，北京大学出版社2003年版，第151页。

力。英美法系国家自19世纪中期以后就开始以成文法的形式规定公司或法人可以犯罪，并处以刑罚。如英国《1889年解释法》规定，犯罪人包括法人在内；美国《1890年谢尔曼法》规定，垄断或图谋垄断、限制州际或国际贸易的行为属于"重罪"，对犯此罪的公司须处以高额罚金；美国各州的公司法也认为公司原则上有犯罪能力，但仅限于与其性质相适应的犯罪，如回扣、违反劳工法、反托拉斯法等。

我国法学界对法人犯罪问题也曾发生过争议。主张法人可以犯罪者，主要是认为法人具有意思能力和行为能力，故而可以对其行为追究刑事责任。主张法人不具有犯罪能力者，则认为法人的人格是法律赋予的，法人只能在法律规定的宗旨和范围内合法存在，否则，即丧失了法律上人格；或者认为，法人要通过自然人来形成公司的意思及代表公司从事活动，因而法定代表人或法人其他成员的行为触犯刑律的，自应处罚这些自然人而不应处罚法人。在我国，一般认为，公司作为一种客观存在的法律实体，实际上可能进行各种活动，其所参与的法律关系则并不限于正常的法律关系，当其行为触犯刑律时，即构成犯罪，理应承担相应的刑事责任。至于公司的活动一旦超出其目的范围，是否具有法人资格或地位以及能否进行刑事处罚则无关紧要。因此，我国立法已经明确承认了公司有犯罪责任能力。

我国《刑法》在第一编"犯罪"一章中专设"单位犯罪"一节，规定了有关公司等法人单位的犯罪问题，从而在立法上明确肯定了公司的犯罪责任能力问题。《刑法》第30条规定："公司、企业、事业单位、机关、团体实施的危害社会的行为，法律规定为单位犯罪的，应当负刑事责任。"第31条规定："单位犯罪的，对单位判处罚金，并对其直接负责的主管人员和其他直接责任人员判处刑罚。本法分则和其他法律另有规定的，依照规定。"可见，在我国，公司犯罪的特点是：一是对犯罪的公司，只能处以罚金刑，不能处以人身自由刑和生命刑；二是要同时追究造成犯罪的直接主管人员和其他责任人员的刑事责任。

五、公司的诉讼主体资格

根据公司人格独立理论，公司一旦有效成立，即具有独立的主体资格，同时也获得独立的诉讼主体资格。所谓诉讼主体资格独立，是指公司作为法人，当其权利受到侵害或者违背法律和契约的义务时，可以以自己的名义起诉、应诉。这是公司人格独立的程序保障，也是公司人格独立在诉讼法上表现出来的法律后果。这一特征迄今已为各国公司立法所确认。在英国，公司诉讼主体资格的独立性曾是其区别于合伙组织的重要人格特征。按英国原来立法的规定，合伙组织是不能以自己的名义起诉和应诉的。只有公司才具有以公司名义提起诉讼，以及被诉讼的权利，这是公司的主要人格特征之一。在英国法中，公司诉讼主体资格的独立性还表现在公司与其他股东的诉讼主体资格是相互分离的，即公司可以对其任何一名股东起诉，反之亦然。在美国现代公司制度和公司法理论中，公司有权以自身名义起诉或应诉已成为不争的事实。大陆法系国家对公司诉讼主体资格的独立性亦有明确规定，其内容与英美法系国家并无不同。如德国《有限责任公司法》第13条第1款规定，有限责任公司可以在法院起诉或被起诉。我国公司法虽未明确规定公司依法享有的诉讼主体资格，但我国程序法上已经明确规定了公司具有独立的诉讼主体资格。在公司自身的合法权益受到他人的非法侵犯或者侵犯他人的正当权益的情况下，公司均有权以自己名义在法院起诉和应诉。

第四节 公司法上的越权行为原则[①]

一、越权行为原则的历史

公司作为法律上的民商事主体，虽然也像自然人一样享有法律上的独立人格，但是，公司的独立人格仅限于公司章程规定的目的和权力范围，公司超越其目的和权力范围之外从事经营活动，公司法则认定其行为为越权，法律赋予其无效的后果，这就是公司法上的越权行为原则，亦称越权行为无效原则。

越权行为原则的最终确立源于英国上议院在1875年的Ashbury Railway Carriage and Iron Co. v. Riche一案中的判决，它认为，如果公司订立的契约超出了公司大纲和章程规定的目的和目标范围，则该种契约在法律上是无效的，此种越权行为不得经公司追认而有效。英国上议院在该案中第一次区分了两种越权行为，即超越公司权力的越权行为和超越公司授权范围的越权行为。自此，英国判例法在1875年所作的此种判例得到其他英美国家判例法的遵守，其他国家也在一系列案例中确立了越权行为无效原则，从而使此种原则成为英美公司法上重要原则，并且此种制度已被大陆法系国家的公司法所借鉴。[②]日本《民法》第43条规定：法人依照法律的规定，在章程所规定的目的范围内享有民事权利能力。我国《民法通则》第42条规定，企业法人应当在核准登记的经营范围内从事经营，否则，即为无行为能力的人所为的行为，根据《民法通则》第58条规定为无效行为。

二、越权行为原则的功能

越权行为原则有何作用？其为何在创设后的约一百年间为各国公司法所广泛遵守？有学者认为，最早由英国上议院创设的公司越权行为原则，其主要功能在于两个方面：

[①] 有关公司法上的越权行为原则的详细论述，请参见张民安：《现代英美董事法律地位研究》第二版，法律出版社2007年版，第250~349页。

[②] 张民安：《公司法上的利益平衡》，北京大学出版社2003年版，第167~168页。

（1）越权行为原则的创设有利于树立法律的至上权威。在19世纪，英国的公司性质、特权和权力，均由国会颁发的特许证严格规定，公司负有在性质、特权和权力特许的范围内从事商事活动的义务，否则就有丧失其特许证的危险，这是与当时的经济发展状况、生产力发展程度和科技发展水平相适应的。既然依照国会的特别法令和公司制定法设立的公司已经被依法授予了明确、肯定的从事特定领域商事活动的权利，则这些公司只能享有法律所授予的权力，该种权力范围以外的权力则因为欠缺授权而不能行使。公司如果不顾公司的明示权力范围的限制而任意从事商事活动，则国会颁行的特别法令和公司制定法也就形同虚设，毫无意义。这样，实行越权行为原则，将公司所从事的其经营范围之外的活动认定为越权，赋予其无效的法律后果，实际上是为了确保法律的至上权威性。

（2）从现实方面考虑，越权行为原则的创设是为了借此保护公司股东和债权人的合法权益免受公司越权行为的损害。就股东利益的保护而言，传统公司法理认为，公司章程规定了公司目的和权力范围，股东们正是因确信公司在其目的和权力范围内从事经营能给他们带来利益，所以才将自己的财产投资给公司，若公司将资本用于公司目的和权力范围之外，一则有悖于股东对公司事业的信赖，二则会助长公司董事滥用权力而削弱公司资本，给股东的利益造成损害。就公司债权人利益的保护而言，越权行为原则对公司债权人所起的积极作用仅在于该原则抑制公司董事会越权行为的发生，防止了公司资本和财产的浪费。

三、越权行为原则的衰落

由于越权行为原则严重地脱离客观实际，背离了商事交易的快捷、公平等理念。因此，自该原则确立之日起就成为商人、司法和立法等方面千方百计加以规避、限制和修正的对象。

（一）公司通过采取多种目的性条款而使公司目的和权力范围得以极力扩张

传统公司法十分重视公司目的性条款在公司章程中的地位，认为它是公司从事商事活动的根据，是公司权利能力的尺度。公司权力则受到公司目的性条款的直接影响，公司权力是为了实现公司章程规定的目的而设定，而且必须在章程规定的目的范围内行使。公司如果要避免越权行为原则的适用，则必须扩展和充实自己的权力，而要扩展和充实自己的权力，则必须在公司目的性条款中规定多种公司目的。为此，公司在实践中逐渐采取了多种形态的目的性条款，诸如附属性目的条款、独立性目的条款和抽象性目的的条款等，从而使公司的权力范围逐渐由小到大、由具体到抽象，并最终使公司的权力无所不包、无所不能。①通过在章程中设定多种形态的目的性条款，使公司不仅可以安全地从事其目前正在从事的活动，而且还可以使公司在无须修改章程的情况下轻易地从事它愿意在将来从事的各种活动。因此，公司的行为很少甚至根本不可能超出公司的目的性条款所规定的目的范围，在这种情况下，越权行为原则很少会对公司起作用。

（二）法庭在越权行为诉讼中抑制越权行为无效后果的发生

在越权行为原则被确立的约一百年间，英美法庭通过运用司法手段以限制越权行为原则适用的努力一直没有停止过。各个法庭所采取的限制手段也不一定相同，总体上主要有以下手段：①公司越权交易可由全体股东一致追认而有效，从而改变了英国上议院最初确立越权行为原则时所坚持的公司股东大会对超越公司权力范围的越权行为不得追认的规则；②反言禁止原则之适用，即在越权契约已被一方或双方履行的情况下，法庭不允许已经依越权契约履行自己义务的一方或双方提出越权无效的抗辩。

（三）现代公司法对越权行为原则所采取的不同立场

鉴于越权行为无效原则在实践中的意义已消失，1950年《美国标准商事公司法》率先在法律上抛弃越权行为无效的原则，并抛弃了传统英美判例法所作出的两分法，即超越公司权限的越权行为和超出公司授权范围的越权行为。其他国家也相继修改自己的公司法，完全或部分地放弃越权行为原则。一般各国公司法对越权原则的态度大致有三类：

（1）越权行为无效理论。即仍严格坚持越权行为无效理论，仅为当今世界极少数公司法所采取。如根据我国《公司法》，公司应当在登记的经营范围内从事经营活动，公司如果不在其登记的经营范围内从事商事活动，则其行为为越权无效的行为。

（2）越权行为完全有效理论。根据1950年《美国标准商事公司法》第7条，公司的行为或公司转让、受让不动产、动产的行为，不得因公司欠缺此种行为的权力而无效。1991年版《美国修正标准商事公司法》第3-04节规定，除非在该节（2）分节规定的情况下，否则，公司所从事的活动的合法性不得因为公司缺乏此种活动的权力而受到反对。

（3）越权无效受限制原则。在欧共体各成员国中，为了保护与公司从事交易的第三人免受越权行为无效原则的影响，各成员国采纳了1968年欧共体所颁发的第一号指令，其规定，对第三人而言，凡是由公司的机关决议的交易，无论是否超越公司的权力范围，公司均要就此种交易对第三人承担法律责任。②

四、越权行为原则与我国公司法

为促进我国商事经济的繁荣，保障商事交易的快捷、高效和安全，我国学界要求适

---

① 张民安：《现代英美董事法律地位研究》，法律出版社2000年版，第259页。
② 张民安：《公司法上的利益平衡》，北京大学出版社2003年版，第174~175页。

应各国的公司立法趋势，限制和废除越权行为原则的呼声日益高涨。具体而言，废除越权行为原则的理由主要有以下方面：

（1）市场经济的发展要求灵活的交易制度予以保障。市场的供给需求瞬息万变，而公司从事生产经营活动必须根据市场的发展与需要来调整其经营决策，为确保公司能在市场竞争中及时、快捷地适应社会经济发展，实现其经济目的，市场经济客观上需要一种高效灵活的制度体系以提供法律上的支持和保障。

（2）滞后的交易制度和规则应服从交易实践快速发展的需求。随着我国市场经济不断发展和完善，商事交易活动日益频繁，虽然我国立法和司法上仍恪守越权行为无效原则，但参与商事交易的公司几乎很少严格按照经营范围从事活动，目前普遍的做法是"一业为主，兼营其他"，因此导致越权行为难以杜绝甚至大量经常地存在着。如果允许交易的一方或双方当事人以越权无效为由提出交易行为无效的抗辩，将使已经确定的民事经济关系处于不稳定状态，限制了民事流转的进程，危及交易安全。只有废除越权行为原则，才能促进交易的效率和鼓励交易，保护公司相对人利益并保障交易安全。

（3）越权行为原则无法为公司股东提供有效保护。越权行为原则不仅不能最终保护股东的利益，反而可能损害股东利益的实现。因为根据越权行为原则，公司要在公司章程规定的目的范围之外开展新的商事活动，唯一办法就是先修改公司章程目的性条款，将新的商事活动规定在公司目的性条款中，而这需要经过十分困难和复杂的程序，并符合一定原则，如特定多数原则、小股东利益保护原则、公司目的变更登记原则等。公司面临新的商事机会时如果要经过此种复杂的程序和原则，即便最终变更了公司经营范围，那么公司的商事机会也许早就消失或变得毫无价值。

（4）我国的商事交易制度应与国际惯例接轨。长期以来我国一贯注重参与国际经济合作，尊重和借鉴国际惯例以完善我国民商事交易制度。而在国际商事交易中限制或废除公司越权行为原则的适用已成为国际上通行做法，故而只有与国际惯例接轨才能更有利于我国高效、广泛地参与国际商事活动，把握在经济活动中的主动权，才能使中国经济适应并融入世界经济一体化之中。

第五节 公司人格的否认

一、公司人格否认的法律根据

公司人格独立理论使公司独立于股东，股东虽然可以利用公司组织来从事商事活动，但是，公司股东不得利用公司独立人格和有限责任原则来欺诈债权人、规避法律或契约义务或损害公共利益，否则，公司法会责令有关的公司股东对公司债务承担个人责任，这就是公司法上的公司人格否认理论。所谓公司人格否认（disregard of corporate personality），亦称"刺破公司面纱"或"揭开公司面纱"，是指当公司股东滥用公司独立人格和有限责任特权以致公司丧失独立人格时，公司成为其背后的股东规避法律和契约义务、欺诈、损害公司债权人和社会利益的工具，就具体法律关系中的特定事实，法院在该特定案件中否定公司与其背后股东的各自独立的人格及股东有限责任，责令有过错的股东直接向公司债权人履行法律义务和承担法律责任的一种法律制度。公司人格否认的直接法律后果是，揭掉公司的法人面纱，否定股东的有限责任，让躲在公司法人面纱后面的股东直接履行在公司不具备法人资格的场合下本应由其履行的法律义务（含私法义务和公法义务），承担在公司不具备法人资格的场合下本应由其承担的法律责任，包括私法责任和公法责任。公司人格否认理论是由英美判例法在20世纪70年代末期确立的理论，该种理论确立之后被大陆法系国家学说和判例所借鉴，至今已经成为两大法系国家公司法的重要理论。我国2005年《公司法》借鉴两大法系国家公司法的经验，对公司人格否认理论作出了说明，这就是第20条，该条规定，公司股东应当遵守法律、行政法规和公司章程，依法行使股东权利，不得滥用股东权利损害公司或者其他股东的利益；不得滥用公司法人独立地位和股东有限责任损害公司债权人的利益。公司股东滥用股东权利给公司或者其他股东造成损失的，应当依法承担赔偿责任。公司股东滥用公司法人独立地位和股东有限责任，逃避债务，严重损害公司债权人利益的，应当对公司债务承担连带责任。

二、公司人格否认的理论基础

公司人格否认的理论基础是什么？两大法系国家的公司制定法没有规定，有关公司人格否认的判例都是依据具体情况由法官作出，欠缺明确、肯定的和强有力的指导原则，但从两大法系国家判例所认可的主要理论来看，公司人格否认的理论主要有公平理论、自我理论和客观情况的总汇理论。[①]

（一）公平理论

一般而言，公司法人人格制度中已实际包含着公司出资人和公司债权人两大利益群体的利益平衡问题，因而公司法在赋予公司人格独立和公司股东享有有限责任特权的同时，也把保护公司债权人的利益作为自己的责任。事实上各国公司法总是在不断平衡公司股东和公司债权人利益中得到发展和完善的。公司在其设立、运营和终止过程中，如果置其公开性原则于不顾，滥用资本、侵占财产、隐匿财产、虚报资产负债表或财产清单，在未清偿公司债务前分配财产给股东，则公司法上的上述规定就形同虚设，公司人格独立就失去了前提，如果赋予公司股东有限责任，势必和公司法人制度的目标相冲

---

① 张民安：《公司法上的利益平衡》，北京大学出版社2003年版，第74～76页。

突，在此种情形下公司人格应予否认。因而是否应当否认公司人格，其检验标准应当是这样做是否具有"诚实性和公平性"。

(二)"自我"或"工具"理论

现代公司法之所以确认公司人格独立和股东享有有限责任特权的另一主要原因，是公司法将公司的经营管理必须建立在所有权人享有所有权、管理人享有管理权的两权分离之基础上，即股东作为公司所有人通过股东大会行使章程的修改、选任和解任董事等权利；公司董事作为公司的管理人对公司事务享有不受限制的管理权。公司之所有权与管理权的分离对于人们的商事意识形态和商事行为都产生了重大的影响。事实上，在现代商事组织法中，商事组织的成员对商事组织的债务所承担的责任形式取决于该成员是否对该商事组织的经营管理直接享有权利：如合伙组织（或无限公司）中的合伙人因对合伙事业享有直接管理权而对合伙组织的债务承担或连带承担无限清偿责任；有限合伙组织（两合公司）中的有限合伙人因不参加合伙事业的经营管理而仅以其对合伙组织的投资额为限承担责任。有限合伙人如果"参与了合伙事业的管理"，则应以一般合伙人的身份对合伙事业的债务承担个人责任。同样，有限责任公司和股份有限公司之股东为了享有有限责任的优惠，亦必须抑制自己的行为，承担不参与公司事业的经营管理、不对公司事业的经营管理构成重大影响的注意义务。公司股东如果违反此种义务，滥用其控制权，参与公司事务的管理，则它应放弃自己所享有的有限责任特权，而应像有限合伙人那样对公司债务承担个人责任。当然在某些小型公司、一人公司、家庭公司或其他类型的紧密型公司中，公司股东往往就是公司的董事，因而所有权与管理权往往集中于股东一身，在此情况下公司面纱并不需要撕开。能够使公司独立人格被否认的，应当是所有权与管理权的统一被滥用，即公司成为股东逃避责任的"工具"，公司实际上是股东的"变相自我"。在此种情况下，公司股东和公司法人实际上应作为一个统一体来对待。

(三) 客观情况的总汇理论

此种理论不是以抽象方式论证公司人格否认的理论基础，而是在对"自我"或"工具"理论批判基础上逐渐展开其思想的。它认为，"自我"或"工具"理论并不能解释法庭适用公司人格否认理论的内涵，也不能完全说明法庭在具体情形下揭开公司面纱的底蕴，因而并不足取。事实上，要了解公司人格否认理论，最好的办法就是具体、清楚地列明法庭会否认公司独立人格、强令公司股东承担个人责任的具体情况，诸如公司资本不足、单一事业被分解成过多的独立性的公司、不遵守公司法规定的各种程式、公司财产与股东财产的混合，等等。比起仅用"工具"、"自我"等隐喻来描绘公司股东和公司之间的统一性，并因此而论证揭开公司面纱的正当性来，"客观情况的总汇"的检验标准能够给我们提供更有意义的分析。

三、公司人格否认适用的具体对象

在现代社会，虽然两大法系国家的公司法都认可公司人格否认理论，但是，没有哪一个国家的立法机关将此种理论上升为制定法，在它们制定的公司法中规定此种理论。因此，此种理论如何适用，完全由司法判例决定。我国2005年《公司法》虽然首次将公司人格否认理论从判例法上升为制定法，但是，没有对此种理论使用的范围和适用条件作出明确说明。因此，有探讨的必要。

（一）公司人格否认仅仅对公司的积极股东适用

公司人格否认理论仅仅适用于公司的积极股东，不适用于公司的消极股东。在公司法上，公司股东可分为积极股东和消极股东。所谓积极股东，是指那些实际参与公司经营管理，并能对公司的主要决策活动施加影响的股东。所谓消极股东，是指那些不积极参与公司事务经营管理、无法对公司的主要决策施加影响的股东。在公司法上，只有积极股东才具有滥用公司人格的可能和机会，而消极股东则无适用公司人格否认的可能和机会。

（二）公司人格否认仅仅对公司的控制股东适用

公司人格否认理论仅仅适用于公司的控制股东，不适用于公司的非控制股东，即便公司的非控制股东是公司的积极股东。因为从理论和实际的角度来看，只有公司的控制股东才能够将公司作为其谋求不法利益或者实现不法目的的工具或手段，非控制股东对公司不享有控制权，无法利用该公司独立人格逃避法律义务和契约义务。不过，应当指出，公司股东对公司控制关系的存在是适用公司人格否认的前提条件，但是，仅有控制关系的存在还不足以导致公司人格的否认，只有在此种控制达到一定程度并因此导致公司完全丧失独立性，使公司完全沦为控制股东牟取私利的工具时，公司人格才会被否认。

（三）公司人格否认不得对公司的董事适用

公司人格否认理论是否对公司董事、监事或者公司的高级官员适用？在我国，有相当部分的学者持肯定的意见，认为公司人格否认理论对滥用公司人格的董事、监事、高级官员等适用。因为，从理论上讲，利用公司人格为不法行为者不一定局限于公司股东，公司的董事、监事或者高级官员都有可能利用职务之便滥用公司人格，以牟取私利。此种理论显然存在问题，因为，一方面，公司人格否认理论从其产生时起就将其适用对象限定在公司股东的范围内，排除了其他人的适用；另一方面，一般国家的公司法对公司董事、监事、高级官员滥用公司人格从事违法行为的法律后果都作出了明确规定，尤其对他们从事违法行为损害公司债权人利益的法律后果作出了明确规定，要求他们在公司破产时对公司债务承担共同连带责任，无须适用公司人格否认理论。我国公司法对公司董事、监事、高级官员违反义务损害公司利益的行为作出了明确规定，没有对他们滥用公司人格损害公司债权人利益的行为作出规定，这是我国公司法存在的漏洞，我国未来公司法应当借鉴两大法系国家公司法的规定，明确规定违反所承担的义务，实施损害公司债权人利益行为的公司董事、监事、高级官员等在公司清算时对公司债务承担连带责任。

（四）公司人格否认仅仅在破产公司中适用

在我国，学说认为，公司人格否认在公司正常经营期间可以适用，不以公司已经陷入破产作为条件。此种观点存在问题，违背公司人格否认的宗旨，同公司人格否认的历史相背。在历史上，公司人格否认仅仅被法官适用到破产公司之中，他们很少在公司正常经营期间适用此种理论以便责令公司股东对公司债务承担连带责任；到了今天，此种理论仍然得到两大法系国家司法判例的遵行。为什么两大法系国家的司法判例仅仅在公司破产时适用公司人格否认理论？其原因在于，在公司正常经营期间，公司股东即便滥用公司人格使公司债权人遭受损害，公司债权人也没有必要要求法官责令公司股东对公司债务承担连带责任。因为，在公司正常经营期间，公司债权人可以要求公司就其滥用公司人格的股东对自己承担责任，公司应当就其控制股东的违法行为导致的损害对公司债权人承担责任，公司完全有经济上的能力承担这样的责任，公司债权人没有必要主张股东对自己承担责任。英美法系国家之所以创立公司人格否认理论，是因为公司控制股东滥用公司人格使公司陷入破产，公司的资财不能清偿公司债权人的债权，公司债权人为了维护自己的利益，要求控制股东就公司债务对自己承担责任。可见，公司人格否认的适用必须以公司已经陷入破产作为条件，在公司正常经营期间，法官不得责令公司控制股东对公司债务承担连带责任。

四、公司人格否认适用的原因

公司人格否认究竟因为什么原因而适用，各国公司法没有作出规定，往往由司法判例根据案件的具体情况自由裁量。学说对司法判例适用人格否认的各种因素进行了归纳、总结，认为，公司人格之否认，主要因为公司资本不足、公司违反法定程序等原因而发生。①

（一）公司资本不足

公司资本不足常常是导致公司独立人格被否认的主要因素。之所以如此，是因为一个资本不足的公司如果允许其享有独立的实体地位，无疑是等于允许一个公司将所从事的商事风险转移给社会公众中某些善意的成员，这同社会公共政策是相悖的。不过，根据英美判例法，如果一个人明知公司资本不足而仍与公司从事交易，则他是心甘情愿地

---

① 张民安：《公司法的现代化》，中山大学出版社2006年版，第316页。

承担此种交易不能实现的风险，法庭一般亦不愿撕开公司面纱。公司资本是否充足，主要看公司的资本同公司的规模是否适应，如果公司的规模远远大于公司的资本，则公司资本不足，公司股东可能会被责令对公司债务承担个人责任。判断公司的资本是否同其规模相适应，主要是将要求否定其人格的公司同其他经营同类事业的、同等规模的公司进行比较。

（二）公司没有遵守公司法规定的各种程序

公司在设立、营运和清算中不遵守公司法规定的各种程式要求，亦是导致公司人格否认的重要因素。因为，在这种情况下，人们常常认为公司不过是股东的工具，是股东的变相自我；公司股东不应当允许起先无视公司法关于公司行为的各种原则，而后又就公司这些规则带来的利益主张权利。

（三）公司从事欺诈性交易

根据英国 1948 年《公司法》第 332 条之规定，公司的商事活动如果显然是故意为欺诈公司债权人而实施的，则有关人员应对公司债务承担个人责任；在 Re William Leith (1932) 一案中，法庭认为，公司在从事商事活动中，未能合理地期待去清偿公司债权人之债权时，即证明有欺诈之故意。在我国，法律也应当采取这样的规则，防止公司股东滥用公司人格，实施欺诈公司债权人的行为。

（四）公司成员少于法定最低人数

根据英国《1948 年公司法》第 31 条的规定，公司成员如果少于 2 个人时仍就经营公司事务达 3 个月以上者，则该成员应对公司在其满 6 个月以后缔结的合同承担个人责任。在法国，如果公司因为某种原因而仅仅剩下一个股东，则该股东应当在一年内对公司进行调整，或者将其股份部分转让给他人，使他人成为公司股东；或者及时解散公司，否则对一年以后的公司债务承担个人责任。在我国，虽然 2005 年《公司法》已经明确认可了一人公司，但是，当 2 人公司因为某种原因而变为一人公司时，股东仍然应当在一定的期限内采取措施，或者使其公司从一个股东变为两个股东，或者使公司解散，否则，公司股东应当对超过一定期限的公司债务承担个人责任。因为，我国 2005 年《公司法》规定的一人公司的条件同 2 人公司的条件不同。

（五）母子公司间的非法行为

在母子公司之间，如果母公司以一种"不公平的方式"经营子公司时，或母公司持续不断地将子公司当作自己的一部分时，或者当子公司未能遵循独立公司设立的要件时，当子公司与母公司在本质上是经营同一事业的各个部分时，或者当母公司和子公司之间存在财产的混和时，法庭常会责令母公司对其子公司的债务承担法律责任。

第五章 公司设立的法律后果：公司的资本

第一节 公司资本的界定

资本（capital）一词来源于拉丁语中的"caput"，其本意为首（head）、首要的（principal）。在中世纪之前，一直是指与利息相对应或相区分的本金，仅适用于金钱借贷关系。进入16世纪，随着工商企业的发展，"资本"这一概念的内涵不断得到丰富和发展，股本开始逐渐成为"资本"的核心内容①。在现代社会，资本这一词虽然在各种场合被人们频繁使用，但是，它的确切含义是什么，人们并无统一的说法。Gower教授指出："资本一词含义众多，一种含义不同于另一种含义，即便在同我们密切相关的法律、经济和会计领域，人们也没有就其确切含义有一致的意见，不同的时期，人们使用资本来表达不同的概念，虽然其使用者并非总能承认此种事实。"② 在公司法领域，人们在多种意义上使用公司资本这一词语：

（1）认为公司资本是指公司的股份资本，即公司通过发行股份所取得的资金。大多数学者是在此种意义上使用公司资本这一概念。法国1958年8月7日的行政规章第7条第22款规定：在公司中，公司资本是公司股份或公司出资份额的额面价值（valeur nominale）。

（2）认为公司资本是指公司的股份资本和借贷资本，而不仅仅是指公司的股份资本。此种理论认为，公司资本除了包括公司股东的出资以外，还包括公司向其债权人借贷而来的那部分金钱，它们共同构成公司资本的有机组成部分。此种理论主要为现代经济学家所倡导。

（3）认为公司资本除了股份资本、借贷资本以外还包括公司的收益。

（4）认为公司资本是指公司股东所享有的股权，即他们向公司提供出资财产所获得的对价。在股份公司中，公司资本实际上就是公司股东所持有的股票。在此意义上讲，公司股东既享有财产性质的权利，也享有非财产性质的权利。

（5）认为公司资本是公司对其股东所承担的债务或准债务（quasi-dette）。这是因为一旦公司与其股东订立了契约，公司即承担对其股东发行股份的义务，以作为公司取得股东出资的对价；当公司解散时，公司即承担对其股东分配剩余财产的义务。这就是

---

① 冯果：《现代公司资本制度比较研究》，武汉大学出版社2000年版，第8~9页。
② L. C. B. Gower, Gower's Principles of Modern Company Law, 4th ed, Stevens, 1979, p.214.

为什么法国法将公司股东的出资和公司的资本置于公司资产负债表（bilan）中债务部分（passif）的原因。此种债被认为是公司的内部债务（passif interne），以区别关乎第三人利益的外部债务（passif externe）。①

（6）认为公司资本是对公司债权人的最低限度的担保。公司资本一旦形成即构成公司债权人的一般担保，公司不得随意减少自己的资本；在公司存续期间，公司股东不得抽回自己的出资，不得在没有盈余的情况下分配股利；在公司解散时，公司股东不得在没有清偿公司债务之前获得自己出资的补偿，否则，会使公司债权人的一般担保被削弱甚至动摇。

第二节　公司的资本主义 ②

所谓公司资本主义，是指公司资本所采取的立法主义。在传统公司法中，公司资本采取的立法例有两种，即资本确定主义和资本授权主义；在现代社会，公司资本则存在三种立法例，即资本确定主义、资本授权主义以及资本折中主义。

一、公司资本确定主义

所谓资本确定主义原则，也称为法定资本制度，是指公司在设立时，必须在其章程中对公司的资本总额作出明确规定，并须由股东全部认足，否则，公司不能成立③。在资本确定主义原则下，公司资本是公司章程所规定的确定数额的资本，该种资本在公司设立时必须全部由股东所认购和缴付，公司在设立之后要增加资本须经公司股东大会特别决议批准，变更公司章程。

（一）大陆法系国家公司法规定的资本确定主义

资本确定主义原则最初为法国和德国等大陆法系国家的公司法所创设，我国台湾旧的公司法也采取此种原则④。在现代社会，由于资本确定主义原则具有保证公司资本真实、可靠，防止公司设立中的欺诈和投机行为，以及有效地保障债权和交易安全等优点，此种制度至今仍然为某些大陆法系所采取，诸如丹麦、比利时等国家⑤。

（二）我国1993年《公司法》规定的资本确定主义

在我国，1993年《公司法》规定的资本主义是资本确定主义，公司的注册资本既

---

① Paul Didier, p. 117; Michel de Juglart et Benjamin Ippolito, p. 79.
② 张民安：《公司资本主义原则与我国公司法》，《南京大学社会科学学报》2003年第2期，第96～102页。
③ 冯果：《现代公司资本制度比较研究》，武汉大学出版社2000年版，第21页。
④ 张国键：《商事法论》，三民书局印行1981年版，第227页。
⑤ 冯果：《现代公司资本制度比较研究》，武汉大学出版社2000年版，第8～9页。

等于发行资本，也等于已缴付资本，而不允许公司在设立时仅仅发行部分股份或仅仅认购部分股份。因为，我国1993年《公司法》第23条和第78条规定：有限责任公司和股份公司的注册资本为在公司登记机关登记的全体股东实缴的出资额或实收股本总额。

（三）我国2005年《公司法》规定的资本确定主义

虽然我国学说一致主张放弃公司确定主义而采取资本授权主义，但是，立法机关仍然在2005年《公司法》中坚持资本确定主义。2005年《公司法》第26条规定，有限责任公司的注册资本为在公司登记机关登记的全体股东认缴的出资额。公司全体股东的首次出资额不得低于注册资本的20%，也不得低于法定的注册资本最低限额，其余部分由股东自公司成立之日起2年内缴足；其中，投资公司可以在5年内缴足。有限责任公司注册资本的最低限额为人民币3万元。法律、行政法规对有限责任公司注册资本的最低限额有较高规定的，从其规定。我国2005年《公司法》第81条规定，股份有限公司采取发起设立方式设立的，注册资本为在公司登记机关登记的全体发起人认购的股本总额。公司全体发起人的首次出资额不得低于注册资本的20%，其余部分由发起人自公司成立之日起2年内缴足；其中，投资公司可以在5年内缴足。在缴足前，不得向他人募集股份。股份有限公司采取募集方式设立的，注册资本为在公司登记机关登记的实收股本总额。股份有限公司注册资本的最低限额为人民币500万元。法律、行政法规对股份有限公司注册资本的最低限额有较高规定的，从其规定。同1993年《公司法》规定的资本确定主义相比，我国2005年《公司法》规定的资本确定主义仅仅放松了公司资本的缴付条件，允许公司股东分两期缴付所认购的股份。[①]

二、公司资本授权主义

所谓资本授权主义原则，是指公司章程所授权公司发行的资本总额可以不一次性全部发行，公司可以仅仅发行其中的一部分股份资本，其余部分何时发行，取决于公司对资本的需求程度，由公司董事会自由决定之。在资本授权主义原则之下，公司的授权资本不同于公司的已发行资本，公司股东在认购公司的已发行资本之后，可以仅仅缴付其中的部分款项，而不必像资本确定主义原则那样一次性缴付所认购的全部股款。因此，公司的已发行资本又不同于股东所缴付的资本。

（一）英美公司法规定的资本授权主义

公司资本授权主义原则是现代英美公司法所采取的原则。在此种原则之下，公司"资本"有几种不同的含义，它或者指授权资本，或者指已发行资本，或者指公司已缴付的资本。

[①] 张民安：《公司法的现代化》，中山大学出版社2006年版，第506页。

(1) 公司的授权资本。公司的授权资本也称公司的名义资本，是公司章程所规定的公司授权发行的股份资本的总额。根据英美公司法的规定，公司在设立之际，必须在其章程中载明公司已授权发行的股份数以及每一股份的票面价值，并将它加以注册登记。原则上讲，公司不得超出其授权资本的范围发行股份，否则其股份发行无效，认购此种股份的人有权要求公司返还其认购的股款①。

(2) 已发行资本。公司已发行的资本是指公司授权资本中已被公司股东所认购的那一部分股份资本。根据英美公司法，公司的授权资本无须全部被其股东所认购，公司只要对其股东发行一部分授权资本，公司即可成立②。在此种情况下，公司未发行的股份可以在公司董事会认为必要时发行。

(3) 已缴付资本。公司已缴付资本是指公司的股东已实际缴付的股份资本，它是公司已发行股份资本的一部分。根据英美公司法，公司股东认购了公司已发行的股份以后，无须一次性缴纳全部股款，他可以仅仅缴付部分股款，其余未缴付的股款将根据公司章程的规定由公司对股东提出缴付股款要求时始予以缴付。根据英国《1980年公司法》第22条的规定，公共持股公司在发行股份时，至少要求其股东缴付其股份票面价值的1/4，如果是溢价发行的股份，其超过股票票面价值的部分（溢价）必须全部缴付。

(二) 大陆法系国家的折中资本主义

在现代社会，大陆法系国家的公司法放弃了或有条件地放弃了公司资本确定主义，并采取了英美公司法所践行的资本授权主义原则。根据《日本商法》第166条的规定，公司设立之时，公司股东仅需认购公司已发行股份总额的1/4，其余未认购的股份根据实际情况由公司加以发行。根据《法国商事公司法》第75 (2) 条的规定，公司在发行股份时，如果股东是以货币方式认购股份，则他们在认购公司股份时至少要缴付股份面值的1/4，其余股款根据董事会的决定，在公司注册登记之日起的5年之内一次或分次缴付。欧共体部长委员会在1977年所颁发的有关欧共体的公司法指令中要求欧共体的成员国在其公司法中规定资本授权主义原则，认为，如果公司是公共持股公司，则公司的已授权资本总额最少不得少于25000的各成员国现行货币单位，那些以现金认购公司股份的人首次所缴付的股款不得少于所认购的股份票面价值的25%③。

(三) 两大法系国家资本授权主义的比较

同英美公司法所践行的资本授权主义相比，大陆法系国家的公司法所采取的资本授权主义是不完全的资本授权主义，或者说是所谓的折中意义上的资本授权主义，它同英

---

① Robert R. Pennington, Company Law, p. 139.
② Geoffrey Morte, Company Law, Twelfth Edition, London Stevens & Sons, 1983, p. 207.
③ Official Journal of the European Communities for 1979, No. L. 2611.

美公司法所践行的资本授权主义的区别主要表现在：其一，根据英美资本授权主义，公司的授权资本无须全部发行，公司可以仅部分发行其中的股份资本，而在大陆法系国家，一些国家的公司法要求公司设立之际，必须全部发行其授权资本，不允许公司分次发行其股份资本。如《法国商事公司法》第 75（1）条规定，公司资本必须被全部认购。这样，在大陆法系国家，授权资本同已发行资本并没有什么区别。其二，根据英美资本授权主义，公司股东认购了公司已发行的股份之后，在理论上他可以仅缴付一定的股款，未缴付的股款可以根据公司董事会的决议而缴付，法律并没有对此规定年限；而根据大陆法系国家的公司法，股东未缴付的股款必须在公司设立以后的一定年限内缴付，如 5 年之内。

三、公司资本授权主义的优越性

我国 2005 年《公司法》在许多领域借鉴了两大法系国家公司法的成功经验，将众多现代公司法律制度规定了下来。但是，我国 2005 年《公司法》没有借鉴两大法系国家公司法规定的授权资本主义，仍然坚持已经被现代公司法放弃的资本确定主义。其原因在于立法机关对公司、公司股东的不信任，担心采取资本授权主义会损害公司债权人的利益，防止公司发起人借设立公司从事欺诈行为。实际上，立法机关这种担心完全没有必要。我国未来公司法应当采取资本授权主义，因为同资本确定主义相比，资本授权主义有其优越性。

（一）公司资本授权主义符合公司实际，满足了商人的客观要求

公司作为从事商事活动的经济组织，虽然离不开公司的资本，但是，公司实际所从事的商事活动有时同公司的资本没有必然的关系。公司只要维持与其经济和经营规模相适应的资本即可满足公司的正常需要。公司资本如果溢出其经营规模，虽然对公司债权人保护有利，但却是对有限资本的浪费。在这种情况下，公司股东希望仅缴付部分股份资本即可从事商事活动。公司法考虑到商人的此种实际情况，认为公司设立之际，公司仅需取得与其商事事业性质和所实际经营的商事规模相适应的资本即可开展商事活动。因此，资本授权主义可以满足商人的此种要求，因为根据现代两大法系国家的公司法，公司在设立之际无须将公司章程所规定的授权资本全部发行和全部认购，而仅仅需要发行部分股份和认购部分股份。而如果采取资本确定主义，则公司法要求公司在设立时即全部认缴已发行股份的股款，则公司的资本可能没有全部用于公司事业的经营，构成资本的浪费。在资本紧缺的时代，公司资本授权主义可以确保资本的有效运用。

（二）公司资本授权主义更便利公司的经营活动

根据公司资本授权主义，公司的授权资本已经记载在公司章程中，当公司因为经营活动而需要获得资本时，公司即可将授权资本中未发行的股份加以发行，从而取得所发

行的股份价值，公司无须经过繁复的程序去修改公司章程，之后再去发行股份。而如果实行资本确定主义，则当公司需要新的资本时，公司必须首先通过修改公司章程的方式去修改公司的资本条款，之后才可以获得所需要的资本。而公司章程的修改程序复杂，需要遵行各种严格的程序。公司法对公司章程的变更规定了哪些程序，取决于各个国家法律的规定。我国学者在论及公司章程的变更时，仅仅论及公司股东会对公司章程变更行为的决议，而很少论及公司董事会对此种决议的通过以及公司法对持异议股东的法律保护。在现代两大法系国家，公司章程的变更必须经历四个程序，即董事会的决议，股东会的决议，小股东的法律保护以及公司变更章程的登记。同公司资本确定主义相比，公司资本授权主义更能确保公司组织快捷、方便和灵活地开展商事经营活动。

（三）公司资本授权主义加强了公司董事会的核心地位

现代公司法区别于传统公司法的重要特点在于公司董事在公司法中的地位。在传统公司法中，公司董事仅仅处于附属地位，是公司股东会决议的消极执行机关；现代公司法改变了此种理论，确立了公司董事的核心法律地位。此种核心法律地位的表现多种多样，主要包括公司董事一般性管理权的享有、公司董事代理权的不受限制性、公司董事的自我持续的管理以及公司董事法律责任免除途径的增加等①。公司资本授权主义将公司未发行股份的发行权和未缴付股份的股款的催缴权授予公司董事会，使此类权力成为公司董事所享有的一般性管理权的重要部分，公司董事可以根据公司的实际情况，权衡公司的各种利害关系，自由行使此种权力。公司资本授权主义使公司董事会的权力大大加强，确保了公司董事会的核心法律地位，符合现代公司法的发展潮流。而如果采取公司资本确定主义，这些权力即不能为董事会享有，削弱了董事会的核心法律地位。

（四）公司资本授权主义便利了公司股东的投资，促进了商事经济的繁荣

公司法的重要作用之一是刺激投资人的投资积极性并因此而促成商事经济的发展与繁荣。公司资本授权主义是公司法此种作用得以发挥的重要力量。根据资本授权主义，公司股东在认购了公司已发行的股份之后，仅需缴付部分股款，其余股款可以根据董事会的要求加以缴付。如果公司经营没有实质性地发生改变，公司股东在很长时期内可以持有他没有缴付的股款，并将它们投资到其他公司。而如果采取资本确定主义，则公司股东所认购的全部股份的股款均需一次性足额缴付，公司股东面临的风险极大，其投资多样化得不到保障，影响了股东投资积极性和商事社会的繁荣。可见，资本授权主义刺激了股东投资的积极性，分散了股东的投资风险，对于商事经济之繁荣具有重大的意义。

---

① 张民安：《公司小股东的法律保护》，梁慧星主编：《民商法论丛》第9卷，法律出版社1998年版，第111～115页。

（五）公司资本授权主义可以有效地预防公司被收购的危险

公司在经营过程中时常面临被收购的危险，公司采取的资本授权主义对于此种危险的消解有重要影响。根据资本授权主义，当公司敌意收购要约人通过收购公司大股东的股份而要将公司吞并之时，公司董事会如果认为公司收购不利于公司的最大利益，他们可以为了公司的利益而发行未发行的股份，从而改变公司股东之间的地位，使原有大股东成为小股东，使某一小股东成为公司大股东，并因此使收购者的收购行为失败。而如果实行资本确定主义，公司被敌意收购的可能性极大，因为当公司面临被收购的危险时，董事会无法通过及时、快捷发行股份的方式改变股东在公司中的地位，无法采取资本授权主义下董事会经常采取的防止公司被收购的措施。

（六）公司资本授权主义可以为公司更方便地筹措资本提供便利

根据资本授权主义，公司的名义资本已规定在公司章程中，当公司在经济危机期间需要资本时，公司董事会可以不经过股东会的批准，修改以及登记公司章程等繁琐的程序而直接决定发行股份以取得所需资本。而实行资本确定主义，公司在急需资本时则必须经过这些繁琐的程序，因此很难及时、快捷地解决所面临的资本问题。

第三节 公司资本维持原则

一、公司资本维持原则的意义

为了确保公司债权人的利益不致遭受重大损失，现代各国公司法均通过各种法律手段避免公司的资本不正当减少、削弱或非法流失，这就是公司资本的维持原则。根据这一原则，公司的股份资本除非因为用于公司的目的而被减少以外，公司的资本不应当因为公司所从事的违法活动而被减少，公司的资本除非在公司解散时通过严格的法定程序以外，不得在未清偿公司债权人的债权前返还给公司股东。公司在正常的经营活动过程中都必须避免其资本不正当地减少，维持足以确保自己的责任得以承担的足够的资本。在现代社会，公司法规定了众多的手段以确保公司资本的维持，包括：公司股份资本认购之限制，公司股份折价发行的禁止，公司对自己股份购买的禁止以及公司股利分配的合法性等。

二、公司股份资本认购之限制

无论是英美法和大陆法，还是我国公司法，公司均不得将其股份赠与股份认购人，公司的一切股份均须以有偿的方式取得。原则上讲，公司股东取得公司股份的方式不外乎是支付现金或非现金对价。如果公司股东以现金认购公司股份，则公司法很少对此种认购作出限制，但是，当公司股东以诸如实物、工业产权、非专利技术、土地使用权等非现金方式认购公司股份时，各国公司法基于资本维持原则的需要而对此种认购方式作了众多的限制性规定。

（一）非现金出资比例的限制

根据我国 2005 年《公司法》第 27 条的规定，公司股东虽然可以多种方式出资，但是，全体股东的货币出资金额不得低于有限责任公司注册资本的 30%。

（二）非现金出资物的产权转移

根据我国 2005 年《公司法》第 28 条规定，股东以非货币财产出资的，应当依法办理其财产权的转移手续；否则，股东除了应当对公司承担必须将其财产权转移给公司的责任之外，还应当对其他已经缴付股款的股东承担违约责任。根据英国《1980 年公司法》第 32 条，公共持股公司的股东如果以非现金财产方式认购公司股份，该种财产的产权必须在认购之日起的 5 年内转移给公司。违反此种规定的认购人，必须以现金方式认购其股份，并附加利息。

（三）非现金财产价值偏离之补救

如果公司股东或发起人以非现金财产方式认购公司股份，各国公司法均要求对此种财产的价值进行评估，以防止其价格高于或低于其真实价值。我国 2005 年《公司法》第 27 条规定，对作为出资的实物、工业产权、非专利技术或者土地使用权，必须进行评估作价，核实财产，不得高估或低估作价。公司成立后，如果发现作为认购公司股份的非现金财产的实际价格低于公司章程所规定的价值，公司如何对此加以救济？对此，我国公司法和英美公司法均有明确规定。我国 2005 年《公司法》第 31 条和第 94 条规定，公司成立后，发现作为设立公司出资的非货币财产的实际价额显著低于公司章程所定价额的，应当由交付该出资的股东补足其差额；公司设立时的其他股东承担连带责任。根据英国《1980 年公司法》第 29 条，在此种情况下，公司股份认购人有责任对公司支付其股份的名义价值，并附加利息。

（四）股份资本抽回的禁止

公司股东一旦认购其股份并缴付了股份资本，则该种认购资本即为所成立的公司的财产，只能基于公司事业的需要而加以运用，公司发起人和公司股东不得在公司成立后抽回，否则，即应承担行政责任，构成犯罪的，依法追究刑事责任。我国 2005 年《公司法》第 92 条规定，发起人、认股人缴纳股款或者交付抵作股款的出资后，除未按期募足股份、发起人未按期召开创立大会或者创立大会决议不设立公司的情形外，不得抽回其股本。

三、公司股份折价发行之禁止

在历史上，公司仅仅被允许"平价"发行自己的股份，即公司股东所支付的股份资本等同于公司股东所持股份的表面上的价值，公司不得溢价发行股份即超出公司股东所持股份的表面价值而发行股份，更不得折价发行股份，即以低于股东所持股份的表面价值的价格发行股份。现代公司法原则上允许公司平价和溢价发行股份，但禁止公司折价发行股份。英国《1980年公司法》第21条规定，公司不得折价发行股份。公司如果违反此种规定，则因折价发行而取得股份的人应当对公司承担支付该折价部分的责任，并附加一定的利息。那些知悉此种折价发行的事后购买人也承担同样的责任。欧共体有关公司法方面的第二号指令禁止公共持股公司折价发行股份[1]。我国2005年《公司法》第128条规定，股票发行价格可以按票面金额，也可以超过票面金额，但不得低于票面金额。各国公司法之所以禁止公司折价发行股份，一个重要的原因在于担心这样发行股份会影响到公司资本的充足和充分，危及公司债权人的利益。

四、公司对自己股份购买之禁止

公司在发行自己的股份后是否有权收购本公司的股份？在历史上，英国判例法首次在著名的Trevor v. Whiteworth[2]一案中确立了公司不得购买自己股份的规则。该种规则在确立以后的第二年（1888年）即得到另一案例General Property etc. Co. Ltd. V. Matheson's Trustees[3]的援引，从而成为公司法上的重要规则。现代两大法系国家公司法均承认此种规则。英国《1980年公司法》第35条规定：公司不得购买自己的股份。《日本商法》第210条规定：除非有公司法所明确规定的几种例外情形存在，否则，公司不得购买自己的股份。我国2005年《公司法》第143条规定：公司原则上不得购买本公司的股票。传统公司法和现代公司法之所以禁止公司购买自己的股份，其原因有二：一方面，如果允许公司购买自己的股份，则此种购买行为实际上是公司资本的削减行为，而此种资本削减行为会危及公司债权人的利益，甚至使公司债权人的利益严重受损，因为，如果允许公司购买自己的股份，则公司有可能对其股东支付现金或支付超过公司股东真实价值的价格，而使公司的资本不能确保公司债权人的债权实现。另一方面，如果允许公司购买自己股份，可能产生欺诈性的股份交易市场。例如，如果公司被允许购买自己的股份，则公司对其股份被购买的股东所支付的价格可能低于或高于该股份的真实价值，在前一种情况下，公司其余股东的股份价值会得到增加，董事会使用此

---

[1] Offcial Journal of the European Communities for 1977, No. L. 2611, Second Directive, art. 8.

[2] (1887) 12 App. Cas. 409.

[3] (1888) 16R. 282.

种手段以增加自己股份的价值,而在后一种情况下,公司剩余财产的价值被稀释,其他股东的利益会受到损害。

近些年来,公司法的此种强硬性态度逐渐被软化,为了公司的利益和公司股东的利益,在公司债权人利益得到保护的前提下,一些国家的公司法允许公司购买自己的股份,其中尤以《美国修正标准商事公司法》的规定最为突出。《美国修正标准商事公司法》第6条规定:公司有权购买或取得本公司的股份。学者认为,公司在不损害公司债权人利益的前提下购买自己的股份,其好处表现在众多的方面,包括:它便利了家族式公司对公司的控制,增加了公司股份的市场流通性;使公司可以更容易地从银行融通资金①。

五、其他法律手段

(一) 公司股利的分配

公司股利的分配将直接影响到公司债权人的利益,如果公司从其股份资本中支付股息,则实际上削弱了公司的资本,使公司债权人的债权难以清偿;如果公司将其所赚取的利润的绝大部分均分配给其股东,则公司债权的一般担保受到削弱。为了保护公司债权人的利益,防止公司以股息分配方式削弱公司债权担保的一般基础,现代各国公司法均对公司股利分配问题作出强行性的规定。我国2005年《公司法》第167条规定,公司所赚取的利润应当首先弥补亏损,之后再提取法定公积金,始可以股利形式对股东进行分配。股东会、股东大会或者董事会违反前款规定,在公司弥补亏损和提取法定公积金之前向股东分配利润的,股东必须将违反规定分配的利润退还公司。

(二) 公司遭受严重的资本损失

公司在经营过程中如果遭受重大经济损失,此种损失使公司的资本严重削弱,则公司应当采取某种行动以维持公司资本的充分和充足,这是现代《公司法》的原则规定。根据英国《1980年公司法》第34条的规定,当公共持股公司的某一董事知道公司的净财产已减少到公司的已缴付资本的50%或已不足该种资本的50%时,公司董事会应要求召开特别普通大会会议,以决定公司应当采取的行动,包括公司是否应当采取减少资本的行动。根据我国2005年《公司法》第101条,公司未弥补的亏损达实收股本总额三分之一时,公司应当在2个月内召开临时股东大会。

(三) 公司资本的减少

公司在正常经营期间通过决议方式增加自己的资本,对于公司债权人而言并无不利之影响,但公司在正常经营期间通过决议减少自己的资本,则对公司债权人的影响极

---

① See K. A. Abbott, Company Law, D. P. Publications, p. 105.

大。为此，各国公司法均对公司资本的减少问题作出了明确的规定，我国公司法也不例外。

第四节 公司的股份资本

一、公司股份的界定

何为公司股份，学者之间并无完全一致的看法。在我国台湾，学者在三种意义上使用公司股份这一词语：其一，公司股份指公司资本之成分，主要是指股份有限公司的资本股份；其二，公司股份指股东的权利和义务；其三，公司股份指表彰股票之价值[1]。在我国大陆，有学者认为股份仅仅指公司资本之成分，是指股份有限公司最基本的构成单位[2]。本书认为，公司股份并不能被简单地理解为是股份公司意义上的股份，它实际上是公司股东对公司所享有的利益，包括股东所享有的权利、所承担的义务和责任，因此，公司的股份既在股份有限公司中使用，也在有限责任公司中使用。本书在下面所论及的有关公司股份方面的理论，如果没有特别论及是股份有限公司所特有的理论，则应当被认为是有关股份有限公司和有限公司共同适用的理论。

（一）公司股份是指公司股东对公司所享有的利益和权利

公司股份实际上是指公司股东对其公司所享有的各种利益和权利。公司股东一旦认购公司股份，即成为公司的所有权人，享有公司法和公司章程所规定的各种权利和利益，包括表决权、股利分配请求权和剩余财产取得权。这些权利和利益受法律保护，不得被侵犯，否则，法律会提供某种救济。

（二）公司股份是指公司股东对公司所承担的义务和责任

公司股份不仅是指公司股东对公司所享有的利益和权利，而且也是指他们对公司所承担的义务和责任。所谓义务和责任是指公司股东一旦认购公司股份，即有义务按照要求缴付股款；在公司资不抵债而破产清算时，股东负有缴付未缴付股款的义务，如果还没有全部缴付其股款的话；同时，股东的义务和责任也包括股东负有遵守公司法和其他强制性或禁止性法律规定的义务，不得滥用公司人格，否则，即应对公司债权人承担个人性质的法律责任，这实际上就是前述所谓的公司人格否定理论。

（三）公司股份是公司股东的个人财产

公司股份是公司股东的个人财产，可以被买卖、转移、继承或被担保。

---

[1] 张国键：《商事法论》，三民书局1981年版，第229页；梁宇贤：《公司法论》，三民书局印行1983年版，第274～275页。

[2] 王保树：《中国商事法》，人民法院出版社1996年版，第175页。

（四）公司股份不同于公司股票

公司股份是公司股东对公司所享有的利益，构成股东财产的重要组织部分，而公司股票仅仅是表彰股东此种权利和利益的一种书面凭证，仅仅是证明股东对公司所享有的此种利益的一种书面证据而已。

二、公司股份的种类

（一）公司发行不同种类股份的意义

公司股份有哪些种类？在现代公司法中，一些小型的公司、中型公司甚至大型公司经常仅仅对公司股东发行一种股份，所有股份持有人的股份面值相同，所有股东所享有的有关表决权、股利分配请求权和剩余财产取得权都是相同的；此外，许多公司，无论其规模有多大，往往对其股东发行两种或两种以上的股份①，不同种类的股份所享有的权利是不同的。公司之所以对其股东发行不同种类的股份，其原因多种多样，最主要的有两方面：一方面，不同种类的股份之发行可以确保公司最初的股份持有人对公司的有效控制。公司的创办人为了确保自己对所设立的公司的有效控制，往往对他们自己发行普通股份，这些股份使他们在公司股东大会上享有大股东的表决权，可以使他们取得最大限度的股利。而如果他们对陌生人进一步发行普通股而非优先股，则公司创办人对公司所享有的表决权和控制权将会减弱甚至被摧毁。在这种情况下，对除公司创办人以外的陌生人发行优先股份，既可解决公司资本不足的问题，又可确保公司不被除公司创办人以外的其他人所控制。另一方面，公司发行优先股更有利于迎合公司投资人的需求。在现代社会，公司投资人投资公司的目的虽然均是为了取得投资回报，但是，他们实现此种回报的途径并非完全相同。某些股份持有人认购公司的股份是为了参与公司事务的管理和加强对公司事务的控制，而某些股份持有人只是为了取得稳定的收益，由于他们对公司事业不了解，因此并无参与公司事务管理和控制公司事业的意图。这样，对前一种人发行普通股份，可以吸引他们投资，而对后一种投资人发行优先股，则较之普通股可以更好地吸引他们投资②。

（二）公司股份的种类

公司股份有多种分类，诸如普通股和优先股，有表决权股和无表决权股，记名股和无记名股，国家股、法人股、个人股和外资股。普通股是相对于优先股而言的一种股份类型，通常而言，持有此种类型股份的人被称之为普通股股东，他们享有公司事务的表决权，可以参加公司事务的管理，可以分派公司股利，可以在公司清算完毕后取得公司

---

① Robert R. Pennington, Company Law, 4th Edition, Butterworths, 1979, p. 181.
② See Robert R. Pennington, Company Law, p. 181.

剩余财产。所谓优先股是指那些能够确保其股份持有人具有优先于普通股的持有人而享有某些权利的股份。在我国台湾，学者将优先股称之为特别股。持有优先股股份的股东被称之为优先股股东，他们取得优先股的股票或股权证书。如果股东所持有的股份使其对公司事务享有决议权，则此种股份为表决权股；如果股东所持有的股份使其对公司事务无决议权，则其股份为无表决权股。如果股份明确规定持有人的姓名，则该种股份为记名股份；如果股份没有明确规定持有人的姓名，则该种股份为无记名股份。国家股是指由国家授权投资的机构或国家授权的部门，以国有资产向公司投资所形成的股份，国家股一般为普通股。法人股是指企业法人组织、事业单位法人和社会团体法人向公司投资而形成的股份。在我国，由于市场经济还不发达，国家法律不仅允许公司向其他公司投资，形成所谓的企业法人股，而且还允许事业单位和社会团体投资，形成所谓的事业单位法人股和社会团体法人股。本书认为，公司组织的设立须由企业法人和私人为之，事业单位和社会团体不得设立法人，形成公司法人组织，否则，市场经济程序即会被扰乱。个人股，是指自然人投资公司所形成的股份。个人股包括公司向社会公众发行股份所形成的个人股份以及公司向本公司内部职工发行股份所形成的个人股份。外资股，是指外国和中国港澳台的投资人，以购买人民币特种股票的方式，向公司投资而取得的股份。外资股包括法人外资股和个人外资股。

（三）优先股的种类

优先股有以下多种分类：

1. 股利分配优先股

所谓股利分配优先股是指当公司要分配股利给股东时，应当根据公司章程的规定将一定比例的股利首先分配给优先股的股东，之后再对普通股股东分配股利。当公司既存在普通股也存在股利分配优先股时，公司不得在对股利分配优先股股东分配股利之前将股利分配给公司普通股股东。

2. 清算优先股

当公司解散和清算时，如果公司某些股东的股权在普通股股东的股权之前优先得到满足，则该种股东的股份称为清算优先股。须注意的是，当公司清算时，公司剩余财产必须首先用来清偿公司债务，如果有多余的，则多余的部分先用来满足优先股股东的权利要求，之后再满足普通股股东的权利要求。如果公司剩余财产在清偿公司债务之后没有多余，则此种优先股股东的优先权也得不到实现。

3. 累积股利分配优先股和非累积股利分配优先股

一旦公司章程规定了股利分配优先股，则当公司有盈余时，必须向优先股股东分配股利。但是，如果公司当年无盈余，那么分配优先股股东的股利是否可以在未来的公司盈余中优先分配？如果公司章程规定，公司未能于本年度分配所规定的股利，未被分配的股利部分将于下一年度或未来年度加以分配，则此种优先股为累积股利分配优先股。

反之，如果章程规定，当公司优先股股东的股利因为本年度无股利可予分配而无法实现时，公司并不从下一年度或未来年度的盈余中支付，则此种优先股为非累积股利分配优先股。通常而言，即便公司章程规定的优先股是累积股利分配优先股，这种分配也仅仅在特定的时期内有效，而并非无限期地累积下去[1]。

4. 参加股利分配优先股和非参加股利分配优先股

公司优先股股东在优先取得股利分配之后还是否有权像普通股股东一样继续参加公司股利的分配？这取决于公司章程的规定。如果公司章程规定，公司优先股股东在取得特定的优先分配之后仍然可以同普通股股东一样参加公司股利的分配，则此种优先股为参加股利分配优先股；如果公司章程规定，优先股股东除了所取得的特定优先股利之外，不得再与公司的普通股股东一起参加公司股利的分配，则此种优先股为非参加股利分配优先股。通常而言，绝大多数股利分配优先股属于非参加股利分配优先股，而且，即便公司章程规定优先股是参加股利分配优先股，此种股利分配优先股的股东对公司股利的继续分配须在公司对普通股股东支付一定数量的股利之后才被允许[2]。

5. 可转换优先股和不可转换优先股

如果优先股股份持有人所持有的优先股允许转换为普通股，则此种优先股即为可转换优先股；不具有可转换特性的优先股即为不可转换优先股。如果优先股为可转换优先股，则普通股与优先股之间的比率应当明确加以规定。通常而言，当公司普通股的股价大量上升时，公司可转换优先股的持有人即会行使其选择权，将其优先股转换为普通股。在公司实践中，不可转换优先股更加普遍[3]。

6. 可回赎的优先股和不可回赎的优先股

如果公司所发行的股份允许公司在未来某一时日买回公司所发行的优先股，则此种优先股即被称之为可回赎的优先股。如果所发行的股份不允许公司在未来某一时日买回公司所发行的优先股，则此种优先股被称之为不可回赎的优先股。如果公司优先股是可回赎的优先股，则其回赎股份的条件在该股份发行时即被确定。

三、公司股份的发行

（一）公司股份发行的意义

公司股份发行是指公司为筹集营运资本而对公司股东或认股人出售公司股份的行为。公司股份的发行，是公司筹集资本的最为重要的手段。由于公司资本制度不同，公司股份发行的意义也不同。在公司法中，学者往往在多种意义上使用公司股份发行这一

---

[1] Henry R. Cheeseman, Bussiness Law, p. 626.
[2] 同上。
[3] Henry R. Cheeseman, Bussiness Law, p. 626.

词语，包括设立发行、新股发行、增资发行和非增资发行、公开发行与非公开发行、直接发行与间接发行。

(二) 设立发行与新股发行

所谓设立发行也称公司成立前的股份发行，是指公司在设立之前为筹措股份资本而对其股份认购人出售股份的行为。公司设立方式不同，公司设立发行股份的方式也不同。采用发起方式设立公司时，公司的发起人应当全部认购公司所发行的股份；而采取募集方式设立公司时，所发行的股份除由发起人认购一部分以外，其余部分向社会公开募集。根据我国《公司法》第83条的规定，以募集方式设立股份公司的，公司发起人所认购的股份不得少于公司股份总数的35%。所谓新股发行也称公司成立后的股份发行，是指公司成立以后为取得股份资本而再次向股东或社会公众发行股份。新股发行因其资本制度的不同而有不同的意义，在资本授权主义原则下，新股发行是下面所论及的非增资发行；在资本确定主义原则下，新股发行是指下面所论及的增资发行。

(三) 增资发行与非增资发行

此种新股种类源于公司资本原则的不同：在资本授权主义原则下，公司的资本包括授权资本、已发行资本和未发行资本。如果公司已发行的资本仅占授权资本的一定百分比，公司发行未发行的资本则被称之为非增资发行股份；如果公司的授权资本已经通过一次或多次发行完毕，或者如果公司的法定资本已经不能够满足公司的要求，公司为筹措更多的资本而发行股份，则称为增资发行股份。前者就是资本授权主义原则下的增资发行，后者就是资本确定主义原则下的增资发行。本书在前面已经指出，公司在其授权资本范围内发行股份，是公司董事会所享有的权力，由董事会决议发行的时间、数量以及发行对象，公司在进行此种非增资股份发行时，无须修改公司章程，无须公司股东大会的批准。而在公司进行增资股份发行时，必须修改公司章程，取得公司股东大会的批准。

(四) 公开发行与非公开发行

公司发行股份时，如果是通过公开途径向社会公众发行，由社会公众认购其股份，则为公开发行，反之，如果公司的股份不是对社会公众发行而是对公司原有股东或公司雇员发行，则此种股份发行即为非公开发行。公司公开发行股份与非公开发行股份，其程序大同小异，不同的是，公司非公开发行股份往往是通过契约方式，由公司认购人与公司订立契约，购买公司所发行的股份，而公司股份的公开发行则往往是通过中介机构进行，并且受到较多的限制。

(五) 直接发行与间接发行

直接发行是指由发起人或公司直接对外发行股份，而间接发行则是由发起人或公司通过证券承销商对外发行股份。直接发行可以减少发行费用，但间接发行则有助于公司资本的筹措，风险较小。无论是英美法还是大陆法国家，都允许公司采取直接发行和间接发行方式。我国公司法不允许公司采取直接发行股份的方式而仅允许间接发行方式。不过，从长远来看，采用何种方式发行股份，应当取决于当事人的意思，法律不应作出强行规定①。

第五节 公司的债务资本

一、公司债务资本的界定

公司资本的筹集通常通过发行公司股份的方式来进行，但是，此种筹集资本的手段并非是十全十美的，它也存在一定的问题，表现在两个方面：一方面，公司通过发行股份的方式筹集资本，在增加公司资本的同时往往会对公司既存的资本结构产生重大影响，使公司内部原本存在的平衡被打破，并因此而可能危及公司创立人的大股东地位。另一方面，公司发行股份的程序复杂，时间较长，往往难以及时取得公司所需资本；即便公司通过复杂的程序取得了大量的股份资本，当公司日后无需大量资本时，公司往往难以及时有效地收缩其资本，因为，公司减少资本或注销公司股份均须通过复杂和严格的程序。这样，现代公司在筹措资本时，除了向公司股东或社会公众发行股份以外，还常常向公司债权人举债。公司向债权人举债有两种方式：其一，向有关金融机构借贷，由有关金融机构向公司提供贷款，在此种情况下，公司与金融机构之间的权利、义务和责任应适用合同法的有关规定，这就是所谓的通过借据所为的借贷；其二，向社会公众举债，通过法定程序发行有价证券，这就是所谓的公司债。我国 2005 年《公司法》第 154 条规定，本法所称公司债券，是指公司依照法定程序发行、约定在一定期限还本付息的有价证券。通常所谓的公司债务资本是指公司通过发行公司债这种有价证券所筹措的资本而不是指公司向金融机构借贷的资本。公司债与公司通过借据方式所为的借贷的区别主要表现在：其一，公司债的认购人是社会不特定的人，而公司通过借据所为的借贷仅能向特定的人即金融机构，虽然公司债的认购人既包括个人，也包括像金融机构这样的机构性投资人；其二，公司债的发行要遵循公司法的强制性规定，必须遵循严格的程序，符合严格的要求，而公司通过借据方式所为的借贷则仅仅遵循合同法所规定的自主、自由和自愿的原则，无须任何严格的条件和程序；其三，公司债的期限较长，而公司通过借据所为的借贷期限较短。

---

① 冯果：《现代公司资本制度比较研究》，武汉大学出版社 2000 年版，第 31~32 页。

二、公司债的性质

公司债既然是一种有价证券,则必然具备一般有价证券的性质,这就是要式性、有价性、流通性;除此之外,公司债还具有可回赎性和可转换性。

(一) 公司债的要式性

公司债虽然也是公司与其债权人之间的一种债权债务关系,但是,此种债权债务关系必须具备法定的方式始可产生法律上的效力。我国 2005 年《公司法》第 156 条规定,公司发行公司债券的,必须在债券上载明公司名称、债券票面金额、利率、偿还期限等事项,并由法定代表人签名,公司盖章。

(二) 公司债的有价性

公司债所表示的是公司债权人对公司所享有的债权关系,它是公司债权人债权的书面凭证,当债券所规定的还本付息期限到来时,公司即负有按债券规定的期限向债权人还本付息的义务。因此,公司债具有有价性的特征。

(三) 公司债的流通性

公司债作为一种有价证券具有可自由流通的性质。我国 2005 年《公司法》第 160 条和 161 条规定,公司债券可以转让,转让价格由转让人与受让人约定。记名公司债券,由债券持有人以背书方式或者法律、行政法规规定的其他方式转让;转让后由公司将受让人的姓名或者名称及住所记载于公司债券存根簿。无记名公司债券的转让,由债券持有人将该债券交付给受让人后即发生转让的效力。公司债券在证券交易所上市交易的,按照证券交易所的交易规则转让。

(四) 公司债的可回赎性

公司债虽然规定了公司还本付息的期限,但是,在期限到来之前,公司常常保留收回或清偿所承担债务的权利,这就是公司债的可回赎性。公司在回赎其债务时,往往以高于公司债的票面价值的价格为之。

(五) 公司债的可转换性

公司债往往具有可转换性的特点,可以通过一定的方式转换成公司股份。我国 2005 年《公司法》第 162 条和第 163 条规定,上市公司经股东大会决议可以发行可转换为股票的公司债券,并在公司债券募集办法中规定具体的转换办法。上市公司发行可转换为股票的公司债券,应当报国务院证券监督管理机构核准。发行可转换为股票的公司债券,应当在债券上标明可转换公司债券字样,并在公司债券存根簿上载明可转换公司债券的数额。发行可转换为股票的公司债券的,公司应当按照其转换办法向债券持有人换发股票,但债券持有人对转换股票或者不转换股票有选择权。

三、公司债的种类

公司债有多种分类，诸如记名公司债和无记名公司债，可转换公司债和不可转换公司债，有担保的公司债和无担保的公司债，一般公司债与所得公司债，附保证的公司债和不附保证的公司债。

（一）记名公司债与无记名公司债

以公司债是否记载了该公司债的债权人的姓名为标准，公司债可以分为记名公司债和无记名公司债：公司债券上明确记载公司债权人的姓名者为记名公司债，反之为无记名公司债。将公司债分为记名公司债和无记名公司债，其意义在于两方面：其一，两者所要记载的内容是不同的，记名公司债券除了要记载债券的利率、还本付息的期限和方式等内容外，还应记载债券持有人的姓名、名称或住所等内容[1]；其二，两者的转让方式是不同的，已如前述。

（二）可转换公司债和不可转换公司债

这是以公司债是否可以转换为公司股份为标准而对公司债所作的一种分类。公司债的持有人可以将其公司债转换为公司股份的，谓之可转换公司债；反之为不可转换公司债。由于股份与公司债的区别在传统公司法中的鲜明性，公司债持有人有时希望公司对其发行可转换公司债，以便在有需要时行使自己的可选择权，将公司债转换为公司股份，实现从债权人转为公司所有权人的角色转换。

（三）有担保的公司债和无担保的公司债

这是以公司债是否以公司财产作为担保为标准而对公司债所作的一种分类。公司发行债券，是以其全部或部分财产作为偿还债权人本息担保的，称为有担保的公司债；反之为无担保的公司债。我国公司法未就此种分类作出规定。一般而言，如果公司所发行的是有担保的公司债，则此种担保有两种方式，即固定担保和浮动担保。所谓固定担保，是指公司的某种特定的动产、不动产或机器设备作为其公司债的担保；所谓浮动担保，是指公司将其目前的和将来的全部或部分财产作为公司债的担保方式。

（四）一般公司债与所得公司债

这是以公司债权人所享有的利益为标准而对公司债所作的分类。公司债规定了确定的利率以及还本付息的期限，为一般公司债；公司债如果规定了到期还本，而其利息以公司营业收益之有无作为根据，为所得公司债。我国公司法所规定的公司债均为一般公司债。

---

[1] 参见《中华人民共和国公司法》第169条。

（五）附保证的公司债与不附保证的公司债

这是以公司债是否有第三人保证为标准而作出的分类。如果公司所发行的公司债由第三人承担偿还本息的担保责任，则此种债被称为附保证的公司债；反之为不附保证的公司债。我国公司法没有作出此种分类，但我国台湾公司法则有此种规定。

四、公司债与公司股份的异同

（一）公司法关于公司债与公司股份的区别

（1）公司债与公司股份的性质不同。传统公司法认为，公司债表示的是公司与其债权人之间的债权关系，而公司股份所表示的是公司与其股东之间的成员权关系，公司债券持有人仅仅对公司享有债权请求权，而公司股份的持有人则对公司享有表决权，董事的选任和解任权，以及公司剩余财产的索取权[1]。

（2）公司资本维持原则的适用范围不同。有学者认为公司债务资本不构成资本的组成部分，本书在前面所论及的公司资本维持原则仅适用于公司的股份资本，而不适用于公司的债务资本。因此，公司购买自己的债券是不受限制的，而购买自己的股份则是受限制的；公司债的利息可以从公司资本中支付，而公司股份的股息则仅能从公司利润中支付，但不得从公司资本中支付；股份不得折价发行，而公司债则可以折价发行[2]。

（3）公司债的优先性。当公司因解散而清算时，公司剩余财产必须首先用于清偿公司债权人的债权；而股份所有权人必须在公司清偿其全部债务之后才能取得公司剩余财产。

（4）公司管理者所承担的义务不同。公司管理者在管理公司事务和执行公司业务时既要对公司承担义务和责任，也要对公司股东承担义务和责任，但他们不就其行为对公司债权人承担义务和责任，因此，即便他们的行为使公司债权人遭受重大损害，他们个人也不对公司债权人承担义务和责任。

（二）现代公司法关于公司债与公司股份的学说

现代公司财务理论反对上述传统公司法的观点，认为公司资本不仅包括公司股份资本，而且还包括公司债务资本，公司在有股东的同时亦必然存在公司债权人[3]。公司债券持有人与公司股份持有人并没有什么本质的区别，他们均是公司的投资人，通过投资而取得收益，因此，他们应与公司股份持有人一样享有平等的地位。这样，公司的管理

---

[1] 张民安：《公司债权人的法律保护》，王保树主编：《商事法论集》第 5 卷，法律出版社 2000 年版，第 233～234 页。

[2] K. R. Abbott, Company Law, D. P. Publications, p. 150.

[3] 张民安：《公司债权人的法律保护》，王保树主编：《商事法论集》第 5 卷，法律出版社 2000 年版，第 274 页。

者在管理公司事务时，必须同时考虑公司股东和公司债权人的利益，否则，就要承担法律责任①。

（三）我国公司法应采取的态度

传统公司法力求突出公司债与公司股份之间的区别，而当代公司法则力求模糊两者之间的区别。我国公司法是应强调两者之间的区别还是应模糊此种区别？本书认为，公司财务理论的前提在于市场经济的高度发达和证券市场的高度完善，而我国的市场经济和证券市场才刚刚起步，不适宜过分提升公司债权人的法律地位，而应突出公司股东的地位以刺激其投资积极性，这样，强调传统公司法的理念，突出两种有价证券之间的传统区别，仍是我国公司法目前和将来很长一段时期所要坚持的原则。

---

① 张民安：《公司债权人的法律保护》，王保树主编：《商事法论集》第5卷，法律出版社2000年版，第277页。

第六章 公司设立的法律后果：公司义务的强制性承担

第一节 公司遵守财务会计制度的义务

一、公司财务会计制度总论

(一) 公司财务会计制度的意义

我国 2005 年《公司法》第 164 条规定："公司应当依照法律、行政法规和国务院财政部门的规定建立本公司的财务、会计制度。"公司财务、会计制度，是指依法建立的，以货币为主要计量形式，反映公司财务状况、经营成果和现金流量，监督公司经营活动和财务收支，为公司管理者和其他利害关系人提供公司财务信息而形成的制度。我国 2005 年《公司法》第 8 章对公司财务会计制度作出明确规定，表明公司财务会计制度是关系重大的法律制度，因为这些规定应是强行性的规定，不容当事人随意约定修改，当事人违反这些规定应承担相应的法律责任。我国 2005 年《公司法》设专章规定公司的财会制度，其意义在于：

(1) 股东利益的保护。公司需要向其股东分配利润，而股东也期待着获取股利。因此，公司必须对一定期间内公司所产生的利润进行计算，确定可分配给股东的金额，从而防止股东利益受到损害。如股东或出资者参与公司的决策和经营管理活动，则更应全面了解和掌握公司财产和经营状况；而对于实行所有和经营"两权分离"的现代大公司来说，股东或出资者除参与企业重大事项的决策外，并不参与企业的日常经营活动，而且也不是所有的股东都参与决策活动。为了防止公司董事、经理不正当的经营，以及利用职务之便侵害股东的合法权益，公司法赋予了股东监督和救济的权利，尤其是通过股东代表诉讼来对公司经营者进行损害赔偿的请求。股东行使这些权利，就需要通过公司的财务报表来了解和把握公司的经营状况。

(2) 债权人利益的保护。由于公司人格独立和股东有限责任的实行，公司股东亦不再对公司承担超出其出资额以外的财产责任。公司财产就成为对公司债权人的唯一担保。公司的资产状况的增加和减少，经营及信用状况如何，尤其是对公司资产进行过大的评价，与公司债权人的债权有着非常大的利害关系。因此，公司财务会计的法律制度化，财务信息的公示，依法分配利润等措施，可使债权人的利益得到保护。

(3) 投资者和社会公众利益的保护。公司要想广泛筹集资金，吸引公众投资，就必须使社会公众能够了解和掌握其生产经营状况。良好而健全的公司财务会计制度以及及时准确的财务会计信息,可使有关各方能够方便、及时、准确地了解公司的经营状况和盈利能力,有利于新的出资者、股东或机构投资者作出投资或不投资的判断,有利于既有投资者作出增资或撤资的判断,促进企业通过并购或被并购实行有效的重组,使社会资源得以合理流动和配置。

(4) 交易对方利益的保护。对于有可能与公司进行交易的对方来说,决定是否与其进行交易,了解和掌握公司的财务状况是一项重要的因素。

(5) 公司利益的保护。对公司本身而言,公司财务会计制度的功能表现在三个方面:首先,公司财务会计制度是公司准确地了解自己商事经营状况的重要手段,为公司作出正确的决策提供根据;其次,公司财务会计制度是公司精确分析自己产品的成本和价格的必要,为制定合理的价格提供基础;最后,公司财务会计制度也是公司监督董事是否忠实地和全面地履行自己职责的重要根据,为公司判断董事的德能勤绩提供基础。

(二) 公司财务会计制度的法律渊源

由于公司财务会计制度意义重大,两大法系国家除了在公司法或商法中规定该种制度之外,还在其他法律法规(如证券法、税法)中规定了大量详细具体的财务会计规则。例如在日本,除由《公司法》及法务省制定的报告规则对各类公司的会计原则、会计账簿、资本金、利润分配以及各财务报表的制作规则等作出大量细致的规定之外,财务省制定的《企业会计原则》、《证券交易法》、《法人税法》等法律也对公司财务会计制度作出规定。在我国,法律也采取同样的规则,除了公司法对公司财务会计制度作出专门规定外,我国《证券法》、《会计法》、《税法》和财政部发布的《企业财务通则》和《企业财务准则》等也对公司财务会计制度作出了说明。此外,财政部与体改委于1992年发布的《股份制试点企业会计制度》、《股份制试点企业财务管理若干问题的暂行规定》,1998年发布的《股份有限公司会计制度——会计科目和会计报表》,2000年财政部发布的《企业会计制度》,以及2000年国务院发布的《企业财务报告条例》等行政法规、规章也是公司财务会计制度的重要法律渊源。公司在从事商事活动时,应当首先遵行《公司法》第8章的规定,之后再遵行其他法律、法规或者规章的规定。

在我国,企业的一般会计准则、公司法、证券法以及税法等各自有着不同的立法目的和要求,随着公司财务会计制度的发展和深化,这些制度之间无疑会出现一些不一致的地方,如何调整和整合这些不同之处,是今后立法工作者和司法工作者面临的重要课题。

二、公司制作财务会计报告的义务

公司财务会计报告,是指公司对外提供的反映企业某一特定日期财务状况、某一会计期间经营成果、现金流量的总结性书面文件。公司财务会计报告的编制、审计、报送及公示等是公司财务会计制度的核心内容。通过对公司财务会计报表的分析，不仅可以使公司的经营管理者准确掌握公司的经营状况并制定正确策略，也可以使公司股东、债权人和社会公众了解和正确评价公司的财务和经营状况，同时也为政府部门制定有效的宏观经济管理政策提供重要依据。

（一）年度财务会计报告的内容

关于公司财务报告的具体内容，我国 2005 年《公司法》没有明文规定。根据《企业会计准则》、《股份有限公司会计制度》等有关法规的规定，公司财务会计报告主要包括以下内容。

1. 资产负债表

资产负债表是最基本的会计报表，是反映公司在某一特定日期静态财务状况的报表。资产负债表是根据"资产＝负债＋股东权益"这一基本平衡公式，依照一定的分类标准和次序，将公司在某一特定日期的资产、负债和股东权益的有关项目予以适当排列编制而成。资产负债表表明了企业的经济资源及其分布和结构，企业的偿债能力、支付能力，反映了企业资产、负债和股东的权益以及企业规模和发展潜力等各方面的实际状况，从而为公司经营者、股东、债权人、未来投资者等相关利害关系人的决策提供重要依据。

资产负债表的项目，包括资产、负债、股东权益三项。

资产是指过去的交易事项形成的，为企业拥有或控制的能以货币计量的经济资源，该资源预期会给企业带来经济利益。资产包括各种财产、债权和其他权益，既可以是货币性和非货币性的，也可以是有形的和无形的。具体可以分为流动资产、固定资产、长期投资、无形资产、递延资产和其他资产。

负债是公司所承担的能以货币计量，须以资产或劳务偿付的债务，它是公司外部人员对公司所拥有的请求权，分为流动负债和长期负债。

股东权益是指股东对公司净资产的所有权，表现为资产减负债后的剩余权益。它包括股东投入公司的股本或实收资本、资本公积金、盈余公积金和未分配利润等。

资产负债表的格式主要有两种：即账户式和垂直式。账户式的资产负债表，分为左右对等两栏结构，左方表示资产，右方表示负债和股东权益，左右两边平衡或相等。垂直式的资产负债表中，资产列在表的上端，负债及股东权益列表的下端，上下两方相等。我国目前均采用左右平衡的账户式格式。

编制资产负债表，就是根据财务会计制度的规定，按照上述分类和方式，对有关各个项目加以排列。

2. 损益表

损益表，亦称利润表，损益计算书或收益表，是反映公司一定期间内的经营成果和亏损状况的综合性报表。损益表根据"收入－费用＝利润"这一公式制作，它反映了公司在一定时期内的收入、费用（包括成本）及其盈利或亏损，体现了公司在某一时期内动态的财务状况和经营成果，是公司进行利润分配的重要依据。同时，通过对损益表的分析，可以评价一个公司的经营成果、投资效益、获利能力、预测公司的收益发展趋势，从而为报表使用人尤其是投资者提供有益的会计信息，便于其作出正确的投资决策。

收入、费用和利润是损益表的基本要素。收入是指公司在一定期间内通过经营或其他途径而产生的资产流入、收益增加或债务的减少，包括营业收入和非营业收入。费用是指公司在一定时期内为取得收入所付出的成本，包括为取得营业收入而产生的直接成本、管理费用和销售费用。间接费用，也按一定的标准计入成本。利润是指公司在一定期间的经营成果，包括营业利润、投资净收益和营业外收支净额。

损益表是报告公司经营成果的工具，其格式大体上分成单步式和多步式两种。单步式损益表是将本期的收入总额减去费用总额，通过一次性计算得出净收益，即为本期利润，其结构简单直观。多步式损益表则是通过多步计算得出当期净收益，如第一步可以用销售收入减去销售成本得出毛利；第二步以毛利减去营业费用得出营业净收益；第三步以营业净收益加营业外收入，减去营业外损失得出纳税前收益；最后以纳税前收益减去所得税而得到公司本期的净收益。多步式损益表能够清楚地反映出各类收入项目和费用、支出项目之间的内在联系，有助于进行财务报表的专业分析，有利于推测公司未来的盈利能力。

3. 现金流量表

现金流量表，是综合反映公司在一定会计期间有关现金和现金等价物的流入和流出的动态会计报表。现金流量表是以现金为基础反映公司的经营活动、投资活动和融资活动，以及公司内部现金的周转情况。现金流量表和财务状况变动表相比，后者以"运营资金"为考察对象，主要揭示了公司自有流动资金的分布状况和变化趋势，而前者反映的是公司现金和现金等价物的流入和流出，故前者能更直接、更客观和更迅速地反映公司的财务状况及经营状况的好坏。我国财政部1998年1月制定的《股份有限公司财务会计制度》已明确规定以"现金流量表"代替"财务状况变动表"。

4. 财务情况说明书

财务情况说明书，是公司对资产负债表、损益表、现金流量表等会计报表列示的事项和未列示但对公司财务状况有重大影响的其他事项所作的说明。它是公司财务会计报告使用人据以进一步了解公司财务状况、经营成果及会计政策的重要依据。它没有固定的格式，公司可以根据实际情况制作，主要是以文字说明。其基本内容包括：公司的生产经营状况、利润实现和分配情况、资金增减和周转情况、税金缴纳情况、会计核算方法的变更情况、各项财产物资变动情况、其他重要的财务变动事项等。财务状况说明书是我国独有的会计报表内容，其有助于报表的使用者详细了解公司的财务状况、经营成果和会计政策。

5. 利润分配表

利润分配表是反映公司一定会计期间对实现净利润和以前年度未分配利润的分配或者亏损弥补的会计报表,是损益表的附表。利润分配表所显示的利润分配总额走向为四个层次:一是应缴所得税;二是当年税后利润;三是可供股东分配的利润;四是公司累计尚未分配的利润。通过利润分配表可以详细地说明企业利润分配的去向,可据以核查利润分配是否合理、合法。

(二) 公司财务会计报告的制作与审计

1. 公司财务会计报告的制作

我国 2005 年《公司法》第 165 条规定:"公司应当在每一会计年度终了时编制财务会计报告,并依法经会计师事务所审计。财务会计报告应当依照法律、行政法规和国务院财政部门的规定制作。"据此,公司财务会计报告的编制义务主要涉及以下几个方面的内容。

(1) 公司财务会计报告的制作人。我国公司法未明确规定财会报告的编制人,仅规定公司应当制作财务会计报告。因制作公司财务会计报告应属于公司业务执行范围的事情,故各国公司法普遍规定业务执行机关即董事会为公司财务会计报告的制作义务人。我国台湾公司法就规定制作义务人为董事会,而日本公司法则规定公司的财会报表由公司的代表董事制作,并须经董事会承认。我国公司法规定董事会为公司的业务执行机关,制作财务会计报告又属业务执行范围,所以可以推定我国公司董事会是公司财务会计报告的制作人。而董事会成员应对财务会计报告的真实性、准确性和完整性承担责任。依我国 2005 年《公司法》第 114 条的精神,董事会也可以授权公司经理直接负责财务会计报告的制作工作,由公司经理直接领导和组织公司的财会人员完成财务会计报告的制作。

(2) 财务会计报告制作的时间。我国公司法规定,公司应当在每一会计年度终了时制作财务会计报告,这意味着:公司财务会计报告的制作时期应为每一会计年度终了之后的若干日内,并且最迟须在公司召开股东大会开会前 20 日制作完毕。否则,将影响股东依法查阅。而且,为通过会计师事务所的审计和监事会对公司财务的检查上的需求,公司财务会计报告的实际完成日期还应早于上述时间为宜。

(3) 财务会计报告必须依法制作。何为财务会计报表的依法制作,公司并没有具体规定,应理解这是一个包括性的规定。即凡是法律、行政法规和行政规章中所规定的诸如会计核算原则、制作方式、程序、时间等内容,公司都应该遵守,以保证财务会计报表的真实性、准确性和内容完整性,便于理解和利用。

(4) 财务会计报告的形式。关于财务会计报告的制作,到底是只局限于书面形式,还是可以采用电磁方式等,我国公司法并没有作出明文规定。而西方国家以及日本早已在其修订公司法中明文规定,可用电磁方法记录和作成公司的财务会计报告。我国应及时应对高度信息化社会的到来,在公司法中明确电磁方式制作财务会计报告的合法性。①

2. 公司财务会计报告的审计

(1) 监事会的审核。公司财务会计报告在提交给会计师事务所审计之前,是否必须经监事会的审核,我国公司法并未作出明确规定,只是在第54条规定,监事会或监事行使检查公司财务的职权。本书认为,仅从这条规定不能推断出财务会计报告必须经监事会的审核,公司可根据自身的情况,在章程中规定监事会的审核是否必经之程序。

(2) 送交审计的义务。我国2005年《公司法》第165条规定,公司编制的财务会计报告,应当依法经会计师事务所审计。旧公司法并未规定公司必须将财会报告送交审计的义务,而新公司法为了促进公司财务会计报告的真实性、准确性和完整性,提高公司财务会计报告的可信度,更好地保护财务会计报告使用者的信赖利益,确立了公司财务会计报告的强制审计制度。本书认为,公司审计义务的确立,对财会报告使用者来说无疑是有着积极意义的,但对于那些小规模的有限公司,其送交审计的成本相对来说是非常高的,一味保护财会报告使用者的利益而忽视公司经营者的利益也同样是不可取的,故在立法上应根据公司规模的大小区别对待为宜。如日本公司法就根据公司的规模将公司分为大公司、中公司和小公司,对它们的审计要求各不相同。

(3) 审计机构的确定。根据我国2005年《公司法》第170条的规定,公司对承办财务会计报告审计的会计师事务所的聘用与解聘,依照公司章程的规定,由股东会、股东大会或者董事会决定。据此,公司聘用、解聘会计师事务所的权力机构属于章程规定的内容,公司法不作统一规定。该条另规定:公司股东会、股东大会或者董事会就解聘会计师事务所进行表决时,应当允许会计师事务所陈述意见。此规定的目的是为了保证会计师事务所能对公司财务会计报告独立、客观、公正地进行审计,防止公司随意解聘。

(4) 公司的职责。我国2005年《公司法》第171条规定,公司为协助会计师事务所完成审计任务,应当向其提供真实、完整的会计凭证、会计账簿、财务会计报告及其他会计资料,不得拒绝、隐匿、谎报。公司提供财会报表等的义务履行是保证会计师事务所在真实完整资料的基础上作出客观、公正审计的前提条件,直接关系到公司的股东、债权人、公司职工及潜在投资者是否能够依据公司的经营状况对公司作出正确的判断,对于保护股东及其他相关者的利益至关重要。

---

① 刘小勇,《日本公司法的IT化改革及对我国的启示》,《法学》2005年第一期,第89页。

（二）公司财务会计报告的送交、置备、公示和承认

1. 公司财务会计报告的报送、提供与公示

为满足有关各方利益主体了解公司财务状况和经营成果的需要，我国2005年《公司法》第166条规定，公司财务会计报告必须依法送交、置备和公示。

有限责任公司应当按照公司章程规定的期限将财务会计报告送交各股东，而股份有限公司的财务会计报告应当在召开股东大会年会的20日以前置备于本公司，供股东查阅。作此区别对待，其理由是，有限责任公司股东人数少，可以直接送交，而股份有限公司的股东人数众多，一一送交不可能。至于公开发行股票的股份有限公司，则必须依法公告其财务会计报告。这是因为以募集方式设立的股份有限公司，其股东人数甚巨，且分散于各地，采用送交或置备于本公司的方法无法让公司股东知悉公司的财务状况。

2. 公司财务会计报告的承认

公司财务会计报告的承认，是指对董事会提交的公司财务会计报告，经股东会讨论通过，使其具有相应法律效力的法律行为。

我国2005年《公司法》未明确规定对公司财务会计报告的承认制度，许多学者解释认为，我国公司股东大会的职权之一是"审议批准董事会的报告"，而董事会的报告中应以业务执行为内容，其中包括"公司的财务会计"。股东大会审议公司财务会计，并不限于董事会报告本身，还应包括审查公司财务会计报告，所以，批准董事会报告理应包括承认财务会计报告。

本书认为，财务会计报告包括资产负债表、损益表、现金流量表以及利润分配表等内容，具体哪些内容是否须经股东会承认，应根据财务报告的具体内容以及公司的规模区别对待，不宜千篇一律，且应明确规定。如日本公司法就根据公司规模的大小来确定资产负债表和损益表是否需要股东会的承认，即中小公司必须经股东会的承认，而大公司只要通过会计监察人的审核，可不需要股东会的承认。其理由是，对于资产负债表等财会报表的判断需要高度的专业知识，而大公司里不具备财会知识的一般股东众多，强调股东会的承认意义不大，倒不如强化会计监察人的责任更好。不过，对于利润分配表而言，其直接关系到股东的切身利益，故除委员会等设置公司外，必须经股东大会的决议通过。

（三）公司违反财务会计报告制度的法律责任

公司必须对其制作的财务会计报告的真实性、准确性和充分性负责。如违反有关财务会计报告的法律法规，则相应地应承担民事责任、行政责任乃至刑事责任。

我国2005年《公司法》第202条、第203条、第204条和第205条，分别从以下几个方面规定了公司及其相关人员违反公司财务会计报告的法律责任。

（1）公司违反《公司法》的规定，在法定的会计账簿以外另立会计账簿的，由县

级以上人民政府财政部门责令改正，处以 5 万元以上 50 万元以下的罚款。构成犯罪的，依法追究刑事责任。

（2）公司在依法向有关主管部门提供的财务会计报告等材料上作虚假记载或者隐瞒重要事实的，由有关主管部门对直接负责的主管人员和其他直接责任人员处以 3 万元以上 30 万元以下的罚款。构成犯罪的，依法追究刑事责任。

（3）公司在进行清算时，隐匿财产，对资产负债表或者财产清单作虚伪记载或者未清偿债务前分配公司财产的，由公司登记机关责令改正，对公司处以隐匿财产，或者未清偿债务前分配公司财产金额 5% 以上 10% 以下的罚款。对直接负责的主管人员和其他直接责任人员处以 1 万元以上 10 万元以下的罚款；对构成犯罪的，依法追究刑事责任。

由此可以看出，我国公司法对公司违反财务会计制度规定了比较严的行政责任和刑事责任，但仅在《公司法》第 208 条中规定了从事资产评估、验资或者验证等中介机构对第三人的民事责任，而缺乏公司及相关主体对第三人的民事责任。西方各国的公司法除规定了公司的民事责任外，大多还直接规定了公司董事等高级管理人员应对第三人负民事赔偿责任，如《日本公司法》就在第 429 条中规定公司高级管理人员对各项虚假记载存在恶意或重大过失的，应承担赔偿由此对第三人造成的损害赔偿责任。这些均值得我国今后公司法立法借鉴。

三、公司税后利润分配的规定

公司是以营利为目的的企业法人，股东们投资于公司，其最终目的是为了获取一定的利润。因此，获取利润，向股东们分配利润是公司的终极目的和义务，同时，利润分配请求权也是股东的一项固有权利。但是，公司税后利润的分配不仅关系到股东的切身利益，还涉及到其他各方尤其是债权人的利益，对其进行规定也是立法者对各方主体利益的平衡。因此，公司进行税后利润的分配必须遵守以下程序上和实体上的规定，这些规定反映了国家对公司经营的必要干预。

（一）税后利润分配方案的提出和批准

因公司股东是公司税后利润分配中最直接的关系主体，绝大多数国家的公司法都将利润分配的意思决定机关规定为股东会，也有个别国家（如美国诸州的公司法）将此种意思决定机关规定为董事会。日本也于近年的公司法修订中，仿效美国，对于在董事会中设置了专门委员会的公司，规定其决定机关为董事会，而对于其他公司，则依然是股东会。

根据我国 2005 年《公司法》第 47 条、第 109 条的规定，公司当年税后利润的分配方案，由董事会提出，董事会依据公司法有关公司当年税后利润分配的规定，结合本公司当年盈余和以前年度有无亏损的情况，制订出当年的税后利润分配方案，提交股东会或股东大会审议。又据我国 2005 年《公司法》第 38 条、第 100 条等有关规定，股东会或股东大会对董事会提出的当年税后利润分配方案进行审议。该审议须经出席会议的股东所持表决权的半数以上通过方为批准。经股东会或股东大会审议批准的当年税后利润分配方案，交由董事会执行。

（二）公司利润分配的顺序

公司税后利润分配的顺序，是指公司依法定程序进行税后利润分配的顺序。为兼顾各方利害关系主体的利益，我国公司法以强制性的规范规定了公司税后利润的顺序。根据我国 2005 年《公司法》第 167 条及有关行政法规的规定，公司的利润分配顺序应当是：①弥补以前年度亏损；②提取法定公积金；③提取任意公积金；④向股东支付股利。

（1）弥补以前年度的公司亏损。公司的法定公积金不足以弥补以前年度的公司亏损的，在提取法定公积金和法定公益金之前，应当先用当年利润弥补亏损。公司是以营利为目的的，如果经营亏损，则意味着公司资产的减少，一方面不利于公司今后的经营和发展，另一方面则对公司债权人不利，故公司经营出现亏损时，不能向股东分配利润，也无法提取法定公积金。

（2）提取法定公积金。公司为了弥补亏损，扩大经营规模，稳固公司资本，须从税后利润中提取一定的资金，即法定公积金。法定公积金就是公司当年利润弥补亏损后，分配股利前，如果仍有剩余，依法必须提取的公积金。公司应当提取利润额的 10% 列入法定公积金。当公司法定公积金累积额为公司注册资本的 50% 时，可不再提取。

旧公司法中还并行规定了法定公益金的提取。所谓法定公益金是指国家法律规定从公司利润中提取的用于法定公益事业的金额，其目的是为了改善本公司职工集体福利。但公益金为公司雇用员工的开支，应作为公司费用处理，而不宜作为利润的组成部分。法律强制法定公益金的提取实际上不利于股东和职工的权益，故新公司法废除了提取法定公益金的规定。

（3）提取任意公积金。任意公积金是指，法律没有强制规定，由公司根据情况自行决定提取的公积金。公司从税后利润后提取法定公积金后，经股东会或者股东大会决议，还可以提取任意公积金。法律对任意公积金的用途没作规定，本书认为，任意公积金的用途可由股东会确定，一经确定，即转为专用资金，非经股东会决议，不得挪作他用。

（4）向股东支付股利。公司在弥补亏损和提取法定公积金后，即可按确定的利润方案将所余利润向股东进行分配。但该分配方案必须依法律规定的比例进行，即根据我国 2005 年《公司法》第 35 条、第 167 条的规定，有限责任公司股东按照实缴的出资比例分取红利，但全体股东约定不按照出资比例分取红利的除外；股份有限公司按照股东持有的股份比例分配，但股份有限公司章程规定不按持股比例分配的除外。

但是，公司不得向其持有的本公司股份分配利润。公司由于一些特殊情况，有时也会持有本公司股份，但这部分股份并不代表一定的资产，是虚无资本，而且具有暂时性。如果向公司自身分配股利，无疑会损害其他股东的权益。故公司持有股份不应获得分配。

（三）公司违法分配利润的法律责任

公司利润分配的顺序和条件属于强制性的法律规范，公司违法分配利润必须承担相应的法律责任。根据我国2005年《公司法》第167条规定，公司违法分配利润的行为，主要是指公司在弥补亏损、提取法定公积金之前，向股东分配利润的行为，以及公司不按法律规定的比例提取法定公积金的行为。公司股东会、董事会违反法律规定，在弥补亏损、提取法定公积金之前，向股东分配利润的，对于股东而言，其取得利润因缺乏合法根据而为不当得利，股东必须将违反规定分配的利润退还公司，而不论接受非法股利分配的股东在主观上是否有恶意。为了加强对公司债权人的保护，许多国家的公司法规定，若公司怠于行使其请求权，公司的债权人可行使其代位请求权。但如股东人数众多，且有可能已将其所获得的利润花费掉，那么向股东请求返还就不是一个现实可行的手段，因此，不少国家公司法还规定债权人可向参与决定分配方案的公司董事请求赔偿。而董事在履行赔偿责任后，还可向恶意获得分配利润的股东行使追偿权。这些规定充分而又比较现实地保护了债权人的利益，的确值得我国今后的立法借鉴。

此外，我国2005年《公司法》第204条还规定，公司不按法律规定依法提取法定公积金的，由县级以上财政部门责令如数补足应当提取的数额，可对公司处以20万元的罚款。这也反映了国家财政部门对公司运营的一种强制性干预，至于这种干预是否妥当，则另当别论。

第二节 公司董事重大利益的公开披露

一、公司董事自我交易的公开披露

在现代各国公司法中，公司董事违反自我交易的禁止义务所承担的法律责任可以因为公司的同意而被免除。我国2005年《公司法》第149条就规定，董事依章程规定或经股东会、股东大会同意，可与本公司订立合同或者进行交易。不过，无论大陆法系国家还是英美法系国家，股东会或董事会对董事的自我交易的同意均须以有利害关系的董事对公司股东会或董事会进行利益披露作为条件，并以股东会或董事会决议通过此种自我交易作为条件。对此，我国公司法尚未作出明确规定。①

（一）利益披露的内容和范围

董事在自我交易时，应如何进行利益披露，是事关该自我交易行为是否有效的重大问题。故关于利益披露内容和范围的规定，是自我交易时利害关系董事进行利益披露的重要规制。由于在具体的交易中，董事在交易中的利益关系复杂多样，法律或公司章程很难事先对利益披露的内容和范围作出明确而又具体的规定，但如不进行规定，又会使利害关系董事在进行披露时无所适从。因此，有必要通过立法对董事利益披露的内容和范围进行适当的规制。

对此，《日本公司法》第356条第1款仅规定董事须在股东大会上公开有关该交易的重要事实，而未对重要事实的范围加以进一步明确的规定。显然日本立法机关回避了这个问题，而将其推给了法官和学者。英国《1985年公司法》第317条第1款规定，利害关系董事有义务披露其在自我交易中的利益的性质，但未对信息披露的程度予以明确规定。而英国法律委员会（Law Commission）和判例法均表明，利害关系董事必须披露其在自我交易中获取利益的详细情况，只要从公司的立场看，此种信息能够直接影响交易的性质，并对公司决定进行此项交易是否符合公司最佳利益具有重要影响。但是，也有一种观点认为，董事承担无边无际的披露义务对公司并不绝对是好事。而美国《1989年模范公司法》第六章规定，披露义务的内容包括两项：①披露利害关系董事在交易中利益冲突的存在及其性质；②利害关系董事必须就其所知道的有关该交易标的的所有重要事实向公司进行披露。判断是否为"所有的重要事实"的标准是，处于公司立场上的普通谨慎之人有理由相信，这些事实对公司决定是否做此项交易是重要的，即采取的是客观标准。因此，我国有学者认为，这种标准应定为"利害关系董事应披露其在自我交易中的利益存在及性质，并对普通董事在类似情况下所应披露的利益进行披露。"②

（二）利益披露的对象、时间和方式

利益关系董事具体应该向谁披露利益？可能是董事会，也可能是公司的股东会，取决于各国法律具体规定。英国公司法根据交易的种类不同，规定既可以是董事会，也可以是股东会。而《美国修正标准商事公司法》则一律规定为股东会，日本规定一般公司为股东会，委员会设置公司为董事会。我国公司法则一律规定为股东会。本书认为，董事和公司之间的交易不可避免，有时甚至是必须，为了提高公司经营的机动性和灵活性，我国可根据公司规模的大小和治理结构确定同意的机关，至少应可通过章程来选

---

① 关于董事自我交易的详细介绍，参见本书第八章第四节的内容。
② 曹顺明：《股份有限公司董事赔偿责任研究》，中国法制出版社2004年版，第158~162页。

择。

关于利益披露的时间，我国公司法并没有明文规定。一般认为，至少应当在公司机关对董事自我交易进行批准或承认之前进行，而不是在此之后进行。而英国则规定得更为具体，《1985年公司法》第317条第2款规定，对一项议定中的交易，利益披露应当在董事会对该交易进行第一次讨论的会上进行。如果该利害关系董事当时未参加董事会，则披露应在该董事成为利害关系董事后的第二次董事会上进行。

至于利益披露应该以何种方式进行？我国有学者认为，利害关系董事应当正式向公司批准或承认自我交易机关进行利益披露，而不是一种私下的披露，如利害关系董事于非正式场合将自己在某项交易中的利益分别告诉其他董事并不能视为其履行了利益披露义务。[①]

（三）未履行或未适当履行利益披露义务的后果

美国判例法一般认为，利害关系董事没有披露其在交易中的利益构成撤销合同或推翻交易的理由。但美国《1984年模范公司法》第8.31条规定，如果一项利益冲突交易本身对公司是公正的，该交易不得仅因在该交易中存在董事的利益而可由公司主张撤销。这一规定可理解为，如董事能证明该交易对公司是公正的，则可维持交易，也就是说该交易虽可以不被撤销，但董事必须承担该交易是公正的这一举证责任。

英国《1985年公司法》第317条第7款规定，利害关系董事没有适当履行利益披露义务会被处以罚款。而其判例法则认为利害关系董事没有进行适当利益披露而订立的合同并不是必然无效的，虽然其可能因公司的申请而被撤销，利害关系董事必须向公司返还其因该交易而获得的任何利益。[②]

我国公司法对其没有任何规定。本书认为，我国可借鉴英美法的一些规定，其原则上确认没有进行利益披露的交易可被撤销，但如利害关系董事能证明该交易对公司是公正的，则不得被撤销。

（四）交易后的报告义务

为了让公司能够对董事自我交易进行善后处理，《日本公司法》第365条第2款还规定了董事在交易后的报告义务，即作为当事人的董事在进行完自我交易后，应及时将关于该交易的重要事实报告给董事会。日本的这一规定也值得我国立法借鉴。

---

① 曹顺明：《股份有限公司董事赔偿责任研究》，中国法制出版社2004年版，第162~163页。
② 曹顺明：《股份有限公司董事赔偿责任研究》，中国法制出版社2004年版，第163~164页。

二、公司董事对股票和债券的利害关系的公开披露

（一）董事对公司股份或债券享有利害关系的界定

因公司董事负有对其与公司股票和债券的利害关系进行公开披露的义务，所以首先应弄清楚何为公司董事对股票或债券的利害关系。根据英国《1985年公司法》规定，公司董事对股票或债券的利害关系，是指董事对任何种类的股票或债券所享有的利害关系。即使此种股票或债券上所附加的权利之行使受到限制，董事只要持有此种股票或债券，亦为董事对之享有利害关系。如果某人订立契约而以现金或其他对价购买公司股份，则此人被认为是对此股份有利害关系；某人虽然不是注册登记的股份持有人，但如果他有权行使这些股票或债券持有人的所授予的权利，或者有权对此种权利的行使予以控制，则他亦被认为是对该股份享有利害关系的人；如果一个人能够对某个公司实体存在着实质性的支配或控制关系，且该公司实体也对此种股票或债券享有利害关系，此人亦被认为是对公司股票或债券享有利害关系；如果某人有权要求他人将股票或债券转让给他自己，则此人也被认为是对股份或债券享有利害关系的人；如果某人有权取得股份或债券的利益或者负有取得股份或债券的利益的义务，则他亦被认为是对股份或债券享有利害关系的人。对股份或债券享有共同利益的人，每个人都被认为对股份或债券享有利害关系。

（二）董事承担的将其对公司股票或债券享有的利害关系通知的义务

根据英国《1985年公司法》第324条规定，任何人一旦成为公司董事，即应从其成为公司董事之日起以书面方式将其对公司股票或债券所享有的利害关系通知给公司。这也包括该董事对公司的子公司或控股公司、公司的控股公司的子公司的股票或债券所享有的利害关系。此种通知包括陈述每类股票的数量和每类债券的数量。我国《台湾公司法》第197条也规定，董事经选任后，应向主管机关申报其选任当时所持有之公司股份数额。日本公司法则无此规定。

英国公司法还规定，如果当一个人持续地担当公司董事的职位时，则该董事负有将下列事件通知公司的义务：①由于事件发生，该董事因此而对公司或任何该公司的子公司、控股公司或其控制公司的其他子公司的股份或债券享有利害关系或不再享有利害关系；②他订立契约以出售任何此类股份或债券；③由公司批准的，他将认购公司股票或债券的权利转让给他人；④由公司的子公司、控股公司或公司控股公司的其他子公司批准的，他将其认购这些公司股份或债券的权利或者这些权利之行使所作的转让。

我国台湾公司法则规定，董事在任期中其股份有增减的，或对其股份设定或解除质权的，应向主管机关申报并公告之。

根据英国《1985年公司法》第324条规定，董事对公司的通知必须是在此种通知

义务产生以后的 5 天以内作出。如果有利害关系或者事件已经发生，而董事对此有所疏忽，则此 5 天的期限从他知道此种利害关系或事件之日起计算。如果董事在规定的期限内没有通知公司，或虽作出通知，但对公司所做陈述是虚假的，则无论是故意还是过失，都要承担刑事处罚责任。

我国 2005 年《公司法》对此规定过于简单，仅在第 142 条第 2 款中规定："公司董事、监事、高级管理人员应当向公司申报所持有的本公司的股份及其变动情况。"故英国公司法乃至我国台湾公司法的规定对我国立法都很有借鉴意义。

（三）公司通知证券交易所的义务

根据英国《1985 年公司法》的规定，如果公司的股票或债券在证券交易所上市交易，则公司负有将有关董事持股份或债券的信息通知给证券交易所的义务。此种通知义务必须在公司董事对公司予以通知以后的第二天结束前完成。证券交易所可以以其认为适当的方式公开所收到的信息。

（四）董事对股票、债券所享利害关系的注册

根据英国《1985 年公司法》第 325 条规定，每一个公司都必须对董事通知公司关于其对公司股票或债券所享有的利害关系的有关信息，加以记录和予以注册，并保留注册文件。公司如果允许董事享有认购公司股票或债券的权利，则公司负有义务将下列事项予以注册：①此种权利批准的时期；②此种权利予以行使的期间或日期；③批准此种权利的对价（或没有对价的事实）；④有关股票、债券的说明、数量；⑤所支付的价格。

无论认购股票或债券的权利何时行使，公司必须在其注册文件中记载此种事实和下列信息：①有关可以行使此种权利的股票或债券的数量；②如果这些股票或债券是以他的姓名注册的，则为此种事实；③如果这些股票或债券不是以他的姓名注册的，则为被注册人的姓名。

董事有关股票或债券方面的利害关系的注册文件必须保管在以下地点：如果公司成员的注册文件保管在其注册办公机构，则也应保管在该注册办公机构；否则，须保管在公司的注册办公机构或公司成员注册文件保管的地方。

此种注册文件可以由公司成员免费查阅，也可以由社会公众有偿查阅；公司成员或其他社会公众可以复制此种文件。注册文件必须在公司的年度股东大会上出示，并且在整个股东大会召开期间予以公开，让所有参加会议的人查阅。如果公司没有适当地保管注册文件，或拒绝公司成员或其他人查阅、复制，则公司要承担刑事处罚责任。法庭可以颁发命令，强制公司遵守公司法的规定。

（五）董事的配偶和子女

有关董事的上述规则对董事的配偶和子女也同样适用。根据英国《1985 年公司法》

第 328 条规定，董事配偶的利害关系可看作为董事的利害关系。但其子女，只包括未成年的子女，而不包括董事的成年子女。所以，董事的配偶或子女就有关股票或债券而订立的契约，所作的股份或债券的转让或认购权的享有、行使或公司的批准等，均视为董事所为。因此，公司董事在下列事件发生以后负有以书面方式通知公司的义务：①公司对公司董事配偶或未成年子女有关认购公司股票或债券的权利的批准；②公司董事的配偶或未成年子女行使公司授予他的此种权利的行为。其他诸如对公司的通知等，有关报告信息的内容或方式均可适用上述规定对董事本人的要求。没有在法律规定期限内通知公司其配偶或子女所享有利害关系的股份或债券的董事，应受到刑事制裁。①

三、公司董事特定事项的注册登记

（一）董事注册登记的特定事项

英国《1985 年公司法》第 288 条规定，每一个公司都必须对公司的董事和秘书予以注册，如果公司董事、秘书发生任何变化或有关他们的特定事项发生变化，公司必须向公司注册署提交有关此种变化的通知。对公司每一个董事的注册，包括以下内容：①对于自然人董事，其目前的姓名以及以前曾用的姓名，其经常居住地的地址、国籍、商事职业，他在其他公司担任的董事职位方面的特定事项以及出生日期；②对于由公司出任的董事而言，公司的名称、公司注册或主要办公地点。根据英国公司法，董事并非一定是自然人，公司也可以成为董事。

对于自然人董事，除非公司章程作出相反的规定，否则，董事在到达所限制的年龄界限时必须退职。此种规定适用于公共持股公司或公共持股公司的子公司。因此每一个公共持股公司必须在其注册中记录每一个董事的出生日期，即使在事实上对该董事不适用年龄限制，亦是如此。

我国《台湾公司法》则规定，公司申请为设立登记时，应附送董监事资格、身份证明文件及董监事愿任同意书，且每次改选董事、补选董事亦须申请变更登记。而我国 2005 年《公司法》对此没作规定，仅在《公司登记管理条例》第 9 条规定，公司应向公司登记管理机关登记法定代表人姓名。

（二）董事特定事项的注册登记的例外

在一些特殊情形下，董事的特定事项可以不予注册登记。根据英国《1985 年公司法》第 289 条，在董事特定事项应予以注册登记之日起的 5 年内，若董事在任何时候都没有担任或担当的董事职位的特定事项，则无须予以注册；同时，如果董事在注册登记日之前在下列公司中担当的董事职位的特定事项亦无须予以注册登记：①公司已经暂停

---

① 张民安：《现代英美董事法律地位研究》，法律出版社 2000 年版，第 92~96 页。

活动或已经注册成为集团公司；②如果他在注册登记日前的 5 年内的任何时候也担当了董事的职位，该公司在这一段时期内都已停止活动或已经成为公司集团。公司如果在一定期限内没有从事构成重要的公司会计报表中予以记载的交易，则该公司即可被认为是或已经是暂停活动。一个公司将会被看作与另一个公司形成公司集团的情形为：如果另一个公司任何时候变成了该公司的完全持股的子公司，或者该公司成为另外一家公司所完全持股和控股的子公司，或者另外一家公司也是其完全持股的子公司的其他公司的完全持股公司的子公司。

如果公司董事发生变更或公司注册中有关董事的特定事项发生变化，则公司应自此种变化发生之日起的 14 天内将特定事项或董事变更向公司注册署予以报告或予以通知。此种通知必须根据英国《1985 年公司法》所规定的方式进行，并且必须载明此种变更发生的日期。同时，公司也必须向公司注册署报送那些同意以公司董事身份行为的人签名同意的协议书。

（三）公司注册文件的查阅

公司的注册文件必须置于公司注册办公机构以便公开让公司成员查阅，此种查阅是免费的；也可以由任何其他人查阅，但此种查阅是有偿的，查阅人必须支付查阅费。如果此种查阅权被公司拒绝，法庭可以颁发命令，要求公司让有关人员立即进行查阅；并且公司及有关高级官员必须承担罚金责任，如果持续违反查阅规定，则承担每日过错罚金的法律责任。

（四）公司董事职位变更的公告

根据英国《1985 年公司法》第 711（1）（d）规定，公司注册署必须在政府公报中公开公司董事的变更，并予以公告。如果公司董事发生变更，而此种变更没有在政府公报上公告，则公司不得以董事的变更作为对抗其他人的根据。也就是说，如果某人同那些姓名出现在最近出版的公报中的公司董事订立契约，而他没有意识到这些董事已停止担当公司的此种职位或已被他人所取代，他有权要求公司对他与此种董事订立的契约和交易承担责任。①

第三节　公司在证券市场中的信息强制性公开

为了保障公司股东和投资者根据公司经营活动的重要信息作出正确的投资判断，确保证券投资市场的健全发展，各国公司法和证券法均对公众持股公司规定了有关信息的强制公开披露制度。公众持股公司的信息公开，大致可分为证券发行市场上的信息公开

---

① 张民安：《现代英美董事法律地位研究》，法律出版社 2000 年版，第 90 页。

和证券流通市场上的信息公开。证券发行市场上的信息公开又称为发行公开,是指公司在发行证券时,必须公开取得证券的条件以及有关证券价值方面的信息,以供投资者判断,这是证券发行人应当承担的强制性义务。证券流通市场上的信息公开又称为继续公开,是指在证券流通市场上,公司应公开与其发行证券价值有关的重大信息,以作为投资者是否进行证券交易的判断。

一、公司在发行市场上的信息公开

(一)信息公开的重要性和必要性

发行市场上信息公开的重要性无疑在于消除通过发行证券以筹集资金的公司和购买证券以提供资金的投资者之间信息的不对称性。如果不向投资者提供诸如发行证券的企业状况如何、其所筹集资金用于何种目的、所发行证券的内容如何等正确充分的信息,投资者就无法作出正确的判断,从而可能遭受损失。而且,如果不能识别每个证券的安全度、危险度,投资者就不会选择投资,或者即使愿意投资,也会希望所有的证券是同样的价格和同样的条件。这样一来,对于经营良好的企业而言,由于价格和条件太差,就会选择放弃融资,从而导致只剩下那些经营危险的企业愿意去筹集资金(这就是所谓的逆淘汰)。其结果是证券市场的危险度愈来愈高,最终导致无人愿意投资证券,损害了资金配置的效率。因此,正确而充分的信息公开是保护投资者所不可缺少的必要条件。

但是,仅仅从信息公开对于保护投资者的利益是非常重要的这一点理由,还不能充分地说明为什么法律要强制公司进行信息的公开。因为,如果公司不进行信息的公开,就不会吸引众多投资者去投资,即使能聚集众多的投资,其发行条件也会越来越差。所以即使法律不强制,公司也会主动地进行信息公开。那么为什么还是需要用法律来介入呢?这是因为,公司总是会更乐观地向投资者传递公司的将来,或者只公开对自己有利的信息,甚至有的公司故意传播虚假的信息以误导投资者。而证券承销商只关心证券是否全部卖掉,仅仅依靠证券承销商的介入不足以消除信息的不平衡。而且,即使公司主动地进行信息公开,但如果他们所公开的信息和公开的形式各式各样,那么投资者就难以比较公司之间和证券之间的差异,信息公开的期间也难以明确。所以,法律应该介入其中,强制性要求公司承担信息公开的义务,建立确保信息公开内容准确、充分和公正的各项制度以取得投资者的信赖。同时,通过使信息公开的规范化和标准化,削减信息公开的有关成本。

(二)信息公开规制的内容

公司发行证券信息公开包含有公司发行股票的信息公开和公司发行债券的信息公开,由于发行股票的信息公开更具有代表性和普遍性,在此,仅以公开发行股票的信息公开为例对信息公开规制的内容作一番说明。

根据我国 2005 年《公司法》第 135 条和《证券法》第 25 条的规定，公司发行新股，首先应在中国证券监督管理委员会指定的报纸上公告新股招股说明书和财务会计报告，制作认股书，并将这些文件置备于指定场所供公众查阅。发行证券的信息依法公开前，任何知情人不得公开或者泄露该信息，发行人不得在公告公开发行募集文件之前发行证券。

公告新股招股说明书是指在国务院证券管理部门核准后的一定时期内，董事会将核准的各款事项，加记中国证券监督管理委员会批准文件编号及日期，向社会公众公告，邀约社会公众认购股份。招股说明书的主要内容包括：发行者名称、住所及法定代表人；筹资的目的及所筹资金的运用计划和收益及风险的预测；公司现有股本总额、本次发行的股票种类、总额，每股面值、售价，发行前每股净资产值和发行结束后每股净资产值，发行费用和佣金；承销机构的名称、承销方式与承销数量；发行的对象、时间、地点及股票认购和股款缴纳的方式；董事、经理、监事的简历及持股数，等等。

二、公司在流通市场上的信息披露

（一）流通市场信息披露的必要性

在流通市场上交易的证券的价值，虽然也受到有关一般经济形势和行业状况信息的影响，但最重要的还是有关发行证券公司的财政状况和经营业绩等信息。但是，发行证券的公司，并非像证券的发行那样，通过证券的流通而取得资金，而且又和投资者之间没有任何契约关系，所以无法以上述理由（关于证券发行的）来说明为何让证券发行公司承担公开披露的义务。

有一种说法认为，即使没有公开披露的强制义务，企业也会自发地进行信息公开。因为对于投资者来说，由于收集某证券投资的成本越低，该证券的价值就越高，故公司为了降低信息收集的成本，哪怕是对股价不利的情报，也会主动地进行披露。

可是，无法否认有的公司经营者为了个人的私利而故意披露虚假的信息。虚假信息的披露，不仅会让投资者蒙受损失，扭曲资源分配，而且还减弱了证券市场对企业经营的监督机能，所以在禁止披露虚假信息的同时，还有必要对信息的披露进行一定的强制。因此，各国证券立法均对上市公司在证券交易市场上的信息持续公开作出规定。公司信息持续公开披露制度具体包括：上市公告、定期报告、临时报告（或称重大事件报告）等。

（二）上市公告

上市公告书是证券交易所规定的申请其证券上市交易的公司必须提交并向社会公布的报告。根据我国《证券法》第 53 条和第 54 条的规定，股票上市交易申请经证券交易所审核同意后,签订上市协议的公司应当在规定的期限内公告股票上市的有关文件,并将该文件置备于指定场所供公众查阅。签订上市协议的公司还应当公告下列事项:股票获准在证券交易所上市的日期;持有公司股份最多的前十名股东的名单和持股数额;公司的实际控制人;董事、监事、高级管理人员的姓名及其持有本公司股票和债券的情况,等等。

(三) 定期报告

定期报告是指上市公司依照法律规定定期向证券主管机关提交的公司财务报告和其他报告。根据我国《证券法》的有关规定,股票或公司债券上市交易的公司,应当向国务院证券监督管理机构和证券交易所提交中期报告和年度报告。

(1) 中期报告。根据《证券法》第 65 条的规定,上市公司和公司债券上市交易的公司,应当在每一会计年度的上半年结束之日起 2 个月内,向国务院证券监督管理机构和证券交易所报送记载以下内容的中期报告,并予公告。中期报告应该记载以下内容:①公司财务会计报告和经营情况;②涉及公司的重大诉讼事项;③已发行的股票、公司债券变动情况;④提交股东大会审议的重要事项;⑤国务院证券监督管理机构规定的其他事项。

中期报告制度的目的在于弥补年度报告披露信息在时效性方面的局限性,确保证券发行公司信息公开的最新性。

(2) 年度报告。根据《证券法》第 66 条的规定,上市公司和公司债券上市交易的公司,应当在每一会计年度结束之日起 4 个月内,向国务院证券监督管理机构和证券交易所报送记载以下内容的年度报告,并予公告。年度报告应该记载以下内容:①公司概况;②公司财务会计报告和经营情况;③董事、监事、高级管理人员简介及其持股情况;④已发行的股票、公司债券情况,包括持有公司股份最多的前十名股东名单和持股数额;⑤公司的实际控制人;⑥国务院证券监督管理机构规定的其他事项。

(四) 临时报告

由于定期报告制度存在信息公开滞后,难以满足信息公开的最新性与及时性的缺陷,不利于投资者的投资判断,因而各国在实行定期报告的同时,亦均实行了临时报告制度。

根据我国《证券法》第 67 条的规定,发生可能对上市公司股票价格产生较大影响,而投资者尚未得知的重大事件时,上市公司应当立即将有关该重大事件的情况向国务院证券监督管理机构和证券交易所提交临时报告,并予公告,说明事件的起因、目前的状态和可能产生的法律后果。下列情况为前款所称的重大事件:①公司经营方针和经营范围的重大变化;②公司的重大投资行为和重大的购置财产的决定;③公司订立重要合同,可能对公司的资产、负债、权益和经营成果产生重要影响;④公司发生重大债务和未能清偿到期重大债务的违约情况；⑤公司发生重大亏损或者重大损失；⑥公司生产经营的外部条件发生的重大变化；⑦公司的董事长、1/3以上的董事或经理发生变动；⑧持有公司5%以上股份的股东或实际控制人，其持有股份或控制公司的情况发生较大变化；⑨公司减资、合并、分立、解散及申请破产的决定；⑩涉及公司的重大诉讼，股东大会、董事会决议被依法撤销或者宣告无效；⑪公司涉嫌犯罪被司法机关立案调查，公司董事、监事、高级管理人员涉嫌犯罪被司法机关采取强制措施；⑫国务院证券监督管理机构规定的其他事项。

三、违反信息公开制度的法律责任

为切实保护投资者的利益，防范股票、债券发行和交易中证券欺诈行为的发生，健全我国证券市场，我国证券法和其他法律法规对违反信息公开制度，进行虚假披露的行为规定了民事责任、行政责任和刑事责任。

（一）民事责任

根据我国《证券法》第69条的规定，发行人、上市公司公告的招股说明书、公司债券募集办法、财务会计报告、上市报告文件、年度报告、中期报告、临时报告以及其他信息披露资料，有虚假记载、误导性陈述或者重大遗漏，致使投资者在证券交易中遭受损失的，发行人、上市公司应当承担赔偿责任；发行人、上市公司的董事、监事、高级管理人员和其他直接责任人员以及保荐人、承销的证券公司，应当与发行人、上市公司承担连带赔偿责任，但是能够证明自己没有过错的除外；发行人、上市公司的控股股东、实际控制人有过错的，应当与发行人、上市公司承担连带赔偿责任。

（二）行政责任

根据我国《证券法》第193条的规定，发行人、上市公司或者其他信息披露义务人未按照规定披露信息，或者所披露的信息有虚假记载、误导性陈述或者重大遗漏的，责令改正，并给予警告，处以30万元以上60万元以下的罚款。对直接负责的主管人员和其他直接责任人员给予警告，并处以3万元以上30万元以下的罚款。发行人、上市公司或者其他信息披露义务人未按照规定报送有关报告，或者报送的报告有虚假记载、误导性陈述或者重大遗漏的，责令改正，并处以30万元以上60万元以下的罚款。对直接负责的主管人员和其他直接责任人员给予警告，并处以3万元以上30万元以下的罚款。发行人、上市公司或者其他信息披露义务人的控股股东、实际控制人指使从事上述违法行为的，依照上述规定处罚。

另据我国2005年《公司法》第203条的规定，公司在依法向有关主管部门提供的财务会计报告等材料上作虚假记载或者隐瞒事实的，由有关主管部门对直接负责的主管人员和其他直接责任人员处以3万元以上30万元以下的罚款。

(三) 刑事责任

我国《证券法》第 231 条规定，违反证券法规定，构成犯罪的，依法追究刑事责任。根据我国《刑法》第 181 条与《刑法修正案》第 5 条的规定，犯编造并传播证券交易虚假信息罪的，处 5 年以下有期徒刑或者拘役，并处或单处 1 万元以上 10 万元以下罚金，单位犯本罪的，对单位判处罚金，并对直接责任人员，处 5 年以下有期徒刑或者拘役。

第三编 公司法的治理结构

第七章 公司股东与股东会

第一节 公司股东概述

在公司各个利害关系主体中,与公司关系最为密切的当首推股东。虽然随着"股东大会中心主义"向"董事会中心主义"的理念转变,大多数股东不再直接参与公司经营以及日常管理活动,股东会也逐渐远离了万能机关的地位。但是,由于股东是公司的所有者,股东大会将公司的管理权限下放给董事会,并不意味着股东可以置自身的利益于不顾,各个股东仍要通过法律及公司章程所赋予的各项权利实现对自身利益的保护,实现对经营层的监督制约。此外,在确保公司经营健全、稳定和发展的前提下,法律要为这一制衡机制更有效地发挥作用提供必要的保障。从股东及股东会方面来看,具体表现为股东各项权利的设置、股东权益保护制度的设计、以及股东会运作的基本要求等内容。

一、公司股东的概念

(一)公司股东的界定

公司是由股东出资设立,并由法律赋予法人资格的有机体,股东是公司存在的基础,股东与股东权是公司法学的主要理论问题之一。按照公司法的理论,所谓股东是指对公司出资并对公司享有权利并承担义务的成员。这个概念包含以下几层含义:一是股东是公司的投资者,依发起人协议缴纳出资或者认缴股份公司向社会公众募集的股份的人,在公司依法成立后均可以成为公司的股东。另外,购买公司新发行的股份的人,以及通过继承、受让、赠与或者因公司合并等原因取得公司股份的人,也同样具有股东的身份。二是股东在有限责任公司中表现为出资人,在股份有限公司中则表现为股份的持有人。三是股东是公司法上相对于公司的一个特有概念。四是股东是在公司中享有权利并承担义务的人。五是股东是公司的社员,是公司这一社团法人的成员。

(二)公司股东的认定标准

对股东的认定,因不同国家的立法态度和规定的公司组织形式的不同而不同。在实行法定资本制度的国家，出资是取得股东资格的基本条件；而在实行授权资本制的国家，股东资格的取得并不以出资为前提条件。例如，依照英国《公司法》规定，公司章程的签署人在公司注册后立即成为股东。另外，公司的组织形式同样也会影响股东资格的认定。例如，无限责任公司的股东可以不以现金或实物出资，但必须在公司章程上签名；在股份有限公司中，如果公司发行无记名股票，则持有无记名股票的人可能并不是公司的实际出资人，但也具有股东资格。

我国2005年《公司法》中并没有对股东的概念与认定标准作出明确的规定，但由于我国实行的是法定资本制度，在公司设立方面有相对严格的程序，从中可以清晰地看出，股东出资是取得股东资格的基本要件。另外，依照我国2005年《公司法》第32条和第33条的规定：有限责任公司成立后，应当向股东签发出资证明书，并应当置备股东名册。因此，有限责任公司的股东是持有公司签发的出资证明书，并在公司股东名册上登记的人。而在股份有限公司，认购记名股份的，则记载于公司的股东名册上的人具有股东资格；认购无记名股份的，则股票的持有人具有股东资格。

（三）公司股东与相关概念

（1）公司股东与发起人。公司股东不同于公司的发起人。发起人是在公司设立阶段，筹办公司设立事务并签署公司章程的人。由于在这个阶段公司并没有成立，股份也没有正式发行，因此也无所谓股东；而股东资格的取得是以公司依法成立为必要条件，凡具有权利能力的自然人和法人均可以成为公司的股东。因此，发起人和股东是公司设立和存续两个阶段上的不同的概念。只有在公司依法成立后，缴纳股款的发起人才可以转化成为公司的股东。

（2）公司股东与认购人。公司的股东与认购人不同。认购人与发起人同样是公司设立阶段的特定主体，它通常是与股份公司发起人达成认购股份协议的人。广义的认购人既可以是公司的发起人，也包括社会公众等其他认购人；狭义的认购人仅指发起人以外的认购人。认购人缴纳股款，公司成立之后，认购人与发起人一样转化为公司股东，但在公司设立阶段它与发起人所承担的义务不同。

二、股东资格的取得与丧失

（一）原始取得

所谓原始取得，是指直接向公司出资或认购股份而取得股东资格的方式。原始取得包括两种情况：一是在公司成立时取得股东资格。有限责任公司的发起人及股份有限公司的发起人及股份认购人均属于这种情况。这类股东自取得该公司的股份时，就被记载于股东名册。二是公司成立后因认购公司新发行的股份而取得股东资格。同样，这类股东最初即被记载于股东名册。

（二）继受取得

继受取得又称派生取得，是指因转让、继承、公司合并而取得股份。①因受让而取得公司股份包括买卖、赠与、相互交换、受遗赠等从原始股东手中受让股份而取得股东资格。但值得注意的是，受让有限责任公司的股份，必须满足公司法或者公司章程中关于有限责任公司股权转让的规定。此外，依照我国2005年《公司法》第76条的规定："自然人股东死亡后，其合法继承人可以继承股东资格；但是，公司章程另有规定的除外。"②因合并取得股东资格主要是指因合并而丧失法人资格的公司的股东，依法取得合并后存续公司或新设公司的股东资格。

（三）股东资格的丧失

股东资格的丧失是指股东因法定原因或依法定程序而丧失其股东身份。丧失股东身份的法定事由主要包括：①自然人死亡或法人股东终止；②股东将其全部股份或出资转让给他人；③股份被没收后未能赎回；④所持股份抵押、质押或被留置后，又被依法处分；⑤可赎回股份被公司赎回。

三、公司股东资格的限制

股东向公司投资是处分自己财产的行为，对股东资格的限制意味着对股东投资行为的限制。因此，原则上法律不应对股东的资格采取过多的限制，无论自然人、法人甚至国家都可以成为公司的股东。但另一方面，基于公司和股份本身的性质和特征要求以及对债权人利益的保护，法律有必要对股东的资格采取一定的限制。一般情况下，以下主体不能成为公司的股东：

（一）公司自身及其子公司

依照传统的公司法理论，公司不得持有本公司的股份，因为公司如果成为本公司的股份，意味着公司可以和其他股东处于同一法律地位，一样可以享有股东权益，使得公司董事会或者控股股东可以利用公司股份损害其他股东的利益；另外，无论基于什么原因，什么途径，公司持有本公司股份的行为都会造成公司资本的减少，会造成公司资本的虚设，违背了资本确定原则，因此可能会直接损害公司债权人的利益。依照我国2005年《公司法》第143条的规定，除特殊情况外，公司不得收购本公司的股份。

（二）依照公司章程规定不能成为公司股东的人

公司章程在不违反公司法强制性规定的情况下，还可以对股东资格作出更为严格的限制。例如限制无行为能力人及限制行为能力人成为公司的股东等。

（三）法律、法规禁止兴办经济实体的党政机关

法律、法规禁止兴办经济实体的党政机关不得成为公司股东。其原因是由于这些主

体作为股东,可能会以权经商、强买强卖、垄断经营,甚至为某些人以权谋私提供了方便。因此,从维护我国社会主义市场秩序、加强党的建设和政权建设方面出发,应该加以禁止。

(四) 其他限制

有些国家公司法规定,公司之间不得互为股东,例如,A 公司已经成为另外 B 公司的股东时,B 公司就不能再成为 A 公司的股东,其目的也主要是为了防止公司资本的空洞化。但对于上述情况,大多数国家所采取的态度是并不严格禁止,而是加以适当限制。例如,《日本公司法》规定,当一家公司持有另外一家公司 1/4 以上表决权时,超过部分不具有表决权。另外,承认无限责任公司的国家一般规定,法人不得成为无限责任公司的股东。

第二节 股东的权利

一、股东权概述

(一) 股东权的概念

股东权(shareholder's right,株主权)的概念,有广义和狭义之分。广义的股东权泛指股东向公司得以行使的各种权利,故股东作为买卖契约之债的债权人对公司享有的债权也包括在内;狭义的股东权则是指股东因出资而享有的公司的权利,包括从公司获取经济利益的权利,也包括参与公司经营管理的权利。[1]

(二) 股东权的性质

股东权的性质在学术界一直存在着诸多争论,虽然有所有权说、债权说和社员权说等观点,但是,社员权说已经成为公司法学界的通说。所有权说认为,公司股东享有的股权在性质上是一种物权,股东可以占有、适用、收益甚至处分自己享有的股权。将股东权看作物权虽然可以解决股东对其股份享有的财产权问题,但无法解决股东参与股东大会的资格问题。债权说认为,公司股东享有的股权和他们享有的债权没有本质的区别,因为无论是股权或者债权,股东成为公司的成员都不是为了参与公司的管理,而仅仅是为了获得投资回报,因为购买公司股票和购买公司债券都是投资人投资的方式。股东债权说可以对上市公司的股东不仅仅参加公司股东会的问题作出说明,因为上市公司的股东往往只追求利益的最大化,很少关心公司的经营和管理,他们购买公司的股票往往是为了投机。但债权说无法对有限公司股东享有的权利作出说明,因为在有限公司,

---

[1] 刘俊海:《股份有限公司股东权的保护》,法律出版社 1997 年版,第 11 页。

股东往往要控制公司，参加公司的经营管理。社员权说认为，是指社团成员对社团法人所享有的一种独特的民事权利，社员权可以适用于公司与其股东之间的关系，因为股东出资创办作为社团法人的公司，成为该法人成员，因而取得社员权。股东与公司之间的关系是：公司是由股东组成的团体法人，股东就是社团成员，是社团的组成部分。公司是股东为实现各自利益而结成的团体，是实现股东利益的工具。股东以出资换取股东资格，使其成为公司的股东；公司利用分散的股东资产，形成公司团体的财产。社员权说认为社员权是一种独立类型的权利，包括财产权和管理参与权。

社员权为大多数学者所接受，其原因在于：第一，社员权的取得基于社员资格的获得，换言之，成为某一团体的成员、获得社员资格是取得社员权的前提，社员权的权利人首先应是社员，因此，出资往往就成为取得社员权的代价，公司股东是最主要、最普遍的社员，股东权是最主要、最普遍的社员权。第二，社员权的权利主体包括自然人、法人和国家，只要承担出资义务，任何类型的民事主体都能成为公司的股东，成为公司社团法人的社员。当国家向公司出资时便构成国家股，代表国家持股的国家股持有人成为公司的社员，在公司中代表国家行使股东的权利。第三，社员权的客体表现为财产利益和对公司经营管理事务的参与利益。财产利益和不具有财产内容的参与利益这两种利益的结合作为社员权的客体，正是社员权区别于其他民事权利的最主要特征，也正是不能将股东权定性为物权或债权的最主要根据。第四，股东权的作用具有间接性，由股东组成的股东大会尽管是公司的最高权力机构，然而它既不对外代表公司，也不对内负责公司的日常经营管理，因此股东权中的财产权和管理参与权都是采取间接的行使方式，即通过股东大会使自己的意志间接地作用于公司。[①]

（三）股东权的分类

1. 自益权和共益权

依照权利行使的目的为标准，股东权可分为自益权和共益权。[②]所谓自益权，是指股东以从公司获得经济利益为目的的权利，亦有人将其称之为股东为自己的利益而行使的权利。主要包括：股利分配请求权、剩余财产分配请求权、新股认购优先权、股份买取请求权、股份转让权以及股票交付请求权等；而共益权则是指股东以参与公司经营为目的的权利，或者说是股东以个人利益为目的兼为公司利益而行使的权利。主要包括：表决权、股东大会召集请求权及召集权、公司财务会计报告查阅权、账簿阅览权、股东代表诉讼提起权、撤销股东大会决议请求权、停止违法行为诉讼提起权、公司合并无效诉讼提起权、公司新股发行无效诉讼提起权以及公司解散请求权等。

需要注意的是，共益权与自益权虽为股东权最重要的一种分类，但两者的界限并不

---

① 刘凯湘：《论股东权的性质与内容》，《北京商学院学报》1998年第4期，第42页。
② 自益权与共益权是日本学术界在股东权的分类中所采用的最基本的分类方式，也为我国公司法学界普遍采用。

是绝对的，有些股东权兼具共益权和自益权的特点，比如财务账簿阅览权，从股东监督公司经营的角度出发它是一种共益权，但如果查阅公司账簿只是为了某些股东的个人利益，则它就是一种自益权。因此一些学者认为区分共益权与自益权并没有什么实际的意义。①

2. 单独股东权和少数股东权

依照权利的行使方式，股东权分为单独股东权和少数股东权。所谓单独股东权，是指不论股东的持股数量多少，仅持有最低单位股份的股东也可以单独行使的权利；所谓少数股东权，是指只有持有公司已发行股份的一定比例的股东才可以行使的权利。股东的自益权从性质上看均应属于单独股东权；而共益权由于是股东以参与公司经营为目的的权利，原则上也应属于单独股东权，但为防止股东滥用权利给公司正常的经营活动带来负面影响，因此，各个国家均将股东的部分共益权规定为少数股东权。例如，对于股东的临时股东大会召集请求权，虽然在具体的持股比例上的规定各不相同，各国公司法均将其规定为少数股东权。我国 2005 年《公司法》第 101 条规定："单独或者合计持有公司 10% 以上股份的股东可以请求公司召开临时股东大会。"另外，有些共益权，例如股东的代表诉讼提起权，在美国和日本为单独股东权，而我国《公司法》以及《德国股份公司法》则将其规定为少数股东权。

3. 固有股东权和非固有股东权

依照是否与股东本质的利益相关为标准，股东权可分为固有权和非固有权。所谓固有权，又称法定股东权，是指依照公司法的规定，未经股东同意，不得以公司章程或股东会多数决议予以剥夺或限制的权利；相反，凡是可以由公司章程或股东会多数决议予以剥夺或限制的权利，就是非固有权，又称非法定股东权。

对于什么是固有权，学术界有着不同的见解，有人认为凡是共益权通常都是固有权，而自益权通常就是非固有权；也有人认为共益权是非固有权，自益权是固有权。但是，由于自益权与共益权本身的划分并不十分明确，将固有权和非固有权简单地与自益权或共益权联系在一起并不妥当。另外，某种股东权在特定的情况下，其性质是可以发生改变的，固有权与非固有权也可以出现某种形式的转换。例如，一般情况下，表决权属于法律规定的股东权，属于一种固有权，但当公司发行无表决权股时，持有这些股份的股东并不享有表决权，因此笼统地认为表决权就是固有权或非固有权有失偏颇之处。

4. 一般股东权与特别股东权

依照行使权利的主体不同为标准，可以将股东权分为一般股东权与特别股东权。所谓一般股东权，是指公司的普通股股东可以行使的权利，而专属于某些特别股东的权利就是特别股东权。普通股股东出席股东会，行使表决权属于一般股东权；优先股股东先

---

① （日）莲井良宪：《会社法》，法律文化社 1977 年版，第 60 页。

于普通股股东获得公司年终利润分配就属于特别股东权。另外，股份有限公司的创立大会由发起人召集并主持也属于一种特别股东权。

二、股东的表决权

（一）股东表决权的意义

股东表决权是股东通过股东会对公司重大问题表明自己态度的权利，是股东最基本的权利。在所有权与经营权分离的现代公司，随着"股东大会中心主义"向"董事会中心主义"的转变，作为公司最高权力机关的股东大会不再是一个万能的机关。与之相对应的是，董事会的权力不断扩张，成为公司实质上的权力中心。由于股东大会为公司非常设性机构，除了担任公司董事、监事职务的股东以外，大多数股东并不直接参与公司经营以及日常管理活动。但是由于股东是与公司关系最为密切的利害关系人，经营管理权限的下放，并不意味着股东可以置自身的利益于不顾，股东会在将公司的经营管理权限转移给董事会的同时，各个股东仍要通过各种方式对经营者进行监督。其中，行使表决权就是股东参与公司经营管理的最主要的方式。我国 2005 年《公司法》第 38 条以及第 100 条赋予股东（大）会的各项权利，均需要通过股东行使表决权来实现。

（二）股东表决权的适用范围

1. 选举和更换董事，决定有关董事的报酬事项

由于现代公司中董事会是公司的经营决策和业务执行机构，是公司的权力中心，能否建立一个健全的经营管理机构将直接影响公司利益最大化目标的实现。因此各个股东通过行使董事的委任权，推选出能代表大多数股东利益的董事会成员是确保公司稳定发展的前提条件。虽然有些国家的公司法规定股东以外的其他机构也可以任命董事，如《德国股份公司法》规定董事由监事会选举产生，英国及英联邦国家广泛承认董事会有权选举空缺董事等。但是，除德国外，其他机构选举董事只是在例外情况下才可以适用。作为公司的所有者，只有股东对董事的委任才真正具有实际意义。所以董事应当由股东会选举和罢免，并由股东会决定如何向董事支付报酬。

2. 选举和更换监事，决定有关监事的报酬事项

监事会是公司内部治理结构的重要组成部分。由于在公司中股东会为非常设性机构，监事会在公司的日常财务、会计监督以及对董事违法行为的监督方面起着重要的作用。监事会能否切实履行监督职能取决于监事的素质与能力，这就要求监事会成员不仅要具备相当的专业知识和能力，更重要的是要能代表大多数股东的意志。因此，赋予股东委任和更换公司监事会成员，决定其报酬的权利有重要的意义。我国 2005 年《公司法》规定监事会的监事是由股东代表和职工代表两部分组成的，故其中由股东代表出任的那一部分监事应由股东大会选举和更换。所有监事的报酬支付事宜均由股东大会决定。

3. 就公司组织及运营中的基本事项行使决策权

在现代公司法中，董事会虽然在公司经营决策、日常管理及委任公司经理等方面享有广泛的权力，但是，在涉及到公司组织机构的变更等重大事项时，仍然必须由股东会表决通过。如公司的合并、分立、解散和清算涉及到公司本身的存续与否，或涉及到公司资本额的增加或减少，从而直接关系到股东的利益和投资目的，因此均需由股东大会作出相应的决议。而公司章程是指以书面形式表现出来的关于公司组织及其行为的基本准则的文件，是公司最重要的法律文件。公司章程是由公司发起人制定、由公司创立大会通过的，对公司章程的修改往往涉及到公司的重大事项，故应由股东大会讨论并决定。除此之外，我国 2005 年《公司法》还规定，决定公司的经营方针和投资计划；审议批准董事会、监事会的报告，公司的年度预算和决算方案；审议批准公司的利润分配方案和弥补亏损方案；对公司增加或者减少注册资本作出决议；对公司发行债券作出决议，都属于股东表决权的内容。

（三）股东表决权的行使

股东参与公司股东会决议的最基本的方式是行使表决权，股东会审议的事项由股东表决而形成股东会的决议。作为公司的实质上的所有者，理论上股东对所有物即公司享有支配权，这种支配权源自股东对公司的出资以及所承担的投资风险。也正是由于这个原因，同样是公司重要利害关系人的债权人一般情况下没有权利参加股东会，也不能对股东会的审议事项进行表决。

1. 股东表决权行使的原则及其例外

在现代社会，公司法确立每一股份享有一份表决权的基本原则，这就是所谓的"一股一权"原则，它是现代公司股权平等原则在表决权中的具体体现。我国 2005 年《公司法》第 104 条规定："股东出席股东大会，所持每一股份有一表决权。"但是，在现代公司中，投资主体的多样化，股份种类的多样化使得一股一权的原则也并不是一个绝对的原则，股东表决权的行使也存在以下例外：

（1）无表决权股。股份根据其所表示的股东权为标准可以分为普通股和优先股。一般情况下，与普通股股东相比，优先股股东通常具有优先分配盈利、优先分配公司的剩余财产的权利，因此所承担的风险也相对较小。但与之相对应的是，他们的表决权会受到一定的限制。我国 2005 年《公司法》没有对特别股作出规定，但是也没有禁止（第 132 条）。

（2）自己股份。大多数国家的公司法规定，公司可以在某些特殊情况下取得本公司的股份。但是如果允许这些股份也具有相应的表决权，就等于公司参加了决定自己意思的会议，是相互矛盾的，而且也极易成为公司经营者等直接支配公司的手段。因此，承认公司持有自己股份的国家大多都规定自己股份不具有表决权。依照我国 2005 年《公司法》第 104 条的规定，公司持有的本公司股份没有表决权。

（3）相互持有的股份。股份的相互持有是现代股份公司的主要特征之一，是企业资本结合形成强大势力的主要手段。但是，股份的相互持有也会产生资本空洞化以及歪曲支配等弊端，因此，一些国家的公司法规定在一定的条件下相互持有的股份没有表决权。依照《日本公司法》第 308 条的规定，股东参加股东大会，每持有一股拥有一个表决权，但股份有限公司持有其他公司 1/4 表决权时不在此列。另外，《美国修正标准商事公司法》（RMBCA）第 7.21 条（b）款也规定，如果 A 公司的股份被 B 公司直接或间接地持有，不论 B 公司是本州公司还是外地公司，若 A 公司有直接或间接地拥有投票决定 B 公司董事人选的多数票，则 B 公司所拥有的 A 的股票没有投票权。

（4）与表决事项有利害关系的股东的表决权。如果股东对于会议的审议事项，与自身有利害关系，行使表决权可能会给公司带来损失的，该股东不得行使其表决权，也不能委托他人代表其行使表决权。[①]我国 2005 年《公司法》实行"一股一权"、"同股同权"原则，对表决权没有加以限制的例外条款，也没有保护少数股东的措施，不利于吸引广大小股东参加股东会。

2. 股东表决权的行使方式

股东在股东会上行使表决权的方式主要有四种：出席表决、委托表决、书面表决和电子投票。

（1）出席表决。出席表决是指股东出席股东会并亲自行使表决权进行表决的一种方式，是股东行使表决权的最基本的方式。一般情况下，股东名簿上记载的股东都有权出席股东会，除无表决权股股东外都可以行使表决权；对于无记名股东而言，公司法一般要求其在股东大会召开前一定期限内将其股票交存公司，以使公司可以确认股东身份；若将股份转让于受让人，但未将受让人名称记载于股票，也未将受让人名称及其住所记载于股东名簿的，公司不承认该受让人的股东身份。

（2）代理表决。代理表决是指代理人依据股东委托或法律规定代股东出席股东会并行使表决权的表决方式。按照代理的依据不同，可将其分为法定代理表决和委托代理表决。我国 2005 年《公司法》第 107 条规定："股东可以委托代理人出席股东大会，代理人应当向公司提交股东授权委托书，并在授权范围内行使表决权。"但是，对于代理人的资格，我国 2005 年《公司法》没有作统一的规定，有的上市公司章程中规定只有本公司的股东才有权担任其他股东的投票代理人。美国法律在 20 世纪以前曾规定只有公司的股东才有权担任投票代理人，后来为了方便小股东选择投票代理人而废除了这一规定。

关于代理人的人数问题，即一个股东能委托几个代理人投票，我国没有统一的规定。为了防止数个代理人发生争执扰乱股东会秩序，有些国家公司法规定应当将股东委

---

① 参见我国《台湾公司法》第 178 条。

托代理人的人数限定为一个。① 同时，为了防止委托书征集人取得大量的股票权操纵股东会，我国《台湾公司法》第177条规定："除信托事业外，1人同时受2人以上股东委托时，其代理之表决权不得超过已发行股份总额表决权之3%，超过时，其超过之表决权，不予计算。"

另外，为方便股东委托代理人行使表决权，公司应在向股东发出股东会会议通知时配备由公司统一印发的委托授权书，股东在向代理人授权时必须在委托书中载明其授权范围。

（3）书面表决。书面表决是指股东不出席股东会而采用以书面方式对股东会有关事项表明自己意见的一种表决方式，其目的是为了使那些无法出席股东会，同时又不愿意委托其他代理人代理投票的股东可以亲自表达自己的意见。美国和日本等国采用了这种制度，规定公司可以在寄会议通知书时附上投票纸，若股东不参加股东会，可直接在投票纸上表明对决议事项赞成与否的态度。依照我国2005年《公司法》第38条第2款的规定："如果对股东大会的决议事项，股东以书面形式一致表示同意的，可以不召开股东会会议，直接作出决定，并由全体股东在决定文件上签名、盖章。"需要注意的是，由于我国对股东会表决结果没有必须进行公证的要求，即使公司允许小股东以书面表决方式进行投票表决，也很难避免公司篡改投票结果的行为。因此，我国在完善股东书面表决制度时，应强化相关的监督机制。

（4）电子投票。近几年，随着网络技术的发展和普及，电子投票成为股东行使表决权的一种新方式。所谓电子投票是指股东通过公司的电子化投票表决系统，行使表决权的一种表决方式。日本在2002年的商法修改中增加了电子投票的规定，实践中像索尼、三菱电机等上市公司已经开始实施电子投票。② 由于股东在行使电子投票时，只需要进入公司构建的电子化投票表决系统，输入自己的股东代码和密码就可以投票表决。此种表决方式不仅大大方便了中小股东对公司经营管理的参与意识，节省了公司的支出，更重要的是电子化投票表决系统是置于登记结算公司或交易所的监管之下，因而投票的真实性和复查、监管的效率都可以大大提高。

3. 股东表决权的不统一行使

如果股东持有的股份数众多，他是否有权分别行使自己的表决权？即是否有权用自己所拥有的部分表决权来赞成公司的某项决议，而用部分表决权来反对同一决议？对股东是否可以不统一行使所持有的表决权这个问题，传统的公司法理论一直存在不同的见

---

① 例如，我国《台湾公司法》第177条第3项规定一个股东只能委托一个代理人进行投票。日本在制定公司法前，也曾采取同样的规定，但新的《日本公司法》第310条第5款将其改为可以由公司章程对代理人的人数加以限制。

② 参见日本经济新闻2002年4月18日。

解。社员权否认说或股份债权说认为,股东一人的表决权只有一个,只是根据持有的股份数所具有的表决权的程度不同,因此不得行使不统一的表决权。如果股东对表决权的行使不表示统一的、完全支持或完全反对的意见,则公司股东的表决权行使是无效且违法的。① 但是,随着近年来预托证券、股份信托管理以及职员持股等制度的出现,出现了许多行使表决权的股东与股份的实际持有人不一致的现象。在这种情况下,为体现实际股东的表决权,一些国家的公司法允许表决权的不统一行使。日本在 1966 年修改商法时,明确了表决权可以不统一行使,同时对于不统一行使表决权的股东,须在股东大会召开前的 3 日内以书面的形式通知公司并说明理由。但是,除为他人持有股份的情况之外,公司可以拒绝股东行使不统一的表决权。②

三、股东的知情权

股东的知情权是指股东了解公司活动和经营效果等各种情况的权利,是保障股东收益权、股东表决权的基础性权利。股东的知情权一般包括公司财务会计报告的查阅权、账簿阅览权、股东名簿查阅权、公司重要文件查阅权以及会计检查人的聘用请求权。我国 2005 年《公司法》第 98 条规定,股东有权查阅公司章程、股东名册、公司债券存根、股东大会会议记录、董事会会议决议、监事会会议决议、财务会计报告。

(一) 财务会计报告查阅权

公司的财务会计报告包括资产负债表、损益表、财务状况变动表、财务情况说明书和利润分配表。股东是否有权查阅这些报告?对此存在两种立法:其一,认为在一般情况下,公司股东没有查阅公司财务状况报表的权利,他们只有在获得公司董事会或股东大会授权的情况下才能查阅公司的这些资料。此种立法为英国所采取。③ 其二,认为股东查阅公司的这些资料属于股东的固有权利,无须得到董事会或股东会的同意。这种立法被大多数国家所采用。另外,我国 2005 年《公司法》第 166 条规定,有限责任公司应当按照公司章程规定的期限将财务会计报告送交各股东;股份有限公司的财务会计报告应当在召开股东大会年会的 20 日以前置备于本公司,供股东查阅。

(二) 账簿阅览权

账簿阅览权是股东对公司的会计账簿、会计书类和有关记录进行查阅的权利。由于会计账簿与公司章程、公司财务会计报告等其他记录不同,内容有可能涉及公司的秘密,因此,是否允许股东进行查阅,各国公司法均采取比较慎重的态度。美国的普通法及成文法虽然大都规定股东享有账簿阅览权,但同时也规定行使该项权利的股东必须符

---

① (日) 末永敏和:《现代日本公司法》,人民法院出版社 2000 年版,第 116 页。
② 《日本公司法》第 313 条仍然保留了允许股东表决权不统一行使的规定。
③ 张民安:《公司法上的利益平衡》,北京大学出版社 2003 年版,第 202 页。

合一定的条件，比如持续持有该公司股份达到一定的期间，或者持股数超过一定的比例，同时要求股东必须有正当的目的。《日本公司法》第433条规定，持有公司3%以上表决权的股东（公司章程可以规定更低的表决权持有比例），可以请求阅览或誊写会计账簿及其文件。赋予股东此项权利是为了股东在提起股东代表诉讼或者请求罢免董事以及行使其他权利时，可以有更多的机会获得相关资料。[①] 另外，1999年的商法修改还增加了在得到法院许可的前提下，股东对子公司的账簿阅览权。但同时，为防止股东滥用权利，《日本公司法》第433条第2款规定，当公司认为股东的请求权为权利滥用，并存在一定事实时，公司可以通过证明相当的理由拒绝股东的阅览请求权。

我国2005年《公司法》对于有限责任公司的股东，除了规定其享有账簿阅览权外，还详细规定了股东行使账簿阅览权的方式和程序。第34条第2款规定："股东可以要求查阅公司会计账簿。股东要求查阅公司会计账簿的，应当向公司提出书面请求，说明目的。公司有合理根据认为股东查阅会计账簿有不正当目的，可能损害公司合法利益的，可以拒绝提供查阅，并应当自股东提出书面请求之日起15日内书面答复股东并说明理由。公司拒绝提供查阅的，股东可以请求人民法院要求公司提供查阅。"

（三）股东名簿查阅权

大多数国家的法律要求公司置备股东名簿以供股东查阅，但在具体规定上并不一致，概括起来主要有三种立法例：①认为公司的股东名簿在任何时候均应置于公司的主要办公机构，并可由公司任何股东查阅，我国2005年《公司法》第33条和第97条即采取此种立法；②认为公司股东仅在定期股东会召开前一段时间才有查阅股东名簿的权利，美国的某些州采取此种立法；③认为股东须在定期股东会的会议通知发出后2个工作日至会议召开的整个期间可查阅股东名簿，这种立法为《美国修正标准商事公司法》所采取。[②]

（四）公司重要文件查阅权

公司的重要文件包括公司章程、公司股东大会记录以及董事会会议记录等内容。根据我国2005年《公司法》第97条规定，股份有限公司应当将公司章程、股东名册、公司债券存根、股东大会会议记录、董事会会议记录、监事会会议记录、财务会计报告置备于本公司，以供股东查阅。

（五）检查人的选任请求权

股东的检查人的选任请求权是指当股东有正当的理由怀疑公司在业务执行过程中有违反法律或公司章程的重大事实时，请求法院选任检查人调查公司业务和财务状况的权

[①] （日）吉原和志、黑沼悦朗、前田雅弘、片木晴彦著：《公司法2》，有斐阁2000年版，第183页。
[②] 张民安：《公司法上的利益平衡》，北京大学出版社2003年版，第201～202页。

利。由于检查人选任请求权的行使会导致检查人对公司业务和财务状况的全面、直接的调查,容易被一些别有用心的股东所利用,从而危及公司及全体股东的利益,因此一般情况下,股东的检查人选任请求权被规定为少数股东权。《日本公司法》第358条规定,行使检查人选任请求权的股东必须持有公司3%以上的表决权(公司章程可以规定更低的表决权持有比例),同时还应将请求的理由、检查的目的以书面方式向法院提出,法院在全面听取董事会、监事会意见之后,可以依法指定一名或多名检查人对公司的业务及财务状况展开全面调查。另外,如果法院认为有必要,还可以命令董事长召集临时股东会。我国2005年《公司法》第170条规定:"公司聘用、解聘承办公司审计业务的会计师事务所,依照公司章程的规定,由股东会、股东大会或者董事会决定。"但对少数股东是否享有选任请求权没有规定。

四、股东诉讼提起权

(一) 股东诉讼提起权的意义

公司董事、监事或者高级官员在享有各种权利的同时,也应当对公司、公司股东承担各种义务,当董事违反这些义务时,应该对公司甚至公司股东承担相应的法律责任。如果公司董事拒绝承担这些责任,公司和股东都可以向法院提起诉讼,要求公司董事等承担法律责任。法律之所以赋予股东提起诉讼的权利,其目的有两方面:一方面,赋予股东诉讼提起权是为了维护公司和股东的合法权益。当股东的个人权利遭受侵害时,股东当然可以利用诉讼提起权来维护自己的利益;当董事、经理及其他高级管理人员的行为给公司带来损失时,如果公司怠于行使自己的诉讼权利,符合一定条件的股东也可以为公司利益提起诉讼。另一方面,赋予股东诉讼提起权是制约董事行为的有效手段。为避免董事会的权利扩张给公司和股东的利益带来损失,各国公司法都明确规定了董事等承担的各种义务。赋予股东诉讼提起权意味着当董事违反法律所规定的义务时,符合条件的股东可以直接追究行为人的个人责任,以便促使董事及其他经营者在公司经营中,遵守法律和公司章程,为公司利益最大化的目标而勤勉地履行职责。

(二) 股东诉讼提起权的分类

股东的诉讼提起权分为直接诉讼(direct action, individual action)和派生诉讼(derivative action,亦称股东代表诉讼、股东代位诉讼)。直接诉讼是指股东作为公司成员所享有的个人权利受到侵害时所提起的诉讼,如股东请求支付已合法宣布的股利的诉讼、行使账簿阅览权的诉讼等;派生诉讼是指当董事、高级管理人员以及公司外第三人实施了某种违反董事义务的行为,给公司带来损失,而作为权利主体的公司又怠于行使追究行为人责任的诉讼权利时,股东代表公司对行为人提起的诉讼。我国2005年《公司法》第152条对股东派生诉讼制度作出了规定。

直接诉讼和派生诉讼虽然都是由股东提起的诉讼,但两种诉讼有着本质的区别:

(1) 两种诉讼产生的基础不同。股东之所以提起诉讼,是因为其权利受到侵犯或威胁。从被侵权的性质来看,直接诉讼是由于股东自身的个人权利受到了侵害,而派生诉讼则是公司的集体权利受到侵害。因此,如果公司自身提起了诉讼,则股东就不能再提起派生诉讼。

(2) 两种诉讼的性质不同。由于直接诉讼是股东为自己的利益所提起的诉讼,因此如果股东胜诉,则因胜诉而取得的利益也归股东自己所有,因此直接诉讼是一种自益权。另外,直接诉讼可以由股东以个人名义提起,属于一种单股股东权;派生诉讼是一种具有双重性质的诉讼。一方面,派生诉讼具有代位诉讼的性质,即当董事的行为侵害了公司的利益,本应由公司提起追究该董事责任的诉讼,但由于公司与董事间存在的特殊关系,公司往往会怠于行使权利,因此法律允许股东代替公司行使本属于公司的权利,因诉讼而获得的利益也归公司所有;另一方面,派生诉讼又具有代表诉讼的性质,即派生诉讼是一个或几个股东代表所有处于相同状况的股东所提起的诉讼,提起诉讼的股东是所有处于相同状况的股东的代表人。在派生诉讼制度最为发达的美国,派生诉讼被认为是一种特殊的集团诉讼(class action),而且美国联邦民诉规则也将其作为集团诉讼的一种加以规范。[①] 另外,从提取诉讼的股东的权利性质来看,一般认为它是一种主要以公司利益为目的的诉讼,因而被大多数学者认为是一种共益权。[②]

(3) 两种诉讼的目的不同。直接诉讼的目的是为了股东个人的利益,胜诉所获得的利益归提诉股东个人;而派生诉讼是股东为公司利益提起的诉讼,因此胜诉利益仍由公司享有。股东只是诉讼中名义上的原告,如果说股东因诉讼也获得了利益,这种利益只能是提起诉讼的股东和其他股东共同分享的因胜诉而获得的利益。

(4) 两种诉讼的程序不同。直接诉讼的原因是股东个人受到公司或董事所实施的不法行为的侵害,在诉讼中,该股东就是实质的原告,公司或相关责任人就是被告,因此诉讼程序较为简单明确。而派生诉讼由于是股东代替公司,并代表所有处于相同状况下的股东所提起的诉讼,因此其诉讼程序也较为复杂。除了要求提诉股东必须具有一定的资格外,公司法还对诉讼本身采取了各种限制,比如要求公司内部在事前应竭尽救济手段,股东在诉讼中要履行提供担保的义务,判决的效力对其他股东的影响,以及股东胜诉时诉讼费用的负担等。

(5) 两种诉讼的适用范围不尽相同。直接诉讼的适用范围一般包括:因公司或董事侵犯或妨碍自己行使股东权而提起的诉讼;因公司发生内幕交易或其他欺诈行为而给

---

① Ballantine, Law of Corporation, § 145, 342 (Rev. ed. 1946).
② 日本学者松田二郎博士认为股东代表诉讼(派生诉讼)是一种自益权(参见松田二郎:《公司法概论》,岩波书店1968年版,第144页)。

自己带来损失时,要求上述行为的行为者承担赔偿责任而提起的诉讼;因公司董事从事不公平行为,否认自己利益而提起的诉讼;要求公司支付应该得到的股息而提起的诉讼;为强制公司解散而提起的诉讼。而派生诉讼一般只针对公司董事或高级管理人员因违反义务而对公司承担的责任,也包括对公司实施侵权行为或违反与公司订立契约的第三人对公司应承担的责任。

五、持异议股东享有的股份价值的评估权[①]

(一) 持异议股东股份价值评估权的意义

在现代公司法中,即便公司所进行的某些特别交易活动得到了公司股东会合法的授权并且可以有效地进行,公司法也要求公司购买那些反对此种特别交易的股东所持有的股份,公司有义务以公平的价格购买这些小股东的股份,这就是所谓的持异议股东的股份价值的评估权和买断权。法律赋予持异议股东以价值评估权和买断权是为了平衡公司那些希望从事特别交易的大股东和那些不希望因为此种交易而使自己处于不同于购买公司股份时所处的位置上的小股东之间的利益。在现代社会,两大法系国家的公司法都对这一制度作出了明确规定,我国 2005 年《公司法》反映公司法的趋势,也在该法第 75 条中规定了这样的制度,尽管还没有对适用程序作出规定。

(二) 持异议股东价值评估权的适用范围

持异议股东的价值评估股权主要发生在公司组织结构的重大变更方面。根据《美国修正标准商事公司法》第 13.02 (A) 条的规定,如果公司进行下列 5 种特别交易,则公司必须以公平的价格购买反对这些特别交易的小股东所持有的股份:①公司因为与其他公司合并;②另一家公司通过公司股份交换计划而取得小股东所持有的公司;③公司所实施的对其所有的财产或实际上是公司所有财产的出售或交换,而此种出售或交换又不属于公司正常的商事活动;④公司章程的修改对公司持异议股东所享有的权利造成重大的不利影响;⑤公司所采取的任何其他行动,如果根据公司章程、公司管理细则或董事会决议,小股东有权对这些行动提出反对意见并因此而由公司购买他们的股份的话。除此以外,现代英美法还认为,如果公司或公司大股东从事对小股东具有欺诈、压制或其他不公平性质的行为,并且此类行为使公司小股东遭受严重损害,公司小股东可以向法院起诉,要求法院解散公司或以公平合理的价格购买自己的股份。如果法院认为,公司解散不符合公共利益的要求,则法院可以责令公司或公司大股东以公平合理的价格购买小股东的股份。

[①] 有关持异议股东的价值评估股权的详细讨论和分析,参见张民安:《公司法上的利益平衡》,北京大学出版社 2003 年版,第 211~214 页。

我国 2005 年《公司法》第 75 条规定的持异议股东价值评估权的适用范围主要包括以下 3 项：①公司连续 5 年不向股东分配利润，而公司该 5 年连续盈利，并且符合公司法规定的分配利润条件；②公司合并、分立、转让主要财产；③公司章程规定的营业期限届满或者章程规定的其他解散事由出现，股东会会议通过决议修改章程使公司存续。当股东对于上述 3 种情况相关的决议投了反对票时，可以请求公司以合理的价格收购其所持有的股份。

（三）持异议股东的价值评估权实现的程序

公司小股东在公司进行组织机构的重大变更时虽然享有要求公司以公平合理的价格购买自己股份的权利，但是，此种权利的最终实现要求股东遵循一定的程序作为条件，这些程序包括：提前进行书面通知，反对所进行的交易行为，公司对持异议股东的通知，持异议股东要求公司购买自己的股份，将股份寄存在公司，协议以及诉讼等。

（1）提前进行书面通知。当公司股东知悉公司股东会将要讨论上述有关公司组织结构的重大变更事项时，他们必须在股东大会召开前，对公司进行正式的书面通知，该书面通知应当明确陈述这样的观点，即当公司要采取上述某种行动时，他们作为公司的小股东将要反对公司所进行的交易并且要求公司以公平合理的价格购买自己所持有的股份。之所以要求持异议股东在召开股东大会前对公司给予提前通知，是为了让公司管理机关知道公司将要支付多少数目的现金给持异议的股东并因此而做好准备。

（2）投票反对公司所为的特别交易。持异议的公司股东不仅应当提前将自己反对公司所拟进行的特别交易行为的意图通知公司，而且还必须参加股东会会议并且在该种会议上投票反对该种交易。因此，即便该股东事先将他们反对公司组织变更的通知交付给了公司，但如果他们在公司股东会具体就该种交易进行表决时仍然投票赞成，他们也丧失了其股份价值的评估权，不得再要求公司购买自己的股份。我国 2005 年《公司法》第 75 条规定了可以行使价值评估权的股东必须是"对股东会决议投反对票的股东"。

（3）公司对持异议股东的通知以及持异议股东对公司提出要求付款的请求。如果公司大股东表决通过公司组织结构的重大变更决议后，公司应当通知持异议股东在一定的期限内向公司书面提出购买其股份的要求。如果公司持异议的股东在规定期限内没有向公司提出书面的支付请求，则他们丧失所享有的价值评估权，不得要求公司购买他们的股份。

（4）持异议股东股份的寄存。要求公司以公平价格购买自己股份的股东应当将其股份寄存在公司。此种规定是为了防止公司小股东在提出要求公司购买自己股份的请求以后作出投机行为，因为根据一般国家的法律，一旦股东的股份寄存在公司，则他们转让股份的权利将受到限制①。

（5）协议或诉讼。当公司股东对自己股份价值作出的评估不同于公司对该种股份价值所作的评估时，公司与股东可以就股价的价值问题进行协商，寻求公司和股东均满意的购买价格。如果双方不能就此种公平的购买价格达成协议，则任何一方均可向法庭提起诉讼，要求法庭确定持异议股东的股份价值。我国 2005 年《公司法》第 75 条第 2 款规定："自股东会会议决议通过之日起 60 日内，股东与公司不能达成股权收购协议的，股东可以自股东会会议决议通过之日起 90 日内向人民法院提起诉讼。"

六、股东享有的其他权利

（一）股东的提案权

所谓股东的提案权，又称股东的议题追加权，是指符合一定条件的股东，于股东会召开前，在董事会提出的议题外，增加其他议题的权利。例如，股东会原定的议题是审批公司的盈余分配方案，股东可以提出增加选举或更换董事的议题。再如公司推举甲为董事的候选人，股东可以提出增加乙等。对于股东提出的新的议案或议题，董事会应在召集通知书中予以记载。若董事会无视股东合法的议案，未在召集通知书中记载，而在股东会上通过了与股东的提案相关的议案时，股东可以以程序存在瑕疵为由请求取消决议。我国 2005 年《公司法》第 103 条第 3 款规定："单独或者合计持有公司 3% 以上股份的股东，可以在股东大会召开 10 日前提出临时提案并书面提交董事会；董事会应当在收到提案后 2 日内通知其他股东，并将该临时提案提交股东大会审议。临时提案的内容应当属于股东大会职权范围，并有明确议题和具体决议事项。"

（二）股份的自由转让权

除非公司法或公司章程对公司股东的股份转让作出限制，否则，公司股东的股份可以自由转让，这是现代两大法系国家公司法的原则规定。各国法律之所以允许股份自由转让，是因为此种转让的自由性可以确保股东投资的积极性，可以确保股东的利益不受或少受公司行为的影响：当公司股东购买公司的股份时，如果他们认为公司管理者的行为不符合自己的要求，即可通过公开、快捷的证券市场出售自己的股份；当公司股东急需现金时，他可以通过证券市场出售自己的股份，使变现需求得以实现。可以说，股份的可自由转让性既确保了公司股东的投资积极性，刺激了商事经济的繁荣，也确保了股东利益不受损害。

（三）优先认购新股权

公司在发行新股时，公司既存的股东是否有优先认购此种新股的权利？对此有三种

---

① See Robert Charles Clark, Corporate Law, Little, Brown and Company, p. 451.

不同的理论：其一，肯定说，认为公司股东享有优先认购所发行的新股的权利。它为我国《台湾公司法》所采取，该法第267（1）条的规定，公司发行新股时，公司原有股东有按照原有股份优先认购的权利。其二，否定说，认为公司既存股东对公司所发行的新股并无优先认购权。它为我国2005年《公司法》所采取，我国2005年《公司法》第35条规定，有限责任公司的股东享有优先认购权，但是，股份公司的既存股东对公司发行的新股不享有优先认购权。其三，折中说，认为除非公司章程明确规定公司既存的股东对公司新发行的股份享有优先认购权，否则公司的既存股东对公司所发行的新股无优先认购权。它为《美国修正标准商事公司法》所采取，该法第6.30条规定，除非公司章程作相反的规定，否则，公司股东对于公司所发行的新股无优先认购权。值得注意的是，我国2005年《公司法》第35条虽然规定"公司新增资本时，股东有权优先按照实缴的出资比例认缴出资。但是，全体股东约定不按照出资比例分取红利或者不按照出资比例优先认缴出资的除外"。其真正含义是，全体股东的协议可以排除股东以现有出资比例认购新股的权利，而并非排除股东的优先认购权。

法律之所以规定公司的既存股东对公司新发行的股份享有优先认购权，是为了防止公司股东对公司所享有的利益被稀释，防止公司内部既有的治理机构发生重大的变化。然而，如果允许公司既存的股东享有新股份额优先认购权，则此种优先认购权有可能妨碍公司进行大规模的新股发行，影响到公司资本的筹集。公司法上述三种理论实际上是在权衡这两种利益后作出的理性选择。本书认为，肯定说所存在的问题是：它过分注重公司内部组织结构的维持，不利于公司事业的发展壮大，同时也混淆了有限责任公司和股份公司的性质；区别说和折中说则基本上反映了上述实际的需要，体现了法律对有限责任公司和股份公司区别对待的精神。

（四）股利分派请求权

公司股东设立公司并选任管理者从事公司事务的管理和业务的执行，其根本目的在于获得公司分派的股利。现实生活中，经常存在公司在符合股利分派条件的情况下不分配股利的情况，此种情况的存在严重损害股东尤其是小股东对投资利益的期待权，影响股东投资的积极性。实践中也曾出现法院强制命令公司分配股利的判决。依照我国2005年《公司法》第75条的规定，当公司连续5年不向股东分配利润，而公司该5年连续盈利，并且符合该法规定的分配利润条件时，对股东会分配股利之决议投反对票的股东可以请求公司按照合理的价格收购其股权。

（五）剩余财产的分配权

公司在解散和清算过程中，其财产在偿还公司的债务以后还有剩余的，公司不得将此财产赠与公司董事、经理或其他雇员，而必须按股东所持股份的比例分配给公司股东。

第三节 股东的派生诉讼提起权[①]

派生诉讼制度是现代两大法系国家公司法所广泛规定的制度。此种制度对于保证公司义务的执行，监督公司董事或其他代表公司从事活动者的行为，纠正公司内部违反章程和管理规则的行为具有重大的意义。

一、提起派生诉讼的权利主体

在公司利益受到损害时，谁能够代表公司对致害人提起诉讼，这是各国公司法在规定派生诉讼时首先要解决的问题，综观各国公司法，能够代表公司提起派生诉讼的人有三类：股东、公司债权人和其他适当的人。

（一）公司股东

无论是在大陆法系国家还是在英美法系国家，公司法原则上准许公司股东为公司利益对致害人提起诉讼，不同的是，有些国家公司法允许公司的任何成员提起派生诉讼，而有些国家则仅允许符合公司法所规定的特定条件的股东为公司利益提起诉讼。

（1）同时所有权规则。在美国，能够提起派生诉讼的人，应当是在不当行为实施时就已经是公司股东的人，并且，一般说来，在诉讼期间，他也须仍然是公司的股东。[②] 这就是"同时所有权规则"。

（2）"净手"规则。股东如果同意了不适行为或明确批准了该种行为，则他不享有派生诉讼提起权。如果他因疏忽或者仅仅因为没有反对不当行为而默认了该种行为的话，那么，他亦无派生诉讼提起权。这就是"净手"规则。[③]

（3）持有一定比例的股份达到法定期限。欧共体有关公司法的第5号指令第16条规定，提起派生诉讼的股东应当满足下列任意条件之一：①持有已发行股份的一定比例的名义上的或被推定面值的股份，各成员国不得将该比例提高到5%以上；②持有一定数额的名义上的或被推定面值的股份，各成员国不得将此种数额提高到高于10万欧洲货币单位。我国2005年《公司法》第152条规定，有权提起派生诉讼的股东因公司形态不同而不同，对于有限责任公司，任何股东都享有该权利；而对于股份有限公司，必须是连续180日以上单独或者合计持有公司1%以上股份的股东。

[①] 有关股东派生诉讼提起权的详细讨论，请读者参见张民安：《现代英美董事法律地位研究》第二版，法律出版社2007年版，第138页。

[②] De Haas v. Empire Petrdeum Co. 435 F. 2d 1223 (1970).

[③] W. L. Cary & M. A. Eisenberg, Cases and Materirials on Corporations, 6th ed, the Foundation Press Inc, New York, 1988, p. 936.

（二）公司债权人

公司债权人就是同公司缔结契约关系，对公司享有权利和承担义务的人。公司债权人有几个层次：公司债券持有人，公司买卖交易行为之相对人以及一定意义上的公司股东等。一般论及公司债权人主要是指公司债券持有人和公司交易行为之相对人。由于传统公司法严格区分公司债权人和公司股东，将他们分别看作是两种性质不同，法律地位迥异的利益主体，[①] 因而，传统公司法从根本上否认公司债权人的派生诉讼提起权。在现代公司法上，绝大部分国家的公司法不承认债权人享有派生诉讼提起权，[②] 仅有加拿大公司法允许债权人提起该种诉讼。[③]

（三）其他被法庭裁量为"适当的人"

加拿大公司法不仅明确规定债权人是派生诉讼的主体，而且还允许法庭在这一问题上享有广泛的自由裁量权，凡不是公司成员和债权人的人，只要同公司利益攸关而又被法庭认可即可为公司利益提起派生诉讼。无论是公司债券持有人还是公司雇员，均是享有派生诉讼提起权的人。

二、提起派生诉讼的前提条件

两大法系国家对于股东提起派生诉讼的前提条件都作了规定。这些条件因国而异，并不完全相同。综观两大法系国家的公司法，这些前提条件主要有：对公司提出正式请求或通知；原告之行为为善意；提起诉讼完全是为了公司利益；诉讼费用之担保等。

（一）股东在代表公司提起派生诉讼前负有向公司提出正式请求或通知的义务

股东在向法庭提起诉讼之前，其首要的程序是向公司董事会或股东大会提出请求，要求他们对致害人的违法不当行为采取措施，或予以追认而赦免董事的责任，或提起诉讼而追究董事的法律责任。这就是"竭尽公司内部救济"之原则。《美国修正标准商事公司法》第7.42条规定，任何股东在提起派生诉讼前必须履行下列程序：①书面请求公司采取适当措施；②除非股东之请求被公司拒绝或不当行为有导致公司重大的、难以恢复的损失时，否则，股东必须在其请求提出以后的90天届满始可提起之。依照我国2005年《公司法》第152条的规定，股东提起派生诉讼，首先应向监事会或者不设监事会的有限责任公司的监事提出书面请求，要求他们代表公司提起诉讼，如果被告为监事，则需要向董事会或者不设董事会的有限责任公司的执行董事提出书面的请求，要求

[①] 张民安：《公司债权人之保护与我国公司法的完善》，《中山大学学报》（社会科学版），1996年第2期。
[②] Dodge v. First Wisconsin Trust Co., 394 F. Supp1124, (1975).
[③] S231, The Canada Business Corporation Act.

他们代表公司提起诉讼。在接受了股东的提诉请求后，监事会应当立即就相关事项进行调查。其调查的内容主要包括：股东所提出的追究董事责任的请求是否合理，董事是否存在违反义务或者违法的行为等。为此，依照我国2005年《公司法》的规定，监事会的调查期间为30天。除一些特殊情况外，如果30天以内监事会没有提起追究董事责任的诉讼，则股东可以直接以自己的名义向法院提起诉讼。但是，在这样一种规定的前提下，如果监事会在30天内作出不提起追究该董事责任之诉讼的决定，无论该决定是否合理，也无论所作出的判断是否妥当，股东均可以提起诉讼。换句话说，即使监事会经过充分的调查研究，认为股东要提起的代表诉讼属于滥用权利，也无法对其进行阻止。

（二）原告股东的行为是善意的，是为了公司的利益而提起诉讼的

在英美法系国家和大陆法系国家，鉴于派生诉讼时常被滥用来作为谋求公司股东个人利益手段的现实，法律在许多情况下要求起诉股东是真实的、慎重的和善意的为公司利益提起诉讼。《美国联邦程序规则》第23.1条规定，若原告在行使公司权利时不能公正地、充分地代表公司利益，则不能进行派生诉讼。加拿大公司法也将"善意"和"为公司利益"作为开始派生诉讼的条件。在我国，公司法虽然没有规定这样的条件，但是，原告股东仍然要具备这样的条件。因此，如果原告股东不是善意为了公司利益而提起派生诉讼，则他们提起诉讼的权利构成权利滥用。

（三）诉讼费用担保的提供

为了遏制那些居心不良的人意图通过提起派生诉讼的方式达到追求自己利益的目的，也为了能够使被告在原告股东败诉时能够从原告所提供的担保费用中获得补偿，同时，也为了通过提供令人咋舌的诉讼费用的担保阻止某些不必要的派生诉讼的发生，两大法系国家公司法一般规定了原告股东应法庭的请求而向法庭提供诉讼费用的担保制度。美国一些州的公司法曾采用要求不符合持股比例的原告股东提供担保的方式加以克服。依照纽约州《1944年一般公司法》第668条的规定，当提起派生诉讼的股东所持有的股份，不足该公司所发行股份的5%或者按照市价低于5万美元时，必须按照公司的请求提供相应的担保[1]。之后，虽然在持有股份比率以及所持股份的市价方面的规定不尽相同（如持股比例5%以上或按照市价超过2500美元，或者持有的股份按照市价超过5万美元，或者持股比例超过3%以上等），但是许多州的公司法都效仿纽约州的上述规定增加了担保提供义务的规定[2]。

---

[1] N. Y. Laws, c. §668 61-b (1944). 现行《纽约事业公司法》（N. Y. Bus. Corp. L.）第627条中，继续保留这一规定。

[2] 现在，在美国，有近20个州在其州公司法中设置与股东代表诉讼相关的费用担保规定。

三、派生诉讼的程序

派生诉讼由于是股东或其他利害关系人在未取得公司同意的情况下为公司利益而进行的一种诉讼，因而，其程序与一般民事诉讼中的程序有些不同。其中，主要涉及的是当事人的法律地位问题。

（一）英美法系国家派生诉讼的当事人

在英美法中，由于股东是为公司利益提起诉讼，因而它并不是真正的原告，公司法将股东仅看作是名义上的原告；公司尽管是真正意义上的原告，但由于公司股东会或董事会不授权或批准该种诉讼，因而，它不能作为原告。公司又是派生诉讼中的必要的当事人，没有它，派生诉讼就不能进行。为了能使法庭作出的判决对公司产生效力，英美法将处于真正原告地位的公司看作是名义上的被告。公司致害人在派生诉讼处于被告地位，但它不得与公司一起成为共同被告。因为，一般说来，不允许有共同的律师代理公司和致害人双方。此外，尽管英国和澳大利亚公司法并未明确区分股东个人诉讼和派生诉讼，并且常常允许股东同时提起个人诉讼和派生诉讼，但在美国，从程序上看，人们禁止股东在同一诉讼中将个人诉讼和派生诉讼混合在一起，原告股东亦不得提起个人反诉请求。如果股东提起诉讼以后，其他股东要求介入该种诉讼，法庭是鼓励的，并且，首先提起诉讼的股东的律师通常亦被允许站在原告的立场上对该种诉讼进行控制。

（二）大陆法系国家派生诉讼的当事人

而在大陆法系国家，法律并未明确股东的诉讼性质，也无股东个人诉讼和代表人诉讼的规定。因而，其许多程序性问题不同于英美法，就其诉讼当事人而言，原告股东被作为实质意义上的原告，尽管其诉讼之目的是为了公司利益，公司在诉讼中既非原告，也非被告，而是一种处于独立地位的诉讼参加人，得于原告之侧参加诉讼。提起代位诉讼股东以外的其他股东如果想参加代位诉讼，法律原则上准允，但如不当的使诉讼迟延及使法庭的负担显然大大增加，则不在此限。[①] 此外，日本公司法还就代位诉讼的管辖、告知等内容作出了规定。

（三）我国派生诉讼的当事人

在我国，有关派生诉讼中当事人的法律地位问题尤其是公司在派生诉讼中的地位问题，公司法没有作出明确规定。从理论上讲，代表公司提起派生诉讼的股东是名义上的原告，损害公司利益的人属于被告，这一点没有问题。问题在于，公司在派生诉讼中属于什么地位。有学者认为，公司属于无独立请求权的第三人或者有独立请求权的第三人。实际上，公司在派生诉讼中既不属于传统意义上的无独立请求权的第三人，也不属

---

① 《日本商法》第 268（2）条。

于有独立请求权的第三人。因此，其在派生诉讼中的地位问题仍然有待学说进一步研究。

四、派生诉讼股东的权利和责任

（一）派生诉讼胜诉时股东的权利

原则上讲，股东所提起的派生诉讼如果成功，股东有权请求公司对其诉讼费用予以补偿。此种费用之补偿应当说是公平、合理的，因为，它鼓励了那些为公司利益而提起诉讼的股东。在美国，当股东为了公司及全体股东的利益而提起派生诉讼时，如果该股东胜诉的结果给公司带来了利益，则该股东可以请求公司在公司所得到的利益范围内，补偿自己在诉讼中所支出的合理费用。而且，该利益不仅是指特定的赔偿金，还包括公司从派生诉讼中获得了实质性利益[1]。日本在1993年修改其商法时，为降低股东的提诉成本，在将提诉手续费改为按非财产性诉讼征收外，还增加了当原告股东胜诉时，可以就诉讼中所支出的必要费用，请求公司支付的规定。这样的修改对此后股东派生诉讼制度的活用产生了推动作用。我国公司法并没明确规定股东在胜诉时的诉讼费用请求权。这不仅不能充分调动股东监督公司经营的积极性，有效维护公司和股东的合法权益，而且也会给实务操作带来一定的困难。因此，公司法应该赋予股东在胜诉时，请求公司补偿其诉讼费用的权利。这里的费用不仅应包括案件受理费等与诉讼相关的费用，还应包括原告股东向律师支付的合理报酬。只有这样，才能真正体现股东派生诉讼的制度功能，也是我国引入派生诉讼制度，强化经营者责任的立法目的所在。

（二）派生诉讼败诉时股东的法律责任

通常而言，派生诉讼败诉时股东的法律责任主要是赔偿公司因该种诉讼所遭受的损害，包括公司为进行该种诉讼而支付的诉讼代理人的费用。在美国，鉴于派生诉讼多数是基于"胜诉后付报酬"的条件由律师包打包诉讼的，因而，多数派生诉讼并不是通过法庭判决结案的，而是通过律师与被告当事人之间的和解协议结束的。在这种情况下，即便股东败诉，其对公司承担的责任亦可由其代理律师偿付，因而，其利益之影响对股东并不大。一些州的法律还规定，如果股东败诉，公司可以从该股东提供的诉讼费用担保中受偿。而在日本，仅有恶意的败诉股东始对公司损害负赔偿责任，"如果股东没有恶意"，在败诉时"对公司不负赔偿的责任。"[2]而我国《台湾公司法》第214（2）条则明确规定败诉股东应当对公司的损害承担赔偿责任。

我国2005年《公司法》对于败诉股东的法律责任并未作出明确规定。但是，如果

---

[1] Bobert W. Hamilton, the Law of Corporations, 1990, West, p. 425.
[2] 《日本公司法》第852条第（2）项。

原告提起诉讼的目的是为了破坏公司，或者是为了刁难某一董事，或者提起诉讼仅仅是为了满足某些个人利益，则诉讼行为本身构成不法行为，依照侵权行为法的一般理论，该股东应就诉讼行为给公司及被告董事造成损失承担损害赔偿责任。

五、法庭在派生诉讼中的作用

在现代英美法中，法庭对派生诉讼的提起、进行和终止具有决定性的影响和作用，它可以指令公司某些成员以公司名义或代表公司对致害人提起派生诉讼（英国和澳大利亚公司法），可以运用"经营判断原则（规则）"驳回股东的派生诉讼，可以对派生诉讼股东与被告之间的和解协议或原告股东的撤诉加以审查，可以决定股东是否有义务提供诉讼费用之担保。此种规则也应当在我国公司法中得到适用，因为，我们完全可以预料，在未来的公司生活中，那些提起派生诉讼的股东完全可能会通过提起派生诉讼的方式实现不正当的目的，此时，他们可能会与被提起诉讼的被告董事达成有损公司利益的私下协议。

（一）法庭适用"经营判断原则"驳回股东的派生诉讼

近年来，"经营判断原则"的适用范围逐渐扩大到股东的派生诉讼领域，这就是，在股东因董事或其他高级官员的不当行为或过失行为致公司损害发生时为公司利益向公司提出请求时，"经营判断原则"是否应适用于由"独立的"董事组成的委员会所作出的撤销派生诉讼决议问题，有肯定和否定两种意见。肯定意见认为，诉讼委员会作出的撤销股东派生诉讼的决议，如果是在由该委员会组成调查组对该种诉讼的法律意义、提起该种诉讼对公司的好处和不好的地方调查之后，基于对经营判断原则的适用，则诉讼委员会的撤销诉讼决议对起诉股东有约束力。在这种情况下，股东就不能对董事的基于大公无私的经营判断使公司遭受的损害行为提起诉讼，他仅能就诸如建议撤销诉讼的委员会的法定人数不足、欠缺独立性、他们的调查不当等问题提起诉讼。① 在这种情况下，法庭就会驳回股东的派生诉讼，不允许进行该种诉讼。否定意见认为，基于"结构上的偏见"等原因，法庭不应受诉讼委员会的撤销决议的约束，法庭有权自由裁定是否驳回股东的派生诉讼。② 大多数判例和《美国修正标准商事公司法》持肯定态度，认为法庭可以适用"经营判断原则"驳回股东的派生诉讼。

（二）法庭有权对派生诉讼原告与被告之间的私下和解协议进行审查，有权决定原告是否有权撤销

一旦股东提起了公司派生诉讼，他们不得在没有经过法庭审查的情况下与被告私下

---

① Bobert W. Hamilton, the Law of Corporations, 1990, West, p. 319.
② Bobert W. Hamilton, the Law of Corporations, 1990, West, p. 320.

达成和解协议。美联邦程序规则规定,派生诉讼在没有取得法庭许可之前,不得撤销,不得私下和解;并且,所提出的撤诉和和解协议应以法庭命令方式对股东予以通知。《美国修正标准商事公司法》第7.45节和许多州的成文法也有类似的规定。通常而言,法庭在自由决定是否许可和解或撤诉时,应考虑下列几种因素:①派生诉讼可能导致的被告之赔偿和所建议的和解数额;②诉讼成功的可能性;③被告当事人的经济状况。如果股东和被告之间进行私下和解,并由被告对原告支付赔偿金,则公司的其他股东可以对此提起派生诉讼,要求原告将因与被告和解而取得的赔偿金返还给公司。①

第四节 公司小股东的法律保护

一、公司小股东法律保护的必要性

公司法的基本规则是大股东规则。表决权的简单多数即足以控制公司的股东大会和董事会,并足以在公司的各种会议上作出有利于大股东的决议。在公司法上,人们将拥有公司51%表决权的股东称为大股东,将拥有公司49%表决权的股东称为小股东。原则上讲,公司重大事务的决定仅仅需要公司51%有表决权的股东同意就可以生效,除非公司章程或者公司法明确规定需要更多有表决权的股东同意。但这并不意味着公司的大股东可以为所欲为,任意从事损害公司小股东合法权益的行为。因为公司是一种民主组织而不是独裁组织,因而拥有公司51%表决权的股东对于仅拥有49%投票权的小股东不享有绝对性的权利。然而,在现实生活中,公司大股东往往滥用自己的控制地位,以对公司小股东有损害的方式执行公司事务,使公司小股东的利益遭受损害。现代公司法认为,公司大股东在作出决议、管理公司事务中,如果不是善意地从整个公司的利益出发而是为了给公司大股东和公司小股东歧视待遇,使公司大股东以剥夺小股东利益之方式获取不当利益,公司法应当给予公司小股东一定的法律上的救济以维护其合法权益。② 公司法之所以要对公司小股东提供法律保护,是因为公司是民主组织,它建立在股东权利平等的基础上。如果允许公司大股东损害小股东的利益,则公司大股东和小股东之间势必产生矛盾和纠纷,影响公司组织的稳定、协调和健康发展;如果不保护公司小股东的利益,则公司小股东设立公司的积极性将受到影响,社会经济将难以繁荣;如果不保护小股东的利益,则小股东动不动就会被大股东所压制,他们对公司的期待利益将回落空。可见,保护公司小股东的利益不仅关系小股东本身的利益,也关系公司、公

---

① Bobert W. Hamilton, the Law of Corporations, 1990, West, p. 423.
② 张民安:《公司法的现代化》,中山大学出版社2006年版,第351页。

司大股东的利益，还关系社会利益，意义重大。①

二、公司小股东法律保护的特点

与传统公司法相比，现代公司法关于小股东的法律保护呈现出一些新的特点，这表现在法律保护方式的多样性、法律救济方式的灵活性以及法律保护的公平性等方面。

（一）公司小股东法律保护方式的多样性

现代公司法对小股东的保护方式作了广泛的规定，不仅包括诉请法院强制解散公司、提起直接诉讼，而且还包括董事对股东承担注意义务，大股东对小股东承担信托义务，提起派生诉讼和代表人诉讼，强制公司以公平价格购买小股东股份，不公平性法律救济等各种方式。现代公司法所规定的众多保护方式为全面提高小股东法律地位，加强其利益保护，纠正违法不当行为具有重要的意义。

（二）公司小股东法律救济方式的灵活性

根据英国《1985年公司法》第461条和《澳大利亚公司法》第260条的规定，一旦小股东的利益遭到不公平的损害或正在受到不公平行为的损害，法庭有权颁发任何它认为是适当的命令，包括但不限于下列的一种或几种：①发布公司解散令；②发布调整公司将来事务执行令；③发布由公司其他成员购买该股东股份令；④发布由公司购买该股东股份令以及公司资本因此减少令；⑤发布指导公司提起、控告、抗辩或撤销特定诉讼令，或发布授权公司的某一成员或某些成员以公司名义或代表公司提起、控告、抗辩或撤销特定诉讼令；⑥发布指定公司财产接管人或经营者令；⑦发布限制公司某一成员从事特定的行为、活动或进行某一事情令；⑧发布要求某一成员从事或不从事某种活动令。

（三）公司小股东保护的公平性

在现代社会，如果公司小股东和大股东之间的信赖关系破灭，公司法允许公司大股东购买公司小股东的股份，以便公司小股东退出公司。如果法官认为让公司大股东购买小股东的股份对小股东不公平，法官也可以责令公司小股东购买公司大股东的股份，以便公司大股东退出公司，此时，如果小股东存在经济上的困难，法官可以责令小股东分期付款或者从公司未来的利润中支付，无须一次性支付股款。此外，即便公司章程对公司购买小股东股份的办法作出规定，如果该种规定明显不公平，法官也可以拒绝适用公司章程的规定，而直接根据公平的观念责令公司大股东以公平合理的价格购买小股东的

---

① 张民安：《公司少数股东的法律保护》，梁慧星主编：《民商法学家》第9卷，法律出版社1998年版，第162～165页。

股份。①

三、公司小股东法律保护的方法

（一）要求司法强制公司解散的权利

所谓要求司法强制公司解散的权利，是指董事的行为或控制股东的行为如果是不合法的、不公平的或具有欺诈性的，或者公司的资财正在被浪费，那么，基于股东的请求，法院可以颁布命令，要求公司解散，并对公司财产予以清算，以保护少数派股东的合法权益。基于不公平行为而强制公司解散的制度首先由美国 Illinois 和 Pennsylvania 公司法在 1933 年加以规定，其后英国《1948 年公司法》和美国《1950 年标准商事公司法》亦作出了规定。②强制公司解散之救济主要适用于某些具有合伙性质的公司，在这些公司中，所有的股东均期待自己能参与公司事务之管理，通过自己为公司提供的劳务服务来获取维持生活的收入；并且，这些公司设立的基础是股东们彼此之间的信赖和信任。在大陆法系，德国私人有限公司可以因为存在着严重的问题而被法庭解散，对于少数股东的严重不公平可以构成充足的理由。我国 2006 年 1 月开始实施的我国 2005 年《公司法》也增加了股东要求司法强制解散公司的权利，即《公司法》第 183 条规定："公司经营管理发生严重困难，继续存续会使股东利益受到重大损失，通过其他途径不能解决的，持有公司全部股东表决权 10% 以上的股东，可以请求人民法院解散公司。"

（二）要求司法对于公司不公平行为予以救济的权利

虽然两大法系国家公司法均将公司解散作为一种保护少数股东免受大多数股东不公平损害的方式而加以规定，但它毕竟是一种最为严厉的救济手段，因而，只有在"公平和合理"的前提下，以及别无其他法律救济可行的情形下，法庭才愿意提供这种救济措施。③况且，公司解散有时并不符合少数股东的利益，因为公司股东往往不能从中得到最大的资产受益。因此，此种方式出现以后，英美法庭不愿意加以采用。相反，在公司股东遭受公司、董事或大股东不公平行为损害的情况下，英美法庭会采取其他一些合理措施来指导、规范和调整公司事务，以消除不公平行为，这就是所谓的替代公司解散的法律救济制度，亦称对小股东不公平行为救济的法律制度。英国《1985 年公司法》

---

① 张民安：《公司少数股东的法律保护》，梁慧星主编：《民商法学家》第 9 卷，法律出版社 1998 年版，第 118 页。
② 例如，英国《1948 年公司法》第 222（f）节规定，如果法庭认为解散公司是公平的、合理的，法庭可以下令解散公司。
③ 一般而言，有下列情形之一存在时，法庭就可能基于公平合理的原则而解散公司：第一，排斥股东担任公司的管理人员或剥夺公司股东参与公司事务的管理；第二，信赖关系确有理由的丧失；第三，公司陷入僵局；第四，基础丧失。

第 461 条、《澳大利亚公司法》第 260 条对此作了规定。①

（三）合理限制大股东的表决权

对大股东的表决权予以必要限制是对小股东保护的方法之一，主要包括以下几种情况：第一，公司合法持有的本公司股份不能用来表决②；第二，相互持股的表决权限制，即当一个公司持有另一公司的股份达到一定比例时，后者持有前者的股份不能用于表决；第三，公司预留的内部职工股和公司统管的内部股不能用于表决；第四，允许公司在章程中对持股数达到一定比例以上的股东的表决权之行使作出限制。

（四）要求控制大股东对小股东承担诚信义务

在现代社会，司法判例要求公司那些处于控制地位的大股东对公司小股东承担最大限度的善意行为和忠实行为的义务，当公司大股东在行为时违反对小股东承担的义务时，他们应当对公司小股东承担法律责任。③ 关于股东承担的诚信义务，本书将在下一节讨论。

（五）强化公司董事及其他经营者的责任

公司经理人员虽然在形式上是受公司的委托，是公司的受托人，公司经理人员在经营管理公司时应当为公司的利益行为，并对公司负责。但公司经理人员本身是直接或间接根据大股东规则原则产生，他们在行为时不可避免地会主要以大股东的利益为其出发点。强化公司经理人员的责任，就是促使他们在经营管理公司时，以公司的利益为其行为之基础，并以此来保护小股东的利益。

第五节 公司股东的义务和责任

一、股东义务概述

股东的义务是指股东基于股东资格而对公司承担的作为或不作为的义务，当股东违反这些义务便要承担相应的法律责任，包括民事责任、行政责任和刑事责任。依照股东有限责任的原则，一般认为，股东对公司所负有的义务，仅是以认购股份为限的出资义务，股东的出资义务仅在公司成立之前或新股发行的效力发生之前履行，股东一旦交足了其所认购的全部股份，成为公司的股东，原则上不再承担任何义务。但是，随着公司

---

① 张民安：《现代英美董事法律地位研究》第二版，法律出版社 2007 年版，第 586～610 页。
② 如我国《公司法》第 104 条规定："股东出席股东大会会议，所持每 1 股份有一表决权。但是，公司持有的本公司股份没有表决权。"
③ 张民安：《公司少数股东的法律保护》，梁慧星主编：《民商法学家》第 9 卷，法律出版社 1998 年版，第 125～126 页。

制度的不断发展，近几年，许多学者从中小股东利益的保护角度出发，提出了股东，特别是大股东的诚信义务以及忠实义务的理论。除此之外，股东作为公司的成员还应负有遵守公司章程的义务，以及遵守法律、行政法规及公司章程规定应当承担的其他义务。

二、股东的出资义务

（一）股东出资义务的性质

股东出资义务源于股东对公司股份的认购行为。因此，股东出资义务的性质也是股东认购股份行为的性质所决定的。大陆法系国家学者一般认为投资者认购股份的行为是股份申购人与公司所缔结的以加入公司为目的的社团法上的入社契约行为。英美法系学者认为，股份认购是一种表示愿意购买一个公司当时尚未发行的特定数量的股份并支付价款的要约，与公司的配股行为一起构成了完整的契约关系。因此，现代各国公司法理论均认为股东出资义务属于一种契约义务，股东不履行出资义务的法律责任可依照债的不履行的一般原则处理。

（二）股东违反出资义务的形态

从股东出资义务的内容来看，股东必须按照约定的出资标的、数额、时间缴纳出资，股东出资，不得违反公司法及公司章程的规定。依照我国2005年《公司法》第28条的规定：有限责任公司的"股东应当按期足额缴纳公司章程中规定的各自所认缴的出资额。股东以货币出资的，应当将货币出资足额存入有限责任公司在银行开设的账户；以非货币财产出资的，应当依法办理其财产权的转移手续。股东不按照前款规定缴纳出资的，除应当向公司足额缴纳外，还应当向已按期足额缴纳出资的股东承担违约责任。"

从以上的规定中可以看出，股东违反出资义务的形态主要表现在以下几个方面：①拒绝出资。即股东在章程制定或填写认购书后拒绝按规定出资。②出资不能。它是指因客观条件，不能履行出资义务，如出资的建筑物在办理财产权转移手续前毁损或灭失，非专利技术在出资前泄密等。③虚假出资。表面出资实际未出资，或在登记注册时其注册资金并未完全落实，后应补足的资金仍不到位，实际出资额明显低于公司章程规定的价额。我国公司实践中还存在为了享有外资企业的优惠待遇，虚构外方出资，搞假合资、假合作，或为了凑足股东人数虚拟出资或股份。④迟延出资。即股东不按规定期限缴纳出资，或不按规定期限办理财产权转移手续。⑤不完全出资。它是指股东不按规定期限、数额足额缴纳出资，或者未按规定到指定银行开户缴纳所认缴的出资或未到有关部门办理相关财产权转移手续。⑥瑕疵给付。它是指股东缴付的现物存在着品格或权利上的瑕疵或者缺限，如所交付的标的物不符合章程约定或国家规定的品质标准，不具备应有的功能或效用，或者所交付的标的存在着第三人的合法权益，影响公司对标的物的占有和使用。⑦出资不实，它是指股东出资现物的实际价值显著低于其章程所确定的价值。⑧抽逃出资。它是指公司设立时，依法已缴纳出资，当公司成立后，又将其所缴纳的出资暗中抽回。我国2005年《公司法》严格规定公司的股东在公司登记后不得抽回出资，股份公司的发起人、认股人缴纳股款或者交付抵作股款的出资后，除非未按期召开创立大会或创立大会决议不设立公司，否则不得抽回出资。

（三）股东违反出资义务的法律后果

股东违反出资义务，不仅损害公司发起人及其他股东的利益，还不利于对债权人的债权保护。因此，各国的法律对股东违反出资义务的不同情形所应承担的法律责任作了明确规定。股东违反出资义务作为一种违约责任，除了应承担相应的行政责任或刑事责任外，还可以采取以下措施对其加以惩罚：

（1）继续履行出资义务。对于没有按照约定缴纳出资的股东，公司（或发起人）可以要求其继续履行出资义务。经公司追缴，股东仍不履行缴纳义务的，公司完全可依契约之债的性质，请求法院强制契约之履行，即强制认股人缴款。此种救济手段在股东以现物出资的情形下更为常用。不过，不少国家对公司追缴出资权行使的时效作出了要求，如《德国有限责任公司法》规定，公司请求权的时效为5年，自公司登记人为商业登记时起算。

（2）丧失认股人权利。大多数国家的公司立法都规定，对于怠于履行出资义务的认股人，公司（或发起人）可以催告其于一定期限内缴纳，逾期仍不缴纳者丧失其认股人权利，所认股份可另行募集。《德国股份公司法》第64条第1款规定："对没有及时支付所要求款项的股东，可以确定一个有警告的延长期限，期满后将宣布他们不再拥有其股票或支付款。"

（3）损害赔偿。损害赔偿，是指违约方不履行或不完全履行合同义务而给对方造成损失，依法或根据合同规定应承担的赔偿责任。这是合同责任中最常见的形式，也是充分保护受害人利益的一种补救方式。既然股东出资义务是一种契约义务，那么股东违反出资义务给公司和其他出资人造成损失，自然应承担赔偿责任。一般来说，在公司成立的情况下，违反出资义务的股东应向公司承担损害赔偿责任；在因股东违反出资义务而导致公司不能成立或被撤销、解散的情况下，违约股东应向其他足额缴纳股款的股东承担损害赔偿责任。违约损害赔偿应坚持完全赔偿的原则，即违约方的违约使受害人遭受的全部损失都应由违约方负赔偿责任。绝大多数国家公司法都规定了其救济手段的行使，并不妨碍公司损害赔偿请求权的行使，即损害赔偿是可以和其他救济手段并用的一种救济方式，当其他救济手段不足以弥补其所遭受损失的情况下，公司仍可主张违约方承担赔偿责任。

（4）利息罚则。《德国股份公司法》规定，"没有及时支付所要求款项的股东，应自期满之日起支付应交款的5%的年息，并允许章程规定合同罚款。"

（5）定金罚则。英国法有申购股份时应付款额的规定，申购时应付数额不应少于每股价值的5%，其性质被学者认为就是股票款的定金。

三、股东的诚信义务

（一）股东诚信义务的概念

所谓诚信义务（fiduciary duty），又称为信义义务、信托义务或忠实义务，源于信托法中受托人对委托人所承担的义务。在传统的公司法理论中，诚信义务通常是指董事及高级官员对公司承担的注意义务和忠实义务，并不涉及股东。但是随着控制股东通过操纵股东会或其他途径侵害少数股东利益案件的不断发生，理论界逐渐开始将诚信义务的承担主体从董事、经理扩展到控制股东。现在，大股东诚信义务的理论已在英美法系及大陆法系的许多国家得到确立。

（二）股东诚信义务的理论根据

股东承担诚信义务的法律依据主要包括以下几个方面：

（1）股东表决权的本质。依照利益与权利相一致、权利与义务相一致的理念，当某一主体对其他主体享有权力时，应当要求权力的享有者对该主体承担一定的责任，以便对权力所有者进行一定的控制，防止其滥用权力。由于股东行使表决权有可能导致股东借此介入公司的利益和其他股东的利益，作为一种权限，其本身即蕴含着一种因介入公司和其他股东利益而产生的诚信义务。

（2）控制股东的强大表决权。由于控制股东对公司的实际控制地位，他们对公司以及中小股东实际上具有类似于"权力"的绝对"权利"，其单方面行为将直接影响中小股东的合法权益。因此，要求控制股东承担一定的诚信义务，可以使公司及中小股东的利益得到保障。

（3）股东平等的原则。作为信用社会聚集资本的重要工具，股份公司以股份平等作为其基本原则以保护投资者的利益。但是，由于大股东对公司享有实际的控制权，控制股东所持有的股份在效力上和中小股东相比具有更大的优越性，其享有的权利优势往往大于其实际持有股份的比例。如果再加上潜在的"道德危险"因素，即大股东滥用控制权的可能（事实上，若没有任何约束的话，控制股东往往会滥用其控制权），那么，中小股东的合法权益更无保障。明确控制股东承担对中小股东的诚信义务，才能平衡由于"大股东规则"的弊害而产生的不公平，才能更好地体现股份平等。

（4）诚实信用原则。诚实信用是民法所确定的基本原则。该原则要求民事主体参与民事活动、行使权利和履行义务，都应当持有善意；要求当事人所作的意思表示真实、行为合法、讲究信誉、遵守诺言、不规避法律、履行义务时考虑他方利益、行使权利时不得损害他人利益等。① 在公司中，股权作为民事权利之一种，对其行使当然也应当遵守诚实信用的原则，因此，股东尤其是控制股东在行使表决权时，应认真履行其应付的诚信义务，这是诚实信用原则的必然要求。

（三）控制股东诚信义务的内容

控制股东的诚信义务源于控制股东对其控制权的行使。因此，控制股东在行使股权时，应以诚信原则为基本要求，不得滥用控制权以损害公司及中小股东的合法权益来获得自身的利益。控制股东的诚信义务包括注意义务和忠实义务。注意义务要求控制股东在经营时要与任何一个谨慎的人在同等情形下对其所经营的事项给予的注意一样，不得损害公司及中小股东的利益。忠实义务禁止控制股东不讲信用和自我交易。控股股东忠实义务表现在两个方面：一方面，控制股东在为自己的利益行使表决权时，不得不正当地侵害公司和其他中小股东的利益；另一方面，控制股东在行使其基于股东资格而形成的影响力时，不得牺牲公司和其他股东的利益。忠实义务是维护公司利益的主要手段，也是控制股东对中小股东承担的诚信义务的主要内容。对控制股东科以诚信义务是防止控制股东滥用其控制权的重要手段。

为确保控制股东履行诚信义务，西方各主要国家均设立了若干制度，或对控制股东的权力进行一定的限制，或要求控制股东在违反诚信义务后要承担某种责任，或规定一些中小股东的救济制度等。例如累积投票制、股东表决权排除制度、股东诉权制度以及控股股东债权劣后受偿制度。在我国，公司法没有规定控股股东的诚信义务，但也没有否认公司可以在其章程中作相关规定。实践中，一些上市公司在其章程中规定了控股股东应承担诚信义务。如《安徽皖通高速公路股份有限公司章程》第58条就规定："除法律、行政法规或公司股份上市的证券交易所的上市规则所要求的义务外，控股股东在行使其股东的权利时，不得因行使其表决权在下列问题上作出有损于全体或部分股东的利益的决定：①免除董事、监事须真诚地以公司最大利益为出发点行事的责任；②批准董事、监事（为自己或者他人利益）以任何形式剥夺公司财产，包括（但不限于）任何对公司有利的机会；③批准董事、监事（为自己或者他人利益）剥夺其他股东的个人权益，包括（但不限于）任何分配权、表决权，但不包括根据本章程提前交股东大会通过的公司改组。"

四、股东的其他义务

除以上义务和责任外，股东承担的义务还包括：①退还款项的义务。如果公司违法或违反章程分配红利，则股东有义务将违反规定所得的利润返还给公司。②股东有遵守

---

① 佟柔：《民法总则》，中国人民公安大学出版社1992年版，第19页。

公司章程的义务，作为一个自治体法人，公司可以在其公司章程中规定股东的除依法缴纳出资、诚信义务以外的其他义务，只要这些义务没有侵害股东的固有权利，股东即应遵守。③对公司承担责任的义务。无限公司的股东以及两合公司的无限责任股东不仅出资，而且还要用其个人财产对公司债务承担责任。有限公司即股份公司股东则以其出资或所持股份为限对公司债务承担责任。

第六节 公司股东会

一、股东会的意义

股东会，也称股东大会，是由全体股东共同组成的公司权力机关，是对公司事务行使最终决策权的机构。股东会具有以下几层法律意义：

（一）股东会是由公司全体股东组成的机关

公司虽然具有法律上的独立人格，但股东仍然是公司的实际所有者。同时，在所有权与经营管理权分离的现代公司中，股东除了被选举为公司的董事或监事外，几乎无机会参加公司的经营管理活动，因此，股东会也就成为绝大多数股东唯一可以就公司重大问题发表意见的场所。各国公司法一般都规定任何股东均有权参加股东会，在股东会上发表自己的意见和要求，并通过行使表决权以形成公司法人的意志。依照我国2005年《公司法》的规定，有限责任公司的股东会应由全体股东组成，而股份有限公司的股东大会是否由全体股东组成并没有明确。一般认为，即使是无表决权的优先股股东，虽然没有在股东大会上行使表决的权利，但法律也没有否定其出席股东大会的权利，因此理论上也可以出席股东大会。

（二）股东会是公司最高的权力机关

由于股东是公司的所有者，理论上股东大会可以对公司所有事项作出决策，因此由全体股东共同组成的股东会就应是公司的最高权力机构。即使在董事会权力不断扩大，股东会权力逐渐削弱的今天，股东会作为公司最高权力机关的地位仍未动摇。这是因为，股东会仍然享有董事、监事等人事任免权；公司的重大事项仍必须由股东大会作出决议。另外，股东会决议体现了公司大多数股东的意思，不仅公司董事会、监事会都必须执行，而且对全体股东都具有约束力，这也体现了股东会作为公司内部权力机构的权威性。但是，需要注意的是，股东会作为公司的最高权力机关，是指在公司中不存在有凌驾于股东会之上的机关，并不是说股东会有权处理公司的所有事务。在所有权与经营管理权分离的现代公司中，由股东会选举产生的董事、监事所组成的董事会或监事会一经成立，就可以在其权限范围内行使权力。而股东会不得随意剥夺董事会或监事会的权力，更换或罢免董事、监事也必须履行法定的程序。在现代社会，为了适应公司快速发展的必要，公司法逐渐降低公司股东会的地位，逐渐提升公司董事会的地位，使公司股东会逐渐从公司的权力机关的地位下降为公司的追认机关的地位，而公司董事会则从附属性的地位上升为公司的核心地位。

（三）股东会是公司的必设机关，但并非常设机关

股东会作为公司的最高权力机构，是公司的必设机关。依照我国 2005 年《公司法》的规定，除国有独资公司和一人有限责任公司外，不论有限责任公司还是股份有限公司，都必须设立股东会或股东大会。但由于股东会以会议形式存在，股东年会通常一年召开一次，临时股东会也只有特殊情况下才召开，加之现代公司具有股东人数众多、居住分散、不易召集等特点，因此，股东会没有常设的必要。

二、股东会的职权

股东会的职权是指依法必须由股东会决定的事项，是股东会固有的职权，不能转让给其他机构行使。由于股东是公司的所有者，因此理论上由全体股东组成的股东会可以对公司所有事项作出决策。但随着"股东会中心主义"向"董事会中心主义"的转变，董事会成为公司的业务执行机关，因此，股东会的职权已经仅仅局限于公司的意思决定方面。同时，即使在公司意思决定方面，股东会也不是万能的，原则上仅包括法律所赋予的职权。这些法定职权主要包括涉及公司存在基础的事项以及公司运作中所面临的重大结构变更事项，如公司章程的修改，公司资本的减少或增加，公司的分立、合并、解散等；与股东利益有直接关系的事项，如利润分配方案和弥补亏损方案等；与公司经营机构以及监督机构成员的选任与变更相关的事项；公司年度财务预算、决算的审议批准事项等。除此之外的事项则委托给董事会决定。当然，除了上述法定的职权之外，公司还可以根据具体情况在公司章程中扩张股东会的职权。但是，公司章程对股东会职权扩张的范围不是无限度的，它要受到股东会基本性质、公司的权利能力等方面的限制，而且不得任意剥夺、限制和更改《公司法》所赋予董事会的职权。

依照我国 2005 年《公司法》第 38 条和 100 条的规定，应该由股东（大）会行使的职权包括：①决定公司的经营方针和投资计划；②选举和更换非由职工代表担任的董事、监事，决定有关董事、监事的报酬事项；③审议批准董事会的报告；④审议批准监事会的报告；⑤审议批准公司的年度财务预算方案、决算方案；⑥审议批准公司的利润分配方案和弥补亏损方案；⑦对公司增加或者减少注册资本作出决议；⑧对发行公司债券作出决议；⑨对公司合并、分立、解散和清算等事项作出决议；⑩修改公司章程。另外，公司章程还可以规定股东会的其他职权。

三、股东会会议的种类

（一）定期股东会会议

定期股东会，也称股东年会、普通股东会或股东常会等，是指按照公司法或公司章程规定定期召开的股东会议。在各国公司法上，除少数国家在公司法或公司章程中有特别规定外，定期股东会通常每年召开一次，故称股东年会。如我国 2005 年《公司法》第 101 条规定："股东大会应当每年召开一次。"美国、英国以及我国香港地区公司法也有同样规定。法国法规定定期股东大会至少每年召开一次，言下之意，若需要，一年可举行多次。日本法规定定期股东大会须一年一次定期召集，但一年进行两次盈余分配的公司，须在每个决算期召集股东大会，即须每年召集两次定期股东大会。

股东大会审议的事项以法律及章程赋予股东会的职权为限。定期股东会可以审议或决议股东会职权内的所有事项。一般情况下，会议的议题主要包括：审议公司年度财务报告、年度财务预算和决算方案；审议批准董事会和监事会的报告；选举或更换董事或监事。

（二）临时股东会会议

临时股东会又称临时会议、特别会议、特别股东会，是依照公司法或公司章程的规定，在两次股东年会之间针对公司出现的特殊情况，随时召开的股东会议，其目的主要是为了保障股东会职权的正常行使。各国通常对召开临时股东会的法定事由作出规定。根据我国 2005 年《公司法》第 101 条的规定，有下列情形之一的，应当在 2 个月内召开临时股东大会：①董事人数不足本法规定的人数或者公司章程所定人数的 2/3 时；②公司未弥补亏损达到实收股本总额的 1/3 时；③单独或者合计持有公司 10% 以上股份的股东请求时；④董事会认为必要时；⑤监事会提议召开时；⑥公司章程规定的其他情形。另外，有限责任公司代表 1/10 以上表决权的股东，1/3 以上的董事，或者公司监事，可以提议召开临时股东会会议。

需要注意的是，由于在现实生活中，常常出现明明存在上述法定事由，董事会却拒绝或不及时召集临时股东会的情况，而我国 1993 年《公司法》又没有赋予股东及监事会对临时股东会的特别召集权，因此使得公司出现僵局。我国 2005 年《公司法》在将股东会召集及主持权赋予给董事会的同时，也规定了如果董事会或者执行董事不能履行或者不履行召集股东会会议职责的，由监事会或者不设监事会的公司的监事召集和主持；如果监事会或者监事不召集和主持的，有限责任公司代表 1/10 以上表决权的股东，股份有限公司连续 90 日以上单独或者合计持有公司 10% 以上股份的股东可以自行召集和主持。① 此外，从确保股东权益的角度出发，国外公司法还允许法院依其职权裁定公司召开临时股东会。如《法国商事公司法》第 158 条规定："法院在紧急情况下，应一切有关的人的要求或者应至少拥有 1/10 公司资本的一名或若干名股东的要求裁决的代理人"召集股东大会②。

对于临时股东会的职权，我国 2005 年《公司法》并没有具体规定。《法国商事公司法》规定，修改公司章程、改变公司国籍、股份合并须召集特别股东大会审议决定，此外的一切决定由普通股东大会作出。但是，多数国家的公司法并没有具体区分临时股东会与定期股东会的决议事项，即凡是可以在定期股东会上可以行使的职权，在临时股东会上同样也可以行使。另外，由于临时股东会主要是因公司出现特殊情况，需要股东会形成公司意思决定，因此，临时股东会的召集人在发出召集通知时，应明确会议的议题，而临时股东会只能审议会议通知书所列的事项。依照《公司法》第 103 条第 4 款的规定，临时股东大会不得对通知中未列明的事项作出决议。

（三）其他类型的股东会

（1）股东法定会议。它为英国法所独有，是指英国公开招股的股份有限公司及公开招股的保证有限公司依照法律规定必须召开的股东会议。法定会议的召开时间是公司开始营业之日起 1 个月至 3 个月之内。召开法定会议的主要目的是使股东了解公司的所有重要情况。会议主要审议有关公司组成的任何事项以及董事提交的法定报告，该法定报告涉及的内容包括公司分配的股份、从这些股份收到的现金以及股本账上的公司收支、公司董事、查账员、经理以及秘书的姓名、住所和概况，须经大会批准予以修改的合同细节。不举行法定大会或者不提出法定报告，都足以构成强制公司歇业的理由，或者由法院发出指令，责令公司提出法定报告及召开法定会议。③

（2）类别股东会议。类别股东会议，也称专门股东会议、特种股东会议或公司成员分组会议，是指在公司股东所持股份种类不同的情况下，由属于同一种类股份的股东召开的股东会议。各国公司法普遍规定，股东大会修改有关某一种类股份的权利的决定，必须经该种类股份的股东会议决议同意。在法国，无表决权的优先分息股的股东通常不参加股东大会，但他们可以在股东大会召开之前召开专门股东会议，对股东大会审议的事项表明自己的主张。专门会议以出席会议股东及其代理人的多数票作出决定，专门会议的意见应转达给公司。专门会议也可指定一名或章程规定的若干名代理人作为无表决权的优先分息股的股东代表参加股东大会，必要时在股东大会进行表决前发表他们

---

① 《公司法》第 41 条第 2 款；第 102 条第 2 款。
② 卞耀武：《当代外国公司法》，法律出版社 1995 年版，第 422 页。
③ 毛亚敏：《公司法比较研究》，中国法制出版社 2001 年版，第 155~156 页。

的意见。①

四、股东会会议的召集程序

（一）会议通知及公告

通知和公告是公司召集股东会的一个必要条件，其目的是为了及时向股东提供召开股东会的信息，使股东在出席股东会前有相当的准备时间。因此各国公司法均规定，公司在召开股东大会前，应以法定的通知方式向股东送达会议通知。依照我国2005年《公司法》第42条的规定，除公司章程另有规定外，有限责任公司"召开股东会会议，应当于会议召开15日前通知全体股东"。另外，第103条规定："召开股东大会会议，应当将会议召开的时间、地点和审议的事项于会议召开20日前通知各股东；临时股东大会应当于会议召开15日前通知各股东。"

公司股东会的会议通知应采用书面的形式，通知的内容包括召开股东大会的召开时间和地点，以及召开股东大会时将要审议的事项，以保证全体股东可以有效地行使其作为所有者的重大决策权②。另外，会议通知的对象应是公司所有股东，通知方式因记名股东与无记名股东而不同。记名股东是在股东名簿中有记载的股东，对记名股东应采用书面通知方式，按照股东姓名簿上所记载的股东的住所发出。③ 通知生效采用"发信主义"，只要在法定期间依照股东名册上记载的股东住所地址发出挂号信即可，如果股东变更住所而没有通知公司的，公司不必承担责任。依照《日本商法典》第196条第1款的规定，因股东变更住所而致使会议通知超过5年无法送达股东手中的，公司可以免去对该股东发出通知的义务。而对于公司的无表决权的股东，日本等有些国家公司法规定公司可以不向其发出会议通知。

对于发行无记名股票的股份有限公司而言，为确保无记名股东也可以有机会出席股东大会，公司应当于会议召开30日前就相关事项作出公告。公告也同样应采用书面的形式，其内容包括，召开股东大会的时间和地点，以及召开股东大会时将要审议的事项。另外，依照我国2005年《公司法》第103条第5款的规定，无记名股票持有人出席股东大会的，应当于会议召开5日前至股东大会闭会时止将股票交存于公司。

---

① 毛亚敏：《公司法比较研究》，中国法制出版社2001年版，第155~156页。
② 依照我国《公司法》第103条的规定，临时股东大会不得就通知中未列明的事项作出决议。但是，对于定期股东会的会议通知，一般认为无须列明此次会议的目的和所要讨论的事项，因此股东会可以就没有列明的事项作出决议。
③ 近几年，随着网络技术和电子商务的推广和发展，以电子方式发送会议通知的方式开始被一些国家公司法所承认，如日本在2002年修改商法时，规定公司可以采取电子的方式发送会议通知（参见《日本公司法》第299条第3款）。

（二）会议时间与地点

股东会的会议时间因股东会种类的不同而不同。临时股东会是当公司出现特殊情况随时召开的股东会，我国 2005 年《公司法》规定当召开临时股东会的法定事由出现后应当在 2 个月以内召开。而对于定期股东会的召开日期，《公司法》除规定应一年召开一次外，对具体的时间并没有作出规定。有些国家和地区的公司法则有明确要求，如美国大多数州《公司法》规定两次股东年会的间隔不得超过 13 个月；我国《台湾公司法》第 170 条规定："股东常会应于每营业年度终结后 6 个月内召集之，但有正常事由经报请主管机关核准者，不在此限。"因此，考虑到定期股东会的主要目的是为了批准和审议公司财务会计报告等事项，我国 2005 年《公司法》亦应规定定期股东会的召开时间至少应当在每一会计年度终结后 6 个月内确定。我国的会计年度自公历 1 月 1 日起至 12 月 31 日止，因此应在 6 月 30 日之前召开。股东会的具体召集日期，可以在公司章程中规定。如果章程中没有规定，应在法律规定的召集期，由董事会决定召集日期。

股东会议的召开地点，关系到是否方便股东出席会议，因此许多国家公司法都规定，会议地点由公司章程规定，若公司章程没有规定则适用公司法的规定。《德国股份公司法》第 121 条第 5 项规定：如果公司章程没有其他规定，股东大会应当在公司所在地召开。但如果该公司的股票已经被允许在德国的一个股票市场正式上市，也可以在证券交易所所在地举行。我国 2005 年《公司法》对股东会的召集地点未作统一规定，会议地点往往由董事会任意选择，这就可能导致部分股东无法或难以按时到达，或增加费用。因此，从方便股东出席股东会，方便股东及时作出决策的角度出发，除公司章程另有规定外，要求公司在其所在地召开股东会较为妥当。

（三）会议召集人

股东会召集人，亦称召集权人，是指依照公司法的规定，有权召集股东会会议的人。股东会是由全体股东组成的会议体机关，仅仅是一部分股东聚集在一起并不能形成股东会，因此要求股东会的召集必须由召集权人依照法定的程序实施。同时，作为公司的非常设机构，股东会的性质及股份公司股东人数众多且分散的特点，决定了股东会没有必要也不可能随意召开。股东会必须依照公司法的规定，由召集权人按照一定程序予以召集才能召开。因此，股东会的召集权人是股东大会的必备条件。未经召集权人召集，股东自行召开的股东会议，其所作出的决议应属无效，或被视为决议不存在。但是，依照日本最近的通说，如果全体股东同意并出席股东会，即使在股东会的召集过程中缺乏法定的召集程序，在该股东会上所作出的决议也被视为有效。[①] 从各国公司法的规定看，股东会的召集权人包括以下几种：

---

① 参见日本最高法院昭和 60 年（1985 年）12 月 20 日《民集》39 卷，第 1869 页。

（1）董事会。股东会的召集权人原则上只能是董事会。在各国公司实践中，公司章程一般都将召集股东会的权力授予董事会。同时即使公司章程没有具体规定股东会的召集权人为谁，各国公司法中一般也都明确规定董事会是公司股东会的召集权人。依照我国2005年《公司法》第41条第1款规定，有限责任公司的首次股东会由出资最多的股东召集和主持；有限责任公司设立董事会的，股东会会议由董事会召集，董事长主持；董事长不能履行职务或者不履行职务的，由副董事长主持；副董事长不能履行职务或者不履行职务的，由半数以上董事共同推举1名董事主持。股东有限公司的股东大会也同样应由董事会召集。董事会作为召集人召集股东会分为两种情况，一种是董事会按照公司章程的规定召集，另一种情况是董事会应有召集请求权的人提出的召开股东会的请求召集。对于第二种情况，为避免董事会怠于行使召集权，许多国家公司法规定，当有召集股东会提议权的人提议召开股东会时，及时召集股东会作为一项义务，董事会必须依照法定程序召集股东大会。如果董事会违反上述义务，将受到罚金等惩罚；提议召开股东会的请求人还可以依照一定的程序自行召开会议。

（2）少数股东。许多国家和地区公司法规定，持有公司一定比例股份的股东有权自行召集股东会。如我国《台湾公司法》规定：如果临时召集权被提起后，董事会于15日内不通知召开时，股东得经地方主管机关许可自行召集。《香港公司条例》也规定，2名或2名以上持有面值不少于1/10的已发行股本的成员可召开会议，如公司并无股本，则占公司成员人数不少于5%的成员可召开会议。《德国股份公司法》第122条也规定了在此种情况下"法院可以授权给提出要求的股东们，召集大会或公布题目"，"且召集费用由公司承担"。

依照我国2005年《公司法》的规定，股份有限公司持有公司股份10%以上的股东可以请求公司召开临时股东大会；有限责任公司代表1/10以上表决权的股东可以申请公司召开临时股东会。同时，为避免股东的股东会召集请求权被流于形式，挫伤股东积极参与和监督公司经营管理的积极性，我国2005年《公司法》规定，当符合一定条件时，代表1/10以上表决权的股东（股份有限公司连续90日以上单独或者合计持有公司10%以上股份的股东），可以自行召集和主持。"①

（3）监事会。作为公司的监督机构，监事会在实现公司内部权力制衡中起着重要的作用。相比之下，监事会也更容易发现公司经营中所存在的问题。赋予监事会股东会的召集权，对及时有效地解决公司出现的重大问题，制止公司的违法行为，保护公司及全体股东的利益有着重要的意义。监事会行使召集权的立法例一般有两种：一种是规定监事会有直接召集股东会的权利，如根据《德国股份公司法》第111条规定："监事会有权根据公司的利益需要召集股东会"。另外，意大利、法国以及我国台湾地区公司法

---

① 《公司法》第41条第3款；第102条第2款。

也赋予监事会召集股东会的权利。另一种立法例是赋予监事会股东会召集请求权,当监事会提出召集请求而董事会怠于召集时,可以经法院许可直接召集。我国2005年《公司法》规定:"董事会或者执行董事不能履行或者不履行召集股东会会议职责的,由监事会或者不设监事会的公司的监事召集和主持。"①

(4) 法院命令召集。法院命令召集股东会是对董事会无故不召集股东会的一项补救措施,也是少数股东或监事会之股东会召集提议权的保障措施。法院召集股东会的情况主要有两种:一是当公司董事会拒绝少数股东或监事会召集股东会的请求时,法院以裁定方式命令召集。如《意大利民法典》第2367条规定:"如果董事或监事未进行召集,则由法院院长以裁定方式下令召集并且在裁定中指定大会主席。"另外,公司因某些特殊原因(如股东人数达不到法定要求等)不能召开股东会时,法院可以应董事会或股东的要求,命令公司以适当的方式召开股东会。如《香港公司条例》第114B条规定,如因某种原因公司不能以其可召开会议的方式召开该公司的会议,或不能以章程细则或《公司条例》订明的方式进行该公司的会议,则法院可主动或应该公司董事的申请,或应有权在会议表决的成员的申请,命令该公司以适当方式召开、举行或进行会议。

(5) 清算人。股份公司进入清算程序后,在执行清算业务范围内,清算人实际取代了董事会,此时股东大会依然存在,清算人因某些事由有权请求召集股东大会。

需要注意的是,在赋予多个主体召集权的国家,董事会仍然是法定的召集权人。少数股东、监事会或监查人有召集股东大会的提议权,只有提议被董事会拒绝时,方可自行召集。

五、股东会会议的运作

(一) 大会主席

股东会议由会议主席主持。会议主席的职责主要是维持会议秩序,提出决议案,计算投票权,宣布会议结果,签署会议记录。根据我国2005年《公司法》第102条规定,股东大会会议由董事会召集,董事长主持;董事长不能履行职务或者不履行职务的,由副董事长主持;副董事长不能履行职务或者不履行职务的,由半数以上董事共同推举1名董事主持。另外,董事会不能履行或者不履行召集股东大会会议职责的,监事会应当及时召集和主持;监事会不召集和主持的,连续90日以上单独或者合计持有公司10%以上股份的股东可以自行召集和主持。

(二) 会议的出席人数

公司股东会召开会议必须以出席会议的股东达到法定的人数为有效条件。一般情况

---

① 《公司法》第41条第2款;第102条第2款。

下，法定人数的数量取决于公司章程的规定。当公司章程未作出规定时，则适用公司法的规定。各国关于出席股东会的最低法定人数的规定虽然各不相同，但总体而言，主要存在两种模式：一种是股东股份主义，它以一定比例的有表决权的股东出席为公司召开股东会会议的最低法定人数，至于这些股东人数为多少，法律在所不问。因此，即使只有一个股东出席会议，只要他所持有的股份达到法定的比例，股东会也可以召开。《美国公司法》和我国《台湾公司法》采取的是这种模式①。另一种是股东人数主义，它以一定数量的股东（包括亲自出席的股东和由股东委托授权的代理人）出席股东会会议为条件，至于这些股东持有公司的股份数是多少，法律在所不问。英国《1948年公司法》第134条规定，除公司章程作相反规定，公共持股公司至少有3个以上股东亲自出席，有限责任公司至少有2个以上股东出席。

我国2005年《公司法》没有对出席股东会的最低法定人数作出规定，因此无论股东会的参加人数是多少，参加股东会的股东持有的表决权数是多少，股东会均可以召开。这样的规定使得股东会可以在不考虑出席人数的情况下召开并形成有效决议，虽然使公司的效率大大提高，但是，对出席股东会的最低法定人数不作任何规定，就很难保证股东会所通过的决议是代表大股东愿望的，也就不能使公司的组织稳定、协调和健康发展。因此，我国2005年《公司法》应明确规定出席股东会的最低法定人数。

（三）表决权的行使

本书已经在前面作出了说明。

（四）决议的记录

公司对股东会召开的相关情况应当制作会议记录，具体记载会议召开的时间、地点、会议主席的姓名、参加会议的股东人数及其所代表的股份数、会议议程、决议事项及决议结果等。另外，根据我国2005年《公司法》第109条的规定，会议记录须由"出席会议的董事签名"；"会议记录应当与出席股东的签名册及代理出席的委托书一并保存"。对于股东会形成的会议记录，《日本公司法》第318条规定："公司董事应将其备置于本公司10年，其誊本应备置于分公司5年"；"会议记录主要是供股东和债权人阅览的"；"有无会议记录并不影响股东会决议的效力"。

六、股东会的决议

（一）会议的决议

股东会的决议是股东会按照公司法和章程的规定，经过股东表决形成的对一定事项的决策或意思。理想的股东会决议应代表公司全体股东意志，但是，同一般的由多数人

---

① 张民安：《公司法上的利益平衡》，北京大学出版社2003年版，第194页。

组成的会议体组织相同，公司在对一定的事项形成的决策或意思，只能代表公司的集体意志。因此，股东会决议的形成多采用少数服从多数的原则，即"大股东规则"的议事规则。

（二）会议决议的种类

根据不同的决议事项所需的多数表决权的不同，股东会决议一般分为普通决议和特别决议，各国公司法均对其分别予以规定。

（1）普通决议。普通决议是经出席会议的股东所持表决权的半数以上同意而形成的股东会的决议，即只须有简单多数同意即可通过形成的决议，也就是仅仅要求有表决权的51%的股东同意就可以生效的决议。除了法律或公司章程有特殊规定的以外，股东大会对于其权限内的事项都可以以简单多数的方式形成决议。我国2005年《公司法》第104条第2款规定，股东大会的普通决议，"必须经出席会议的股东所持表决权的半数以上通过"。对于有限责任公司，《公司法》第44条规定，"除本法有规定的以外，由公司章程规定"。

（2）特别决议。特别决议和普通决议相对而言，是指由出席会议的股东所持表决权的特定多数以上同意才能形成的股东大会的决议。至于有表决权的特定多数是指2/3的多数、3/4的多数还是90%甚至100%的多数，取决于各国公司法或者公司章程的规定。以特别决议形式作出的股东大会的决议主要是针对公司的一些重大事项。根据我国2005年《公司法》第44条和第104条、第105条的规定，有限责任公司或者股份公司股东会会议作出修改公司章程、增加或者减少注册资本的决议，以及公司合并、分立、解散或者变更公司形式的决议，必须经代表2/3以上表决权的股东通过。总体而言，与国外公司立法相比，我国对特别决议事项的规定比较少。但《公司法》也并未禁止公司在其章程中对特别决议事项进行规定，只要不和公司法相违背，公司章程对股东会特别决议的事项所作的规定是有效的。

（3）简单多数规则、特定多数规则的强行性或者任意性。除非公司法明确规定适用特定多数规则的事项外，公司所有事项均可以适用简单多数规则。问题在于，公司章程是否可以提高或者降低公司法规定的简单多数或者特定多数规则。此种问题关系到公司契约与公共政策的协调问题。根据契约自由的原则，公司章程可以自由决定公司事项适用的多数规则。但是，公共政策则认为，公司契约应当不违反公司法的强制性规定。公司决议适用的多数规则究竟是不是公司法的强制性规定？我国学说很少讨论。本书认为，51%的简单多数规则是公司法的基本规则，属于公共政策上的问题，公司契约不得违反，否则，其章程规定的条款无效，自动适用简单多数规则。因此，规定公司解除董事职位仅仅要求30%有表决权的股东同意就可以生效的章程条款无效，公司要解除董事的职位，必须有51%有表决权的股东同意。这一规则同时适用有限责任公司和股份公司。公司章程是否可以提高51%的简单多数规则？从理论上讲，有限责任公司的股东可以在其章程中提高公司法规定的 51% 的简单多数规则，因为，有限责任公司以股东之间的信任作为基础，提高 51% 的简单多数规则可以防止公司大股东损害小股东利益，实现公司组织的稳定；股份公司的章程不得提高 51% 的简单多数，因为，小股东受大股东压制、欺诈的可能性小，小股东可以自由转让其股份。

公司章程是否可以降低公司法规定的 2/3 的特定多数规则？从理论上讲，有限责任公司和股份公司的章程均不得降低公司法规定的 2/3 的特定多数规则，因为，2/3 的特定多数规则是公司法的强制性规定，否则，其章程规定的条款无效，公司有关事项自动适用 2/3 的特定多数规则。公司章程是否可以提高公司法规定的 2/3 的特定多数个？从理论上讲，有限责任公司的章程可以提高公司法规定的 2/3 特定多数规则，股份公司的章程不得提高公司法规定的 2/3 特定多数规则，这是由有限责任公司和股份公司的性质决定的。

（三）会议决议的效力

股东会作为公司的最高权力机关，其决议即是公司的意志，在符合国家法律、行政法规和公司章程规定的前提下，一旦作出即发生效力。但是，股东大会的决议的效力不是绝对的，在考虑股东会决议的效力时，还应注意以下几种情况：

（1）股东会的决议对外不产生效力。股东大会为公司的权力机构，是公司最高的决策机构，其决议的效力直接体现为对公司其他机关的约束力，公司董事会、监事会等机关必须按照股东大会的决议内容而行为，不得与其相违背。但公司作为自治体法人，其股东会作出的决议只能在公司内部发生效力。

（2）股东会的决议对公司的股东一般不发生效力。公司和股东作为两个不同的法律主体，公司的意志并不能直接约束股东，即对公司的股东不直接发生效力。但是，公司董事会等机关为贯彻股东会的决议而为的行为则可能会直接影响股东的利益。因此，如果说股东会的决议对股东有约束力的话，其约束力也只是体现为对股东有关利益的影响上。

（3）股东会的决议并非绝对有效。如果股东会决议的程序或者内容违反法律规定，就会产生股东会决议的瑕疵，此时股东会决议的效力就会受到影响。有瑕疵的股东会决议可能当然无效，也可能因被撤销而不发生效力。例如，根据我国 2005 年《公司法》第 167 条规定，公司不得在弥补以前年度亏损和提取法定公积金、法定公益金之前向股东分配利润。如果股东大会决议在弥补亏损和提取法定公积金、法定公益金之前分配利润，就构成无效。又如《公司法》第 143 条规定，除特殊情况外，公司不得收购本公司的股票。如果股东大会违反此条规定，作出收购本公司的股票的决议，该决议即为无效。如果违反法律、行政法规和公司章程规定的，或者侵犯股东合法权益的，股东有权向人民法院提起要求停止该违法行为和侵害行为的诉讼。

（4）股东会的决议因有关部门未批准而不发生效力。这是指决议事项的事实应当由政府部门批准、在未批准前或不予批准的，会议决议不发生效力的情形。公司法对公司的某些重大行为特别规定应当取得政府有关部门的批准，否则公司不能为此行为。因此，股东大会有关这些事项的决议在作出后不能发生效力。如我国 2005 年《公司法》第 155 条规定，股份有限公司、有限责任公司发行公司债券的申请经国务院授权的部门核准后，应当公告公司债券募集办法。即未经国务院授权的部门核准，公司发行公司债券的决议也不产生效力。

七、股东大会决议瑕疵的救济

股东大会的决议是根据"大股东规则"的原则作出的，是少数股份服从多数股份的制度，因此，决议内容和程序必须合法、公正。如果决议内容或程序上有瑕疵，其效力就会受影响。一般认为，决议瑕疵的效力应区分决议瑕疵的原因作不同的规定。形式上的瑕疵应成为决议撤销的事由，实质上的瑕疵构成决议无效的原因。我国 2005 年《公司法》第 22 条第 2 款规定："股东会或者股东大会、董事会的会议召集程序、表决方式违反法律、行政法规或者公司章程，或者决议内容违反公司章程的，股东可以自决议作出之日起 60 日内，请求人民法院撤销。"我国 2005 年《公司法》第 22 条规定，公司股东会或者股东大会、董事会的决议内容违反法律、行政法规的无效。

（一）股东会决议撤销之诉

按照国外的立法例，程序违法之诉属于撤销之诉，撤销之诉的事由有：

（1）存在召集程序的瑕疵。股东大会召集程序或者决议方法违反法律时，构成形式上的瑕疵，可以提起决议撤销之诉。程序的瑕疵又包括：①董事会的召集决议瑕疵，如董事会的召集决议不符合董事会的议事规则，董事会未经决议而召集。②由没有召集权人的人召集。③通知的瑕疵，如未向部分股东召集，或通知时间、通知方式不合法，或通知内容不齐全。

（2）存在决议方法的瑕疵：①非股东或非股东代理人出席股东大会并参加决议。②表决权受限制股东行使表决权。

（3）违反决议要件，例如决议通过的股份数不足法定要求时，或表决权的计算违法时，或将特别决议事项以普通决议来决议时。

（4）决议内容违反公司章程。决议内容违反章程是决议撤销的原因还是无效的原因？从道理上讲，决议内容违反章程是实质上的瑕疵，因此，将决议违反章程列为无效的事由是合乎逻辑的，正因为如此，《日本公司法》、《韩国商法》、我国《台湾公司法》等曾把决议违反章程作为决议无效的事由，现行法则将其修正为决议撤销事由。这主要是从法律规定决议撤销与无效的效力来考虑的。决议撤销之诉的起诉期间的限制，在法律规定的期间内，没有提起决议撤销之诉，不得再提起决议撤销之诉，以维护决议所涉及的法律关系的稳定性。决议无效之诉没有起诉时间的限制，使得决议所涉法律关系长期处于不稳定状态，因此，只有严重的瑕疵才能成为决议无效的事由，决议内容违反章程比起决议内容违反法律自然要轻微得多，将违反章程改为撤销事由与瑕疵程度是相符的。如果决议内容违反章程的同时，又违反法律、行政法规时，当然成为无效的事由。

（5）会议主持人没有资格。对此，一般要区分不同的情形而分别考察：①如果召集主持"股东会"的人本身欠缺资格要件，所召开的股东会一般不具备法律效力，其通过的决议也不能被称为股东会决议；②如果股东会召集程序合法，只是主持会议的人不具备主持人资格，则可能会产生撤销之诉的事由。

（二）股东会决议无效之诉

如果股东大会的决议内容违法。即实质性违法，则有关股东可以向法院起诉，要求法院宣告作出的决议无效。如根据股份平等原则，每个股东依其持有的股份性质和数额平等地享有权利（权力），如果股东大会决议内容违反股权平等原则损害了股东的合法利益，股东就可请求法院判决该决议无效。

此外，股东如果认为股东大会决议违反法律、行政法规，侵犯其合法权益时，股东有权向人民法院提起要求停止该违法行为和侵权行为的诉讼。这种诉讼属于股东的直接诉讼。股东行使该项诉讼的条件是：①决议违法。即股东会的决议违反法律、行政法规的规定。决议违法不仅指决议内容违法，还包括决议程序违法。②违法的决议侵犯了股东的合法权益。③原告是受到决议侵犯的股东。④被告应该是公司。

（三）股东会决议瑕疵的起诉权人

对于决议瑕疵的起诉权人，我国2005年《公司法》限于公司的股东，而且，股东只能以自己的名义提起诉讼，这是不够的。在我国，监事会是公司的监督机构，董事会是公司的业务决策及执行机构，监事会、董事会对于决议撤销之诉、无效之诉也应该有诉权。决议瑕疵之诉的被告应该是公司，董事长应代表公司应诉。如果法律赋予董事会诉权，对于董事会提起的诉讼，应由监事会代表公司应诉。因为决议撤销之诉的瑕疵较为轻微，为了避免使法律关系长期处于不稳定状态，国外立法例通常对决议撤销之诉有起诉期间的限制，如韩国规定决议取消之诉自决议之日起2个月内提起，日本规定为3个月。但对于决议无效之诉，通常没有起诉期间的限制，这是因为决议无效之诉的瑕疵较为严重，是不能随着时间的过去而治愈的瑕疵。此外，股东的直接诉讼权不应限于因决议违法导致直接利益受到侵害的情形，对于董事、经理在执行公司职务时，违反法律、法规、公司章程、股东会决议、董事会决议，侵犯股东合法权益的行为，都有权提起直接诉讼。

（四）股东会决议瑕疵之诉的效力

一般认为，当股东会召集程序违法时，原告可以请求法院撤销本次股东大会的全部决议；而如果决议方法违法，则只能要求撤销某个特定决议事项。但问题是，是否只要存在股东大会的程序违法的情形，股东就能主张撤销股东大会的决议呢？我们认为，应当区别不同的情况具体考察：第一，如果股东大会作出决议的程序严重违法的，如出席大会的股东人数未达到法定人数、决议的通过未经有法定比例的大股东同意，此时，"决议"即使以股东大会的名义作出，也不能认为是股东大会的决议，它不能产生任何拘束力，股东在任何时候均得以主张该"决议"不为股东大会的决议而没有效力。第二，如果股东大会作出决议的程序虽有不合法之处，但没有达到严重违法的程度的，例如，大会召开没有通知个别股东而影响该股东表决权的行使，大会的决议仍为有效，但允许该股东在一定期限内主张撤销大会的决议。

第八章 公司董事与董事会

第一节 公司董事概述

一、公司董事的界定

所谓董事,是指那些对公司事务进行指导、处理、管理和监督的人。在法律上,董事所享有的权力范围极其广泛,他们有权任命、监督和解除那些对公司日常事务进行管理的公司高级官员,可以确定这些高级官员的报酬;可以将某些权力委托给公司的各种委员会、高级官员或其他人;可以自由决定是否宣告和支付股利;可以制定、修改和废除公司的内部管理细则;可以开始、发动和批准公司的某些特别行动;可以制定公司的某些重要政策。因此,公司董事被认为是对公司的整个营运享有控制权的人[①]。董事除了享有众多的权利以外,还要承担众多的义务和责任。权利的享有是为了使公司董事更好地为公司股东获得收益;义务的承担则是为了确保公司董事享有的权利不被滥用。董事权利的享有和义务的承担构成公司董事法律地位的主要内容。

二、公司董事的特征

在以公司为中心的现代企业制度中,董事的特征表现为以下几个方面。

(一)董事是公司制度的产物

作为公司组织机构的重要组成部分,董事离不开公司。即不存在脱离公司的董事,也不存在没有或不设董事的公司。在任何国家的公司法中,都有专门的章节,对董事、董事会职权和作用作出相应的规定。依照我国 2005 年《公司法》第 51 条的规定,在一些股东人数较少和规模较小的有限责任公司,可以不设立董事会,但与之相对应的是必须设一名执行董事行使公司业务执行权力。因此,在公司企业中,董事是公司董事会的成员,是构成董事会的基础,而且法律上规定单以董事名义执行的业务依然很多。如公司设立的申请,公司股票的发行等,都要以董事的名义进行。

(二)董事是公司财产组织形式的特殊产物

公司中之所以需要董事这样一类企业家,是与公司这种企业组织形式的特征,以及

---

① See Eisenberg, The Legal Roles of Shareholders and Manasement in Modern Corporate Decisionmaking; 57Cal. L. Rev. 1 (1969); Robert Charles Clark, Corporate Law, Little, Brown and Compang, 1986, pp. 105~106.

与企业经营活动中所有权与经营管理权分离的实现密不可分的。首先，在社会经济生活中，企业有多种组织形式。从企业的法律形态上可以将企业的组织形式分为独资企业、合伙企业和公司三种类型。公司作为企业的一种组织形式，它区别于独资企业和合伙企业等自然人企业。公司作为法人，拥有自己能够独立支配的财产，它是以自己的财产来承担民事责任的。另外，公司联合性的特征决定了它以人的结合为其成立的基础，以资本的结合作为其成立的前提条件。同时，公司经营活动中所有权与经营管理权的分离决定了公司的投资者不一定直接插手公司的日常经营管理。公司的经营管理者，可以不是公司的股东，可以由各种有关的专家，即董事来承担经营管理的职能。

（三）公司董事与非公司中的经营者在权责利上有着明显的区别

以国有企业的厂长经理为例，董事与其相比具有以下一些明显不同的特点：第一，董事是由股东大会即公司财产权力机构选聘，有着明确的财产委托关系。第二，董事的权责利除了由公司法规定外，还受公司章程的约束。而且董事行使的职权范围弹性很大。就整体而言，对股份有限公司来说，董事会是公司的经营决策和业务执行机构。而对于有些不设股东会的有限责任公司，董事会还行使股东大会的职权。就单个董事而言，从董事长、一般内部董事，到从不参加日常经营管理的非执行董事，职权相差很大。第三，公司的业务执行实行的是董事会负责制，在公司业务执行中，作为董事会成员的董事既可以对公司的业务决策行使表决权，又可以具体执行董事会的决议，但董事不一定是法定代表人。只有董事长才是法定代表人。董事长作为法定代表人，是通过董事会集体决议的方式对公司经营活动实行统一领导。对于单个董事来说，有的可能是兼职，有的可能专门负责某一方面的经营管理，但都是通过参与董事会而统一行使公司经营管理权。第四，董事一般与公司之间存在着直接的经济利益关系。例如，董事一般都购买一定的资格股。有的国家公司法规定董事必须是股东，而且，公司法规定董事在某种情况下要承担连带赔偿责任。

三、公司董事的种类

董事的分类方式比较复杂，如根据是否常驻公司，分为常驻董事与非常驻董事或外部董事，专职董事与兼任董事；根据是否有资格代表公司，分为代表董事和非代表董事；根据职能分工，分为董事长、副董事长、常务董事或执行董事和一般董事，等等。在公司实务中，由于公司管理的需要而出现的各种身份的董事，主要有以下种类：

（一）内部董事

内部董事亦称执行董事（executive director）、经营董事（management director），主要是指那些同时是公司雇员的董事，担任本公司的管理人员。如总经理、常务副总经理等。需要注意的是，我国 2005 年《公司法》中也有执行董事的概念，即第 51 条规定：

"股东人数较少或者规模较小的有限责任公司,可以设 1 名执行董事,不设董事会。执行董事可以兼任公司经理。"我国 2005 年《公司法》规定的这种执行董事,自然是公司的内部董事,但与国外"执行董事"的概念并非同一类型。

(二) 外部董事

所谓外部董事 (outside director),又称独立董事 (independent director)、非执行董事 (non-executive director),是指不在公司担任除董事外的其他职务,同其所受聘的公司及其主要股东不存在实质性利益关系,并能对公司事务作出独立、客观判断的董事。独立董事制度源自 20 世纪 70 年代末 80 年代初的英美法系国家,针对当时董事会职能不明的现象,人们意识到需要建立独立董事制度来完善公司内部监督机制,以确保董事会运作的公正、透明。我国自 1997 年证监会发布的《上市公司章程指引》中,首次规定了"上市公司可以根据需要设立独立董事"以来,近几年证监会及相关部门陆续推出了一系列关于独立董事的规定,[①] 独立董事制度在我国上市公司中得到了飞速的发展。我国 2005 年《公司法》第 123 条虽然也规定:"上市公司设立独立董事,具体办法由国务院规定",但到目前为止独立董事制度还没有在上市公司以外的公司中得到推广。[②]

(三) 代表董事

日本公司法中将代表公司对外执行业务的董事称为代表董事。依照《日本公司法》的规定,代表董事是代表公司和业务执行的必要机关。代表董事由公司董事会选任产生,人数要求在一人以上。我国 2005 年《公司法》规定,公司可以根据公司章程,指派董事长、执行董事或者经理担任公司的法定代表人。

(四) 表见代表董事

在实行代表董事制度的国家,只有具有代表权的董事才可以对外代表公司,而且代表董事的姓名还要进行登记,因此与公司交易的对方,如果看登记记载就可以知道谁具有代表权。但是,公司中的某些董事,如总经理、常务董事等具有较高职位的董事,在对外行使权利时,交易对方很容易误任其为代表董事。从保护交易安全和外观主义出发,规定公司应对这类董事的行为承担责任。这类董事被称为表见代表董事。

(五) 股权董事与非股权董事

股权董事亦称当然董事,是指按股东持有股份多少而自然产生的董事。在我国公司实务中,国有企业、政府及参股公司企业董事多属于股权董事。非股权董事是指只持有

---

① 这些规定主要包括:2001 年证监会颁布的《关于在上市公司建立独立董事制度的指导意见》;2002 年 1 月,中国证监会和国家经贸委联合公布的《上市公司治理准则》。
② 相关内容,参见本章第六节。

少量股权或不持有股权而参加董事会的董事,一般在董事会中只占较少的比例,但可以代表职工和社会上个别入股者的利益,有助于董事会在决策过程中广泛听取意见。

(六) 常务董事与专务董事

由于董事会是会议体的机关,不适于执行具体的业务,因而,为了使公司在董事会休会期间业务得以顺利进行,公司也可以在章程中规定设立常务董事。常务董事是从董事会成员中选出的,在董事会休会期间负责办理各项常务事宜的董事。专务董事是指专门办理某项事宜或某方面事务的董事。专务董事和常务董事一样,都是董事会选出的董事代表,他们往往和副总经理一起辅助总经理工作。专务董事一般在规模较大的公司中设置。

四、公司董事的身份

(一) 公司董事身份的多样性

在我国,民法和公司法没有对董事的身份作出说明,因此,董事的身份是什么,是公司法学界争论激烈的问题。大多数学者认为,在我国,公司董事既不是公司的代理人,也不是公司的受托人,他们仅仅是公司的受任人。本书认为,公司董事的身份具有多重性:基于董事代表公司与第三人从事交易的需要,董事被认为是公司的代理人;基于董事对公司资本和财产的管理和运用,董事被认为是公司的受信托人;基于公司对董事侵权行为、犯罪行为等不法行为承担责任的需要,董事被认为是公司的机关;基于董事为公司提供具体的劳务服务,董事被认为是公司的雇员。[1]

(二) 公司董事的各种身份

(1) 董事的受任人身份。此种理论为我国台湾和日本法律所采取,根据这些法律,董事也仅仅是公司的受任人,根据公司的委任而管理公司事务,因此,他们与公司的关系应当适用民法关于受任人与委任人之间的法律规定。凡是民法上的受任人享有的权利,公司董事都享有;凡是民法上受任人承担的义务和责任,公司董事都承担。《日本商法》第254 (3) 条规定,董事与公司间的关系适用民法有关委任的关系。

(2) 董事的代理人身份。此种理论为英美判例法所采取,英美判例法认为,董事是公司的代理人,代表他所任职的公司对外进行活动,因此,他们享有代理人的权利,承担代理人的义务和责任。[2] 董事被看作公司的代理人是同董事代表公司签订契约的观念分不开的。根据早期的英美判例法,当公司董事以公司名义同第三人缔结契约时,公司即应就此种契约对第三人承担法律责任,除非董事以自己的名义缔结契约和承担个人责

---

[1] 张民安:《公司法上的利益平衡》,北京大学出版社2003年版,第315页。

[2] (1866) L. R. 2Ch. 77.

任,否则,他们不对此种契约承担个人责任①。在现代英美公司法中,董事的代理人地位说仍然得到尊重。

(3) 董事的受托人身份。在英美公司法中,董事不仅被看作是公司的代理人,而且也被看作是公司的受托人,董事被认为是为了公司利益而持有和管理公司财产的人。因此,董事应当承担信托关系中受托人承担的义务和责任,虽然他们承担义务和责任的范围并不完全相同。

(4) 董事的公司机关身份。大陆法系国家的理论认为,公司是一种无形的民事权利主体,因此,公司的行为不能由公司本身来实现,而只能借助某些自然人来进行。他们所进行的行为,在一定的场合,由法人而非该自然人来承担法律责任。代表公司来进行活动的此种自然人被称之为公司的机关。在大陆法系国家,公司的机关或者包括公司股东会和公司董事会,或者包括公司股东会、董事会和监事会,前者就是二机关理论,认为公司仅仅有两个机关,后者就是三机关理论,认为公司存在三个机关。无论二机关理论还是三机关理论,都承认公司董事是公司的机关之一,并且认为董事会是公司的执行机关,具体执行公司股东会的决议。在英美,法律传统上仅仅将公司董事看作公司的代理人、受托人,而很少将他们看作公司的机关。但是,20世纪以来,由于公司的影响日趋重要,英美判例法改变了过去不责令公司就董事的具有精神因素的过错行为负责的传统,责令公司对董事代表公司所实施的诸如侵权行为、犯罪行为等不法行为承担法律责任。它认为,公司董事在代表公司行为时并非公司的代理人,而是公司的机关,因此,他们的行为应当由公司承担侵权责任,这就是英美公司法中的公司机关理论。

(5) 董事的公司雇员的身份。董事能否看作是公司的雇员?早期的英美判例法认为,董事是公司的管理人,不是公司的雇员②,也不是公司的仆从③。认为董事不是公司的雇员主要是借以抑制董事享有公司雇员所享有的某些利益。例如,公司董事不得享有公司雇员享有的某些特权,尤其是有关雇员的津贴、参加公司利润分享计划的权利,如果认为董事是公司雇员,则上述规定的内容亦对董事有适用的需要;而不承认董事的此种身份,则董事不享有因此类规定带来的利益④。然而,绝对否认董事的雇员身份是不现实的。在现代公司法中,公司某些董事可以因为与公司董事会订立雇佣或服务契约而成为公司的雇员。在此种情况下,公司也会同他们订立服务契约,对他们的服务报酬等重要问题作出规定。从此种意义上讲,董事除了其本身的身份以外,还可以因为其有报酬的其他职位而成为地道的公司雇员。

---

① Lindus v. Melrose (1858) 3H. & N. 177.
② Normandy v. Ind, Coope & Co. [1908] 1 Ch. 84, 95.
③ Hutton v. West Cork Ry (1883) 23 Ch. D. 654.
④ Clive M. Schmittboff James H. Thompson, Palmer's Company Law, p. 521.

(三) 董事多种身份的原因

为什么现代公司法不再仅仅将公司看作某种单一的身份而赋予他们众多的身份？这是因为，在现代社会，公司董事的职责众多，仅仅赋予他们单一的身份无法对他们承担的众多职责作出解释，只有同时赋予他们众多的身份才能够解释他们承担的各种职责。首先，公司董事代表公司与第三人订立契约，公司要就他们订立的契约承担责任，此时，公司董事可能会被看作公司的代理人或者公司的机关。其次，公司董事在代表公司与第三人从事活动时如果违反所承担的义务，实施有害于第三人利益的行为，公司要就董事的侵权行为对第三人承担侵权责任，此时，公司董事被看作公司的机关。再次，公司董事管理公司财产，就公司财产的出卖、转移等享有权利。如果公司董事滥用公司财产，侵吞公司财产，或者与第三人串通损害公司利益而获得个人利益，法律要求公司董事将其违法占有或者取得的财产交还给公司，此时，公司董事被看作财产的受托人，应当根据一般信托法的规则对公司承担责任。最后，公司董事往往与所在的公司订立契约，规定董事的任期、职责范围等。此时，公司董事会被看作公司的雇员。

五、公司董事的人数及任期

（一）董事的人数

董事的法定人数是多少，各国法律规定不一。英国法规定每一公开招股公司至少必须有董事2人，每非公开招股公司至少须有董事1人。我国则规定，董事人数，有限责任公司除了规模较小或者股东人数较少的公司外，至少3人，最多13人；股份有限公司至少5人，最多19人。此外，公司章程可以规定董事会人数的上限和下限。在其上下限之间，具体需多少人由股东大会决定。董事会人数过多将削弱个人的责任感，如人数过少，董事会则不能行使其职权。董事缺额达1/3时，应即召开股东临时大会补选，但公司章程也常允许董事会在人数不足的情况下，仍要继续进行工作。然而，如果人数少于法定人数，留任的董事需要把人数增加到法定人数，或召开股东大会。

（二）董事的任期

各国公司法对董事任期的规定，从1年到6年，有着较大的差异。我国2005年《公司法》规定，董事的任期由公司章程规定，不得超过3年，但可以连任。不论是由发起人选任董事，还是由创立会选任董事，或者由公司建立后的股东大会选任董事，其任期都应从就任之日起算。被选董事的代行职务者，其代行的任期，到缺额董事的任期满时，或到股东临时大会补选董事之日为止。任期途中，有董事退位时，被补选的董事的任期为前任期的剩余时间。

任期届满而未有改选时，可以延长其执行职务至改选董事就任时为止。但主管机关可以依照职权限期令公司改选。

第二节 公司董事的选任与解任

一、董事的任职资格

（一）公司董事资格的意义

与股东不同，董事受股东的委托行使直接经营管理公司的职能。在公司里，董事可以在两个层次上发挥重要作用。一方面，董事作为董事会成员，参加董事会，讨论并通过投票方式决定公司经营管理的重大事情，在董事会对公司的集体领导中发挥作用。另一方面，公司某些个人董事根据董事会的授权，直接对公司某一事项或某一方面的工作行使权力。董事的素质、工作能力、个人品质乃至一些细小的生活习惯都可能对公司的经营产生影响，对担任董事职务的人作某种限制是自然的。早期公司的董事侧重于董事的持股资格，公司选择董事的范围限于全体股东内，董事一般都是公司的股东；但现在，各国对任职董事的持股限制并不严格，但对其他方面的限制性条款越来越多，越来越细。董事的任职资格是指董事任职的条件，在学理上一般可以从积极资格和消极资格两个方面进行界定。其中前者是指担任董事所要具备的资格条件，也称积极条件；后者是指在哪些条件下不得担任董事，也称消极条件。

（二）公司董事的积极资格

关于董事的积极资格，各国法律规定差异较大，综合起来主要涉及以下几个方面：

(1) 对董事国籍的要求。多数国家公司法对董事的国籍不加限制，但也有少数国家要求董事必须具有本国国籍。例如，瑞士《债务法》规定，如果只有一名董事，该董事必须是居住在瑞士的瑞士公民；如果有数名董事，则其中多数董事必须是居住在瑞士的瑞士公民。

(2) 对董事年龄的要求。各国在董事的消极资格要求中，一般规定董事必须具有相应的行为能力，因此，对董事年龄方面的要求，实际上是指对董事最高年龄的限制。从各国的公司实践中，除少数国家外，一般对董事的最高年龄不作限制。《法国商事公司法》第90-1条规定，公司章程应规定董事职务的年龄限制，或适用于全体董事，或适用于一定比例的董事。如果公司章程对此不作规定，超过70岁以上的董事人数不得超过在职董事人数的1/3。另外，该法还规定，公司章程如未作规定，董事长的年龄应限制在65岁以下，如公司违反上述规定，则董事的任命无效。

(3) 对董事股东身份的要求。董事是否必须是股东或成为股东，持有公司的股份，并将此作为董事选任的必要条件。各国的立法规定不同，主要存在三种立法例：①肯定说，明确规定董事必须拥有资格股份。如早期的《英国公司法》规定，董事应持有一定的资格股份，未具备此种资格者，应于选任后 2 个月内获得，否则，其职务当然解除。① ②否定说，对董事是否为公司的股东没有特别的限制。如《日本公司法》规定，公司不得以章程规定董事必须是股东；美国许多州的公司法对董事亦无资格股的限制。③折中说，原则上对董事无资格股的限制，但允许公司以章程要求董事具有资格股。如《德国股份法》规定，董事除应具有行为能力并不得以法人充任外，无其他资格限制，但如以章程限定资格，亦非法所不许。就以上三种立法例而言，有的对资格股的要求是强制性的，此种立法例还可以细分为两类：一种是限定董事必须由股东出任，一种是允许在非股东中选任，但当选后必须在法定期限内取得公司股份，否则其职务当然解除。有的不允许用资格股限制董事候选人，如《日本公司法》的规定。还有的对此则采取任意性规定，即是否要求资格股份，由公司章程确定。

肯定说的理论依据在于，要求董事必须拥有资格股，董事才能在执行公司的经营管理时，基于自身的利益尽力为公司服务，形成董事与公司一荣俱荣、一损俱损的利益制约关系，并以资格股份作为董事违背义务承担赔偿责任的担保，但这种观点可能将那些具有经营管理才能的人排除在公司管理者的大门之外。而依照否定说，不要求董事具有资格股，则是为了方便公司在股东外广求人才，以适应所有权与经营管理权相分离的需要，但却不能确保董事为公司的发展尽心尽责。与这两种观点相比，折中说很好地吸收肯定说与否定说的优点，让公司自己决定是否对董事的股东资格提出要求，更符合公司的实际需要。

（三）公司董事的消极资格

1. 法律上对董事任职资格的限制

多数国家的公司法对董事的消极资格有明确的规定。从具体的条文上看，对任职董事的限制又主要来源于两个方面：公司法和公司章程。法律之所以对任职董事的资格采取一定的限制，其目的在于防止某些人进入董事会，对公司带来消极的影响。从世界各国看，法律对任职董事的限制主要包括以下几个方面：

（1）由于犯罪被处以刑罚的人、品行不端和经营管理公司有劣迹的人。英国的法律规定，未清偿债务的破产人和有欺诈行为的人不能成为董事；比利时的法律规定，未清偿债务的破产人和由于严重犯罪而被处监禁的人不能做董事。《日本公司法》第331条规定的不得担任公司董事的人中："因本法、与股份有限公司监察相关的和与商法特例法相关的法律，或有限责任公司规定之罪而被处以禁闭以上刑罚，其执行终止之日或不再接受执行之日起未逾两年者；因前款以外其他罪而被判处禁闭以上刑罚，其执行未终止或不再执行者"。其他国家也有类似规定。

---

① 现在的《英国公司法》虽然不要求董事必须持有资格股，但公司章程中大多要求董事必须是公司股东。

(2) 对某些职业从业人员兼任公司董事进行限制。行政长官、政府公务员、公证人、审计人员以及公司的监事都不得担任公司董事。首先，政府机构是国家的行政权力机关，要考虑如何行使社会管理职能，主要致力于解决各类社会问题，力求做到"中性化"，即公平、公正。如果公务员做了公司董事，就可能使政府的社会目标与企业盈利目标发生冲突。此外，公务员兼任公司董事还可能带来的问题是公司与政府机关人员相互利用，可以利用兼职人员手中的政府权力去谋求额外的利益，造成企业间不平等竞争。其次，社会公证机构虽然不是政府机构，但它们应公正地为各公司服务，这种公正性要求它们的成员不能与任何公司产生个人利益纠葛，否则，很难保证其公正性。最后，在一些需要设立公司监事会或审计人员的国家，像德国、意大利、日本等，公司监事会或审计人员的一个重要职责就是实施对董事会及公司整个经营机构的监督。如果监事及审计人员同时又是董事，实际上就形成了个人自我监督的局面，这有悖于公司权力分工、相互制约的基本原理。所以同一公司的监事及审计人员不能担任董事，以保证监事及审计人员真正起到对董事的监督作用。

(3) 无行为能力人与限制行为能力人。无行为能力人和限制行为能力人不得担任公司董事，因为，公司董事要管理公司事务，要代表公司实施法律行为，这些职责必须以有完全行为能力作为条件。与国外相比我国法律对任职董事的限制更多，从内容看也主要对品行及有经营劣迹的人进行限定。根据我国 2005 年《公司法》第 147 条的规定，有下列情形之一的，不得担任公司的董事、监事和高级管理人员：①无民事行为能力或者限制民事行为能力；②因犯有贪污、贿赂、侵占财产、挪用财产罪或者破坏社会主义市场经济秩序罪，被判处刑罚，执行期满未逾 5 年，或者因犯罪被剥夺政治权利，执行期满未逾 5 年；③担任破产清算的公司、企业的董事或者厂长、经理，并对该公司、企业的破产负有个人责任的，自该公司、企业破产清算完结之日起未逾 3 年；④担任因违法被吊销营业执照、责令关闭的公司、企业的法定代表人，并负有个人责任的，自该公司、企业被吊销营业执照之日起未逾 3 年；⑤个人所负数额较大的债务到期未清偿。公司违反前款规定选举、委派董事、监事或者聘任高级管理人员的，该选举、委派或者聘任无效。

2. 公司章程的限制

除了法律对公司董事任职资格的限制之外，公司还可以在其章程中对任职公司董事的资格作出要求，以确保那些有才干的人，或者至少具有较强的经营能力和专业特长的人进入公司董事会。一般情况下，公司章程在设计对任职董事的条件限制时，主要考虑的是两个方面。一方面是候选人的专业技能。董事必须要有一定的专业技术水平，应该是公司所需要的在某一领域能独当一面的"内行"，如银行家、财务专家以及律师等来做公司的董事。对一个集体领导班子来说，如果它是由各方面人才构成的，那么它就可能充分吸收各方面的知识，形成正确的决策。另一个方面是董事要有良好的管理才能。

董事具备相当的专业知识和技术，并不等于具备了管理才干，也不一定是公司最好的管理者。除此之外，有些公司还从某些方面对任职董事加以限制，如持股限制，即要求董事须持有公司一定数量的股份，一个人即使已经当选为董事，但如果他的持股数达不到规定的数量，将自行失去董事之职。通过这种限制，将公司的利益与董事的个人利益交织在一起。

二、公司董事的选任方式

（一）董事的选任机关

依照各国公司法的规定，一般情况下，选举和更换董事属于股东会的专属决议事项。但是，在某些特殊情况下，股东会以外的机关或组织也可以选任董事，主要包括：

（1）公司首届董事会的选任。对于公司成立时第一届董事会成员的选任，各国公司法的规定大致相同，都是由发起人或创立大会选出。例如，依照我国2005年《公司法》的规定，若公司采取发起设立方式，董事由发起人选举产生；若是采取募集设立方式，则由创立大会选任产生。

（2）董事会对董事的选任。一些国家的公司法规定，董事会在一定的情况下，有权选任公司临时性董事。例如，《法国商事公司法》第94条规定："因死亡、辞职的原因，一个或若干个董事席位空缺时，董事会可以在两次股东大会之间任命临时董事"；另外，《美国修正标准商事公司法》第8.10条（a）款也规定："除非公司章程另有规定，如果董事会出现空缺，则董事会可以填补该空缺。"

（3）法院对董事会的选任。在公司实践中，为确保董事会的效率，一般情况下董事会成员的人数应为单数，但当董事人数因某些原因成为双数时，董事会就极有可能陷入僵局。此外，当公司董事会剩余的董事人数不能达到最低的法定人数时，公司正常的经营管理活动将直接受到影响。因此，一些国家规定，在此种情况下，法院可以行使选任董事职位的权利。《德国股份公司法》第85条规定，如果缺少一名必要的董事会成员，在紧急情况下，法院应根据一名股东的申请任命这一成员；另外，《日本公司法》第346条第2款规定，如果董事会人数未达到法律或公司章程规定的人数，法院在认为必要时，可以依照相关利害关系人的请求，任命一名临时董事职务的执行人。

（4）第三人对董事的任命。第三人对公司董事的任命，包括公司小股东对董事的任命、公司雇员或职工对公司董事的任命。前者是指大股东为鼓励小股东的投资积极性，而与小股东签订协议，共同选派各自的代表进入董事会；后者是公司为鼓励雇员或职工以主人翁的姿态参与公司发展，允许公司雇员或职工选派自己的代表进入董事会，共同参与公司事务的管理。①

依照我国 2005 年《公司法》的规定，对公司存续期间董事的选任，一般只能由股东会的投票选出，因此即使公司章程另有规定，也不能将其委托给董事会或其他第三人来完成。董事人数低于法定要求，是公司召开临时股东大会的法定事由之一。在临时股东会召开前，即使董事会人数低于法定标准，或者陷入僵局，也不允许董事会或法院任命临时董事。但是，为体现国有企业职工的主人翁地位，发挥企业职工当家作主的积极性，我国 2005 年《公司法》第 45 条第 2 款规定，"2 个以上的国有企业或者 2 个以上的其他国有投资主体投资设立的有限责任公司，其董事会成员中应当有公司职工代表；其他有限责任公司董事会成员中可以有公司职工代表。董事会中的职工代表由公司职工通过职工代表大会、职工大会或者其他形式民主选举产生。"

（二）选任制度

（1）选任决议。选任董事的股东会既可以是股东年会，也可以是临时股东会。董事的选任原则上属于股东会的普通决议事项，即经出席会议的股东所持表决权的半数以上通过。对于选任董事的决议，大多数国家的公司法均要求出席会议的股东人数符合法定人数。例如《日本公司法》第 341 条规定，对于董事的选任或解任决议，须出席股东大会的股东持有的表决权数超过公司表决权总数的半数以上（如果公司章程规定不得少于的表决权总数 1/3 的，从其规定），决议须经出席股东大会的所持表决权的半数以上方能通过。我国 2005 年《公司法》对此并没有规定，但考虑到董事地位的重要性，为确保股东会决议能够体现大多数股东的意志，应该对出席股东会的法定人数作出规定。

（2）表决方式。董事的选任一般有直接多数表决制和累积投票制度两种方式。直接多数表决制（straight voting）是指各个股东依照"一股一票"的原则，当同时选举 2 名以上的董事时，每股对每个董事候选人只有一票表决权的投票方式。依照这种方式，无论股东是否只对候选人中的一人或几人投票，拥有半数以上表决权的多数派股东都可以完全依照他们自己的意思选举出全体董事。完全控制董事的选举，意味着只有那些代表大股东利益的董事才能进入公司董事会，而中小股东则很难有机会当选为董事或者选出能代表自己利益的董事。因此，现在许多国家逐渐放弃这样的投票方式，转而考虑采用累积投票制度。

所谓累积投票制（cumulative voting），是指在同一股东会选举 2 名以上的董事时，股东所持有的表决权可以集中于同一候选人，也可以分散行使的投票方式。例如在股东会上将要选出的董事是 5 人，则股东每持有一股就可以有 5 票（1×5），这 5 票可以集

---

① 张民安：《公司法上的利益平衡》，北京大学出版社 2003 年版，第 321 页。

中于其中一名候选人，也可以分别投向不同的 5 个候选人。这样，从得票最多者中依次决定当选者，若当选者拒绝就任，可以由其下一位递补当选。由于依照累积投票的选举制度，少数派股东就有可能按照其持股数选出代表自己利益的董事，因此可以有效地防止多数派股东以其优势把持选举，排挤少数派之情形的发生。

从各国的公司立法来看，美国的伊利诺斯州早在 1870 年就已采用了强制性的累积投票制，该州规定，任何股东在法人公司选举董事或经理的任何场合，均有权亲自或通过代理人依其所持有的股份数对所有的候选董事行使累积投票权，而且此类董事、经理的选举不得采用其他任何方式①。之后，美国的其他州纷纷效仿伊利诺斯州，在宪法或公司法中规定了股东的累积投票权。日本 1950 年在修改其《商法典》时，也借鉴美国的立法例规定了股东的累积投票权（旧《日本商法典》第 256 条之 3）。我国 2005 年《公司法》在充分权衡累积投票制利弊的基础上，将采取何种投票方式交由公司章程规定，允许公司自己确定是否采取累积投票制度。即《公司法》第 106 条规定："股东大会选举董事、监事，可以依照公司章程的规定或者股东大会的决议，实行累积投票制"。②

（三）选任的效力

无论采取何种方式选举出的董事，只有在被选者本人表示同意后才发生效力。一般认为，股东会的选任决议仅仅是形成了公司的意志，或者说只是公司对被选者发出了签订董事服务契约的要约，只有在被选人表示承诺才发生董事选任的效力。但另一种观点认为，只有在董事和公司签订服务契约后，董事选任才生效。③ 如果将董事与公司的关系理解为委任关系，那么依照我国《合同法》的规定，委任合同为诺成合同，只要被选人对股东会的决议作出承诺的意思表示，合同即成立，董事选任即发生效力。

被选人就任董事的承诺，可以是明示的，也可以是默示的意思表示。例如，股东会投票选举结果产生以后，被选人在会上发表就职演说；或者直接以董事的身份参加之后召开的董事会；或者被选人虽没有出席股东会，但之后对董事会的投票结果并没有提出保留意见，都可以推定他有就任董事职务的意思表示。但是，由于董事会人员发生变动后，应立即在有关部门办理变更登记，此时，需要向登记部门提供被选人同意出任公司董事的书面证明。这些证明包括被选人已经作出承诺的股东会会议记录，被选人与公司签订的服务契约等。

---

① 刘俊海：《股份有限公司股东权的保护》，法律出版社 1997 年版，第 189 页。
② 近几年，从保护中小股东利益的角度出发，许多学者指出应在公司法中明确规定股东可以请求公司采取累积投票的方式选任董事。但从累积投票制度的特点以及各国对此项制度的态度等方面出发，我们认为，对于是否采用累积投票制，既应该考虑中小股东利益的保护，同时也要考虑到公司经营的健全稳定发展，因此不应采取一刀切的方式，应给予公司充分的自由裁量权。因此，新《公司法》所采用的方式更为合理。
③ （日）上柳克郎等编：《新版株式会社法（6）》，成文堂 1987 年版，第 8 页。

（四）选任的登记

依照《公司法》的规定，董事的身份证明是公司在向相关登记机关报送的文件之一，因此，无论是公司设立阶段还是公司存续阶段，如果发生董事的人员变动，应当在公司登记机关办理变更登记。

三、公司董事的解除

各国公司法对董事的任期一般都有明确的规定，除了连任的情况外，任期届满是董事丧失其董事职位的一种当然的事由。但是，在董事在任期间，是否可以因某种原因而丧失其董事的职位？我国1993年《公司法》第115条第2款规定，"董事在任期届满前，股东大会不得无故解除其职务"，反过来理解，就是股东大会在有合理理由的前提下可以解除董事的职务。但这里的合理理由的含义为何，我国1993年《公司法》本身并不明确，这也给实际操作造成了较大的困难。依照我国2005年《公司法》第147条第2款规定，如果董事在任职期间出现不符合董事任职资格的情形时，公司应当解除其职务。此外，参照各国公司法的规定，董事丧失其职位的事由主要还可以概括为以下几个方面：

（一）董事职位自动丧失

概括起来，董事职位的自动丧失可以包括以下几种情况：

（1）公司终止。公司生命终结和公司独立人格消灭的原因包括解散、破产或合并三种情况。①因各种解散事由出现时，公司要履行必要的清算程序。在公司清算阶段，清算组负责处理公司的清算事务，此时公司董事会自动解散，董事也就相应地失去其董事的职位。②在公司进入破产清算阶段，董事的职位也自动丧失。③公司合并是公司解散的法定事由之一，分为吸收合并和新设合并两种情况，除吸收合并中存续的公司外，合并导致公司法人资格的终止，也就意味着董事失去其董事职位。

（2）董事失格。依照各国公司法的规定，董事必须符合一定的资格条件，当董事不符合公司法或者公司章程中对董事的资格要求时，如董事丧失行为能力；超过了公司章程对董事年龄的限制；没有及时取得公司章程规定的董事必须持有的资格股或丧失资格股时；在任期间由于犯罪被处以刑罚、品行不端和经营管理公司有劣迹等情况出现时，一般情况下，董事便自动失去其董事的职位。

（3）董事死亡或破产。董事死亡是其失去董事职位当然的事由。

（二）董事辞职

对于董事是否可以辞去其董事的职务，我国2005年《公司法》并未作规定，原则上董事基于自愿有权辞去自己所担当的董事职位。但是，董事如果要辞职，必须履行一定的程序，包括：提交书面的辞职通知；辞职通知应向公司适当的机关递交。在历史上，董事的辞职通知必须向公司股东会提出，仅仅在董事会上宣读辞职信是无效的。但现代法律认为，董事仅向公司有关机关发出辞职通知即可。[①]

依照各国公司法的规定，董事的辞职行为为单方行为，即董事作出辞职的意思表示并将此意思表示传达给公司即产生法律效力，无需取得公司的同意。但是，由于董事在就任时，往往需要同公司签订服务契约，而且在服务契约中通常都规定了董事的任期，董事的辞职行为是单方面违反了董事与公司间的契约，因此他在辞职时应对公司因此而遭受的损失承担相应的法律责任。

(三) 股东会对董事职务的解除

《公司法》第 103 条规定，股东会解除董事职务首先要召集股东会，如果是临时股东会，公司还应在向股东发出的会议通知中，载明会议的决议事项中有解除某董事职务的内容，否则解除董事职务的决议无效。另外，由于我国 2005 年《公司法》所规定的关于股东会特别决议的事项中，并没有列明解除董事职务的内容，因此采取简单多数的普通决议即可解除董事职务。但是，由于通过普通决议解除董事职务可以使公司的大股东简单地排除董事会中代表中小股东利益的董事，因此许多国家公司法规定，股东会解除董事职务必须经特别决议作出[②]。

对于股东会在解除董事职务时的正当理由，各国公司法并没有作出详细规定。但一般认为，这些事由包括：董事在任期间，有严重违反公司法规定的行为；董事违反公司章程中所规定的义务；董事在业务执行中有严重损害公司利益的行为；存在不作为或者没有有效地执行董事会决议的行为等。

(四) 司法解除董事职位

除了股东会可以作出解除董事职务的决议外，许多国家公司法规定，法院也有权解除某一董事的职务。《日本公司法》第 854 条规定：当董事已有履行职务的不当行为或者违反法令即公司章程的行为，而股东大会否决解除董事职务的决议时，自 6 个月以前开始起连续持有该公司已发行股份总数 3% 以上的股东，或者持有公司 3% 以上的表决权的股东，在上述否决决议作出后 30 日内，可以请求法院解除该董事之职务。另外，《美国修正标准商事公司法》第 8.09 条 (A) 款规定：如果公司或股东向法院提起诉讼，要求法院解除某一董事的职务，而法院认为该董事具有欺诈或不诚实行为、滥用权力或自由裁量权，或者免除董事职务符合公司的最佳利益时，法院可以免除该董事的职务。

---

① 张民安：《公司法上的利益平衡》，北京大学出版社 2003 年版，第 335 页。
② 2005 年修改前的《日本商法典》第 257 条和第 343 条规定："公司股东会解除董事职位时，必须有代表公司已发行股份过半数的股东出席，以出席股东的 2/3 以上的表决权通过"。但现行《日本公司法》已将特别决议改为普通决议（参见《日本公司法》第 347 条）。

第三节 公司董事的权力及权利

在法律上，董事所享有的权力范围极为广泛，他们有权任命、监督和解除公司经理等高级管理人员，可以决定这些人员的报酬，可以将某些权力委托给各种委员会及高级管理人员等。

一、公司董事权力的产生原因

就董事个人而言，其在公司经营管理活动中的权力实际上分为两种类型：一类是通过参与董事会集体决策而行使的权力；一类是董事根据授权而独立负责行使的权力。一般来说，董事的权力受到以下几个因素的制约：

（一）公司法规定的董事权力

董事的权力是由公司法规定的。在公司中，董事会是由股东大会选出，代表全体股东利益，负责制定公司的重大方针政策并检查其执行情况的机构。作为董事会成员的各个董事，他们可以依法参加董事会，并在董事会上行使表决权。因此，也可以说每位董事都有参与公司决策的权力。

（二）公司章程规定的董事权力

公司法约束的对象是各种类型的公司，因此，它只能对公司董事会或董事的权力作一般性的规定。至于具体每个公司，其董事会或董事的权力还可以根据公司股东的需要在公司章程及其细则中作出更为具体的规定。如我国2005年《公司法》第47条规定的董事会可以行使的职权中包括"公司章程规定的其他职权"。

（三）股东大会决议规定的董事权力

公司股东集体除了可以通过公司法、公司章程及其细则对董事会或董事的权力作出规定外，还可以通过股东大会决议的方式，授予或限制董事会及其成员某项具体的权力。例如，我国2005年《公司法》第40条、第101条中分别对有限责任公司和股份有限公司的股东大会及股东大会召开方式作了规定。股东可以通过在定期或临时股东大会对某项议案作出决定，授予或限制董事会或董事的权力。

（四）董事会决议规定的董事权力

就个别董事而言，除了参与董事会集体决策来行使权力之外，还可以由董事会决议授权，具体行使某方面的公司日常经营管理权力。特别是对于由董事组成的专门委员会或董事经理，董事会往往以决议方式，授予其某方面的具体经营管理权力，使其能够顺利执行职务。需要指出的是，董事会委托权力给个别董事或由董事组成的专门委员会时，必须遵照公司章程及细则的规定，通过适当的决议记录在案。一般要求以书面方式委托，清楚地注明受托人的权力和责任范围，以保证其权责利统一，避免造成职权不清或越权的现象发生。

（五）董事职位决定的董事权力

董事职位可以分为多种类型。例如，根据董事在董事会中的职务不同，有董事长、副董事长、常务董事、成员董事等之分。董事长对外是公司法定代表人，对内通常是股东会、董事会及常务董事会的主席。董事长可以拥有比其他一般董事更广泛的权力，除随时召集并主持召开董事会外，还可以代表公司行使对外的业务执行权。另外，在董事会休会期间，董事长还可以在得到董事会授权的前提下，代替董事会行使权力。董事长缺席董事会时，其职权可以由副董事长或常务董事代替。常务董事一般还主持公司某方面的日常经营管理业务。董事还可以分为内部董事和外部董事。内部董事大部分都兼有某一方面的公司经营管理业务。外部董事则一般是兼职董事，不直接参与公司日常经营管理。显然，就某个董事而言，由于其所处董事位置的不同，其拥有的权力以及承担的相应责任和义务也各不相同。

二、公司董事权力的内容

（一）董事通过董事会行使的权力

董事会作为现代公司的业务执行机构，依照公司法及公司章程规定，享有全面管理公司业务和事务的权力。法律及公司章程对董事会的授权是一种概括性的授权，从逻辑上讲，除非公司章程明示限制，公司所享有的民事权利能力就是其权力行使的范围。[1] 对此，无论是大陆法系国家还是英美法系国家都予以承认。例如，《美国修正标准商事公司法》第8.01条（b）项规定，所有公司权力应当由董事会行使或在它的许可下行使，公司的业务和事务也应在它的指导下经营管理。《德国股份公司法》第77条规定，"除非公司章程或董事会业务规章有例外规定，那么全体董事会成员只有权集体执行业务"；《日本公司法》第362条第1项也规定："公司董事会决定公司业务的执行"。关于董事通过董事会行使的权力的内容，参见本章第6节"公司董事会"。

（二）董事单独行使的权力

对于公司各个董事的权力，各国公司法一般没有专门规定，分散的规定也不多见。如上所述，董事的权力既可以由公司董事会、股东会授予，也可以在公司章程及其细则中规定，因此，一般情况下，在得到授权的前提下，董事不仅可以行使属于董事会的权力，甚至还可以行使某些属于股东会的权力。由于授权的主体不同，很难对各个董事所享有的权力系统地加以归纳，而且各个董事的职位也决定了其各自所拥有的权力不同。

---

[1] 张开平：《英美公司董事法律制度研究》，法律出版社1997年版，第48页。

作为董事会成员而言，董事在公司经营管理活动中，除了可以通过参与董事会集体决策而行使权力之外，还可以根据授权而独立行使公司的业务执行权。随着现代公司规模的不断扩大，股东人数的增加，以及公司经营管理的复杂化和专业化，在董事会内部权力也产生了分化。作为公司的法定业务执行机构，董事会的业务执行分为对外的业务执行和对内的业务执行，而业务执行又分为决策阶段和具体执行阶段。一般而言，董事会会议体的性质决定了它只是公司经营管理的决策机构，而具体的业务执行权则由董事会授权给各个董事行使，即董事享有公司事务的一般性管理权。即使在那些将公司经营决策和业务执行及对外代表权赋予公司董事会的国家，立法也允许公司章程将公司的业务执行权、公司代表权授予公司的董事及公司代理人。但需要注意的是，董事行使一般性管理权时，授权是前提，未经授权，董事只能有权集体执行公司业务。

三、董事行使权力时应遵循的原则

（一）权力集中行使原则

虽然董事可以在得到授权的前提下，独立行使某些管理公司以及业务执行的权力，但是如上所述，董事单独行使公司的一般管理权时必须事先得到公司的授权，在没有得到授权的情况下，董事的权力只能采取集中行使的方式，即通过董事会共同行使。公司董事会会议必须依照公司法、公司章程或者公司管理规则的规定召集、召开，必须给予适当的通知，必须有法定的人数表决通过（详细请参照第6节"公司董事会"）。

（二）为公司最大利益行使权力的原则

无论将董事与公司的关系理解为代理关系还是委任关系，董事在行使权力时都必须遵循为公司利益而行为的原则。各国公司法在赋予董事及董事会各种权力的同时，也为董事设定各种义务，其目的均是为了使董事在行使职权时必须时刻将公司利益放在首位。因此，董事要履行忠实义务，在个人与公司利益发生冲突时应首先考虑公司的利益；董事要履行一个善良管理人的义务，为公司的最大利益而勤勉地工作。在英美公司法中，衡量董事是否履行了注意义务时，经常使用是否"合理地相信是为了公司的最大利益"这一标准。法院在判断董事的行为是否可以适用经营判断原则时，同样也会将董事的行为是否是为了公司的最大利益作为判断标准之一。

当然，为公司最大利益而行为的原则，也不是一个绝对的原则。在下列情况下，即使董事在行使权力时与公司最大利益发生冲突，也认为董事合理地行使了权力：①遵守法律、法规及行政命令。当遵守法律、法规或行政命令与公司最大利益相冲突时，任何权力的行使者必须首先遵守法律、法规和行政命令。②社会福利事业、社会公益事业。社会的发展需要人人贡献一份力量，公司也不例外。公司对灾区、贫困地区实施捐助等行为，虽然与公司利益最大化之间也同样会产生冲突，但此时也并不能认为董事行使权力违背了最大利益原则。③遵守社会道德。董事在行使权力时如果因遵守社会道德而与公司最佳利益相冲突，同样也不应因此而承担责任。

（三）禁止权力滥用原则

董事权力的行使必须给予该种权力所授予的目的，否则构成董事权力的滥用。董事权力的滥用表现为多种形式，例如滥用新股发行权、滥用委任权、滥用股份转让登记权以及滥用自由裁量权等。当董事滥用法律、公司章程以及股东会赋予他的权力时，行为人应对其行为承担相应的法律责任，但对于该董事所实施的行为则并非绝对无效，而应当根据公司利益保护和善意第三人利益保护的原则加以处理。

四、公司董事的权利

对董事会的职权，各国公司法都有集中的规定，但对于各个董事所享有的权利则无集中规定。此类内容，可散见于有关董事的条款。主要是：

（1）出席董事会会议。依《公司法》第113条的规定，董事会会议，应由董事本人出席，因此，董事当然有出席董事会会议的权利。

（2）报酬请求权。鉴于董事在公司中的特殊地位，各国公司法对董事报酬的支付限定了严格的条件，以防止董事利用职权谋取不正当利益。依照我国2005年《公司法》的规定，决定董事报酬属于股东会的职权，另有些国家规定董事的报酬由监事会决定（如德国），或由公司章程规定（如《日本公司法》规定公司章程无规定时才由股东会决定）。虽然决定机关以及支付方式不尽相同，但董事可以基于已经确定的数额请求公司支付报酬。

（3）董事会临时会议召集的提议权。我国2005年《公司法》第111条规定了董事会可以召开临时会议。一般情况下，董事会临时会议由董事长视情况主动召集。但当董事长不履行职权时，代表1/10以上表决权的股东、1/3以上董事或者监事会，可以提议召开董事会临时会议，这就产生了董事对召集董事临时会议的提议权。对于董事的上述提案，董事长应当自接到提议后10日内，召集和主持董事会会议。

（4）通过董事会行使职权而行使权力的权利。虽然董事会的职权不是董事个人的职权，在没有得到授权的前提下不能由董事分别行使，但是没有董事的参与，董事会无法行使其职权。并且，董事作为董事会的成员，可以通过行使议决权而影响董事会的决定。从这个意义上说，还有通过董事会行使权力而行使的权利。

第四节　公司董事的义务

董事在享受权力和权利的同时还应当对公司承担各种义务，诸如注意义务和忠实义务。这是两大法系国家公司法的共同规定，也是我国公司法的原则规定。我国2005年

《公司法》第148条规定：董事、监事、高级管理人员应当遵守法律、行政法规和公司章程，对公司负有忠实义务和勤勉义务。其中，勤勉义务被众多的学者认为是指注意义务，实际上，勤勉义务仅仅是董事注意义务的一种表现形式，而不是注意义务的全部内容。我国2005年《公司法》没有使用注意义务是立法的漏洞，应当将2005《公司法》第148条中的勤勉义务改成注意义务。

一、注意义务

（一）注意义务的概念

董事的注意义务（duty of care），也称为"注意和技能义务（duty of care and skill）"，在大陆法系国家被称为是"善良管理人的注意义务"，或称"善管义务"。简单说，注意义务是指董事必须谨慎、尽力履行其作为董事职责的义务。对董事的注意义务，两大法系均有所规定。英美法系将董事的注意义务包含于受托义务之中，通过制定法及判例法对其内容及判断标准加以规范。依照英美法的规定，注意义务的基本含义是指董事有义务对公司履行其作为董事的职责，而且履行义务必须是诚实的，行为人必须合理地相信他是为了公司的最佳利益，并尽了一个普通谨慎的人在类似的地位与状况下所应有的合理注意。大陆法系国家一般认为董事与公司之间为委任关系，当适用民法上关于委任的规定，而在公司法上一般不加以特殊规定。因此，董事负有以善良管理人的注意处理公司事务的义务，即受任人的注意义务，也就是要求董事在其职责范围内，要像与他们有同样学识、地位及经验的人处理自己的事务一样来处理公司事务，需具备善良管理人的谨慎品质。

（二）注意义务的表现形式[①]

（1）董事有遵守公司法和其他制定法规定的注意义务。董事作为公司的管理人，在管理公司事务和执行公司业务过程中，负有遵守公司法和其他制定法规定的义务，不得违反公司法和其他制定法的规定，否则，对公司因此遭受的损害应当承担赔偿责任。

（2）董事负有遵守公司章程规定的注意义务。公司章程作为公司最为重要的文件，对公司董事具有约束力，董事在管理公司事务和执行公司业务时负有遵守公司章程规定的义务，不得违反公司章程的规定，否则，即应对公司承担法律责任。我国2005年《公司法》第11条规定，设立公司必须依法制定公司章程，公司章程对公司董事具有约束力。公司董事违反公司章程的规定同第三人从事交易行为，该交易行为仍然有效，公司不得借口董事的行为违反公司章程和构成越权拒绝对第三人承担责任，公司仍然要

---

① 张民安：《董事的注意义务研究》，赵旭东主编：《公司法评论》第4卷，人民法院出版社2006年版，第2～5页。

对公司债权人承担责任。因为，在现代社会，一般国家的公司法已经废除了公司章程的推定通知制度，公司章程仅仅被看作公司股东、董事、监事和股东之间的一种内部契约，公司董事违反公司章程从事越权行为，实际上是违反公司内部契约的一种行为，应当对公司承担责任。

（3）董事负有在自己权限范围内行为的注意义务。董事被看作是公司的代理人，在代表公司对外从事活动时负有遵守公司法、公司章程和公司股东大会决议的义务，只能在公司法、公司章程和股东大会所授予的权限范围内活动，不得超出这些权限范围从事代理活动，否则，对公司因此而遭受的损害承担赔偿责任[1]。董事负有在自己的权限范围内行为的义务同董事所享有的不受限制的代理权并不矛盾，因为前者是公司内部之间本人和代理人之间的关系，后者则是代理人与第三人之间的关系。就第三人而言，公司董事的代理权限是不受限制的，除非第三人知道公司董事的权利限制，否则，公司董事超越代理权的行为对公司有约束力，公司不得借口董事超越代理权而拒绝对第三人承担责任。就公司董事与公司之间的关系而言，公司董事被认为是公司的代理人，应当在自己的代理权限范围内活动，应当尊重自己的代理权限，否则，应当就其越权行为导致的损害对公司承担责任，除非该种责任因为某种原因而被免除。

（4）董事负有勤勉的义务。所谓勤勉义务是指董事在担当公司董事职位之后，要认真地履行好董事的职责，要经常对公司的事务加以注意，要尽可能多地将时间和精力花费在公司事务的管理方面，要加强对公司其他董事和公司高级行政官员的控制和监督，并且要尽可能多地参加董事会会议。实际上，董事的勤勉义务本质上就是要求董事参加董事会会议，就公司所讨论和决议的事项加以注意。我国公司法对董事的勤勉义务作了明确规定。我国2005年《公司法》第113条规定，董事会会议，应由董事本人出席。董事因故不能出席，可以书面委托其他董事代为出席董事会。

（三）注意义务的标准

注意义务是一种比较抽象的义务，对其判断标准存在主观和客观两种情况。从主观上看，董事应不负股东的信任，依诚信原则尽自己的努力处理公司事务。董事应出席董事会，如就显现于董事会的事实有怀疑之点时，应注意调查其是非。从客观上看，董事应达到与其有同样学识、地位及经验的人应该履行的注意程度。但在实际上，衡量董事注意义务不宜采取单纯的主观性标准，也不宜采取单纯的客观性标准，而应当采取以客观为主的综合性标准。这是因为，单纯的主观性标准，完全注重于董事是否忠诚地贡献了其实际拥有的全部能力。但是依此标准，董事的经营能力越低，法律对其注意义务的要求就越低，反之亦然。这样的标准虽然突出了董事的诚信义务和董事间经营能力的差

---

[1] Henry R. Cheeseman, Business Law, second edition, Prentice Hall, p. 653.

异,但不足之处在于迁就了庸才董事,不利于督促董事提高经营能力。单纯的客观性标准,完全注重于法律假定的一个处于相同或类似位置的普通谨慎之人在相同或类似环境下所应尽到的注意程度。该标准加重了庸才董事的注意义务,而且采用了社会上董事经营水平的平均值,因而对于大多数董事来说也是较为公平的。但其不足之处在于当某一董事实际拥有的知识、经验或资格高于一般董事时,该标准的适用则有可能放纵有过错的董事,这对于知识、经验或资格低于一般董事的其他董事来说,有失公平。《美国修正标准商事公司法》第8.30条(a)款规定就采取了这样的规则,它规定:"作为一个董事,包括委员会的成员,必须依照以下规定履行其义务:①以善意(或诚实)的方式(in good faith);②应当以普通谨慎的人,在类似的状况下,能够尽到的注意;③必须按照一种他合理地相信是符合公司最佳利益的方式处理事务。"

二、忠实义务

(一)忠实义务的概念

所谓忠实义务,是指公司董事在担任公司职位期间应当忠实于公司利益,不得追求个人利益。董事忠实义务可以分为两个方面:一为主观性的义务,即董事应当在强制性法律规范与公序良俗允许的范围和程度之内,忠诚于公司利益,始终以最大的限度实现和保护公司利益作为衡量自己执行董事职务的标准,全心全意地为公司利益服务。二为客观性义务,即董事实施的与公司有关的行为必须具有公平性,必须符合公司的整体利益,在个人私利(包括与自己有利害关系的第三人的利益)与公司利益发生冲突时,必须以公司利益为先,不得利用其在公司中的优势地位,为自己或与自己有利害关系的第三人,谋求在常规交易中不能或很难获得的利益。现代各国公司法都规定了公司董事承担的忠实义务,我国2005年《公司法》也规定了此种义务。各国公司法之所以要求董事承担忠实义务,其原因在于,董事的代理人或者受托人的身份要求他们承担忠实义务,否则,他们所为的行为同他们所承担的义务相互冲突;董事如果不承担忠实义务,他们就可能会利用自己的代理人或者受托人的身份从事对公司有损害的各种交易行为。①

(二)忠实义务的具体表现形式

1. 董事的竞业禁止义务

竞业禁止是指在公司中担任特定职务、负有特定职责的人不得自营或为他人经营与任职公司营业范围相同或类似的交易活动。公司的董事、经理是公司业务和事务受托人,他们应当勤勉、尽职地为公司服务。如果允许他们在办理公司业务之外还可以为自

---

① 张民安:《现代英美董事法律地位研究》第二版,法律出版社2007年版,第212页。

己或第三人从事与公司业务相同或相仿的业务，那就等于是在与本公司进行竞争。虽然市场经济鼓励竞争，但是身为董事、经理置公司的业务于不顾，为自己或者他人谋利益是违反最基本商业伦理的。因此这种业务也就称之为竞业禁止义务。依照我国 2005 年《公司法》第 149 条第 1 款第（5）项的规定，未经股东会或者股东大会同意，董事、经理不得自营或者为他人经营与所任职公司同类的业务；从事上述营业或者活动的，所得收入应当归公司所有（第 2 款）。

对于违反竞业禁止义务的法律效力，我国 2005 年《公司法》规定该行为本身并非当然无效。这是由于董事的行为往往涉及众多的善意第三人，一概认定董事违反竞业禁止的行为无效，势必危害交易安全。如果董事违反竞业禁止义务的行为本身并不失效，董事应当将从事竞业行为的所得收入归入公司。我国 1993 年《公司法》对董事竞业行为采取的严格禁止的态度，只要是董事从事了竞业活动，不管公司是否予以批准，都须向公司承担义务违反的责任。我国 2005 年《公司法》缓和了竞业禁止的规制，即在获得股东会或者股东大会同意的前提下，可以从事竞业行为。

2. 禁止从事与公司利益相反交易的义务

所谓与公司利益相反的交易，也称自我交易，是指董事为了自己或第三者利益与公司直接或者间接进行的交易。所谓直接交易，是指公司董事直接同所在的公司订立契约；所谓间接交易，是指公司董事通过与自己有利害关系的第三人同所在的公司订立契约，诸如自己的父母、子女、兄弟姐妹、所投资的合伙组织、其他公司等。董事的自我交易有多种方式，主要有三种表现形式：①自我契约。主要是指董事直接或者间接与所在公司订立合同，转让或受让公司或董事的财产。我国 2005 年《公司法》第 149（4）条规定，公司董事不得违反公司章程的规定或者未经股东会、股东大会同意，与本公司订立合同或者进行交易。②自我贷款或准贷款。主要是指公司对董事或者与董事有利害关系的第三人提供贷款或准贷款或为董事或者与董事有利害关系的第三人之贷款或准贷款提供担保。我国 2005 年《公司法》第 149（4）条规定，公司董事不得违反公司章程的规定，未经股东会、股东大会或者董事会同意，将公司资金借贷给他人或者以公司财产为他人提供担保。③自我雇佣。是指公司雇佣董事或者与董事有利害关系的第三人为公司提供劳务服务，诸如雇佣公司董事为公司的法律顾问、会计师、拍卖师、经纪人等。我国 2005 年《公司法》仅仅对董事与公司直接从事的交易作出规定，没有对与董事有利害关系的人与公司从事的交易作出规定。因此，未来公司法应当对董事所为的间接交易作出规定。因为，在实际生活中，公司董事知道公司法禁止他们与所在公司从事交易，他们更愿意使用利害关系人同所在公司从事交易。

各国公司法之所以禁止董事与所在公司从事自我交易，主要是担心董事滥用自己的受托人的地位，实施损害公司利益的行为。但是，如果董事与公司所为的自我交易事先或者事后得到公司的授权或者追认，则董事的行为有效。

3. 禁止篡夺公司信息和商事机会①

公司董事作为公司的受托人和代理人，在代表公司对外从事活动时，不得侵占、使用公司的信息和商事机会，否则应当对公司承担法律责任。我国 2005 年《公司法》第 149 条规定，未经股东会或者股东大会同意，公司董事、高级管理人员不得利用职务便利为自己或者他人谋取属于公司的商业机会。判断某种信息或机会是否是公司的信息或机会，主要考虑该种信息和机会是否属于公司经营范围内的活动，是否是提供给公司的，是否是利用公司的物质条件或其他便利条件开发出来的，等等。总的说来，当公司董事面临某种信息和机会时，公司董事应当首先将该种信息和机会呈报给公司，由公司决议是否要利用该种机会，如果公司决议不利用该种信息或机会，或者如果公司无能力利用该种信息和机会，则公司董事可以自己利用该种信息和机会。否则，没有首先将公司的信息和机会呈报给公司即加以利用，即应当将利用该种信息和机会所获得的利益返还给公司。

4. 保守公司秘密

我国 2005 年《公司法》第 149 条第 1 款第（7）项规定："董事、高级管理人员不得擅自披露公司秘密"。即董事保守公司秘密之义务。公司秘密通常指董事在任职期间所获得的涉及本公司的商业秘密，所谓商业秘密是指不为公众所知悉的、能为权利人带来经济利益、具有实用性并经权利人采取保密措施的技术信息和经营信息。对于股份有限公司尤其是上市公司而言，最重要的当属那些尚未公开的内幕信息。公司的董事作为公司的经营管理者，作为公司的内部人，有更多的机会掌握公司的各种商业秘密。如果不对其利用公司商业秘密的行为进行必要的限制，董事很可能出于私利非法使用或允许他人非法使用或非法披露公司的商业秘密，这不仅可能造成对公司利益的损害，还会扰乱和危害证券交易秩序，破坏公司的声誉。为了避免此类现象的发生，保护公司利益，维护社会公正，法律规定董事未经公司同意不得泄露公司秘密。董事违反这一义务应当对公司承担民事责任，赔偿因其行为而给公司造成的经济损失。

5. 忠实义务的其他表现

董事的忠实义务还表现为以下几个方面：其一，禁止利用职权收受贿赂或者其他非法收入。董事为公司执行职务必须全心全意，不能存有私心，不得利用其在公司的地位和职权接受任何人的贿赂②。其二，禁止侵占或擅自处理公司的财产。公司的财产权是独立的、完整的，公司财产的所有权归属于公司。因此，董事在行使管理权和处分权

---

① 关于公司信息和机会的法律规则，请参见张民安：《现代英美董事法律地位研究》第二版，法律出版社 2007 年版，第 410~422 页。
② 我国《公司法》第 148 条第 2 款规定："董事、监事、高级管理人员不得利用职权收受贿赂或者其他非法收入，不得侵占公司的财产。"

时，不得侵犯公司的财产，不得将公司的财产当做个人的财产，不得擅自处理公司的财产。我国 2005 年《公司法》第 149 条第 1 款第（1）项、第（2）项规定：董事、高级管理人员不得"挪用公司资金"；不得"将公司资金以其个人名义或者以其他个人名义开立账户存储"；另外，第 149 条第 1 款第（3）项规定"违反公司章程的规定，未经股东会、股东大会或者董事会同意，（董事、高级管理人员）不得将公司资金借贷给他人或者以公司财产为他人提供担保"。

三、忠实义务和注意义务的关系

对于注意义务与忠实义务的关系，学界认识不一。日本学界的多数人认为忠实义务就是公司法对抽象的注意义务的具体化，忠实义务含于注意义务之中；[1] 也有少数人认为忠实义务是有别于注意义务且与其并列的另外的义务。在我国，早期学者也坚持同样的观点，认为忠实义务仅仅是注意义务的具体表现。[2] 本书主编张民安博士在 1997 年的时候专门发表文章，主张董事忠实义务的独立性，认为忠实义务有自己的具体内容，其性质不同于注意义务，违反两种义务的责任性质也不同。[3] 此种理论目前不仅已经成为公司法学界的通说，而且还为我国 2005 年《公司法》所采用，因为，我国 2005 年《公司法》第 149 条明确规定了董事承担的各种忠实义务。

（一）忠实义务在本质上不同于注意义务

董事的注意义务本质上是一种管理义务（management duty），是董事在管理公司活动时应依法运用自己的才能、技能、知识、判断和经验并达到某种标准的义务。董事注意义务不仅存在于契约关系之中，而且还存在于侵权关系之中。[4] 而董事之忠实义务则是一种信赖义务，是公司基于董事之品德、才能而委任或委托他为公司管理事务，因此，此种义务主要存在于契约关系之中。在英美公司法中，"信托"一词抽象地讲就是忠实义务一词。[5] 根据此种义务，当一方当事人对另一方当事人表现出信任（trust）、信赖（confidence）或依赖（reliance）时，另一方即对对方承担忠实义务。董事既然是基于股东之信任而选任来为公司管理事务，他就必须居于纯为公司服务之立场而有所为，不可利用其地位以谋私利为其一般内容。

（二）两种义务的指向不同

董事的忠实义务仅为对公司的义务，而董事的注意义务不仅是对公司的义务，而且

---

[1] （日）石井照久：《公司法上卷》，劲草书房 1972 年版，第 311 页；大隅健一郎、今井宏：《公司法论（第三版中卷）》，有斐阁 1992 年版，第 165 页。
[2] 王保树：《股份有限公司的董事和董事会》，《外国法译评》1994 年第 1 期，第 10 页。
[3] 张民安：《董事的忠实义务研究》，《吉林大学社会科学学报》，1997 年第 5 期，第 86~91 页。
[4] J. G. Stepherd: The Law of Fiduciaries, 1981, The Carwell Company Limited Toronto Canada, p. 49.
[5] 同上。

在某些情况下亦是对公司股东和债权人的义务。在传统公司法中,董事仅对公司承担义务,不对公司股东和债权人承担义务,在现代公司法中,此种信条已被有效地打破。

(三) 两种义务违反后的法律责任构成要件、责任范围和方式不同

对于董事违反注意义务所承担的责任而言,该种责任既可能是违约责任,也可能是侵权责任,但它们均以公司遭受董事行为之损害和董事有过错为责任构成要件。董事是否有过错,应参考公司的商事性质,董事的人数,公司组织章程之规定,管理的通常程序,董事的经历、知识和经验等因素加以决定。一旦判定董事有过错,董事即应就其过错行为对公司、股东或第三人承担赔偿责任。其范围限于公司因此所遭受的损害。① 而董事违反忠实义务的责任是一种契约责任,由于忠实义务的内容不同,董事的责任也不相同。不过,董事的此种责任有时并不以董事有过错和公司有损害为其构成条件,而以董事获取利益为其责任构成要件。② 在这种情况下,董事对公司承担责任的范围不是公司遭受的损害,而是董事因违反忠实义务所获得的利益。

第五节 公司董事的责任

董事责任是指董事违反法定义务所应承担的法律后果。根据董事义务所指向对象的不同,可以将董事责任划分为董事对公司的责任和董事对第三人的责任。我国 2005 年《公司法》第 150 条规定:"董事执行公司职务时违反法律、行政法规和公司章程的规定,给公司造成损害的,应当承担赔偿责任"。

一、董事对公司承担的法律责任

(一) 董事对公司责任的性质

董事违反对公司承担的注意义务或者忠实义务,应当对公司承担法律责任。董事违反注意义务,对公司承担的法律责任可以是契约责任,也可以是侵权责任,可以构成契约责任和侵权责任的竞合。董事违反注意义务承担的法律责任之所以是契约责任,是因为,根据公司契约理论,公司董事与公司之间是一种契约关系,公司董事要对公司承担契约责任,一旦他们违反契约的规定并因此导致公司有损害,董事要对公司承担违约责任。董事违反注意义务承担的法律责任之所以是侵权责任,是因为董事对公司承担的注意义务除了源于他们与公司之间的契约之外,还源于法律的明确规定。因为,我国公司法明确规定,公司董事应当对公司承担注意义务,包括:遵守法律、行政法规和公司章

---

① 张民安:《论董事责任之免除》,《中山大学学报》(社会科学版) 1995 年增刊,第 47 页。
② Regal (Hasting) Ltd. v. Gulliver (1942) 1 AllE. R. 378.

程的义务，否则，应当对公司承担法律责任。董事违反注意义务的行为同时符合违约责任和侵权责任的要件，可以构成违约责任和侵权责任的竞合，公司可以根据自己的选择或者对公司董事提起违约之诉或者对公司董事提起侵权之诉。基于同样的理由，公司董事违反所承担的忠实义务对公司承担的法律责任可以是契约责任，也可以是侵权责任，构成责任的竞合。

（二）董事对公司承担法律责任的性质

董事违反所承担的注意义务和忠实义务虽然都要对公司承担法律责任，但是，他们承担法律责任的性质并非相同。原则上讲，公司董事违反注意义务承担的违约责任或者侵权责任是过失责任，以公司董事的行为有过失作为条件，如果公司董事的行为不存在过失，则公司董事不对公司承担契约责任或者侵权责任。董事违反忠实义务承担的违约责任或者侵权责任是严格责任，不以董事的行为存在过失作为条件，公司董事只要在客观上获得了某种不应当获得的利益，他们就应当对公司承担法律责任，即便他们在获得此种利益时不存在过失。

（三）责任主体

对公司承担责任的董事，应当为违反其善管义务、忠实义务的行为人。如果董事的此种行为系基于董事会决议而为，则赞成此种决议的董事亦应视为行为者，与为此行为的董事共同承担无限连带责任。根据我国 2005 年《公司法》第 113 条第 3 款之规定，凡在表决时未曾表明异议并记载于公司记录的，应当推定为其赞成此种决议。

（四）董事责任之追究

对于董事责任之追究，直接关系着公司的切身利益，也间接关系着广大股东的合法权益。若董事拒绝向公司承担责任，公司可以决定对该董事提起诉讼。若公司怠于通过诉讼追究董事责任，具备法定资格的股东还可以依法行使代表诉讼提起权。另外，当董事为公司经营范围之外的活动或其他违反法律和章程的行为，使公司有可能发生损害时，具备法定资格的股东还可以行使违反行为停止请求权。前者的主要功能表现为事后救济，而后者的主要功能则表现为事前预防。股东还可以通过行使表决权，申请政府主管部门进行调查，在新闻媒体上予以揭露，甚至出卖股份等途径保护自己的合法权益。公司除了依法追究董事赔偿损失等民事责任，还可依法将其解任。对于构成犯罪的，还应当向司法机关进行举报，依法追究其刑事责任。

二、董事对第三人承担的法律责任

（一）董事对第三人责任的性质

为了更好地保护第三者免于遭受董事不法行为的侵害，不少国家的公司法就董事对第三者的责任作出了特别的规定。《日本公司法》第 429 条规定，"董事在执行其职务时有恶意或重大过失的，该董事对第三人也承担损害赔偿的连带责任"。我国 2005 年《公司法》第 153 条规定："董事、高级管理人员违反法律、行政法规或者公司章程的规定，损害股东利益的，股东可以向人民法院提起诉讼"，但并未规定董事对股东以外的第三人所负的责任，我国公司法应当借鉴外国公司法的经验，规定公司董事与公司一起共同对第三人承担侵权责任的制度。对于董事对第三人责任的性质，日本学术界的通说认为，是一种特别法定责任。① 根据该说，董事对第三人的责任与民法的侵权行为不同，是由特别法即公司法规定的责任。因此，只要董事在执行职务时有故意或重大过失，即使没有一般侵权行为所要求的对第三人侵权的故意或过失也可成立。当然，损害赔偿债务的发生与责任事由之间存在相当的因果关系。从董事对第三人的责任的内容来看，一般可以将其分为直接责任和间接责任。

（二）董事对第三人的直接责任

作为自然人，董事有自己的意思，当他代表公司对外为一定行为时，虽然要体现公司的意志，却不可能完全没有自己的意志。如果董事的行为超出了公司的权利能力，则不能认为是执行公司的意志，只能认定是董事的个人行为，自然不能由公司承担由此所发生的后果。如果董事的行为对第三人造成了损害，就应由实施该行为的董事对第三人直接承担赔偿责任；如果对第三人的损害系由董事与公司共同所致，则应由董事与公司对第三人承担连带赔偿责任。

（三）董事对第三人的间接责任

公司作为一个组织体，其行为必须通过自然人来实施。由于董事作为公司机关的成员代表公司行使职权，董事执行职务时是以公司的名义，依据公司的意志实施民事法律行为，而公司则隐于董事的身后，董事的行为实际上就是公司的行为，其行为产生的后果一般应由公司承担。因此，在第三人看来，他是通过董事与公司发生关系的，而不是与董事个人发生关系。然而，当董事在执行职务时违反了法令、章程或股东大会决议的情况下，尽管从外观上看，董事之行为即公司之行为，但由于董事自身有过错，实际上已违反了公司的意志。因此，如果董事的行为给第三人造成损害，首先应由公司对第三人承担侵权赔偿责任，而公司的损失则可以通过直接追究董事责任的方式或股东代表诉讼的方式获得填补，股东的间接损害亦因此而自然消除。此时，董事虽未直接对第三人承担责任，但实质上董事确实为其行为付出了代价，因而可视为董事对第三人间接承担了民事责任。

---

① 除此之外，还存在特殊侵权行为说、一般侵权行为特则说以及法定责任修订说等不同的观点。参见（日）加美和照：《董事的权限和责任》，中央经济社 1994 年版，第 237~238 页。

三、对董事责任的追究

如何追究董事的责任是完善董事责任制度的关键所在,对董事责任追究制度的设计,直接关系到公司和广大股东的切身利益。当董事违反了注意义务或忠实义务,给公司带来损失时,就要承担相应的赔偿责任。参照各国立法例,公司对董事责任的追究,一般包括公司直接追究董事责任和股东派生诉讼两种途径。

(一) 公司直接追究董事责任

公司作为权利主体,在董事拒绝向公司承担责任时,可以决定对该董事提起诉讼。但是,由于公司是法人,其权利能力和行为能力必须通过公司的机关来行使。但是,由谁代表公司提起对董事的诉讼?对此,各国公司法有不同的规定。德国、美国等大多数国家规定,董事会作为公司的法定业务执行机关,有权代表公司行使对董事的诉讼。在美国的公司实践中,董事会往往通过成立由与该董事没有任何利害关系的董事组成的诉讼委员会来行使这一职权。另外,有的国家以监察人及股东会选派的股东共同代表公司,例如我国《台湾公司法》规定,公司与董事间的诉讼,应由监察人代表公司,股东会也得选代表代表公司为诉讼人。《日本公司法》第386条规定:"公司对董事或董事对公司提起诉讼时,监事在诉讼中代表公司"。我国的《公司法》对谁有权代表公司提起对董事的诉讼没有直接规定,但第152条规定:"董事、高级管理人员有本法第150条规定的情形的,有限责任公司的股东、股份有限公司连续180日以上单独或者合计持有公司1%以上股份的股东,可以书面请求监事会或者不设监事会的有限责任公司的监事向人民法院提起诉讼;……"。因此,可以认为,监事会是代表公司行使对董事提起诉讼的机关。

(二) 股东派生诉讼

若公司怠于通过诉讼追究董事责任时,具备法定资格的股东还可以依法行使代表诉讼提起权。所谓派生诉讼,是指董事对公司应负责任而公司怠于追诉时,由股东为公司提起追究董事责任的诉讼。关于派生诉讼,本书已经在前面有关章节作出了介绍,此处从略。

四、董事责任的救济

企业经营是一种随时都伴随着风险的活动,当董事在经营过程中,决策失误或市场形势的变化等原因而给公司带来损失时,公司或者股东都可以提起追究董事对公司责任的诉讼。正是由于经营决策风险和随时可能会被追究责任的风险是任何一名董事在执行职务时所不可避免的,因此在强化董事责任的同时,如何确保有才能的董事安心为公司服务,也是各国公司法研究的重要课题之一。就美国而言,为了降低董事履行职责时可能引致的风险,避免那些基于不正当目的的代表诉讼的威胁,美国法律制定并形成了一系列保护董事的措施,包括经营判断原则(business judgement rule)、公司补偿制度(corporation indemnification)、董事及高级管理人员的责任保险制度(directors and officers liability insurance, D&O liability insurance)、董事责任限制及免除制度(directors and officers liability limitation)等。

(一)经营判断原则

经营判断原则作为建立和完善公司董事的责任制度的一项重要法理,现在已经被许多国家的学术界和司法界所接受。如上节所述,经营判断原则不仅在判定董事是否履行了注意义务方面有着重要的意义,而且在救济董事责任方面也有着积极的作用。由于只要满足一定的条件,即使因董事经营判断的过失给公司带来了损失,该董事个人也不会因此而负担赔偿责任。因此,经营判断的原则对董事的经营判断具有保护的特征,即使该经营判断受到指责和攻击,法院也会尊重该董事的决定,而不对该经营判断的正确与否作出事后介入。当法院认定董事的行为是属于经营判断的事项时,法院可以采取简易程序,用简易判决的形式驳回追究董事责任的诉讼。

到20世纪70年代,这项法理的适用范围的不断扩大,以至于在防止敌对企业的兼并、终结股东派生诉讼等方面中也被广泛运用。另外,经营判断的原则还成为董事会或特别诉讼委员会(special litigation committee)防御不恰当的股东代表诉讼的重要手段。如上所述,纽约州最高法院在 Auerbach 诉 Bennett 案[①]判决中指出:"在一般情况下,法院对经营者的经营判断加以评论是不恰当的;作为与代表诉讼对象的请求权相关的决定属于公司经营范围内的问题,与此相关的请求权本身也属于公司所有,如果不存在欺诈或不诚实,法院应该尊重诉讼委员会的决定。法院所要审查的只是诉讼委员会成员的独立性以及是否与该交易有利害关系,以及诉讼委员会所选择的调查方法是否恰当,实施的调查程序是否正确,调查内容是否充分等内容。而对委员会关于终止代表诉讼所作出的决定的实质面,则根据经营判断的原则,将其列为审查范围以外的内容。"

(二)公司补偿制度

所谓公司补偿制度,简单说就是指公司针对董事因应诉而支付的诉讼费用给予补偿

[①] 47 N. Y. 2d 619, 429 N. Y. S. 2d 920, 393 N. E. 2d 994 (N. Y. 1979)。在该案中,美国通用电话电信公司的股东 Auerbach,以该公司的董事对国外的政治家及公务员行贿为理由,提起了要求该董事对公司承担损害赔偿责任的股东代表诉讼。公司董事会根据股东的提诉请求,由事件发生以后才进入董事会的三名公司外部董事组成了特别诉讼委员会,并赋予该诉讼委员会所有董事会对代表诉讼所拥有的权力。特别诉讼委员会经过六个月的详细调查以后,作出了提起该代表诉讼并不符合公司的最佳利益的结论,并向法院提出终止该代表诉讼的请求。

的制度。受 New York Dock Co. V. MacCollom 判决①的影响，1941 年，纽约州修改了其事业公司法（BCL/Business Corporation Law），增设了公司补偿制度，规定公司有权力对本公司职员给予一定的补偿。此后，各州纷纷效仿，现在美国大多数州都在其公司法中明文规定了公司有对董事提供补偿的权力。② 在董事补偿问题方面，《美国修正标准商事公司法》的有关规定具有普遍性指导意义。该法第 8.51 条规定了"赋权型"补偿，即如果董事履行职务的行为在诉讼中被判处损害赔偿、和解、罚金或罚款等，而他本人的行为是善意的，并且合理地相信其行为是为了公司的最佳利益，或其行为至少不与公司的最佳利益相冲突，或在刑事诉讼中他没有合理的理由相信自己的行为是违法的，则公司可以补偿他由此而发生的合理费用。但公司不得补偿在为公司的利益而提起的诉讼中被判处的赔偿或董事收受了不当个人利益而被判处的赔偿。第 8.52 条规定了"法定型"补偿，即除非公司章程另有规定，公司应当补偿胜诉的董事在诉讼中所发生的合理费用。第 8.53 条规定了"裁定型"补偿，即董事即使没有满足第 8.51 条的规定，但鉴于各种有关情况，法院认为董事有权取得补偿，则也可以就其合理开销部分决定予以补偿。补偿项目的范围也相当广泛，根据《美国修正标准商事公司法》第 8.50（4）条的规定，基于判决、调停、惩罚金、罚款（包括按雇员福利计划估值的许可证税），或与某项程序有关的合理开销的偿付义务均可在补偿之列。

（三）董事的责任保险制度

董事责任保险是指董事（和高级管理人员）向公司或第三者承担损害赔偿责任为保险标的的一种保险。英国伦敦的路易丝保险公司于 20 世纪 40 年代前后首先推出此项业务，并由劳埃德公司将其推广到美国。但由于当时美国的许多公司对董事的损害赔偿责任均采取了补偿制度（Indemnification），因此，购买此种保险的公司几乎微乎其微。到 20 世纪 60 年代末，由于美国法院扩张了证券法的范围，董事不仅会因为违反注意义务和忠实义务而被追究赔偿责任，也还会因为在执行公司业务时违反了证券法、反垄断法而被追究责任。而实际上随着追究责任的事件的急剧增加，公司董事所感受到的威胁也越来越大。与此同时，由于实行补偿制度对公司的资产规模要求较高，而且负担的转嫁问题会直接损害股东和公司的利益，责任保险开始受到各个公司的重视，加入责任保险的公司也越来越多。1967 年，为了使公司为董事购买责任保险的行为合法化，德拉瓦州首先修改了州公司法，规定公司有权为董事及高级管理人员购买董事责任保险。此

---

① New York Dock Co. v. MacCollom, 173 Misc. 106, 16 N. Y. S. 2d 844（Sup. Ct. 1939）. 在该案中，纽约州最高法院驳回了纽约 Dock 公司的高级管理人员 MacCollom 提出的要求公司补偿其在已经取得胜诉的股东代表诉讼中，因应诉而支付的诉讼费用的请求，理由是由于该胜诉结果并没有给公司带来什么实际的利益。这个判决，一举否定了以往在同类案件中法院业已形成的立场，无论对学术界还是在企业界都有着重要的影响。

② 现在，在美国所有的州，都有关于公司补偿制度的明文规定。而且，虽然补偿方式不尽相同，但在大多数公司的公司章程或章程的附加条款中，都可以看到公司可以向董事提供补偿的规定。

后，其他州都纷纷效仿，至今为止美国所有的州的制定法中都对此作出了明文规定。虽然在20世纪80年代中期由于"责任保险危机"的发生，加入数量受到了一定的影响，但危机过后又重新得到普及。在美国怀亚特公司颁布的《1992年版怀亚特董事及高级管理人员的责任调查》中，被调查的公司（1342家）中大约有81%的企业为其公司董事及高级管理人员购买了董事责任保险，而这个比例在资产超过10亿美元的企业中更为突出，达到了90%以上。①

美国各州关于董事责任保险的规定，以德拉瓦州《一般公司法》第145条（g）项规定最为典型。依照该条款规定："公司有权为下列任何人购买和维持董事责任保险，该人是或过去是公司的董事、高级管理人员、雇员以及代理人，或者应公司要求现在正在或过去为其他公司、合伙组织、联合企业、信托组织或其他企业工作并成为它们的董事、高级管理人员、雇员以及代理人的人。该公司针对该人因其身份而被追究并且需要负担的责任，或者是该人因其在公司的地位而产生的责任，不论公司根据本条规定是否有权补偿该人的责任，都有为该人购买并维持保险的权力。"② 另外，《美国修正标准商事公司法》第8.57条关于董事责任保险的规定几乎同德拉瓦州公司法的规定相同。

（四）董事责任限制及免除制度③

进入20世纪80年代中后期，受"Smith v. Van Gorkom"一案④判决的影响，美国各地法院在经营判断原则的适用条件方面，采取了更加严格的标准。而与此同时，一直可以为董事排忧解难的董事责任保险也发生了空前的危机。在这种背景下，为确保董事的人才供给，美国各个州陆续实施了限制董事责任的立法，概括起来存在以下三种模式：

（1）变更公司章程型立法模式（charter option statute）。德拉瓦州《一般公司法》第102条（b）款第（7）项规定，公司章程的内容可以包括免除或限制某个董事因该董事违背诚信义务而给公司或全体股东带来损失时的个人责任，但是，所免除或限制的董事的个人责任应不包括下列情形：①因违反了对公司和股东的忠实义务（duty of loyalty）而产生的责任；②因不诚实、有意图的错误行为（intentional misconduct）或者故意违反法律而产生的责任；③因非法分配红利或者取得、回购本公司的股份而产生的责任；④因在交易中获得了不当的个人利益而产生的责任。另外，受20世纪80年代中后期美国各州所制定的责任限制立法的影响，美国律师协会在1990年修改《美国修正

---

① The Wyatt Company, 1992 Wyatt Directors & Officers Liability Survey.
② Del. Gen. Corp. Law. § 145 (g).
③ 关于限制董事责任法理的详细内容，参见蔡元庆:《限制董事责任法理的比较研究》,《现代法学》2003年第2期，第142~145页。
④ 488 A. 2d 858 (Del. 1985).

标准商事公司法》时，增加了几乎同德拉瓦州相同的内容①。

（2）自动实施型的立法模式（self-executing statute）。印第安纳州《公司法》第23-1-35-1（e）条款规定：除下列情况以外，董事不必对其在董事的地位上实施的行为或不作为承担责任：①董事违反或怠于履行本条所规定的董事的义务；②董事违法或不履行义务是基于故意的错误行为（willful misconduct）或者鲁莽（recklessness）的行为。

（3）设定赔偿额上限的立法模式（cap on money damages）。弗吉尼亚州《股份公司法》第13.1-6921条款规定："A、公司高级官员、董事对公司及股东所承担的损害赔偿金额不得高于下列ⓐ项或ⓑ项中低的一方：ⓐ公司章程或经股东大会承认的附属章程中所规定的董事的责任限度；ⓑ10万美元，与董事、高级管理人员在被追究责任之行为或不作为发生之前12个月间从公司获得的全部报酬之中，高的一方。B、当董事或高级管理人员的行为属于有意图的错误、故意违反刑法、故意违反操纵市场以及非法的内部交易等联邦或州的证券法时，不得依照本条的规定限制或免除其责任。C、根据本条对董事或高级管理人员实施的责任限制或免除，不影响变更公司的原始章程或附属章程之前所发生的行为或不作为。"②

第六节　公司董事会

一、公司董事会的概念与特征

在所有权与经营管理权分离的现代公司中，董事会是公司实际的权力中心。不仅表现在董事会为公司的法定、必设和常设机关，还表现在董事会在公司业务执行以及对外代表公司等方面享有广泛的权力。但是，由于各国公司法赋予董事会的功能不尽相同，所以全面准确地对董事会作一个定义性的概念并非易事。依照公司法的一般理论，董事会是指由股东会选举产生的董事所组成的，进行公司日常经营决策，执行公司事务的法定机构。董事会具有以下特征：①从职能上，董事会是业务执行机关，执行公司的对内及对外业务。董事会执行业务主要是对业务执行作出意思决定，其具体执行通常由董事长、各个董事及其他公司高级官员进行；②从体制上，董事会必须以会议的形式来行使职权，因此不开会就无法行使职权；③从组成上，董事会是由董事组成的机关；④从设置的强制性上，董事是公司的必设机关；⑤从设置的依据上，董事会是法定机关，其设置方式、人员构成以及议事方式等均由法律规定。

---

① See, Revised Model Business Corp. Act §2.02（b）.
② Virginia Stock Corp. Act §13.1-692.1.

二、董事会的权限

对于董事会职权的规定,各国立法采用了不同的方式。许多国家公司法采取概括式规定的方式,如《美国修正标准商事公司法》第8.01条(b)项规定,所有公司权力应当由董事会行使或在它的许可下行使,公司的业务和事务也应在它的指导下经营管理;《法国商事公司法》第98条第1款规定:"董事会拥有在任何情况下以公司名义进行活动的最广泛的权力";《德国股份公司法》第76条也规定:"董事会本身负责领导公司"等。包括我国在内的一些国家则采用列举的方式对董事会的职权加以明确。我国2005年《公司法》第47条和第109条规定:公司的"董事会对股东大会负责,行使下列职权:①负责召集股东大会,并向股东大会报告工作;②执行股东大会的决议;③决定公司的经营计划和投资方案;④制订公司的年度财务预算方案、决算方案;⑤制订公司的利润分配方案和弥补亏损方案;⑥制订公司增加或者减少注册资本的方案以及发行公司债券的方案;⑦制订公司合并、分立、解散或者变更公司形式的方案;⑧决定公司内部管理机构的设置;⑨决定聘任或者解聘公司经理及其报酬事项,并根据经理的提名决定聘任或者解聘公司副经理、财务负责人及其报酬事项;⑩制定公司的基本管理制度;⑪公司章程规定的其他职权"。具体而言,董事会的职权主要表现在以下几个方面:

(一) 董事会的经营决策权

依照各国公司法的规定,董事会是公司的法定业务执行机关。如上所述,随着现代公司"股东会中心主义"向"董事会中心主义"的过渡,董事会已经成为公司实质上的权力中心,在公司业务执行中享有广泛的权力。但是,董事享有"广泛的权力"并不意味着董事会可以行使与公司业务执行相关的所有职权。在与公司业务执行相关的事项中,公司宗旨、公司组织形式的变更以及业务执行中的重大事项,即依照公司法及公司章程的规定属于股东会的权限范围内的事项,董事会无权作出决定。例如,公司转让营业的全部或者重要部分、变更公司章程、公司合并、选任和变更公司的董事及监事、决定董事及监事的报酬,都是公司法保留给股东会的职权。另外,各个公司还可以根据自己的具体情况,在公司章程中将其他一些职权保留给公司股东会。

各国的公司法理论一般认为,作为公司法定的业务执行机构,除上述公司法及公司章程明确规定必须由股东会行使的职权外,公司的业务执行权均应由董事会行使。这里所指的业务执行权,既包括业务执行中的意思决定权,也包括具体的业务执行。但是,董事会会议体机关的性质,决定了它不可能具体实施公司的各项经营管理业务,而只能将这些权力授权给公司的董事及经理来行使。因此,董事会的业务执行权实质上只是表现为一种经营决策权。但是,作为一个会议体,董事会不可能时刻处于一种开会状态,面对瞬息万变的经济、市场形势,面对复杂、繁琐的公司各项管理事务,要求董事会对公司所有的经营管理事务——作出决策是不可能的。因此，在现代公司中，除公司经营中的重大事项，例如重要财产的处分、董事长及高级管理人员的任免等，公司法及公司章程规定必须由董事会作出决策外，其他事项的决定权可以授权董事长、总经理或其他高级管理人员行使。而且，这种授权不仅包括明示的代理权授权，也包括默示的代理权授权（详细内容参见本章第七节）。

（二）董事会的监督职权

董事会作为公司的业务执行机构，同时也担任着公司的监督职能。董事会之所以可以成为公司的监督机关，是因为董事会虽然是公司的业务执行机关，但是作为一个会议体，不可能也不应该要求董事会对瞬息万变的公司业务都能作出及时的判断。因此在上市公司以及一些大规模的公司中，公司的主要经营业务是由董事会选任的经理来具体实施。这里遇到这样一个问题，经理以及各个经营阶层在多大的范围内，可以代替董事会作出经营上的决定。反过来看，法律要求必须以董事会决议的方式来决定的业务应包括哪些内容？公司部门经理等高级管理人员的选任、公司高级官员的报酬、新股的发行以及利润的分配等方面属于必须由董事会决定的事项，但除此之外的业务是否可以由公司经理及高级管理人员来决定实施？或许对此，学者们之间会有不同的观点，但不管结果如何，假使董事会可以依法将一部分意思决定权授权给经理等高级管理人员，放弃了意思决定权并不意味着董事会可以放弃本应属于董事会来实施的业务经营，董事会有义务对这部分业务的实施进行监督、管理，即从原有的具体执行机构变成了监督机关。董事会通过对各经营者合法性以及合目的性等方面的监督，保证公司顺利、有效地运作[①]。一般来说，董事会的监督内容主要包括：第一，对经营者的业绩评价，即从效率的角度来监督管理；第二，业务执行中发生与公司利益冲突时的监督；第三，如何确保在公司经营中不违反国家法律法规方面的监督。

从比较法的角度来看，由于英美法系国家在公司组织结构上采取的是一元化结构，因此董事会成为当然的监督机构，其监督职权不仅包括对执行董事、经理的监督，还包括对董事决策方面的监督。而在大陆法系国家，董事会虽然是公司的业务执行机关，但是由于对业务执行之妥当性及合目的性的监督和判断，本身就是业务执行的内容之一，因此大多数国家也都在其公司法中明确规定了董事会具有经营监督职权。如依照《日本公司法》第362条的规定，董事会除了可以对公司业务执行作出决定外，还可以对公司董事的职务行为进行监督。我国2005年《公司法》虽然没有明确规定董事会具有监督职权，但是在理论上当然有对具体执行业务的董事进行监督的权限，因为对业务执

---

① 20世纪70年代以来，在公司治理结构方面一个有力的观点是：公司的业务执行职权应该移交由董事会选任的执行官行使，而董事会则退后一步，成为幕后的监视、监督机构。1974年《美国修正标准商事公司法》第35条以及特拉华州《公司法》第141条都体现了上述精神。

行的妥当性和合目的性的监督和判断本身就是业务执行的内容之一。另外，与英美法系不同，依照大陆法系传统的公司法理论，董事会所行使的监督职权主要针对各执行董事、经理及各部门的负责人，而对董事会决策方面的监督，则更多地依靠监事会来完成。

由于董事会身兼业务执行与内部监督的双重职能，为了有效地发挥董事会的监督职能，避免自己监督自己的问题，在董事会的构造上往往需要另外两种制度来加以配合完成：一是独立董事制度，通过聘用一定数量的与公司没有任何利害关系的公司外部人员出任董事，使公司董事会及其委员会可以独立、公正地完成其监督职权；二是专门委员会制度，即在董事会下设立审计、报酬、提名等多个委员会，各委员会主要由独立董事组成，通过对公司财务等方面的审查、对公司执行董事及经理的业绩评价以及人员的选任等方式，共同完成公司的内部监督职权。[①]

三、公司董事会会议

（一）董事会会议的种类

董事会议和股东会议一样，分为普通会议和临时会议。普通会议又称常规会议，是公司法、公司章程以及章程细则规定的定期召开的会议。如我国 2005 年《公司法》第 111 条规定，董事会每年度至少召开 2 次会议。临时董事会又称特别会议，是指不定期的、在必要时召开的会议。

（二）董事会会议的召集

（1）召集权人。董事会会议的召集权人，通常由公司法或公司章程确定。在信息、通讯高度发达的当今社会，面对瞬息万变的市场形势以及纷繁复杂的公司事务，有时要求作为公司的业务执行机关的董事会及时召开会议作出相应的对策，否则可能使公司丧失许多机会，也可能给公司造成莫大的损失。依照我国 1993 年《公司法》的规定，在董事会闭会期间，董事会可以授权董事长代为行使董事会的权利。设置这一规定的目的是因为董事会为会议体机关，不可能对公司经营管理中的任何事务一一作出决定，使公司的运作更具有效率性。但是，这样的规定同时也为董事长不召集董事会、独断专行提供了可能。特别是在董事长本人有滥用职权等行为时，如果仅赋予董事长董事会的召集权，则很难通过董事会采取及时的补救措施。

依照《日本公司法》第 366 条第 1 款的规定，董事会由各董事召集，但如果公司章程或者董事会规定了能召集董事会会议的董事时，不在此限。同时该条第 2 款规定，不担任召集人的董事可以提出记载会议目的事项的书面请求，请求召集董事会。而对于

---

① 蔡元庆：《论上市公司董事会的监督机制》，《深圳大学学报》2002 年第 6 期，第 45～46 页。

董事提出的召集请求，如果召集权人未在 5 日内，发出以请求之日起两周内的某日为开会日的董事会召集通知时，提出请求的董事可以自行召集董事会（同第 3 款）。我国 2005 年《公司法》在保留董事长负责召集和主持董事会会议规定的同时，第 110 条第 2 款规定："如果董事长不能履行职务或者不履行职务的，由副董事长履行职务；副董事长不能履行职务或者不履行职务的，由半数以上董事共同推举 1 名董事履行职务"。

需要指出的是，我国 2005 年《公司法》除了规定董事会会议的召集权人外，还增加了董事会会议召开请求权人的规定。即《公司法》第 111 条第 2 款规定："代表 1/10 以上表决权的股东、1/3 以上董事或者监事会，可以提议召开董事会临时会议。董事长应当自接到提议后 10 日内，召集和主持董事会会议"。因此，当公司经营中面临某些重大事项需要董事会讨论并作出决策时，如果作为召集权人的董事长因种种原因未能及时召集，同时又没有指定副董事长代其行使权力时，不仅董事会的其他成员及监事会有权请求召开董事会会议，而且如果作为召集权人的董事长怠于行使召集权，其他董事可以推举一名董事召集和主持董事会。

（2）会议通知及召集程序。董事会会议的召集期限，各国规定不一。我国 2005 年《公司法》第 111 条规定要求在会议召开的 10 天前发出会议通知。日本和我国台湾规定为 7 天。《美国修正标准商事公司法》规定，董事会的普通会议不必发出通知，但临时会议则要在至少 2 天前发出会议通知。英国采取的是一种弹性的规定，只要求有足够的时间将通知送达董事手中即可。当然，在公司有紧急情况发生时，也可以随时召集。对于会议通知的内容，一般要求载明会议的时间和地点即可，从保护公司商业秘密的角度出发，一般不要求在会议通知中记载讨论的事项或会议意图。另外，《日本公司法》还规定，如果董事会及监事会的全体成员都同意，即使不履行相关的召集程序，也可以召开有效的董事会会议。

（三）董事会会议的法定人数

出席董事会，是每个董事的权利，同时也是董事的一项义务。依照董事权力集体行使的原则，各个董事应通过参加董事会共同行使权力。但是，事实上董事不一定每次都能出席董事会，为确保董事会会议能够代表公司大多数股东的意见，保证董事会决议的公正性和合理性，各国公司法一般均规定董事会会议的法定人数。大多数国家规定出席董事会的法定人数必须超过全体董事人数的一半。例如，《美国修正标准商事公司法》第 8.24 条（a）款规定："除非在公司章程或工作细则中规定了较多的人数，董事会的法定人数是：①如果公司有固定的董事人数，则为固定董事人数的多数人；②如果公司的董事人数有个可变动的范围，在变动范围内有个确定人数时则为该确定人数的多数人，如没有一个确定人数，则以会议开始当时就在办事处的董事人数"。《日本商法典》第 369 条规定："董事会的决议，原则上应由可以进行决议的董事的过半数出席，出席董事的过半数同意才能成立（如果公司章程对上述比例有更高的要求，依其规定）"。

我国也是如此,我国 2005 年《公司法》第 112 条规定:"董事会会议应由 1/2 以上的董事出席方可举行"。当然,公司章程也可以在此基础上,对出席董事会会议的法定人数作出更为严格的要求,但一般不得低于公司法所规定的最低法定人数。

(四) 董事会的决议

作为公司业务执行机构的成员,董事不仅有权出席董事会,而且还可以在董事会上为公司的经营发展出谋划策,并通过对各项议案发表意见、行使表决权等行为,充分发挥自己在经营管理方面的才能。因此,董事会会议不同于股东会,无论董事持有公司的股份多少,职位高低,均以董事的人数为计算出席及表决的标准,即每个董事均持有一个表决权。而且,这种表决权只能由董事本人行使,董事可以放弃出席董事会并投票的权利,但原则上不允许委托他人代为行使。如果委托他人出席董事会,受委托人一般仅局限为其他董事,① 受委托人必须向董事会出具委托授权书,并在授权范围内行使权力。我国 2005 年《公司法》第 113 条规定,"董事会会议,应由董事本人出席。董事因故不能出席,可以书面委托其他董事代为出席董事会,委托书中应载明授权范围。"另外,美国公司法允许董事利用通讯手段参加董事会会议,董事会会议也可以采用通讯手段召开。利用通讯手段时,参加会议的董事必须同时可以在会议上相互听到彼此的发言,如果决议仅仅是在分别征求各个董事意见的基础上作出的,则该决议可以被视为无效决议。

董事会决议的生效条件因董事会会议的种类不同而不同。通常,董事会的普通决议要求过半数董事出席会议,并以出席董事过半数同意为生效条件;而特别决议则要求更高。例如,我国《台湾公司法》规定,选举董事长或常务董事,募集公司债或发行新股时,应由 2/3 以上的董事出席,出席董事的过半数同意才能通过。我国 2005 年《公司法》并没有对董事会的种类加以区分,仅在第 116 条规定"董事会会议应由 1/2 以上的董事出席方可举行。董事会作出决议,必须经全体董事的过半数通过"。而且,这里所指的"全体董事"究竟是指董事会的全体成员,还是出席会议的全体董事,公司法没有特别说明,因此会给实际操作带来困难。从董事会会议对公司经营发展的意义出发,应将此处的"全体董事"解释为董事会的全体董事更为妥当。

另外,为保证会议的公正性,一些国家规定与董事会的决议事项有特别利害关系的董事,不得参加该决议的表决,也不计入出席会议的董事人数(如《日本公司法》第 369 条第 1 款、第 2 款)。这里所谓特别利害关系人是主要包括:①交易当事人;②与交易当事人有密切关系的人,即与交易当事人有业务、金融以及亲族关系的人,这些关系被合理地认为将可能导致董事作出不利于公司的判断;③董事或与该董事有密切关系

---

① 德国允许监事充当董事的代理人。

的人与该交易有着财产方面的利益关系；④受交易当事人或与该交易有重要财产关系的人支配的董事，这种支配关系被合理地认为将可能导致董事作出不利于公司的判断。①

依照各国公司法的规定，董事会成员的人数一般为奇数，其目的是为了避免董事会决议出现赞成票与反对票相同的情形，影响董事会的效力。但是，现实中，由于某一董事放弃出席董事会及投票的机会，或者某一董事因属于利害关系人而被禁止参加投票，或者董事人数减少等原因，而导致在董事会决议形成过程中出现同意与反对票数相等的情况，此时应如何解决？此时，会议的主持人是否有权作出决定？对此，学术界有两种不同的观点。一种观点认为，为确保董事会可以迅速、有效地对公司各项经营管理业务作出决策，应赋予会议主持人此种权力，而此时不必考虑个别董事决议权的平等性；另一种观点认为，董事会作为全体股东共同行使权力的场所，从董事地位平等性的角度出发，不应承认主持人的裁决权。我们认为，针对上述情况，可以采取在董事会议事规则中预先规定的方式加以解决，如在议事规则中事先规定会议主持人享有裁决权，或者规定由监事会裁决等其他方式。

(五) 董事会的会议记录

各国公司法普遍规定董事会有义务将会议所议事项及作出的决定作成会议记录，并由出席会议的董事、监事、董事会秘书、记录员在会议记录上签名。我国2005年《公司法》第113条第2款规定："董事会应当对会议所议事项的决定作成会议记录，出席会议的董事和记录员在会议记录上签名"。

公司法一般要求董事会应将上述会议记录以及代理他人出席的委托授权书，在一定的期间内备置于公司。法律之所以要求董事会必须制作会议记录，其目的主要包括以下几个方面：①董事会的会议记录是追究董事对公司以及第三人责任的主要依据。依照我国2005年《公司法》第113条第3款的规定，"董事应当对董事会的决议承担责任。董事会的决议违反法律、行政法规或者公司章程、股东大会决议，致使公司遭受严重损失的，参与决议的董事对公司负赔偿责任"。②会议记录是董事是否对董事会的行为承担责任的依据。我国2005年《公司法》第113条第3款规定："经证明在表决时曾表明异议并记载于会议记录的，该董事可以免除责任"。③会议记录也是判断监事是否有效地履行其监督职权的依据之一。④查阅董事会会议记录可以使股东及公司债权人更好地实现对自己合法权益的保护。各国公司法一般都规定，股东及公司债权人有查阅董事会会议记录的权利。但是，由于会议记录中可能会涉及许多公司的商业秘密，因此，为防止某些人滥用权利，股东及债权人在查阅、誊写董事会会议记录前，应首先得到法院的认可。②

---

① 美国法学会，Principles of Corporate Governance: Analysis and Recommendation §1.23。
② 参见《日本公司法》第369条第3款。

（六）董事会决议的瑕疵

当董事会会议存在瑕疵时，其效力如何？与股东会存在瑕疵的情形不同，各国公司法一般都缺少相应的规定。依照日本的通说，当董事会会议存在瑕疵时，无论这种瑕疵是什么，原则上都应认定该董事会决议无效。①而且，一般情况下对于决议无效的主张方法也不应有任何限制，即公司的任何利害关系人都可以以各种方式主张上述决议无效。当然，如果仅仅是董事会会议程序上的瑕疵，而此瑕疵不会影响决议成立时，也可以认定该决议有效。例如，会议通知没有按照规定发出，或者没有对某些董事发送会议通知等，都属于程序上的瑕疵，但即使该董事出席董事会也不会对决议结果产生直接影响时，原则上不能仅以董事会会议在程序上存在瑕疵为由，而否定董事会决议的效力。但是，需要注意的是，由于董事会会议是公司全体董事共同行使权力的场所，各个董事均可以在董事会上发表自己的见解和主张，某一董事在董事会上的发表也可能直接影响其他董事表决权的行使。而此时，如果该董事因程序瑕疵而未能及时出席董事会，仍应主张董事会决议无效。

四、大公司董事会的发展趋势

随着现代公司规模的不断扩大，公司法理论对于董事会的意义和作用也发生了较大的变化。在那些股东人数较多，资本数额较大的公司（特别是上市公司），面对繁琐而复杂的各项公司经营管理业务，如果仍然要求董事会对其一一作出意思决定，同时又对具体业务的执行行使监督职责，不仅会给董事会工作带来巨大的负担，而且对公司高效率的运作带来负面影响。因此，20世纪70年代以来，在公司治理结构方面一个有力的观点是：大公司的业务执行职权应该移交由董事会选任的执行官及其他高级管理人员行使，而董事会则退后一步，成为幕后的监视、监督机构。1974年《美国修正标准商事公司法》第35条以及德拉瓦州《公司法》第141条都体现了上述精神。而伴随大公司董事会制度的这种变化，公司独立董事制度和各种委员会制度也得到了长足的发展。

（一）独立董事

1. 独立董事制度的产生及发展

独立董事（independent director）是指不在公司担任除董事外的其他职务，同其所受聘的公司及其主要股东不存在实质性利益关系，并能对公司事务作出独立、客观判断的董事。这项制度源自20世纪70年代末80年代初的英美法系国家，特别是在美国，进入60年代以后，由于发生了水门事件、越南战争等一系列政治上的丑闻，人们开始对政治失去了信心，再加上在一些大公司又屡屡发生向官员行贿等恶性违法案件，对公

---

① （日）田中诚二：《三全订公司法详论上卷》，劲草书房1993年版，第605页。

司及经营管理层的信任也陷入了空前的危机。针对当时董事会职能不明的现象，人们意识到需要建立独立董事制度来完善公司内部监督机制，以确保董事会运作的公正、透明。美国独立董事制度确立以后，即被英国所引进，从而成为英美公司法上的重要制度。20 世纪 80 年代末期和 20 世纪 90 年代初期，美国要求日本引进美国的独立董事制度，但遭到日本的反对，因为日本人认为独立董事制度并不适合日本的公司制度。20 世纪末期，由于日本泡沫经济的破灭，日本的股权结构发生重要变化，外国投资者尤其是美国投资者拥有日本公司的股份数越来越多，他们强烈要求日本公司采取美国的独立董事制度。经过长期的争论，日本最终在 2002 年 5 月的公司法和商法修改中采纳了美国的独立董事制度，并对原有的公司治理结构进行大规模的调整。[①]就我国而言，自 1997 年证监会发布的《上市公司章程指引》中，首次规定了"上市公司可以根据需要设立独立董事"以来，近几年证监会及相关部门陆续推出了一系列关于独立董事的规定，独立董事制度在我国得到了飞速的发展。2002 年初，中国证券监督管理委员会和国家经济贸易委员会联合公布了《上市公司治理准则》（以下简称《治理准则》），其中第 49 条明确规定："上市公司应按照有关规定建立独立董事制度。独立董事应独立于所受聘的公司及其主要股东。独立董事不得在上市公司担任除独立董事外的其他任何职务"。

2. 独立董事的作用

对于独立董事的作用，一般认为可以包括三个方面：一是确保战略决策的妥当性和合理性；二是抑制违法行为的发生；三是强化公司的经营监督。

（1）从确保战略决策的妥当性和合理性的观点来看，由于独立董事一般都具有各方面的专业知识，视野宽阔，随着他们对公司经营的参与，可以将实现公司经营效率化这一目标变成可能。在公司董事会中，由于有了独立董事的参加，他们在经营决策中的各种积极的建议和意见，更有可能确保董事会决议的妥当性与合理性。

（2）从防止违法行为发生的角度来看，由于独立董事不在公司担任除董事以外的职务，和公司及股东间没有直接的利害关系，因此更能够有效地防止和监督公司违法行为的发生。但是，由于独立董事往往是非常勤董事，要求他们对公司日常经营中的违法事件——进行监督，不仅是十分困难的，而且在与监事会的职权划分上会产生种种问题。因此，独立董事在抑制违法行为方面的作用只有在英美法系国家一元化体制下，才能得以充分发挥。

（3）从强化公司经营监督的角度来看，独立董事作用又可以表现为以下两个方面：①对公司经营者的业绩评价，即行使对包括公司经理以及业务执行董事在内的公司经营者的选任及解聘权，经营者报酬的决定权。美国的一些实证研究资料表明，因经营业绩

[①] 吴建斌：《日本引进独立董事制度的经验及启示》，《南京大学学报》2003 年第 2 期，第 90 页。

不佳而替换 CEO 的公司中，独立董事在董事会中所占比例较高的公司占了绝对多数[①]。另外，1995 年以后，美国 2/3 的大企业都至少发生过一次 CEO 被替换的事件，仅 2000 年，一年就有 1000 人以上失去了大企业 CEO 的地位。[②] 这些现象虽然和美国的经济现状有着密切的关系，但从另一个角度也说明独立董事在对包括 CEO 在内的公司经营者的监督方面，特别在对他们的业绩评价方面，充分发挥了作用。另外，从经营者的报酬方面看，在独立董事比例较高的公司中，对经营者的报酬多采用与业绩挂钩方式，以此来增强经营者的责任心。②对公司经营者行为的评价，即当公司的董事、经理等的行为发生与公司利益相反的结果时，应当由独立董事来判断该经营者的行为是否妥当，是否给予承认。这是因为，由于独立董事不拥有企业股份和资产，不在公司担任除独立董事以外的职务，不代表特定群体的利益，有相对公正性，可以防止合谋行为和不正当内部交易，保护中小股东的利益。

另外，我国现在的一些观点认为，独立董事可以在董事会中多扮演一些类似于"在野党"、"建设性的反对派"的角色，借助于独立董事的力量来否决董事会的一些决议，实现其他董事不能替代的作用，对公司的决策过程形成有效的监督。这种监督对有效地阻止违法行为的发生，保护中小股东的利益固然有一定的意义，但过于强调独立董事在董事会决策中的监督作用，会使独立董事在公司陷入一种尴尬的地位中。因此，我们认为，通过独立董事完善公司的经营监督制度，应更加重视独立董事在对经营者业绩评价方面的作用。

3. 独立董事的职权

依照 2001 年证监会颁布的《关于在上市公司建立独立董事制度的指导意见》（以下简称《指导意见》）的规定，为了充分发挥独立董事的作用，独立董事除应当具有公司法和其他相关法律、法规赋予董事的职权外，上市公司还应当赋予独立董事以下特别职权：①重大关联交易（指上市公司拟与关联人达成的总额高于 300 万元或高于上市公司最近经审计净资产值的 5% 的关联交易）应由独立董事认可后，提交董事会讨论；独立董事作出判断前，可以聘请中介机构出具独立财务顾问报告，作为其判断的依据。②向董事会提议聘用或解聘会计师事务所。③向董事会提请召开临时股东大会。④提议召开董事会。⑤独立聘请外部审计机构和咨询机构。⑥可以在股东大会召开前公开向股东征集投票权。⑦独立董事应当对上市公司重大事项发表独立意见。这些事项包括：一是提名、任免董事；二是聘任或解聘高级管理人员；三是决定公司董事、高级管理人员的薪酬；四是上市公司的股东、实际控制人及其关联企业对上市公司现有或新发生的总额高于 300 万元或高于上市公司最近经审计净资产值的 5% 的借款或其他资金往来，以

[①] Weisbach, Outside Directors and CEO Turnover, 20 J. Fin. Econ. 431（1988）.
[②] The CEO Trap, Business Week. Dec. 11, 2000.

及公司是否采取有效措施回收欠款；五是独立董事认为可能损害中小股东权益的事项；六是公司章程规定的其他事项。

4. 独立董事的"独立性"

在大规模的公司中引入独立董事制度来完善公司的经营监督机制，也许最重要的原因是独立董事可以处在一个与经营者不同的立场上，客观地对待公司的各种经营决策。那么，为了保证独立董事的这种作用有效地得以发挥，首先应该对独立董事的"独立"这个概念作出一个明确的归纳。与公司间有雇用、任用关系的人，很显然不具有独立性，但是与公司有持续的交易关系的交易相对人是否也一定属于缺乏独立性的人的范畴呢？更进一步，与上述这些人有着亲属关系的人呢？在独立董事制度较为发达的美国，公司的独立董事中的许多人是其他公司的 CEO，或者是与公司有交易往来的关系人。那么，我国是否也会出现同样的问题呢？与公司经营者有着私人关系的人，或者与公司有交易往来的人，一旦被聘为公司的独立董事，我们就很难对他们可以有效地发挥其监督作用抱有太大的期望。因此，引入独立董事制度，首先必须对其独立性作出明确的界定。

美国对独立董事的界定一般将其与公司有没有"重要的关系"（significant relationship）结合起来考虑，依照美国法学会在《公司治理的原则——分析与劝告》第1.34条中的建议，判断独立董事与公司经营董事和管理层有"重要的关系"以下列几条为判断标准：①他现在或过去 2 年内曾经是公司的雇员；②他是公司高级官员的直系亲属，或者是过去 2 年内公司聘用过的高级执行官的直系亲属；③过去 2 年内直接或间接地与公司之间存在金额超过一年 20 万美元以上的交易关系；④过去 2 年内，与公司有超过该公司年收入 5% 或 20 万美元以上交易的企业的主要管理人；⑤过去 2 年内因公司法或证券法上的问题而为公司服务过的法律顾问或律师事务所，以及投资银行主要业务担当者[①]。

与之相比，《指导意见》为确保独立董事的独立性，规定下列人员不得担任独立董事：①在上市公司或者其附属企业任职的人员及其直系亲属、主要社会关系；②直接或间接持有上市公司已发行股份 1% 以上或者是上市公司前十名股东中的自然人股东及其直系亲属；③在直接或间接持有上市公司已发行股份 5% 以上的股东单位或者在上市公司前五名股东单位任职的人员及其直系亲属；④最近一年内曾经具有前三项所列举情形的人员；⑤为上市公司或其附属企业提供财务、法律、咨询等服务的人员；⑥公司章程规定的其他人员；⑦中国证监会认定的其他人员。

虽然我们试图通过各种手段来确保独立董事的独立性，但是自我国开始推行独立董事制度以来，关于独立董事是否真正可以"独立"的争论也一直没有停息，对独立董

---

① 美国法学会, Principles of Corporate Governance: Analysis and Recommendation. §1.34 (1994).

事独立性持怀疑态度的观点主要表现在两个方面：一是独立董事的报酬与其独立性之间的矛盾。对独立董事的职务行为支付合理的报酬，是确保其更有效地行使经营监督职权的前提条件，但问题是从聘任他的公司支取报酬本身，就不得不使人对其独立性产生怀疑。二是从独立董事产生的机制来看，如果由董事会或总经理提名产生，这就很难保证他们之间没有千丝万缕的联系。另外，如果通过股东推荐，股东会选举产生，控股股东也有重要发言权，此时独立董事又会有形或无形地受制于公司的控股股东。

为确保独立董事的"独立性"，一方面，除了应严格规定独立董事的任职资格外，可以依照《治理准则》的规定，通过在上市公司中设置提名委员会的方式，规范独立董事的提名、选举和更换程序。对于那些没有设置提名委员会的公司，也可以依照《指导意见》的规定，由公司董事会、监事会或持有公司已发行股份1%以上的股东提出独立董事候选人，并经股东大会选举决定。无论采取哪种方式，在公开独立董事候选人的相关资料的同时，还必须经中国证监会的审核批准。另一方面，对于上市公司向独立董事支付的报酬，可以由公司薪酬与考核委员会确定薪酬政策与方案，并对独立董事的业绩严格审查和考核，同时通过在公司年报中进行披露的方式增加其透明度。

（二）专门委员会的设置

现在，在一些西方国家的大公司中，董事会往往通过设置各种专门委员会，以辅助其更好地行使其各项职权。由于各自的职能不同，内部成员往往又具有灵活机动性，因此，专门委员会制度不仅可以对公司各项经营管理活动中所出现的各种变化，及时作出相应的决策，从而从整体提高董事会的工作效率；同时还可以使各个董事更有效地发挥其各自的能力和特长。而且，对于那些不在公司任职的独立董事而言，各种委员会的设置使他们更有效地分配时间和精力，从而更好地发挥其应有的作用。从各国的实践来看，董事会内部所设置的专门委员会主要包括战略委员会、审计委员会、提名委员会与报酬委员会。《治理准则》第52条规定，上市公司董事会可以按照股东大会的有关决议，设立战略、审计、提名、薪酬与考核等专门委员会。专门委员会成员全部由董事组成，其中审计委员会、提名委员会、薪酬与考核委员会中独立董事应占多数并担任召集人，审计委员会中至少应有一名独立董事是会计专业人士。

（1）审计委员会（audit committee）。审计委员会的职能主要是通过对公司财务报表的制作过程等一系列运行机制的审查，保证公司进行有效的内外部审计活动，提高内外部审计活动和公司内部控制的质量和效率。同时，还可以通过对董事会的决策过程的监督，防止董事会决策对公司及股东带来的不利影响。大都是由具有财务会计专业知识和丰富经验的人士组成的审计委员会，有助于识别公司所面临的各种财务和经营风险，从而作出公司发展的正确决策。《治理准则》第54条规定："审计委员会的主要职责是：①提议聘请或更换外部审计机构；②监督公司的内部审计制度及其实施；③负责内部审计与外部审计之间的沟通；④审核公司的财务信息及其披露；⑤审查公司的内控制度"。

（2）提名委员会（nominating committee）。对公司业务执行董事及经理的业务活动作出公正、客观的评价，是确保董事会更有效地发挥其监督职能的重要前提。而提名委员会正是通过对公司董事及经理的人选决定和审查，为实现上述前提提供了有力的保障。依照《治理准则》第55条的规定，提名委员会的主要职责是：①研究董事、经理人员的选择标准和程序并提出建议；②广泛搜寻合格的董事和经理人员的人选；③对董事候选人和经理人选进行审查并提出建议。

（3）报酬委员会（compensation committee）。作为董事会对董事及经理业绩审查的一个方面，必须对该董事或经理的报酬是否与其工作能力及成绩相符作出公正的判断，但由于对报酬的审查是一个持续而且细微的行为，因此，在大公司特别是上市公司有必要建立专门的报酬委员会来完成这一职责。报酬委员会的主要职责是：①研究董事与经理人员考核的标准，进行考核并提出建议；②研究和审查董事、高级管理人员的薪酬政策与方案。①

（4）战略委员会。依照《治理准则》第53条规定，战略委员会的主要职责是对公司长期发展战略和重大投资决策进行研究并提出建议。在大规模的公司中，公司的经营范围往往涉及各种不同的行业和领域，每天需要处理的业务量也非常巨大。在这些公司设置战略委员会的主要目的是为了提高董事会的工作效率，增加公司经营战略和决策的合理性。

---

① 《上市公司治理准则》第56条。

第九章 公司法规定的其他利益关系主体

第一节 公司的高级管理人员

一、公司高级管理人员的法律地位

在现代公司，特别是公共持股的股份有限公司中，董事会作为法定的业务执行机构，虽然在公司经营管理方面享有广泛的权力，但是董事会会议体的性质，也决定了它仅仅起着政策制定者和建议提出者的作用，而公司日常事务的管理和具体业务的执行，则由那些被称之为公司高级管理人员负责。

所谓高级管理人员，是指在公司中极重要的管理人员，这些人由公司董事会所选任，根据董事会的授权管理公司的事务，并对公司董事会负责。依照《美国修正标准商事公司法》第8.40条的规定，高级管理人员是指公司工作细则说明的高级管理人员或是董事会按工作细则任命的高级管理人员。高级管理人员不同于董事，经过董事会任命的董事可以成为公司高级官员，但董事以外的人员也同样可以成为公司的高级管理人员。另外，高级管理人员也不同于公司的经理，前者比后者的范围要广。对于高级管理人员的界定，一般公司法并没有明确的规定。[①]传统的观点认为高级管理人员包括公司的总裁（president）、副总裁（vice president）、总经理、副总经理、财务主管以及公司的秘书等。有些公司还将部门经理、公司执行董事等都列为高级管理人员。

在大陆法系国家，对于受董事会指导的管理者群体一般被称为经理层或管理层，而公司法中一般不存在高级管理人员的概念，但对与高级管理人员地位相当的董事长、副董事长以及经理等都存在相应的规定。实践中，经理层的范围不仅包括董事会中担任业务执行的大部分成员，如董事长、副董事长、常务董事、财务主管等具有高级管理头衔的董事，也包括其他不属于董事会成员的高级管理人员。我国2005年《公司法》第217条第1项规定："高级管理人员，是指公司的经理、副经理、财务负责人，上市公司董事会秘书和公司章程规定的其他人员"。

公司高级管理人员除了在董事会的指导下，对公司日常事务享有管理权和具体业务享有执行权以外，还须遵守法律为他们规定的基本行为规则，对公司承担忠实义务和注

---

① 在修订后的《美国修正标准商事公司法》中，已经取消了强制性的高级管理人员的头衔，这主要是考虑到一些公司希望自己的高级管理人员与众不同，而且要求公司在这些方面也必须符合法定模式的理由也不充分。

意义务，否则，就要对公司的损害承担法律责任。我国 2005 年《公司法》中所规定的董事的各项义务及责任，都同时也适用于公司高级管理人员。

二、公司高级管理人员的权力来源

依照《美国修正标准商事公司法》第 8.41 条规定：公司的每一位高级管理人员均具有工作细则、公司董事会所规定的或其他高级管理人员根据董事会的授权而规定的权限，并承担公司工作细则、公司董事会所规定的或其他高级管理人员根据董事会的授权而规定的职责。因此，高级管理人员的业务管理是在董事会的指导下进行，高级管理人员拥有的是一种授予代理权（authority）。这种代理权具体可分为两种，一种是实际代理权（actual authority），另一种是表见代理权（apparent authority）。其中，实际代理权又分为明示实际代理权（express authority）和默示实际代理权（implied authority）。缺乏实际和表见代理权的代理人的行为，如果得到了委托人（如董事或股东的代表）的适当认可，仍然可以具有法律效力。[①]

（一）公司高级管理人员的明示实际代理权

所谓明示实际代理权是指本人明确以口头或书面方式授予代理权限给其代理人，允许他们代表自己与第三人从事某种行为。代理人在授权范围内代表本人与第三人订立的契约，则本人应当就此契约对第三人承担法律责任。在公司法中，高级管理人员的明示实际代理权的来源，首先是州的商事公司法，其次是公司的章程，还有公司的章程细则，以及公司董事会通过的决议。但是，由于现代公司法对高级管理人员一般很少涉及，而将相关内容任由公司章程及董事会决议来确定，但由于章程及章程细则的规定通常比较概括，所以明示代理权更多地体现在公司董事会的决议之中。

（二）公司高级管理人员的默示代理权

所谓默示代理权，是指代理人本身所固有的代理权或推定代理权，此种代理权虽然未被本人明确授予给代理人，但法律还是认可代理人所实际享有的这种代理权。在现代公司法中，公司的高级管理人员的默示代理权是基于法院已承认的公司及管理，或特定公司的董事或股东已默认的惯常做法。因此，高级管理人员就如公司的董事会一样享有许多没有明确为公司法、公司章程和管理规则以及董事会决议所授予的代理权，但它们在法律推定的此种实际代理权范围内行为时，公司应当就他们的行为对第三人承担法律责任。

公司高级管理人员的默示代理权因其职位不同而有着较大的差别。一般情况下，公司总裁被认为拥有极其广泛的代理权，但实际上批准重大交易的权力往往由董事会掌

[①] （美）罗伯特·C. 克拉克著：《公司法则》，胡平等译，工商出版社 1999 年版，第 84 页。

握，而并没有授予总裁。不过法院的倾向是放宽总裁的默示权限，以防止公司事后对所做的交易随意否决。克拉克教授认为，秘书的职责只是保存公司董事和股东会议的纪录，发布通知和证明公司档案，因此一般不认为公司秘书职责本身赋予了该职务承担人以约束公司的代理权。另外，公司的财务主管的职责是收取和保存公司的款项，也没有约束公司的默示代理权；还有许多判例说明公司副总裁根本就没有仅基于职务的代理权。[1]

（三）公司高级管理人员的表见代理权

所谓表见代理权，是指当公司以某种形式向第三人证明一个高级管理人员可能为它的利益行事而该第三人善意地相信存在这种代理权时，公司可以受到该高级管理人员的行为的约束。即虽然公司的某一高级管理人员并无代表公司与第三人从事交易的代理权，但如果该高级管理人员的行为符合表见代理的构成要件，从保护交易安全和维护相对人利益的角度出发，公司有时也要就该高级管理人员的行为对第三人承担法律责任。

（四）公司对高级管理人员越权代理行为的追认

公司高级管理人员如果既不享有实际代理权，也不享有表见代理权，则除非公司就其高级管理人员所从事的交易或订立的契约进行追认，否则，公司不就此种交易或契约对第三人承担法律责任。而公司一旦对其高级管理人员的行为进行追认，则公司即应就该高级管理人员的越权代理行为对第三人承担法律责任。由于公司高级管理人员是具体负责公司日常事务和具体执行公司业务的雇员，他们由董事会聘任和解任，所以对公司高级管理人员的越权交易应当由公司董事会追认。公司董事会作出追认的意思表示既可以是明示的意思表示，也可以是默示的意思表示，前者就是通过正式的董事会决议的方式批准公司高级管理人员代表公司所从事的交易或订立的契约，后者则是通过董事会默示行为作出的。在公司的高级管理人员与第三人订立越权契约后，公司董事会虽然没有明确通过书面决议批准公司高级管理人员所订立的契约，但是如果公司董事会在知道公司高级管理人员的越权交易之后仍然保留、占有或持有该种契约或交易的成果，或在合理期限内不主张撤销，则董事会的不作为可以理解为是对公司高级管理人员所为交易或契约的追认。此外，我国《民法通则》第66条规定：本人知道他人以本人名义实施民事行为而不作否认表示的，视为同意，如果公司知道其高级管理人员以公司名义对外从事交易而不作否认表示，公司即应对其高级管理人员的交易行为承担法律责任。[2]

三、公司高级管理人员的权力范围及其限制

虽然公司的高级管理人员在公司业务执行中享有广泛的权力，但由于其权力主要来

---

[1] （美）罗伯特·C.克拉克著：《公司法则》，胡平等译，工商出版社1999年版，第85页。
[2] 张民安：《公司法上的利益平衡》，北京大学出版社2003年版，第426~427页。

自于董事会的授权，这种权利的来源也决定了高级管理人员的权力必定受到很多的限制，Hamilton 教授将这些限制归纳为以下几个方面：①职位本身的限制。根据判例，经理只能限于管理，除了在正常业务过程中以按揭货物借款外，经理无权替公司筹款，亦无权把公司的资本退还给股东。②反面推定觉察原则限制。反面推定觉察原则是为了保障股东和公司利益而设置的特殊原则。根据这一原则，任何与公司进行交易的人都被推定为知悉公司公开文件的内容。因此，若公司章程这一公开文件中的组织条款对经理的寻常权力有所限制，则经理权只能限于该范围之内，交易相对人不得主张经理有超越该范围的表面权力。③内部行政条规限制。它是为保障交易第三人利益而制定的特殊规则。根据该条规，只要第三人没有恶意，即可推定公司适当地采取了授权必需的内部程序。①

在大陆法系国家，经理层作为公司日常经营管理的负责人，往往被授权就公司营业方面的一切行为行使代理权限。因此，得到授权的经理不仅可以代表公司对外签订合同，还可以作为公司的诉讼代理人参与与公司相关的诉讼。大陆法系对经理权的限制更多地体现在法律直接对其限制上。因经理代理权的范围一般仅包括有关公司经营管理方面的一切必要行为，因此营业的让与、废止、分公司设置等，经理不得为之。例如，《德国商法典》规定，对于不动产的转让与抵押，只有当经理人被专门授予这方面的权限时，他才有权处理该事务。类似的权利限制还体现在企业转让和破产宣告等方面。再如，《法国商事公司法》规定，经理拥有在任何情况下以公司名义进行活动的最广泛权力。经理在公司宗旨的范围内行使权力，但法律明确赋予监事会和股东会的权力除外。除经营银行或金融事业的公司外，转让本质意义上的不动产，全部或部分转让投资，提供担保及保证金、保证或对票据提供担保，应由监事会按法令确定的条件予以批准。除此之外，由于经理层的权力往往来自董事会决议或公司章程的授权，因此公司章程也可以对经理层的权限作出限制。但需要指出的是，在大陆法系下，这种限制往往不能对抗善意第三人。

我国 1993 年《公司法》对于经理的权限采取的是直接列举的方式，并没有给予经理权必要的明确限制，这很有可能使得经理权趋于膨胀。因此，我国 2005 年《公司法》在第 50 条第 1 款列举经理职权的同时，又在第 2 款明确规定："公司章程对经理职权另有规定的，从其规定。"因此，只要经公司绝大多数股东同意，公司可以对经理的权限加以扩张或进行限制。

四、公司高级管理人员的民事义务

公司高级管理人员在公司治理结构中的地位类似于公司的管理机构，它实际上是受

---

① 倪建林：《公司治理结构：法律与实践》，法律出版社 2001 年版，第 152~153 页。

公司董事会的委托对公司事务进行日常管理和执行的人。因此,董事的注意义务和忠实义务同样适用于公司高级官员。事实上,在美国的判例法上,董事与高级管理人员经常被联系在一起。《美国修正标准商事公司法》对高级管理人员所适用的行为标准,与董事所遵循的行为标准实际上是相同的。因此,高级管理人员在代表公司对外活动时,应对公司事务承担注意义务,在对内管理公司事务时,应对公司承担忠实义务。他们如果违反此种义务并导致公司有损害,即应对公司承担法律责任。另外,本章第五节中所提及的各项救济董事责任的措施,如经营判断原则、公司补偿制度、董事责任保险制度以及责任限制、责任免除制度,同样适用于公司的高级管理人员。

如上所述,我国 2005 年《公司法》第 149 条所规定的各项义务和责任,在适用对象上不仅包含董事,也包含高级管理人员。

五、我国公司法所规定的公司经理

从法律角度来看,经理是指在公司内部有管理事务权限,对外有代理权限的公司高级官员。他是由公司章程规定、常设的辅助业务执行人员。公司设置经理的目的,在于辅助法定业务执行机关执行公司的业务。依照我国《公司法》的规定,股份有限公司的经理是由董事会作出决议聘任的主持日常经营工作的公司负责人。股份公司应依照章程的规定设置经理。经理有数人时,应以一人为总经理,一人或数人为副总经理或经理。

(一) 经理的任职资格

股份公司经理的选任,主要看其素质,以及知识、经验和经营能力,但从法律的角度来说,则不管有无股东或董事的身份,均可以成为公司的经理,而且董事长也可以兼任自己公司的总经理。依照《公司法》第 147 条的规定,有下列情形之一的,不得担任包括公司经理在内的董事、高级管理人员:①无民事行为能力或者限制民事行为能力;②因贪污、贿赂、侵占财产、挪用财产或者破坏社会主义市场经济秩序,被判处刑罚,执行期满未逾 5 年,或者因犯罪被剥夺政治权利,执行期满未逾 5 年;③担任破产清算的公司、企业的董事或者厂长、经理,对该公司、企业的破产负有个人责任的,自该公司、企业破产清算完结之日起未逾 3 年;④担任因违法被吊销营业执照、责令关闭的公司、企业的法定代表人,并负有个人责任的,自该公司、企业被吊销营业执照之日起未逾 3 年;⑤个人所负数额较大的债务到期未清偿。

(二) 经理的任免

在股份公司中,经理的委任及解任,须有董事过半数同意。设有总经理的公司,其他经理的委任、解任,由总经理提名后,同样须经董事过半数同意。

由于经理和公司之间的关系属于委托代理关系,因此,公司或经理的任何一方均可以随时终止委任协议,但当事人的一方,在不利于他方的时期终止协议的,应负损害赔偿责任。然而,因非可归于该当事人的事由,导致不得不终止协议的,不在此限。

(三) 经理的权限

经理作为公司的高级管理人员,除拥有代理权外,还在公司事务、经营管理方面享有广泛的权限。依照《公司法》第50条和第114条的规定,经理在公司事务管理方面的权限包括:①主持公司的生产经营管理工作,组织实施董事会决议;②组织实施公司年度经营计划和投资方案;③拟订公司内部管理机构设置方案;④拟订公司的基本管理制度;⑤制定公司的具体规章;⑥提请聘任或者解聘公司副经理、财务负责人;⑦决定聘任或者解聘除应由董事会决定聘任或者解聘以外的负责管理人员;⑧董事会授予的其他职权。但是,需要注意的是,我国2005年《公司法》同时也规定,如果公司章程对经理职权另有规定的,从其规定。

(四) 经理的责任

经理在执行业务时,如果违反对公司应尽的义务,致使公司遭受损害,应对公司负损害赔偿责任。需要注意的是,当经理依照董事会决议具体执行业务时,如果董事会的决议违反法律、章程或股东大会决议,致使公司遭受损害,与董事、董事长不同,经理对公司不负损害赔偿责任。只有当经理在具体执行业务中没有依照董事会决议,或者经理就董事会未作决议的事项执行业务致使公司遭受损害时,才对公司负损害赔偿责任。另外,当经理在执行业务中逾越权限使公司遭受损害,而事后又没有得到董事会的追认时,应对公司负损害赔偿责任。

(五) 经理的义务

除了应对公司负有忠实义务和注意义务之外,基于其职务,经理还应该履行以下义务:首先,作为公司的委托代理人,经理要对公司履行报告和计算义务,主要包括:①应将委任事务进行的状况报告公司(此种报告,也表现为所编制的各项会计表册),委托关系终止时,应明确地报告其任职始末的情况;②经理因处理委托事务,所收取的金钱、物品等,应该交给公司;③经理以自己的名义,为公司取得的权利,应该转移给公司;④经理为自己的利益,使用应交公司的金钱或使用应为公司利益而使用的金钱者,应自使用之日起,支付利息,如有损害,理应赔偿。其次,公司依法所编制的各项表册(指营业报告书、资产负债表、财产目录、损益表、盈余分派或亏损弥补的议案等),应该由经理签名,并负其责任。经理有数人时,应由总经理及主管编制各该表册的经理签名负责。这是因为经理是公司的辅助业务执行人,并拥有管理公司事务的权限,因此,也应令其对表示营业成果的各项会计表册签名,以示负责。

第二节 公司监事与监事会

一、概述

在现代公司,特别是大规模的股份有限公司,为保证公司的生产、经营活动能够高效率地开展,在公司经营管理方面有必要赋予董事会广泛的权力。同时,为了防止董事会权力的不断扩张所带来的种种弊端,特别是防止董事会滥用职权,牟取私利,建立完善的监督制约机制同样也是公司健全发展的必要条件。

在公司的监督制度中,股东的作用至关重要。虽然股东会已不再是一个万能的机关,但由于股东作为公司的所有者,公司的发展关系着股东自身的利益。股东会经营管理权限的下放,并不意味着股东可以置自身的利益而不顾,股东大会在将公司的经营管理权限转移给董事会的同时,各个股东仍要通过各种方式对经营者进行监督。然而,考虑到股东会为公司非常设机构,股东和董事之间的专业知识与经营能力差别很大,加之股东分散,很难期待股东或股东会直接实现监督职能。因此,大陆法系国家公司法都规定,股东会可以选出专门监督机关——监事会或监事,作为全体股东的代表,对公司的财务、经营决策及业务执行等各方面行使监督职权。

但是,由于在长期的公司实践中,监事会并没有像当初设计这项制度那样,在公司内部监督体制中发挥有效的作用,加之英美法系独立董事制度对大陆法系固有的监督体制所带来的冲击,使得许多学者开始怀疑监事会的作用和意义。我国亦是如此,近几年,随着上市公司独立董事制度的建立和发展,监事会的价值取向问题也成为了学者们所关注的热门话题之一。

本书认为,虽然监事会制度本身存在着诸多缺陷,但源于英美法系国家的独立董事制度,能否真正符合我国的实际情况还难下定论,而且即使可以以独立董事来取代监事会也需要一个循序渐进的过程。另外,目前我国也仅仅是在上市公司中推行独立董事制度,在一般的股份公司及有限责任公司中,仍然需要监事会来发挥对经营者监督制衡的作用。因此,为确保监事会能够有效地发挥公司的内部监督作用,完善公司治理结构,在监事会及监事的制度设计上,应明确监事会的地位,监事的任职资格、任免机制、任期、人数,监事会的职权以及监事的责任、义务。

二、监事会的组成

监事会是由全体监事组成的公司监督机关。各国立法对监事会的称谓并不一致,日本称监察人会,我国台湾称监察人,德国称监察委员会等。监事会的地位因公司组织机构的立法模式不同而不同。在大陆法系国家,对监事会制度主要存在两种立法模式:一种模式是将监事会置于股东会之下，作为与董事会平行的机构，负责对公司事务以及董事会执行业务的情况进行监督。法国、日本以及我国台湾地区等大多数国家的公司法都是采取这种模式。我国也是如此，依据《公司法》第100条的规定，选举和更换董事，选举和更换由股东代表出任的监事，决定有关董事及监事的报酬事项都属于股东大会的职权。另一种是以德国为代表的模式，将监事会作为董事会的领导机构，赋予其广泛的权力：董事会成员由监事会选任和解聘；董事会必须定期和及时地向监事会提供全面可信的有关公司经营及业务状况的报告等。在这种模式下，监事会不再是作为一个纯粹的监督机关存在，它甚至可以通过行使对一些特定事项的决策权来实现其监督职能。

英美法系国家公司立法中不设置监事会，因此也无所谓监事会制度。在这些国家中，董事会既是公司的经营决策机关，同时也承担着日常经营管理中的监督职责。为实现公司内部各种机构间的权力制衡，董事会大都通过聘用独立董事的方式以确保董事会的独立性，并以独立董事为主组成审计、指名以及报酬等各种委员会，共同完成公司内部的监督职责。

依照大陆法系公司法的理论，监事与公司之间的关系，除法律另有规定外，多属于委任关系，适用民法关于委任的规定。监事由创立会或股东大会选任后，经其承诺，即发生委任关系，处于受任人的地位，根据委任关系执行业务。但是，这种关系又与一般的委任不尽相同，所以法律对监事的选任、解任、报酬、执行业务等另有规定。

与董事不同，监事一般可以各自构成公司的机关，即使监事会成员为复数，各个监事也可以单独行使监事的职务权限。例如，我国2005年《公司法》规定，监事列席董事会会议。

（一）监事的资格

监事的当选资格，大致也与董事相同，也分为积极资格和消极资格。一般情况下，为确保监事会更好地履行监督职权，各国公司法通常要求监事会中至少应有一人为股东，并在国内有住所。例如按照《德国股份公司法》规定，监察人分为两种，一种是股东监察人，从股东中选任；一种为从业员监察人，在监事会中应占1/3。对于监事的年龄，《法国商事公司法》规定：监事会中已达70岁的监事人数不得超过1/3。另外，为保证监事、监事会行使职权的独立性、公正性，各国通常限制董事、经理、财务人员与监事相互兼职。如日本规定监察人不得兼任公司或子公司的董事、经理或其他使用人。《德国股份公司法》第100条的规定更为详细。该条规定，如果一个公司的董事是另一个公司的监事，另一个公司的董事不能成为该公司的监事；此外，对一个人同时担任数家公司监事职位的数量加以限制，即一个人担任监事职位不能超过10个，企业的法定代表人担任下属公司监事职位不得超过5个。近几年，为确保监事会更好地履行其监督职能，日本还效仿美国的独立董事制度，建立了独立监事制度。对独立监事的当选资格，《日本公司法》制定了特殊的规定，即不设置委员会的公司的独立监事，必须是在其任职之前5年内不曾担任公司董事、经理或其他使用人的人。

另外,为了体现公司民主,一些国家实行共同决策制,规定监事会由各方利益的代表组成。如德国、荷兰、奥地利等欧洲国家普遍规定,监事会成员中应有一定比例的职工监事。欧盟公司法草案结合德国与荷兰的做法,规定监事会由1/3的职工监事、1/3的股东监事、1/3股东与职工共同选举的监事组成。我国2005年《公司法》为实行公司民主,维护职工利益,规定监事会由股东代表和适当比例的公司职工代表组成,具体比例由公司章程规定,但不得低于全体监事1/3(《公司法》第52条第2款,第118条第2款)。监事会中的职工代表由公司职工通过职工代表大会、职工大会或者其他形式民主选举产生。

(二) 监事的选任与退任

监事的选任由股东大会决定,选任方法与董事大致相同,一般采取普通决议的方式。依照《日本公司法》的规定,在股东会选任或解任监事时,监事可以享有陈述意见权,其目的是为了能确保监事的独立地位,但实际上对股东会并没有约束力。

需要指出的是,虽然我国2005年《公司法》规定监事的选任和更换应由股东会决议通过,但是对于监事人选的提名却没有规定,股东会非常设机关的地位决定了它很难行使这一权利。实践中,监事候选人的提名权往往由董事会或董事长行使,这就产生了监督人由被监督人提名的这样一种奇怪现象,使得监事会很难摆脱董事会制约。日本近几年为强化监事会的监督职权,确保监事会的独立性,规定监事会有权行使监事的提名权,这值得我国公司法借鉴。

监事退任的事由主要包括以下几个方面:①监事任期届满,自应退任。监事任期届满而不及时改选时,延长其执行职务至改选监事就任时为止。但政府主管机关可以命令公司限期改选。②委任终止法定事由发生时,如监事死亡、公司破产或丧失行为能力等,即应退任。③监事可以随时向公司辞职,以终止委任契约,一经提出辞职,不需公司同意,也不需股东大会通过,即失去监事的身份。但是除因非可归责于监事的事由而致使监事不得不辞职者外,如果在不利于公司的时候辞职,应负损害赔偿责任。④监事可以由股东大会决议随时解任,终止委任契约。但是,定有任期者,如果没有正当理由而于任期届满前将监事解任,公司应负损害赔偿责任。⑤监事执行业务对公司有重大损害或违反法律或章程的行为,而股东大会未作出决议将其解任时,可以由持有已发行股份总数一定比例以上的股东,于股东大会后一定期限内,向法院提起诉讼,请求法院裁判解任。⑥监事当选后,发生"监事的消极资格"中所列各项事情之一时,应予解任。⑦除此之外,法人为监事时,如果该法人消灭,即应解任。

监事退任,应在退任后一定期限内向政府主管机关申请进行变更登记。

(三) 监事的人数及任期

监事会可由一人或数人组成。《德国股份公司法》规定,监事会一般由3名监察人组成，而且公司可以通过章程设置更多的监察人，但是因公司资本不同有一定程度的限制。①《法国商事公司法》第 32 条规定监事人数为 1 人或数人。依照我国公司法的规定，股份有限公司级规模较大的有限责任公司必须设置监事会，其成员不得少于 3 人（《公司法》第 52 条、第 118 条）。但对于股东人数较少或规模较小的有限责任公司，可以只设 1 至 2 名监事（《公司法》第 52 条）。

监事的任期因各国公司法的规定而不同，日本法规定为 3 年，德国、法国规定为 4 年。我国台湾公司法规定不得超过 3 年，但可连选连任。依照我国公司法规定，监事的任期每届为 3 年，任期届满，连选可以连任。值得注意的是，我国 2005 年《公司法》对董事的任期同样规定为 3 年，从第一届董事会和监事会开始，两者在任期方面会一直保持一致，这也给监事会的独立地位带来一定的影响。《日本公司法》规定董事的任期为 2 年，监事的任期为 3 年，规定监事任期长于董事，可以在一定程度上避免监事因受制于同一届董事会而不能有效行使其监督职权。

三、监事会的职权

监事会是由股东大会选出的监督机构，对股东大会负责，代表股东大会执行监督职能，是执行业务监督的法定机构，独立行使监督职权，因而从职能上来说，它与董事会处于对立地位。监事会虽然人数一般不多，但其权力范围比较广泛，对公司各部门、各个方面的生产经营业务活动的检查，阅览财务部门的账目，均属于监事的职权范围。一般情况下，监事会的职权是法定职权，由公司法直接规定，监事会必须在法定职权范围内行使权力。结合我国 2005 年《公司法》第 54 条、第 119 条的规定，监事会的职权包括：

（一）财务监督权

检查公司财务，或称公司财务监督权，是监事会最主要的职权之一。对于财务监督权具体包含的内容，以及采用何种方式行使该项权利，公司法并没有涉及。依照 1992 年国家经济体制改革委员会发布的《股份有限公司规范意见》，可以将财务监督的内容概括为：①查阅公司账簿和其他会计资料；②核对董事会提交股东会的会计报告、营业报告和利润分配方案等财务资料；③要求执行公司业务的董事和经理报告公司的业务情况；④在必要的时候以公司名义委托注册会计师、职业审计师帮助复审。

在我国公司实践中，监事会的成员主要由股东代表和职工代表组成，很少有法律、财务等方面的专业人员。这样的人员构成及知识结构不仅决定了监事会在地位上难以与

---

① 《德国股份公司法》第 95 条规定："监事会由 3 名成员组成。章程也可以规定某个较多的成员数。成员数必须是能被三除尽的。监事会成员的最多数目在拥有不同基本资本的各个公司为：不到 300 万德国马克的 9 人，超过 300 万德国马克的 15 人，超过 2000 万德国马克的 21 人。"

董事会、高级管理人员抗衡，而且从能力上也存在不足和缺陷。监事会成员不熟悉财务会计规则，读不懂财务报告，缺乏财务理解力已经成为比较普遍的现象。另外，虽然《公司法》第55条第2款规定"监事会、不设监事会的公司的监事发现公司经营情况异常，可以进行调查；必要时，可以聘请会计师事务所等协助其工作，费用由公司承担"。但是，如何聘用注册会计师，职业审计师还缺乏进一步的规定，这都使得监事会的财务监督权难免被流于形式。

（二）业务监督权

业务监督按照其内容可以分为妥当性的监督和违法性的监督。对这两个方面，监事会是否都有监督权，学术界存在着不同的观点。第1种观点认为，监事会的业务监督权应仅局限于公司业务违法性的监督，而对于妥当性的监督则应由董事会行使。这是因为，如果允许监事会对公司经营业务的妥当性也进行监督，会不当地干涉董事及董事会的业务执行，束缚董事会固有的经营判断的自由，进而对公司正常的经营管理活动带来不利影响。第2种观点基本与第1种观点一致，只是认为公司业务执行中的"严重不当"行为也属于监事会的监督范畴，即对监事会的妥当性监督采取限定性承认的态度。第3种观点虽然承认监事会有妥当性监督的权力，但同时也认为监督职能是消极地、预防性的监督。与上述三种观点不同，第4种观点认为由于监事会的业务监督与董事会的业务监督在目的和任务上存在本质的区别，除了违法性监督以外，监事会还应对董事的业务执行行为、经营方针等内容的妥当与否实施一般的监督。①其理由是：董事会的业务监督是业务执行机关内部的、主观的自我监督；而监事会的业务监督是监事会作为公司独立的监督机关，从保护公司全体利益和股东利益的立场出发而实施的，它可以以客观、第三人的立场对业务执行机关进行监督。

我们认为，对于监事会业务监督权的范围不应该一概而论，而应根据各种权限的内容分别考虑。首先，即使是监事会的违法性监督，在确定具体的监督对象之前，也必须先对公司的各项业务进行全面的调查、了解。此时，监事会不仅有权开展各项调查工作，必要时还有权要求董事会作出相应的说明并陈述相关的意见。而对这种情况下监事会的监督工作，应该认为是必需的，但却没有必要对其究竟属于妥当性监督还是违法性监督作出区分。其次，一般情况下，当董事会对某项经营决策的妥当性进行讨论时，监事都具有参加该董事会会议的权利，有些国家还规定监事会有权在董事会上发表意见。此时，监事的监督行为中当然也包括妥当性监督。再次，由于与董事会、经理相比，监事会的成员往往并非经营管理方面的专业人员，如果赋予监事会广泛的业务妥当性监督权，势必会对公司正常的经营管理活动造成一种不当的干涉。因此，对于监事会通过调

---

① （日）加美和照：《董事的权限和责任》，中央经济社1994年版，第315页。

查而认识到的公司经营中的问题等，可以在非公开场合向相关人员提出，以防止公司重大损失的发生。此时，监事会的妥当性监督可以被认为是一种预防性的监督。最后，监事会在行使纠正违法行为请求权，以及代表公司提起诉讼等权力时，其前提是董事、经理在公司经营管理活动中存在违反法律、公司章程以及股东会决议的行为，这些权力应该属于违法性监督的范畴。而在股东会上提交的监事会报告中所涉及的内容，一般情况下与董事、经理违反注意义务的事项相关，则不能完全被认为是违法性监督。

依照我国 2005 年《公司法》第 54 条第 2 项的规定，监事会有权对董事、高级管理人员执行公司职务的行为进行监督，对违反法律、行政法规、公司章程或者股东会决议的董事、高级管理人员提出罢免的建议。同第 3 项规定，当董事、高级管理人员的行为损害公司的利益时，要求董事、高级管理人员予以纠正。由此可见，我国 2005 年《公司法》所规定的监事会的业务监督权主要是违法性的监督，并不包括妥当性监督的内容。但这里需要指出的是，《公司法》也并没有统一、明确地规定董事会享有监督权，虽然赋予董事会任免经理，决定经理等报酬的权力（《公司法》第 47 条第 9 项；第 109 条），可以对经理层形成一种监督制约机制，但这并不是对董事会的监督职责的规定。因此，事实上我国公司立法在业务妥当性的监督方面存在着一个空白。另外，单就监事会的业务违法性监督权而言，监督对象不仅限于董事、高级管理人员的违法、违反章程的行为，还包括违反股东会决议的行为，因为股东会的决议，经营者有遵守并落实的义务。

（三）监事会的其他职权

（1）代表公司提起诉讼。《日本公司法》第 386 条规定，董事与公司间的诉讼，监事会是公司的诉讼代表。赋予监事会或监事代表公司提起诉讼的职权，是为了防止董事间因碍于情面，或者相互庇护而怠于行使公司的权利。基于此项权利，当董事的行为给公司带来损失时，监事会首先有权决定是否追究该董事的责任。依照我国 2005 年《公司法》第 54 条第 6 项以及第 152 条的规定，当董事对公司负有责任时，监事会可以代表公司提起诉讼。而股东行使派生诉讼提起权的前置程序也是先向监事会提起诉讼请求。此外，当第三人的行为给公司造成损失，而董事会或公司法定代表人又怠于行使公司的权利时，监事会同样可以代表公司提起追究该第三人责任的诉讼。

（2）临时股东会召集请求权。《公司法》第 54 条第 4 项不仅规定监事会有权提议召开临时股东会，而且在董事会不履行本法规定的召集和主持股东会会议职责时，还有权召集和主持股东会会议（参见本书第六章第五节"股东会会议"）。

（3）列席董事会并对董事会决议事项提出质询或者建议。作为公司的内部监督机关，监事会成员往往有权列席董事会会议。有些国家公司法规定监事会成员在董事会上有陈述自己意见的权利（如《日本公司法》第 383 条）。从某种意义上讲，监事列席董事会并陈述意见属于公司业务监督权的一个方面，其目的不仅是为了对董事会会议的内容进行合理的监督,而且还可以就董事长、某些执行董事的不正当行为向董事会作出报告。但实际上,由于监事往往无法获得与董事同样的信息,对决策的监督也只能流于形式,很难对董事会决议的内容提出有针对性的意见,因此也很难最终影响董事会决议的形成。

(4) 提案权。依照《公司法》第 54 条第 5 项的规定,监事会可以向股东会会议提出提案。

(5) 调查权。《公司法》第 55 条第 2 款规定:"监事会、不设监事会的公司的监事发现公司经营情况异常,可以进行调查;必要时,可以聘请会计师事务所等协助其工作,费用由公司承担"。

作为以上职权的补充,《公司法》还规定公司章程中可以对监事会的职权予以补充。

四、监事的权利、义务和责任

(一) 监事的权利

监事基于委托关系,对公司享有下列权利:①预付费用请求权。监事享有向公司请求预付处理委任事务的必要费用的权利。依照《公司法》第 57 条的规定:"监事会、不设监事会的公司的监事行使职权所必需的费用,由公司承担"。②偿还费用请求权。监事享有向公司请求偿还因处理委任事务所支出的费用及自支出时起的利息的权利。③偿还债务请求权。监事享有向公司请求代其清偿因处理委任事务所负担的必要债务,未至清偿期者,请求公司提出相应担保的权利。④损害赔偿请求权。监事享有向公司请求赔偿其于处理委托事务时,因非可归责于自己的事由所导致的损害的权利。

(二) 监事的义务

与董事及该级管理人员一样,监事也要对公司履行忠实义务和注意义务。我国 2005 年《公司法》第 148 条规定:"董事、监事、高级管理人员应当遵守法律、行政法规和公司章程,对公司负有忠实义务和勤勉义务。董事、监事、高级管理人员不得利用职权收受贿赂或者其他非法收入,不得侵占公司的财产。"但与董事及高级管理人员不同的是,我国 2005 年《公司法》第 149 条所列举的各项忠实义务并不适用监事。这是因为,该条所规定的如挪用公司资金、将公司资金以其个人名义或者以其他个人名义开立账户存储、与公司交易、与公司竞业以及篡夺公司机会等行为,均与公司的业务执行有着密切的关系。但是,作为公司的机关,监事在履行监督职权时往往可以获得许多公司的内部信息,如果不要求监事履行"竞业禁止"以及"保守公司秘密"等义务,则可能会给公司带来巨大的损失,而且会直接影响监事监督职权的有效行使。因此,《公司法》对监事的忠实义务也应有更为具体的规定,这也是强化监事会监督职能的一个因素。

（三）监事的责任

监事在执行职务时，如果违反上述义务，要承担相应的法律责任。我国 2005 年《公司法》第 150 条规定："董事、监事、高级管理人员执行公司职务时违反法律、行政法规或者公司章程的规定，给公司造成损失的，应当承担赔偿责任。"《日本公司法》中，监事的责任包括：①对公司的责任。监事怠于行使职权，致公司损害时，监事对公司承担损害赔偿连带责任（《日本公司法》第 423 条）。②对第三人的责任。会计监察人的监察报告书，对重要事实作虚伪记载而至第三人损害时，会计监察人对第三人负连带赔偿责任，但能证明对职务并未疏忽者除外（《日本公司法》第 429 条）。③连带责任。监察人对公司或第三者承担损害赔偿责任时，董事也承担责任，该监察人及董事为连带债务人（《日本公司法》第 430 条）。

五、监事会独立性的确保和监督职权的强化

由于监事会的成员一般是公司的内部人，这种特定的身份决定了监事自身的利益很难和公司的利益严格地区分开来。同时，即使在行使其监督职权过程中，也往往会因为碍于情面，或是因为本身受到董事长或总经理的制约，难以发挥监事会应有的作用，形成有效的监督。日本在 1993 年修改了股东派生诉讼制度后，追究公司经营者责任的股东派生诉讼数量突增，从一个侧面反映出监事会并没有有效地行使其监督职权。同样的问题在我国也十分明显，近几年证券市场上，上市公司违规事件频发，但作为公司的监督机构的监事会公告却几乎没有任何披露，这也反映了监事会本身所存在的问题。

监事会能否有效地行使监督职权，很大程度上取决于它能否保持自身的独立性。另外，法律在制度设计上，应赋予监事会哪些权力，如何确保这些权利的实现，是完善监事会制度的关键所在。针对我国 2005 年《公司法》中存在的问题，我们认为，可以通过以下措施强化监事会的监督职权：

（1）确保监事会的独立性。我国公司法应改变现行的监事提名制度，明确规定监事会对监事的提名权。同时，应借鉴日本法的规定，在监事的选任或罢免决议上，赋予当选或被罢免的监事陈述意见的权利。

（2）完善监事的任期制度。在我国公司实践中，监事会与董事会保持高度的一致已经成为一个普遍的现象。导致这种现象发生的原因包括许多方面，其中，由于董事与监事一般都由董事会提名，他们任期一致使监事在监督职权时，不可避免地受到董事会的制约。因此，确保监事的独立性，可以考虑在监事的任期方面与董事错开，或者与董事相比，适当延长监事的任期。

（3）完善监事会成员的报酬制度。监事会的成员在报酬方面往往远远低于公司的董事及经理，这致使监事会在行使监督职权时缺乏鼓励机制。因此，对监事也可以采取股票期权的激励措施。

(4) 建立独立监事制度。为确保监事会有效地行使其内部监督职权，增强其独立性，大陆法系各个国家都相应地采取了一些解决措施。其中在公司中建立独立监事制度被认为是一种最有效的手段。独立监事制度始创于日本，是效仿美国的独立董事制度所为。日本在1993年实施的商法修改中，首次规定了大股份公司①的监事中至少有一名为"独立监事"。依照《日本商法公司法》第390条的规定，独立监事被定义为在就任监事前5年间，没有担任过公司或其子公司的董事、经理或其他使用人的人。另外，现行《日本公司法》，不仅进一步明确了独立监事的任职资格以及任职年限，而且重新调整了独立监事在监事会中的比例，即在人数方面要求上市公司过半数的监事必须是独立监事。②

第三节 公司债权人

一、公司债权人的法律地位③

（一）公司债权人在传统公司法中的地位

传统公司法和现代公司法认为，公司债权人和公司股东是两种性质不同、权利义务有别、法律地位迥异的利益关系主体。公司股东是公司的所有人，是公司的成员，享有作为此种基础地位的众多权利，而公司债权人仅仅是与公司签订契约并享受债权的人，他除了依据与公司订立的契约对公司享有传统民法，或普通法所规定的债权请求权外，对公司不享有更多的权利。因此，对公司债权人和公司股东而言，传统公司法和现代公司法均认为两者享有不同的法律地位，不能同等对待：公司股东系公司法上的一种利益关系主体，他们所享有的各种权利，由公司法作出明确规定；而公司债权人系传统民法或普通法上的一种利益关系主体，他们所享有的权利由公司与债权人之间订立的契约和传统民法或普通法加以规定。由于此种原因，传统公司法几乎在所有方面，均将其关注的重点排他性地放在公司与其成员、董事与股东之间的权利义务关系方面，很少甚至根本不考虑公司雇员、公司债权人和公司产品的消费者的权利和利益问题。

（二）公司债权人在现代公司法中的地位

在现代社会，基于公司法的利益平衡的思想，现代公司法不仅要关注公司与股东、股东与董事之间的权利义务关系，而且还要关注公司雇员、公司债权人和社会公众的利

---

① 本文中所提到的日本的大股份公司，是指按照日本《商法特例法》规定的，资本总额超过5亿日元，或者负债总额超过200亿日元的股份有限公司。
② 资料来源于（日）商事法务研究会，《商事法务》2001年第1614号。
③ 张民安：《公司法上的利益平衡》，北京大学出版社2003年版，第83~156页。

益，在对公司股东的利益提供法律保护的同时，现代公司法亦对公司债权人的法律地位表示强烈的关注。此种关注有其合理性，因为有限责任意味着公司债权人不能对公司股东的个人财产提出请求。为保护公司债权人的利益，现代公司法对公司债权人提供了三种基本性的保护方法：公司事务公开性原则之遵守、公司资本维护原则之贯彻以及公司清算规则之执行[①]。然而，现代公司法之此种态度系建立在将公司股东看做是公司的投资人，公司债权人系公司的非投资人的基础上，因此，除了对公司债权人提供了此三种基本保护手段外，现代公司法对公司债权人并没有提供更多的保护。为了对自己的利益予以更周详的保护，为了避免公司违约给自己带来的损害，公司债权人只有寻求公司对自己与公司从事的交易提供契约担保，通过民法或普通法上的债权担保方式，确立公司破产时债权人的优先清偿性。然而，此种民法上的担保方式并不适合于公司债权人利益之保护，因此，通过此种方式对公司债权人提供的法律保护并非强而有力。

（三）公司债权人在当代公司法中的地位

在当代公司法中，公司债权人法律保护的传统方式仍然受到尊重，仍然为当代各国公司法所遵循。但鉴于公司董事会核心法律地位的确立给公司债权人造成的潜在威胁，当代司法通过适用现代经济学家所提出一系列新理论，不遗余力地拓展公司债权人的法律保护途径，提升公司债权人的法律地位，使公司债权人法律保护呈现出许多新的发展态势。其中，最为重要和有趣的是现代英美司法通过对董事所承担的受托义务的司法解释，认可了董事对公司债权人一般民事义务的承担原则。

二、现代公司法为公司债权人提供的一般保护

为平衡承担有限责任的股东的利益，为避免公司非法行为对公司债权人造成的损害，传统公司法和现代公司法均对公司债权人提供了一般性的保护。此种保护始于公司设立之际，贯穿于公司营运之中，终于公司清算结束之时。综观现代公司法，公司债权人利益的一般保护有三种途径：公司事务的公开性原则之遵守、公司资本维持原则之贯彻和公司清算规则之执行。

（一）公司事务的公开性原则之遵守

作为有限责任的抵消条件，现代各国公司法均将公司事务的公开性原则作为公司债权人利益保护的重要手段，并将此种原则作为公司法的"缔建之父"。公司事务的公开性原则始于英国《1862年公司法》，此后被各国公司法所一致遵循[②]。一般而言，此种原则之贯彻，有四种方式：

[①] See K. R. Abbott, Company Law, p. 21；张民安：《公司债权人权益之保护与我国公司法的完善》，《中山大学学报》（社会科学版），1996年第2期，第33～35页。

[②] L. C. B. Gower, Gower's Principles of Modern Company Law, 4th ed, London Stevens & Sons 1979, p. 496.

(1) 在政府公报中对公司的重要事项予以官方通告（official notification）。根据英国《1972 年欧共体法》第 9（3）节，当公司注册登记机构接到公司申请注册的各种文件时，在予以注册登记这些文件以后，必须在《伦敦公报》上对社会公众予以官方通告。公司事务的官方通告系为保护第三人利益而设，如果公司某些事项发生变更而公司未在政府公报上予以通告，则公司不能以公司事项发生变更为由对抗第三人，但公司证明第三人实际知悉此种变更除外。①在其他大陆法系国家，公司法也有类似的规定。

(2) 公司某些信息在公司注册登记机构予以注册登记。在公司设立之际，公司必须将其设立大纲（memorandum）和章程予以注册登记，已如前述。

(3) 公司注册事项的强制性维持。公司向注册登记机构所予注册的众多信息必须由公司本身在其注册办公机构予以保留，以便公司债权人查阅、复印或摘录。根据英国公司法，公司必须在其注册办公机构保留的信息众多，主要有：公司董事和秘书的注册，包括董事和秘书的姓名和以前的姓名、其住址、国籍、商事职业、出生日等；②公司董事对公司股份或债券所享有的利害关系的注册登记；③公司持有重要股份（Substantial shareholders）的股东的注册登记。④

(4) 公司财务会计账簿的公开。公司应当建立财务会计账簿，并且根据公司法的强制性规定披露公司的财务状况。

（二）公司资本维持原则之贯彻

公司资本是公司从事经营活动的物质基础，是公司对外承担债务的信用保障，是公司债权实现的一般担保。公司资本充足，公司资本得以维持，债权实现的一般担保即有保障；公司资本不足，公司资本被非法处分，非法流失，债权实现的一般担保即受到削弱，发生动摇。因此，公司资本不仅对公司本身而言意义重大，而且对公司债权人亦意义深远。为保证公司债权实现的一般担保不至于被削弱，现代各国公司法均规定了公司资本维持原则。关于公司资本维持原则，本书已经在公司资本一章中作出论述。

（三）公司清算规则之执行

所谓公司清算系指为了保护公司股东和公司债权人的利益而使公司终止和对公司财产予以管理的一种程序。公司清算可分为两种，即强制清算，是通过法庭颁发公司强制解散令的方式进行一种清算；自愿清算，是由公司成员通过公司解散决议而进行的一种清算。无论是何种形式的清算，公司清算人均须遵守公司法所规定的既定程序和规则，否则，即要承担相应的法律责任。

---

① K. R. Abbott, Company Law, p. 192.
② S. 95, C. A. 1981；S. 200, C. A. 1948.
③ S. 27, C. A. 1967；S. 31. C. A. 1967；S. 28, C. A. 1967.
④ Ss. 63–73, C. A. 1981.

三、公司董事对公司债权人承担的侵权责任

董事在管理公司事务时或者在执行公司业务时是否应当对公司债权人承担侵权责任？两大法系国家的公司法作出了肯定的回答，它认为，当公司董事在代表公司对外行为时，如果实施侵权行为并因此而导致公司债权人遭受损害，公司和公司董事应当一起对公司债权人承担侵权责任。因为，公司董事在实施侵权行为时是公司的机关，所以公司应当就董事的侵权行为承担责任。董事个人也应当对公司债权人承担侵权责任，因为任何人在行为时都应当对行为的相对人承担注意义务，即便他是他人的代表人或代理人。在我国，2005年《公司法》没有作出明确的规定，我国学者基本上持否定的态度，认为公司董事不对公司债权人承担侵权责任，只有公司对公司债权人承担侵权责任，这就是所谓的公司内部责任理论。此种理论认为，法人对其机关成员在执行职务中的行为造成的违约和侵权负责，法人在对其机关成员执行职务的行为承担了民事责任以后，可根据具体情况，在法人内部请求该机关进行赔偿。实际上，我国学者的意见存在问题，既违反了两大法系国家公司法的基本原理，也损害了公司债权人的利益。我国公司法应当责令实施侵权行为的董事与公司一起对公司债权人承担共同责任和连带责任。

第四节 公司其他类型的利害关系人

一、公司雇员

公司雇员作为公司人力资产的所有者，在现代公司中的地位和作用越来越重要。社会经济的发展对人力资本及技术的依赖程度逐步增大，拥有技术的劳动者的地位逐步提高，"物资资本"的统治地位被逐步打破。另外，为了使雇员更有效地发挥其人力资源，一些公司通过向雇员出售公司股份，使雇员成为公司真正的股东，拥有公司的所有权，这是许多公司在改善公司治理结构方面的成功做法。这些做法表明雇员在公司中所扮演的角色正在从单纯的人力资源所有者转变为同时兼有公司所有者地位的人群。只不过与公司董事及高级管理人员不同，雇员的持股可以随时转让，尤其在股价处于高位时，雇员随时可以出售手中持有的股票，从而放弃作为股东的地位。

雇员在现代公司治理中的作用主要表现在：首先，现代企业之间的竞争最终都归结为人力资源的竞争，拥有知识和技能的雇员是公司竞争致胜的决定性因素。无论产品的开发研制也好，还是生产销售也好，都需要依靠雇员的智慧和经验。脱离了员工，公司寸步难行。其次，雇员的知识和技能只是一种潜在的生产力，要将这种潜力发挥出来，还必须给以一定的诱导和刺激，创造适宜的环境和条件。只有切实保障雇员的地位和利益，才能够使公司的其他参与者的利益保持最终的一致，从而为公司治理打下坚实的内

部基础。再次，公司雇员作为一种人力资产，具有一定的专用性。这种专用性将员工个人的命运与公司的命运紧密联系起来。他们与公司共荣辱，同患难，具有强烈的责任感和参与意识。只有保护和利用好这种热情，才能使企业充满活力。最后，随着科学技术的进步和知识经济的发展，将会涌现出越来越多的知识型公司，在这些公司中，雇员不仅成为人力资产的所有者，而且成为物质资产的所有者。

雇员作为公司重要的资源和人力资产的所有者，应享有以下权利：①剩余索取权。公司雇员在按劳动合同和其他规定得到工薪报酬的同时，有权以奖金或其他形式参与公司税后利润的分配。②剩余控制权。公司决策对公司雇员的切身利益有重大影响，因此雇员应享有一部分剩余控制权，一旦发现某些决策损害自身利益可以及时采取对策，同时公司不能背着雇员搞暗箱操作。③监督权。雇员作为公司治理结构的重要组成部分，了解公司真实情况，掌握真实信息，能有效行使监督职能。德国的大型公司中，职工往往有权选举公司一半以上的监事会成员，另外，职工和工会代表可以组成的"劳动委员会"，经理人员必须接受这一委员会对有关主要业务决策的质询。我国公司法也规定，公司监事会中应包含一定比例的职工代表。④管理权。从人力资产所有者的意义上说，雇员是公司的主人之一。因此应享有一定的管理权，如提供合理化建议、自主管理、共同决策，等等。在德国的大型公司里，职工是公司的长期相关利益者，他们不仅在公司专业化人力资本上已经作出投资，而且还将他们 2/3 的养老基金资产投资于他们所服务的公司里。

二、销售商

销售商是公司生产经营所需劳动资料和劳动对象即生产资料的供给者，这些生产资料包括：机器设备和工具；厂房、仓库、道路等基础设施；原材料、燃料、动力；等等。销售商是引致投资者，即他们的投资是由公司的产量或规模决定的，因而与公司休戚相关。销售商与公司利益相关的程度，取决于以下三个因素：第一，交易规模，包括交易额度和交易频率。第二，合同期限。第三，资产专用性程度。一般来说，交易规模越大，交易合同期限越长，销售商资产专用性程度越高，销售商就越是与公司休戚相关。公司运营良好，产量增加，规模扩大，对销售商产品的需求就会增加，销售商的日子就好过。反之，公司减产、停产或破产，对销售商会产生连锁反应，直接损害其经济利益，如生产线闲置、人员过剩、产品积压、货款收不回来，等等。特别是对那些做了专用性投资的，与公司签订了长期合同的大宗销售商来说尤其如此。因此，销售商为维护自己的利益，应当享有对公司营运的监督权。

三、客户

客户是公司产品或服务的消费者。公司价值和利润能否实现，在很大程度上取决于

客户的选择,这在买方市场的情况下尤其如此。此外,客户选择公司的产品或服务,同时也就获得了一组权利,这些权利包括:

(1) 消费者在购买、使用商品和接受服务时享有人身、财产安全不受损害的权利,消费者有权要求经营者提供的商品或服务符合保障人身、财产安全的要求。这种权利是消费者应享有的最重要的权利,在许多国家的立法中得到体现。

(2) 消费者决策的作出,一方面取决于其需要,另一方面依赖于其对商品或服务状况的了解,两方面因素的结合,才使消费者与经营者进行交易活动。在现实生活中,消费者的消费需求是千差万别的,可满足某需求的商品或服务也是多种多样的,消费者往往是根据自己的需要、偏好、消费知识等,作出对自己最有利的选择。消费者要作出最有利于自己的选择,必须对有关商品或服务的真实情况有所了解,为此需要享有知情权。法律从保护消费者的一般利益出发,规定消费者有权根据商品或者服务的不同情况,要求经营者提供商品的价格、产地、生产者、用途、性能、规格、等级、主要成分、生产日期、有效日期、检验合格证明、使用方法说明书、售后服务等有关情况,或者要求经营者提供服务的内容、规格、费用等情况。

(3) 消费者享有自主选择商品或服务的权利,即可以根据自己的需要和意愿选择商品或服务。具体包括以下几个方面:①消费者有权自主选择商品或者服务的经营者。②消费者有权自主选择商品品种或者服务方式。③消费者有权自主决定购买或者不购买任何一种商品,接受或者不接受任何一项服务。④消费者在自主选择商品时,有权进行比较、鉴别和挑选。⑤消费者因购买、使用商品或者接受服务受到人身、财产损害的,享有依法获得赔偿的权利。⑥为了切实保护消费者的权利和利益不受侵害,消费者应拥有对公司的监督权。如果公司产品和服务令消费者满意,通常消费者会形成一种对公司产品的较强的偏好,要改变或取消这种偏好往往会给消费者带来负效用。

四、周边居民

公司的经营不仅直接影响到所有者、交易者的利益,而且对公司周边居民亦有重大影响:①公司为当地居民提供就业机会,增加居民收入。公司经营好,当地就可以有较多的就业岗位,居民收入会增加,福利会提高;公司经营不好,周边居民的生活水平就会下降。②公司的生产经营直接影响当地的环境,对居民的身心健康产生影响。如有的企业单纯追求盈利,忽视环境保护,大量排放废水、废气、废物,产生各种噪音;有的企业管理不严,跑、冒、滴、漏各种有害物质,对周边居民构成威胁。③公司的扩张亦会对周边居民带来影响。譬如公司扩建可能要动迁居民,上新项目或许会带来污染,大量招雇外地工人会加剧当地公共交通、教育、住房、用水、用电、饮食等方面的矛盾,给居民生活带来不便;诸如此类。所以,周边居民为维护自身利益,应享有监督公司活动的权利。

第四编　公司组织结构的变更

第十章　公司组织结构变更的各种形态

第一节　公司组织结构变更

公司作为一种经济组织以实现其股东利润最大化为终极目标，而此种终极目标的实现必须以公司董事和公司高级官员在公司既定的组织结构内部来实现。公司董事会如果随意变更公司的组织结构，则公司股东的终极目标即存在实现不能的风险。为了确保公司董事会在管理公司事务时能够在公司既定的组织结构范围内活动，现代公司法认为公司问题不外乎是公司股东和公司董事之间的一种契约性安排，此种契约性安排对于公司股东和董事均有约束力。因此，一旦公司章程对公司的资本、公司的目的、公司发行的股份总数（授权资本）、公司股份的转让等问题作了明确规定，公司董事即应遵守此种规定，不得擅自变更这些内容；同样，当公司董事依法经营和管理公司事业，他们不得将所在的公司与其他公司并合，不得让公司被其他公司所兼并和收购，不得将公司予以分立，更不能使公司被解散和清算，否则，即应承担法律责任。

现代公司法还认为，公司问题并不仅仅停留在股东与公司董事之间的一种关系，而应从更广泛的视角，将公司看作是一个股东、董事、债权人、供应商、劳动者乃至投资者的一种契约集合体。因此，即使股东和公司董事就某项公司变更达成了共识和协议，有时候也不能随意对公司进行变更，否则，也应承担相应的法律责任。

在现代公司法中，公司章程的变更、公司的合并、分立、公司的收购等被认为是公司组织结构的变更。如上所述，公司组织结构的变更事关公司股东以及债权人的重大利益，因此，须符合严格的条件和遵守严格的法律程序。公司组织结构的变更内容不同，其所要求的条件和程序也不同。关于这些条件和程序，本书将在论述每一组织结构变更时加以讨论。

第二节 公司组织章程变更

一、公司组织章程变更的意义

公司组织章程的变更,也称为公司章程的修改,是指公司成立后,公司增加、删减或改变公司章程内容的行为。

随着经济形势的变化、公司经营状况的发展以及法律制度的修改,公司有必要随时调整公司章程的内容。但由于公司章程的变更对股东的权益有很大的影响,必须履行严格的手续。这无论是对于绝对记载事项、相对记载事项还是任意记载事项都应如此。但是,对于那些仅仅是对某些事实的记载而进行的变更,则不必履行变更的手续。如某公司的住址由于行政区域的变化而发生了自然的变更,则仅仅只需变更该地址的记载即可。

公司虽然作为法人,具有自治的权利,原则上变更章程是公司的自由。但是,公司章程的变更要受到一定的制约,不能违背公司的基本性质和强行法规,也不能违反股东平等原则和股东的固有权。不过,关于什么是公司的基本性质,什么法规属于强行法规,股东平等原则和股东固有权的内涵具体是什么的规定和解释,并不是一成不变的,也不是绝对的。例如,在有限公司里,规定股东会可决定选任和解聘经理等高级管理人员,这样的一个章程变更是否违反公司法的强制规定就值得思考。如果考虑到有限公司的规模以及最近公司自治化潮流等因素,不妨可解释为有效。

二、公司组织章程变更的程序

(一) 公司组织章程变更的拟订和提议

关于公司组织章程变更议案具体应由哪个机关来拟订和提议,各国法律并没有一个明确的规定。我国《公司法》也没有一个专门的规定。根据公司法的原理和规定,由于董事会或董事是公司的经营管理机构,对公司的情况最为了解,通常应由董事会向股东会提出修改公司章程的议案,但在特殊情况下也可由具备一定持股条件的股东向董事提出修改公司章程的要求,或由具备召集股东大会权的股东在召集股东大会前提出均可。

(二) 公司组织章程变更的决议

公司组织章程的变更是公司的重大事项,其实质是对原有股东投资意志的更改,因此,从公司法的原理来讲,有权对章程作出变更决议的,应该是作为公司权力机构的股东（大）会。世界上除了个别国家董事会或董事会有权修改公司组织章程外，[①] 绝大多数国家都将公司组织章程变更的决定权赋予公司股东会。[②] 我国 2005 年《公司法》第 38 条及第 100 条也将组织章程变更的决定权赋予了股东（大）会。

由于变更公司组织章程是变更有关公司组织及活动的根本规则，对公司关系甚大，因此，各国公司法均将公司章程的变更规定为特别决议事项。这主要表现在两个方面：一是对股东会的股东出席有特别要求，例如《法国商事公司法》第 153 条规定出席股东至少代表应第一次召集时半数、应第二次召集时 1/4 的表决权。二是对决议通过的条件有特别要求，例如《日本公司法》第 309 条规定，章程变更的决议应以相当于出席会议的该股东表决权的 2/3 作出。我国 2005 年《公司法》只有关于后者的规定，即规定修改公司章程必须经出席股东会或股东大会的股东所持表决权的 2/3 以上通过。而没有对出席股东的出席人数或代表表决权的比例作出规定，这无疑是我国立法上的一个缺陷。

除了法律规定的股东会等对公司组织章程修改的表决程序外，公司章程本身也可事先规定章程的修改程序。如《日本公司法》第 309 条规定，公司章程可规定比该条更严格的条件。但对能否规定比该条缓和的条件则没有提及。如果公司章程所规定的特定多数同公司法所规定的特定多数不同，法律应当采取公司章程的规定还是公司法的规定？本书认为，根据公司契约自由原则，当公司章程的规定同公司法的规定冲突时，且章程规定的条件比公司法规定的更严格，公司章程的规定优先于公司法的规定，法律应当采取公司章程的规定。但如章程规定的条件比公司法的规定松时，从考虑保护中小股东权益的角度来说，应该采取公司法的规定。

此外，根据美日等国的公司法，如果组织公司章程的变更有可能会损害持有某类股份的股东的利益时，在股东大会决议之外，还必须通过该种类股东大会的决议。我国立法暂时还没有规定种类股东的制度，自然也就没有这个制度，但值得我国将来立法时借鉴。

（三）公司组织章程变更中股东权利之保护

公司组织章程的任何修改都不得增加股东的义务，不得因此而迫使公司股东认购更多的股份或缴付更多的股款，如果此种股份的认购或股款的缴付违反股东的意志。德国、法国的公司法对此均有明确的规定。此种规则的设立显然是为了否认公司通过强制

[①] 《联邦德国股份公司法》（1965 年 9 月 6 日公布，1993 年 7 月 22 日修改）第 179 条，《美国修正标准商事公司法》第 10 章。

[②] 例如，《日本公司法》第 466 条；《法国民法典》第 1836 条；《法国商事公司法》（1966 年）第 60 条、第 153 条；《德国有限责任公司法》（1892 年 4 月 20 日颁布，1993 年 7 月 22 日修改）第 53 条，《联邦德国股份公司法》（1965 年 9 月 6 日公布，1993 年 7 月 22 日修改）第 179 条等。

手段筹集资本的权力,因为此种强制手段的实施可以通过众多的章程修改办法去完成。我国公司法对此虽然没有规定,但本书认为,即使法律没有直接作出规定,但可援引宪法保护私有财产权利的原则,作出同样的解释。

除了此种事前的规制外,各国公司还规定了事后的救济制度。如《美国修正标准商事公司法》第§13.02(a)(4)条规定,如果对修改公司章程的修订会重大地、不利地影响持不同意见者在股票中的本法规定的权利,则持异议的股东有权要求公司以公平合理的价格购买自己的股份。《日本公司法》第116条规定,对于章程中作出转让股份必须经董事会承认的规定的决议表明反对意见的股东,可以请求公司以公正价格购买自己的股份。在我国,公司法没有对此种问题作出规定,我国有学者提出建议,认为,我国公司法应当在实行公司章程自由原则的同时亦对公司小股东提供法律上的保护,规定此种公司法规则,以保护公司法小股东的利益。[①]

(四) 公司组织章程的变更登记

如果公司组织章程变更的对象为公司的登记事项,那么该公司组织章程的变更必须进行变更登记,对此,各国法律均有要求,我国法律也不例外。我国《公司登记管理条例》明文规定按《中华人民共和国公司登记管理条例》的规定,公司变更登记事项,应当向原公司登记机关申请变更登记。公司变更登记事项涉及修改公司章程的,应当除其他规定的文件外,提交修改后的公司组织章程或者公司章程修改案。公司章程修改未涉及登记事项的,公司应当将修改后的公司章程或公司章程修正案送原公司登记机关备案。

三、公司组织章程变更的效力

公司如果没有履行变更登记程序,其行为是否有效?对此,世界各国有两种态度的立法。一种是公司组织章程变更必须登记才生效,如美国和德国。另一种是规定章程的变更经股东大会的决议就生效,登记仅产生对抗效力,并非生效要件。

我国公司法对此没有规定。我国绝大多数学者采取的是第二种态度,即股东大会的决议是生效要件,而登记仅产生对抗效力。但也有极个别学者认为公司章程的变更依变更登记而生效[②]。本书认为,公司章程是公司股东之间的契约,股东只要符合公司法或公司章程规定的条件,则其章程变更行为有效,即便公司在章程变更后没有履行登记程序,但是,公司不得以其变更行为对抗善意第三人。

如果公司原始章程规定,章程的变更除股东大会的决议外,还需某个第三者同意才生效,那么经股东大会决议通过,而未经该第三者同意的章程变更效力如何。日本判例

[①] 张民安:《公司法上的利益平衡》,北京大学出版社2003年版,第437页。
[②] 沈贵明:《公司法学》,法律出版社2003年版,第331页。

认为，组织章程变更属于股东大会的专有议决事项，这样的章程规定是无效的。[1]

公司组织章程的变更一般不具有溯及力，因为公司股东及其他相关主体在进行有关行为时，无法对引发章程变更的事项变化和章程会做怎样的修改作出合理预测。此外，在对外的关系上，公司组织章程的修改，虽意味着公司组织和活动的根本规则发生变化，但公司法人主体资格并没有发生变化，因此，公司组织章程变更以前的公司行为的有效性不应受到影响。

第三节 公司资本的减少

一、公司资本减少的意义

公司资本的减少或减资，依减资的原因和净资产是否流出分为两种，一是实质上的减资，一般是因资本过剩超出公司需要将多余财产返还给股东，在减少资本的同时，公司财产也随之减少；二是形式上的减资，即因公司亏损等导致公司资本欠亏时，通过减资使二者保持平衡，不向股东返还财产，公司不发生净资产的流出。各国公司资本制度有法定资本制和授权资本制之分，公司减资的意义也有所不同。在法定资本制下，注册资本即为实缴资本，公司减资就是指减少注册资本。但减资要受到公司法定最低资本额的限制，并发生变更公司章程问题；在授权资本制下，公司资本减少可以是指减少公司的授权资本、发行资本或实收资本，减少发行资本比较普遍。其做法是将所减股份还原为未发行股份，从而使公司股份总数不变，不发生变更公司章程问题。

从理论上讲，公司只要遵守资本减少的条件和程序，遵守公司法关于资本的强制性规定，可根据公司的具体情况和公司的经营情况，采用任何方式减少公司的资本。故法律一般不强制公司采用何种方法。在实践中，股份有限公司减资的方法主要有减少股份金额、减少股份总数、同时减少股份金额和股份数量等方法。但公司减资时，无论采取何种减资方法，都不得违背股东平等原则。

二、公司资本减少的程序

公司资本是公司对外的信用基础，对公司、公司股东和债权人意义重大。因此，应对公司资本减少的程序进行一定的规范。

（一）股东大会或董事会作出决议

公司减资，通常伴随着股权结构的变动和股东利益的调整，尤其是股份消除时不依

---

[1] 東京高決昭和24年10月31日高民集2卷2号245頁。

据股东持股比例减资的情形，直接引发公司股东之间的利益冲突和影响股东的利益。因此，大多数资本主义国家尤其是大陆法系国家均规定减资为股东大会的特别决议事项。

《德国股份公司法》第 222 条规定，公司减资由股东大会及类别股东会对减资进行特别决议，决议需得到代表基本资本 3/4 以上的多数才能通过，章程可以规定另外一个资本多数和提出其他要求。《日本公司法》第 339 条规定，减少公司资本须由持有可在该股东大会行使表决权的股东表决权的过半数的股东出席，且以相当于出席会议的该股东表决权的 2/3 以上多数作出，章程可规定比这更为严格的条件。不过，该条还规定了特例，即当资本金的减少额不超过公司的亏损时，可只需通过定期股东大会的决议。因为，这只是形式上的减资，公司的资产规模并未减少。

《美国修正标准商事公司法》及特拉华州公司法均规定减资由董事会作出决议，这可能和美国采取的是以董事会为中心的治理结构有关系。而英国《1948 年公司法》则要求公司通过任何缩减资本的决议，都应当提交法院，由法院对其公正性进行审查。很显然，这种做法成本大，不利于企业经营的机动性。

我国 2005 年《公司法》第 100 条及第 104 条规定，公司减少注册资本为股东会或股东大会的职权，股东决议减少公司资本须经代表 2/3 以上表决权的股东通过。本书认为，该条文过于简单，可借鉴日本的立法例，根据减资的性质而规定不同的程序。

（二）公司债权人的法律保护程序

实质性的减资减少了公司的资产，这种情况显而易见对债务人不利，需要履行对债务人的保护程序。那么，形式上的减资由于没有发生公司资产实质性的减少，对债务人是否就没有影响呢？我们知道，公司的资本只不过是对公司资产额历史性的记载，并不能反映公司实际拥有的资产和偿还债务的能力。但是，公司资本制度在西方国家还有另外一个功能，这在以往我国的教科书上鲜有介绍，那就是它对于过量进行利润分配起到了一个"防护堤"的作用。日本公司法有一个原则，那就是当公司的资产减去负债小于公司的资本额时，公司不得进行利润分配。换句话说，如果一个公司的资本额越大，那么公司进行利润分配所受的限制就越大。所以这时，只要减少了资本额，就可以从原来不能进行分配变为可进行利润分配，这样一来自然就会对债权人不利了。所以，无论对于实质性的减资，还是形式上的减资，各国一般均规定了公司减资保护债权人的程序。

例如，《日本公司法》第 449 条规定，公司减资时必须在法定期间内应在官方报纸进行公告，对可知的债权人特别进行催告。债权人在期间内未表示异议时就视为已经承认了减资。债权人提出异议时，因减少资本该债权人不会受到侵害时除外，公司应进行赔偿，或提供相当的担保，或以债权人接受清偿为目的将相当财产向信托公司信托；公司债权人陈述了异议时，须依公司债权人集会的决议，在此场合，法院可依利害关系人的请求，为公司债权人延长异议期间（第 376 条 3 款）。《德国股份公司法》第 225 条规定，公司对在法定期间提出申报的公司债权人提供保证金的义务，并且，在减资基础上给予股东的支付款或免除股东支付投资款的义务只有在上述义务履行或才能进行或生效。但德国为提高减资效率,对于形式上的减资,规定了简化的减资程序。因为形式上的减资对债权人的影响还是要比实质减资的小。

我国 2005 年《公司法》第 178 条也规定,公司应当自作出减少注册资本决议之日起 10 日内通知债权人,并于 30 日内在报纸上公告。债权人自接到通知书之日起 30 日内,未接到通知书的自公告之日起 45 日内,有权要求公司清偿债务或者提供相应的担保。由此可见,我国在债权人的保护手续方面并未区分实质减资和形式减资,因此,有学者建议,我国可参照德国立法例,对于形式减资,可实行简化的程序。[①]

三、减资的效力与无效之诉

(一) 减资的效力

关于减资何时生效,各国没有一致的规定。《日本公司法》第 447 条和第 449 条规定,减少资本生效的日期由股东大会决议决定。《德国股份公司法》第 223 条及 224 条则规定,减资程序终了并经登记后生效。英国《1985 年公司法》第 138 条 2 款规定,减资经法院认可并在登记时生效。而我国台湾地区则规定,公司如不为通知及公告,或对于在指定期限内提出异议的债权人不为清偿或不提供相应的担保者,其减资的效力不受影响,但公司不得以其减资对抗债权人,债权人仍能在公司原有资本范围内向公司主张债权。可见,台湾地区是将保护债权人程序的履行,视为对抗要件,而非减资的生效要件。

我国公司法对减资生效的时间没作特别规定。我国《公司登记管理条例》第 31 条规定,应当自公告之日起 45 日内申请变更登记,并应当提交公司在报纸上登载公司减少注册资本公告的有关证明和公司债务清偿或者债务担保情况的说明。

(二) 减资的无效之诉

如果公司减资程序或内容存在瑕疵,这时候资本减少应是无效的,但为了能够一致地确认多数的法律关系,像一般的原则那样确认无效是不妥当的,需要设立减少资本无效之诉的制度。也就是说,资本减少无效只能通过诉讼才能主张。根据《日本公司法》第 125 条规定,减少资本无效之诉,必须在减资登记之日起的 6 个月内向总公司所在的地方法院提起。有权提起诉讼的,限于公司股东、董事、监事、清算人、破产管理人以及不承认减资的公司债权人。如资本减少无效判决确认,对第三人也产生法律约束力。[②] 我国公司法暂时没有规定减资的无效之诉。

---

① 赵旭东等:《公司资本制度改革研究》,法律出版社 2004 年,第 252 页。
② 近藤光男:《最新株式会社法》,中央経済社 2004 年第 2 版,第 351~352 页。

第四节 公司合并

一、公司合并概述

（一）公司合并的概念

公司合并，指的是两个或者两个以上的公司，依照公司法所规定的程序，通过订立合并协议的方式，归并成一个公司的法律行为。公司合并，包括吸收合并和新设合并两种形式。吸收合并，是指一个公司吸收其他公司后继续存在，获得前者的财产、责任、特权和其他权利，后者因此而解散，不再作为独立的法律实体而存在的合并。新设合并，是指两个或两个以上的公司通过合并成立一个新公司，各个合并公司同时消灭，由新的公司来接管原来各企业全部资产和债务的合并。合并中一个重要的特点在于，由于存续公司或新公司继承原合并公司的财产，所以原合并公司不必经过一般解算所需的清算程序。尽管如此，新设合并一般较少被利用，因为它会面临重新设立公司以及发行新股等问题，程序繁琐，费用较大。

（二）公司合并的意义

公司的合并可以扩大企业经营规模，产生规模经济效益，实现企业资源的最佳组合，提高劳动生产率，降低经营风险，提高市场占有份额，增强市场竞争力。随着我国经济改革的不断深入，可充分利用好合并等重组方式，以壮大我国的民族经济。

当然，不采取合并，而通过资产转让等方式也同样能达到上述之目的。但是，合并是组织法意义上的行为，它可使存续公司包括性地继承被合并公司的资产，且被合并公司不经过清算程序，而资产转让是交易法上的协议，对于每个个别权利义务的继承，都应履行权力转移或债务继承的手续。所以，从这个意义上来说，合并是一个行之有效的、十分重要的公司并购行为。

（三）公司合并的性质

合并是两个或两个以上的公司合为一体，归并为一个公司的行为。但是，仅凭这个一般性的说明还不足以说明合并的本质。于是，大陆法学者尤其是日本的学者率先对这个问题展开了探讨。归纳起来，主要有：①人格合一说。即公司合并是将两个以上的法人合为一体，其法律效果是新设公司或存续公司对原公司权利、义务的概括承继和股东的收容。②现物出资说。即认为消灭公司一起所有的财产出资，存续公司因此增加了资本或者设立一个新公司。该学说可对不能和债务超过的公司进行合并作出合理的说明。③社员现物出资说。即现物出资的主体不是消灭的公司，而是该公司的股东。其中，现物出资说和社员现物出资说，虽然很好地解释了合并后各公司资产转移给存续公司或新设公司，并使后者增加的事实，却没能从主体变化这一最本质的特性来说明消灭公司为什么可不经过清算程序等问题。[①] 但现代公司法一般均允许存续公司使用现金作为对价而迫使少数股东离开公司的现金合并，而人格合一说却无法解释现金合并存在的合法性。故本书认为，合并可理解为，消灭公司将其事业有关的权利义务全部转让给存续公司或新公司并解散，但不经过清算程序就可消灭其法人格，且对于其权利义务的转让不需要具备特别的对抗要件就可实施的一种特殊的法律行为。

（四）公司合并自由的原则

从原则上讲，即使是种类不同的公司之间，也是可以进行自由合并的。但由于公司合并不经过清算程序，不同种类公司间的合并会对原股东的利益产生较大的影响。因此，对于参与合并的公司以及合并后存续或新设公司的种类，有些国家公司法进行了一定的限制。例如，旧《日本商法》第56条第1款规定，任何一种公司都可以合并，但对合并后存续或新设公司有以下限制：合并的公司一方或双方为股份公司时，合并后存续的公司或因合并而设立的公司也要是股份公司。因为原股份公司的股东负的是有限责任，如果成为无限公司，则要负无限责任，这对于原股东来说是不公平的，且公司法并没有规定在这一情形下保护原股东的手续。但2005年新《日本公司法》废除了第一项限制，即合并后的存续公司和新设公司可以是任意一个种类的公司。其理由是如果作为当事人的股东同意这一变动，自然也就没有必要作出限制了。

对于何种类型的公司之间可以合并，我国公司法没有规定。由于我国《公司法》只规定了有限责任公司与股份有限公司两种类型，相对来说问题要单纯一些。从公司法理论上来说，原则上应承认它们之间的合并，但也应该进行一些适当的限制。因为毕竟上市公司、股份有限公司和有限公司之间其股东所享受的权利并不是一致的。

（五）公司合并的规制

由于合并涉及到股东政治地位和经济地位的重大变化，所以对于合并的规制首先要考虑如何保护股东的利益，所以各国公司法一般都规定合并要经双方公司股东大会的特别决议，赋予异议股东的股份购买请求权以及请求确认无效的权利。另外，合并对债权人的影响巨大，各国公司法都规定了债权人的异议申告程序和无效确认之诉。此外，合并还涉及到劳动、反垄断以及税收等问题，故各国均从劳动法、反垄断法和税法等角度对合并作出了一些规制。本书在此将主要从民商法尤其是公司法的角度，对合并的规制作一番说明。

---

① 龍田節「会社法」（有斐閣1998年第6版）361頁。

二、公司合并的程序

（一）签订合并协议

我国 2005 年《公司法》第 174 条规定，公司合并，应当由合并各方签订合并协议。但公司合并方案由合并各方公司董事会拟定是各国公司法的通例，《公司法》第 47 条、第 109 条分别规定了有限责任公司和股份有限责任公司董事会有制定公司合并方案的职权。各国公司法均对合并协议应当包括的内容有具体的规定。其主要内容一般包括：合并的各家公司的名称；合并的理由；合并的条件；公司的股份或者出资转换为存续公司股份或者出资、其他证券，或者全部或者部分兑换成现金或其他财产的方式、方法；公司协议各方债权、债务的方案；合并各方认为有必要协商一致的其他事项。如果缺少法定事项中的任何一项，该合并协议为无效。

（二）合并计划由股东大会决议

公司的合并与双方公司的股东利益关系重大，故必须经各参加合并公司的股东大会对各自的董事会提交合并计划进行决议。各国一般规定，合并计划必须由合并各方股东大会特别决议批准。《德国股份公司法》规定股份有限公司的合并，须征得 3/4 股东的同意。《法国商事公司法》也要求有关公司应按修改章程所需条件，对公司合并作出决定，即这种决定须股东大会以获得出席或由他人代理的股东拥有的票数的 2/3 多数票决定。

根据我国《公司法》的规定，有限责任公司股东会对公司合并决议，必须经代表 2/3 以上表决权的股东通过；股份有限公司中，必须经出席会议的股东所持表决权的 2/3 以上通过，国有独资公司的合并应有国有资产监督管理机构决定，其中重要的国有独资公司合并应当由国有资产监督管理机构审核后，报本级人民政府批准。

（三）编制资产负债表及财产清单

资产负债表及财产清单是公司重要的财务文件，编制资产负债表及财产清单的目的在于明确参与合并各方的财产状况，以此作为处理合并各方的债权债务，为公司合并提供信息支持，同时也是保护债权人合法权益的需要。

（四）通知和公告债权人

公司合并直接关系到公司债权人利益的实现，故我国 2005 年《公司法》第 174 条明确规定："公司应当自作出合并决议之日起 10 日内通知债权人，并于 30 日内在报纸上公告。"《公司法》第 205 条还规定，如果公司合并不依法通知或者公告债权人，由公司登记机关责令改正，同时对公司处以 1 万元以上 10 万元以下的罚款。

（五）办理合并登记

在完成上述程序后，根据我国 2005 年《公司法》第 180 条的规定，公司发生合并时，登记事项如果发生变更的，应当向公司登记机关办理变更登记。也就是说，吸收合并中的被合并的公司需要依法办理变更登记，合并后的公司应办理变更登记，新设合并中的新公司应当办理设立登记。

有的国家如法国等规定，合并后存续公司的变更登记或新设公司的登记是公司合并的生效条件。旧《日本商法》第102条及第416条也曾明文规定过类似的条款。但2005年《日本修订公司法》第750条直接规定合并的效力发生日由合并协议中确认，即登记不再作为合并生效的条件，而作为对抗第三人的要件。之所以作出这样的修改，是因为如合并协议中另定有实质性的效力发生日，它有可能和法律意义上的效力发生日（登记日）不同，从而给合并事项的进行造成一些困难，例如在实务中曾发生过因两者的不同而阻碍上市公司股票顺利流通的事例。我国公司法没有对此作出规定，今后立法可借鉴上述的日本立法经验。

三、公司合并对股东和债权人等利害关系人的保护

（一）对股东的保护

如前所述，公司合并需双方股东大会的特别决议通过。此外，有的国家如《日本公司法》还规定，受到合并影响的类别股东应作为投票团体对该决议进行表决；如果消灭公司章程中没有对股份转让的限制而存续公司却有这样的规定时，要求通过比特别决议还要严格的股东大会决议；在合并承认决议的召集通知中应记载、记录合并协议的要旨，等等。

为充分保护股东的知情权，日本公司法规定了有关合并事项的事前和事后开示制度。即公司董事应在承认合并协议的股东大会的2个星期前，至合并登记日后6个月内，将合并协议书、合并比率及计算根据、各合并公司的合并资产负债表以及损益表等文件置备于总公司。

即使有股东反对合并，但由于其为少数派而不能阻止特别决议的通过，又因为该合并不存在无效的原因，该股东只能承受合并对己不利的结果。所以对于合并持异议的股东，各国公司法一般授予其股份购买请求权，即反对合并的股东可以请求公司收买其股份。我国2005年《公司法》第75条规定了持异议股东的股份购买请求权。

（二）对债权人的保护

由于公司合并可产生消灭公司和存续公司之间可不个别地经过其债权人的同意，而将消灭公司的债务免责性地转移给存续公司的法律后果。所以作为一种对公司债权人的补救措施，各国公司法除了将通知或公告债权人作为公司合并的法定程序外，均规定债权人可在法定期限内对公司合并提出异议。我国2005年《公司法》第174条规定："债权人自接到通知书之日起30日内，未接到通知书的自公告之日起45日内，可以要

求公司清偿或者提供相应的担保。"对于提出异议的债权人，公司应清偿其债权，不能清偿的，应提供担保；债权人在异议期间没有提出异议的，视为默认公司合并。

但是，关于合并公司不履行通知或清偿、担保义务的，而实施合并的效力如何这一问题，公司法没有规定。旧公司法曾明文规定，公司不清偿债务或者不提供担保的，公司不得合并。而新公司法却删除了这一规定，其意旨不得而知。但从各国的立法规定看，大多倾向于不因此阻碍合并的进行。德国、法国和日本等国家公司法均采取事后救济的措施，即不履行债权人保护程序或没有对债权人进行清偿或提供担保，并不导致公司无效，只是在对债权人的损害赔偿关系上不承认合并的效力，仍承认因合并消灭公司的存在与义务。①

为向债权人间接担保合并程序的合理性，并提供资料供其事前或事后判断是否应提出异议或提起公司合并无效之诉而主张自己的权利，一些国家的公司法还规定，在公司合并后，存续公司或新设公司应在一定的法定期间内将关于合并事项的书面材料备置于本公司，以供债权人查阅。前述日本公司法就规定了债权人可享有和股东一样的查阅权。

（三）合并的无效之诉

此外，为保护公司合并各利害关系人的权利，各国公司法一般还规定了公司合并无效制度。即当合并的内容和手续存在瑕疵时，参加合并各方公司的股东、董事、监事、清算人以及不承认公司合并的公司的债权人等利害关系人，可以在公司合并后的一定期限内，向法院起诉请求判决合并无效。也就是说，合并的无效，和一般的无效不同，法律规定只有通过诉讼才能主张，而不能仅提出合并的无效而作为抗辩。之所以这样规定，是因为合并一经登记，在外观上就呈现出有效状态，如果承认无论何时何地何人以何种方法来主张合并无效的话，势必会造成众多利害关系人的混乱。我国立法暂未规定合并无效诉讼的制度。

四、简易合并和略式合并

进行公司合并，原则上需要各合并公司股东大会的特别决议。但西方国家的公司法规定，合并在满足一定的条件下，可不须通过股东大会的决议。这就是所谓的简易合并和略式合并制度。

（一）简易合并制度

简易，在英文中表记为"small scale"，而简易合并制度指的是对于规模小的合并，可承认其适用简单的手续规定。例如，当规模大的公司吸收合并规模小的公司时，对于

---

① 王欣新编著：《企业和公司法》，中国人民大学出版社2003年版，第377页。

大规模的存续公司的股东来说,这种合并对其影响是微不足道的,故不必履行复杂的手续。而这种规模大小的判定可通过因合并而接受的资产所占的份额来判断。如《日本公司法》第 796 条第 3 款规定,对于吸收合并的存续公司而言,如其所接受的对价在其纯资产额的 20% 以下的,存续公司在原则上可省略股东会的决议。

(二) 略式合并制度

略式,在英文中表记为"short form",而略式合并制度指的是,当具有特别支配关系的公司间进行合并时,对于被支配公司而言,可省略股东大会的决议。因为类似这样一些合并,即使召开股东大会,也不会对最后的决议结果有任何影响。一些国家如美国、德国等,都规定了母子公司合并的略式程序。如《美国修正标准商事公司法》规定,一家母公司拥有一家子公司至少是 90% 的各类已售出的股票就可以把该子公司并进来而不必由母公司或子公司的股东批准;日本也于 2005 年导入了略式合并制度。

我国立法尚未确立简易合并制度和略式合并制度。在考虑保护股东利益的同时,也应适当地考虑公司经营的效率,为此,本书建议在将来立法时应借鉴上述国家立法的经验,导入这两种制度。

第五节 公司分立

一、公司分立的概念和意义

公司分立,是指公司依法分成两个或两个以上公司的法律行为。我国 2005 年《公司法》第 176 条和第 177 条对分立的手续作了规定,但没有定义分立的概念。但《关于外商投资企业合并与分立的规定》第 4 条对公司分立作了界定:"本规定所称分立,是指一个公司依照公司法有关规定,通过公司最高权力机构决议分成两个以上的公司"。公司分立最早由 1966 年法国公司法首创,其后随着欧洲共同体《1982 年公司法》第六号指令的实施,大多数欧盟成员国采纳了公司分立制度。亚洲各国如日本、韩国以及我国台湾地区也先后导入了这项制度。

公司分立与公司的合并一样,都属于公司的组织变更范畴,都是为了使企业重组的进行变得更加便利的法律制度。随着经济的全球一体化,在激烈竞争的市场经济中,企业需要提高经营效率,实行专业化经营,充实经营监督机能,以适应社会需求,提升竞争能力,促进自身的发展和壮大。为此,公司往往会根据专业化分工的需要,将原来公司中从事某一类或某一部分业务的机构独立出来,或者将关联企业间重复的业务整合在一起,另行成立一个公司法人。为达到这样的经营目的,公司可向其他公司进行资产转让,或者以自己的资产来进行现物出资设立新公司。但是,在这些活动中,有着关于债务的承继需要债权人的个别同意,验资程序的繁杂以及设立新公司时期的不确定因素等问题。而使用公司的分立制度，可免去这些繁杂的手续，顺利地达到上述目的。因为，公司分立是对事业（或营业）的整体，而不是对权利义务的一部分进行转让和承继。

二、公司分立的形式

关于公司分立的方式，我国的公司法并没有具体规定。根据《关于外商投资企业合并与分立的规定》第 4 条的规定，公司分立分为存续分立和解散分立两种形式。存续分立，又称派生分立，是指一个公司分离成两个以上公司，本公司继续存在并设立一个以上新的公司。解散分立，又称新设分立，是指一个公司分解为两个以上公司，本公司解散并设立两个以上新的公司。这种分类法是我国目前比较权威的一种分类法，我国大多数学者亦采用此类分类法。但本书认为，一个公司如果想把自己的某一营业部门分离出去而成立新公司的话，通常会保留本公司，而不会去解散本公司，因为解散和设立公司本身也是一件费时费力的事。也就是说，新设分立在实务中几乎不可能出现，没有必要以本公司是否解散作为标准来进行分类。那么，在这里，我们有必要参考西方发达国家的立法，以其他视角对分立进行分类。

日本公司法将公司分立分为新设分立和吸收分立。新设分立，又称单纯分立，是指公司将自己事业的全部或一部分转让给新成立公司的分立。例如，甲公司将自己的事业转让给新成立乙公司的行为，就属于新设分立。吸收分立，又称分立合并，是指公司分离自己事业的全部或一部分转让给现存公司的分立。例如，甲公司将自己事业的一部分转让给现存乙公司的行为，就属于吸收分立。区分新设分立和吸收分立的意义在于，新设分立的场合，只需要一方公司的股东大会决议既可，且不需要签订分立协议，而只需要拟订分立计划，而吸收分立则反之。韩国公司法和我国澳门公司法亦有类似之分类。

三、公司分立的程序

（一）公司分立计划或分立协议的拟订

公司董事会必须拟订分立计划或分立协议，并在董事会上作出决议。吸收分立的场合，需要拟订分立计划；而吸收分立的场合，由于涉及到两方或多方公司，需要拟订分立协议。分立计划或分立协议的主要内容应包括：分立后新设公司的名称；分立的条件；资产的划分及归属；新公司的章程规定；分割的时期，等等。

（二）公司分立协议的签订

如果进行的是吸收合并，因其涉及到相对公司，故分立协议在提交给股东大会决议之前，还需要分立公司与相对公司签订分立协议。根据我国 2005 年《公司法》第 176 条规定，公司分立应就公司财产作相应分割，但如何分割，未为明确规定。这可理解为，在新设分立的场合，由股东大会讨论并通过财产分割的方案；在吸收分立的场合，必须先由双方公司根据自愿、平等的原则，就财产分割问题达成协议。

（三）股东会的承认决议

与公司合并相同，公司分立将导致公司发生根本性变化，并可能对股东利益造成重大影响，各国公司法均规定必须由股东会作出特别决议，我国亦然。根据我国 2005 年《公司法》第 38 条、第 44 条、第 67 条、第 104 条规定，有限责任公司股东会对分立作出决议，必须经代表 2/3 以上表决权的股东通过。国有独资公司的分立应由国有资产监督管理机构决定，其中重要的国有独资公司分立应当由国有资产监督管理机构审核后，报本级人民政府批准。股份有限公司股东大会对公司分立作出的决议，必须经出席会议的股东所持表决权的 2/3 通过。

国外立法还规定吸收分立中接受资产一方的公司即双方公司均须通过股东大会的特别决议。我国公司法由于没对吸收分立作出规定，是否需要通过另一方公司的股东大会决议尚不得而知，但鉴于吸收分立对于接受资产一方公司及其股东也有重大利害关系，也应要求接受资产一方公司的股东大会特别决议。

（四）编制资产负债表和财产清单

根据我国 2005 年《公司法》第 176 条第 2 款的规定，公司分立应当编制资产负债表和财产清单，清理公司资产、负债、收益等情况，从而为各方当事人提供信息。

（五）通知和公告债权人

根据我国 2005 年《公司法》的规定，公司分立，必须将公司分立的情况自作出分立决议之日起 10 日内通知债权人，并于 30 日内在报纸上公告。《公司法》还规定了违反该条义务的行政责任，即如果公司不依法通知或者公告债权人，由公司登记机关责令改正，同时对公司处以 1 万元以上 10 万元以下的罚款。

（六）依法办理登记手续

根据我国 2005 年《公司法》第 180 条的规定，公司发生分立时，在新设分立的情况下，原公司要办理注销登记，新设立的公司要办理设立登记；在派生分立的情况下，分立公司应办理变更登记，新设立公司应当办理设立登记。至于办理登记是否是公司分立的生效要件，我国公司法没作规定，但从公司法原理和实务操作的角度来讲，应不将登记作为公司分立的生效要件，而作为对抗第三人的要件。具体理由可参照本章第四节（合并）的内容，在此不再赘述。

四、公司分立对股东和债权人等利害关系人的保护

（一）对股东的保护

公司分立制度对股东的保护大致与合并类似，即除需单方或双方股东大会的特别决

议通过外，法律还赋予异议股东以评估权，并规定公司必须对股东进行事前和事后的开示。此外，英美法系国家的公司法还认为，公司分立中，大股东应对少数股东承当受信义务，如对少数股东发生欺压或者欺诈，应当承担违信责任。我国 2005 年《公司法》第 75 条规定了对公司分立持异议股东的股份购买请求权。

（二）对债权人的保护

对于公司的债权人，除了将通知或公告债权人作为公司分立的法定程序外，各国公司法均规定债权人可在法定期限内对公司分立提出异议。我国旧公司法也曾规定了债权人的异议权，但 2005 年新《公司法》取消了债权人的异议权，公司法作这样的变更，是考虑程序效率，并给予当事人更多的自治空间。因为只要不存在通过分立逃避债务，分立协议对债权与债务作了合理分配，债权人是没有权力阻碍公司分立的。

公司分立中一个重要并容易引起争议的问题就是债务分担问题。我国 2005 年《公司法》第 177 条规定，公司分立前的债务由分立后的公司承担连带责任，但是，公司在分立前与债权人就债务清偿达成的书面协议另有约定的除外。具体而言，如果分立协议对债务的分配作出规定，且债权人未提出异议的，按所达成的协议由分立后的公司承担。如分立协议未对债务分配作出规定或作出规定而未经债权人同意的，则应由分立后的各个公司负连带责任。至于分立的公司在承担连带责任后，其内部的债务份额应如何分担？根据最高人民法院《关于审理与企业改制相关的民事纠纷案件若干问题的规定》第 13 条，分立的企业在承担连带责任后，各分立的企业间对原企业债务承担有约定的，按照约定处理；没有约定或者约定不明的，根据企业分立时的资产比例分担。

此外，为保护债权人的知情权，有的国家的公司法还规定了公司将有关分立事项的书面材料置备于本公司的义务，以供债权人查阅。

（三）公司分立的无效之诉

与合并一样，各国公司法一般还规定了公司分立无效的诉讼制度。分立无效之诉的原因有两方面：一是内容违法，即公司分立计划或者公司分立协议违反强行法律或者显著不当。二是从程序上看，公司分立在程序上有瑕疵。有权提起诉讼的，限于参加合并各方公司的股东、董事、监事、清算人以及不承认公司分立的债权人等利害关系人。且各国法律一般规定了行使权利的除斥期间。如《日本公司法》规定：分立的无效，只能通过诉讼才能主张。

法院一旦作出分立无效的判决，发生分立无效的后果，那么在新设分立的情形下，新设公司设立无效，其所取得的财产和债务由原分立公司享有或者承担。如果原分立公司是数个时，则它们对新设公司的财产共有，对债务承担连带责任；在吸收分立的情形下，各分立公司对分立后吸收公司所负担的债务负连带责任，对其所取得的财产共有。

第六节 公司重整

一、公司重整概述

公司重整制度，或公司整理、公司更生制度（英美法上多使用"arrangement"，"reconstruction"，"reorganization"等表述，日本称之为"再生"和"更生"，我国台湾地区公司法称为"公司重整"），是指具有一定规模的公司企业出现破产原因或有破产原因出现的危险时，而又有重建可能时，为防止企业破产经公司利害关系人的申请，在法院的干预下，对公司企业实施强制治理，来维持企业继续发展的制度。公司重整制度的宗旨是防止公司的破产，因此在国外也称为破产保护或破产预防制度。

公司重整制度首创于英国，英国在其《1948年公司法》第四编规定了"债务整理与再组织"（arrangement and reconstruction）。美国在其《破产法》第11章中制订了公司重整制度。日本1938年在修改商法时，导入了英国公司法上的公司整理制度，1952年又借鉴美国制度制订了公司更生法，最近又以民事再生的制度取代了商法中的公司整理制度。韩国也于1962年制定了公司重整法。我国台湾地区于1966年修正公司法时，仿美、日立法例增设公司重整制度。我国于2006年在新的破产法中专章规定了公司的重整制度。

公司重整制度的特征主要有以下几个方面：

（1）各国重整制度一般只适用于公司企业，特别是股份公司，对于普通的合伙企业、独资企业即不从事商业活动的自然人、政府机关、社会团体则不适用，许多国家还限制对有限责任公司的适用，但美国、日本是特例，其适用范围相对较宽。如美国破产法所规定的重整制度适用于任何公司，并可适用于个人。而日本则为公司的重整准备了两种制度，一种是可适用于所有自然人和法人，但主要是适合债权人较少的中小企业的民事再生制度；另一种是主要针对大企业（股份公司）的公司再生制度，股份公司可根据需要选择适用某一种制度。而根据我国《破产法》第2条的规定，我国企业重整制度适用于企业法人，即意味着其适用范围应限于公司企业。

（2）公司重整开始的原因在于，股份公司有产生破产原因之虞，后者如果偿还其到期债务，有可能严重妨碍公司业务，但仍有重建的可能或者必要，或者有继续经营的价值，也就是说公司重整须发生在公司被解散或者被宣告破产之前。公司重整的主要目的不在于公司的偿债能力，而是为了挽救陷入困境的公司，使其维持和再生，从而达到维护社会经济秩序的目的。

（3）公司的股东与债权人作为利害关系人共同参与公司的重整。一般来说，公司股东负有限责任，在公司破产程序中，无论采取什么分配方案，其最终不能获得分配的格局不会变化，所以在破产中是排除公司股东参与的。但公司重整与公司破产不同，它是在公司出现破产原因或有出现破产原因的危险时才由利害关系人申请而开始的程序，故与股东也有重大关系。股东与债权人应在重整中相互协作，组成关系人会议，共同承担损失并参与重整事务，共谋公司再生。

（4）限制别除权和国家税金的优先受偿权。和破产程序不同，在重整中，有财产担保的债权人不得单独优先受偿，而债务人企业或重整负责人也可申请国家税务机关减税或免税，或缓缴。这样做的目的是为了最大限度地使企业维持和再生，而牺牲了某些利害关系人的利益。

二、公司重整制度的内容

西方各国公司重整法律制度因各国的立法环境及具体的法律制度不同而存在着差异，但一些基本内容大致相同。各国公司重整制度以及我国公司重整制度主要包括以下内容：

（一）公司重整的申请

当公司有产生破产原因之虞，或者如果偿还其到期债务，有可能严重妨碍公司业务时，利害关系人可以向法院申请开始更生程序。有权提出申请者，可以是公司，也可以是公司的少数债权人或少数股东。如美国《1978年破产法典》第303条规定，债权人人数在3人以上，所代表的债权额总数达5000美元以上时，便可提出重整申请。《日本公司更生法》第17条规定，公司有破产之虞的，公司、拥有占公司资本额1/10以上债权的债权人或者占公司全部股东表决权数1/10以上的股东，有权提出更生申请。且股份公司的清算人依据其他法律，须对该公司申请破产或是特别清算的，也并不妨碍申请再生程序开始。而根据我国《破产法》的规定，企业法人不能清偿到期债务，并且资产不足以清偿全部债务或者明显缺乏清偿能力的，或者有明显丧失清偿能力可能的，可进行公司重整。有权申请的，包括债权人、债务人以及出资额占债务人注册资本1/10以上的出资人。

公司重整的申请应以书面为之，但最近西方各国均规定可用电磁方式作出。申请书应记载申请人的住址、姓名及资格条件、公司名称、所在地及负责人、申请原因及事实、公司的营业现状、公司的资产负债、损益及现金流量等财物状况等。我国法律对这些并无明确规定。

（二）重整申请的审查

法院裁定公司是否开始重整，需要对公司重整的可能和目的进行审查。《日本公司更生法》第39条规定，在以下情况下，法院应驳回申请：没有预缴公司更生费用的；破产、和解、整理等程序正在持续而该程序符合债务人的一般利益；以事业继续为内容的更生计划案没有希望作成或没有希望通过决议或批准的；其他不诚实的更生申请等。不属于上述情况，裁定开始重整程序。我国《台湾公司法》第285条之1第3项规定："有下列情形之一者，法院应裁定驳回重整之申请：一、申请书状所记载事项有虚伪不实者；二、依公司业务财务状况无重建再生之可能者"。而我国《破产法》尚未对应如何进行审查作出具体规定，仅规定人民法院经审查认为重整申请符合法律规定的，应当裁定债务人重整，并予以公告。

（三）公司重整期间

根据我国《破产法》的规定，公司重整期间为人民法院裁定债务人重整之日起至重整程序终止。我国法律规定各方当事人在重整期间应享有以下权利和义务：经债务人申请，人民法院批准，债务人可以在管理人的监督下自行管理财产和营业事务；对债务人的特定财产享有的担保权暂停行使；债务人或者管理人为继续营业而借款的，可以为该借款设定担保；债务人的出资人不得请求投资收益分配；债务人的董事、监事、高级管理人员不得向第三人转让其所持有的债务人的股权。并规定：在重整期间，如出现债务人的经营状况和财产状况继续恶化且缺乏挽救的可能性、债务人有显著不利于债权人的行为以及由于债务人的行为致使管理人无法执行职务等情形的，经管理人或者利害关系人请求，人民法院应当裁定终止重整程序，并宣告债务人破产。

（四）公司重整计划的制定和批准

根据我国《破产法》的规定，制定和提交重整计划草案的为债务人或者管理人。而《日本公司更生法》第184条规定，除管财人外，公司、已申报权利的债权人、担保权人以及股东也可以制订并向法院提交更生计划方案。

公司重整计划草案应包括如下内容：①债务人的经营方案；②债券分类；③债券调整方案；④债权受偿方案；⑤重整计划的执行期限；⑥重整计划的监督期限；⑦有利于债务人重整的其他方案。

公司重整应按一定标准将参与重整计划批准的债权人分成一定的类别，以便进行处理。重整以前对公司成立的债权统称为重整债权。重整债权又依债权的性质分为有担保的重整债权和普通重整债权。而在有担保的或普通的债权中，如果某些债权人与其他债权人受到不同方式的对待，因而可能与其他债权人利益相冲突，也构成单独的类别。我国《破产法》将重整债权人分为如下几类：①对债权人的特定财产享有担保权的债权；②职工对债务人所享有的关于拖欠工资、医疗费、社会保险费以及补偿金等债权；③债务人所欠税款；④普通债权。并规定人民法院在必要时可以决定在普通债权组中设小额债券组对重整计划草案进行表决。

公司重整计划拟订后，应由债权人会议分组表决予以通过。其表决权行使方法一般采用多数表决通过规则。根据我国《破产法》的规定，出席会议的同一表决组的债权人过半数同意重整计划草案,并且其所代表的债权额占改组债权总额的 2/3 以上的,即为该组通过重整计划草案;各表决组均通过重整计划草案时,重整计划即为通过。

重整计划通过后,还需法院的批准。我国《破产法》规定,自重整计划通过之日起 10 日内,债务人或者管理人应当向人民法院提出批准重整计划的申请。人民法院经审查认为符合法律规定的,应当自收到申请之日起 30 日内裁定批准,终止重整程序,并予以公告。

(五) 公司重整计划的执行

根据西方各国法律的规定,一旦法院裁定批准公司重整计划,法院将在公司重整中具有重要作用。

英国法院在公司实施重整计划时按公司法的规定拥有广泛的权利。这些权利包括:将一个公司的财产或责任转给另一个公司;对股份、债券、保险(在保险公司中)或其他利益进行分配;法律程序的持续;不经清算程序解散被转让的公司;针对不同意重整的关系人的办法;在重整计划出现偶然事件、结束和补充等方面的一般权利。

《日本公司更生法》赋予了法院从更生程序开始前到结束对于公司重整的干预权利。在裁定开始更生程序后,法院将中止公司可能已开始的破产程序、更生担保权程序、基于更生债权对公司财产的强制执行程序以及基于租税债务的滞纳处分程序。公司更生计划由法院选任的一名或多名管财人执行,管财人具有公司经营权和财产管理处分权,董事可以经授权进行公司的经营管理和财产管理。

不过,相对于法院在公司更生中所起到的强有力的保障作用,《日本民事再生法》规定,执行由董事或管理人实行,法院在程序中所起的作用相对较弱,故公司更生程序相对来说更容易保证更生计划的确实履行。

而我国《破产法》规定,监督期届满时,管理人应当向人民法院提交监督报告;经管理人申请,人民法院可以裁定延长重整计划执行的监督期限;债务人不能执行或者不执行重整计划的,人民法院经管理人或者利害关系人请求,应当裁定终止重整计划的执行,并宣告债务人破产。从此可以看出,我国法院对于重整的干预权力并没有西方国家那样广泛。

(六) 公司重整的终结

在公司重整计划完成或不能完成时,公司重整都将终结。前者意味着公司重整的成功,公司的股东会、董事会及其他管理机关应立即恢复,公司可以继续存在发展;后者意味着公司重整的失败,公司将面临解散或破产。《日本公司更生法》规定,当更生计划执行结束时或认为能够确实地执行的,法院根据管财人的申请或法院的职权,决定更生程序终了,并公告其主要内容与理由而无须送达,公司恢复正常状况;如果公司没有完成更生计划的,转为破产程序。我国《破产法》仅规定了公司重整计划不能完成时,法院对于重整计划执行的终止，而尚未规定重整计划完成后的正常终止程序。

第七节　公司组织形式的变更

一、公司组织形式变更概述

公司组织形式的变更，是指公司在不中断公司法人资格的情况下，由一种公司形式变更为另一种公司形式的情形。公司在发展过程中，由于各种原因，可能需要对公司的组织形式进行变更，如某家族企业由于公司规模的扩张需要外部资金的支持，希望由有限公司变为股份有限公司，或股份有限公司股东人数的减少已不符合股份公司股东人数的要求，等等。如果一律解散原来的公司，要求按照法律规定的程序重新设立新公司，就会导致原公司法人格的消灭以及原公司法律关系的结束，对于公司的稳定发展有不良影响，同时，也将付出高昂的成本。而公司的组织变更制度正好可以解决这一问题，公司无须登记，仅通过变更登记即可。

和我国公司法仅规定了股份有限公司和有限责任公司不同，老牌资本主义国家尤其是大陆法系的公司法大都规定了多种公司的形态，其公司的种类有无限公司、有限责任公司、两合公司、股份有限公司、股份两合公司以及最近出现的合同公司。① 法律组织形态的不同，表明了股东与股东之间、股东与公司之间以及公司与其债权人之间的关系不同。公司组织形态的变更，实际上涉及到多种法律关系的变更，故在大陆法系国家，公司之间的转换比较复杂，需要建立必要的公司组织形式变更制度，以解决好复杂的利益关系。而英美国家公司法中，公司类型没有法定化，在学理上划分为公开公司和闭锁公司，两类公司所适用的规范基本相同，两类公司相互转换非常简单，一般只要增加或取消公司章程中具有封闭公司特点的条款即可实现公司间的相互转换。

二、公司组织形式变更的种类

公司组织形式的变更，不是任意进行，而是只能在法律允许的限度内进行。从各国公司法的规定来看，有的国家规定的比较严格，有的国家则相对宽松。如日本原《商法》许可的公司组织形式变更，只限于形态类似的公司之间，即无限公司与两合公司之间（原《商法》第113、163条），股份公司与有限公司之间（原《有限公司法》第64条1款、67条1款）。除了《德国股份公司法》第四编对股份公司的变更进行规定外，于1956年颁布了《公司形式变更法》，规定了资合性公司与人合性公司之间相互

---

① 2005年《日本公司法》新创设了合同公司。其特征是所有的社员均为有限责任社员，但其内部关系却依合伙企业的规制。

变更的多种情况。我国《台湾公司法》规定无限公司和两合公司之间可互相转换，有限公司可变更为股份有限公司，而未规定股份有限公司可变更为有限公司。但最近在世界各国公司法都趋向规制缓和的潮流下，似有进一步放宽限制的趋势。如新《日本公司法》就规定所有的公司形态间（包括股份公司和无限公司、两合公司以及合同公司之间）都可实现自由转换。我国旧《公司法》也只规定了有限责任向股份有限公司的转变，而修订后的新《公司法》则规定了这两种公司形态间均可实现互换。由于我国公司法只规定了这两种公司形态，故下文将以这两种公司形态之间的转换为中心，对公司组织形式变更的条件、程序以及效力进行介绍。

三、公司组织形式变更的条件

根据我国2005年《公司法》第9条、第96条的规定，公司组织形式变更应该符合下列条件

（一）变更后的公司应当具备该类型公司的法定条件

有限责任公司变更为股份有限公司应当符合法定的股份有限公司的条件。具体而言，应当有2人以上200人以下为发起人，其中须有过半数以上的发起人在中国境内有住所；公司资本达到法定最低限额，即人民币500万元；注册资本的缴纳须符合有关股份有限公司的规定；股份发行、筹办事项、公司章程、名称、公司组织结构等也应符合公司法规定的条件。

股份有限公司变更为有限责任公司的，也应当符合法定的有限责任公司的条件。如股东人数应在50人以下；公司的名称、章程、组织结构等事项也应随之而调整。

（二）折合的实收股本总额不得低于公司净资产额

有限责任公司变更为股份有限公司时，折合的实收股本总额不得低于公司净资产额。净资产额代表了公司实际拥有的资产价值，公司的实收股本总额是指公司所有股东已经缴纳出资的股份总额。在有限责任公司变更为股份有限公司时，原有限责任公司的净资产额没有任何增加，故原有限责任公司的资产所折合的股份总额应当与公司的净资产额相等，以确保公司资本的真实。

四、公司组织形式变更的程序

（一）董事会拟订公司变更的方案

我国2005年《公司法》第47条、第109条规定，公司董事会对股东（大）会负责，制订变更公司形式的方案。

（二）股东会特别决议

公司组织形式变更直接影响到股东的权益和责任，股东会变更公司形式的决议各国

一般规定为特别决议。原《日本有限公司法》规定,将有限公司转换为股份公司的决议,须全体股东的半数以上、全体股东的有表决权的 3/4 以上者同意为通过。《法国商事公司法》第 69 条第 2 款规定,有限责任公司制作并经股东批准了头两个会计年度的资产负债表,得以修改章程所要求的多数决定将公司转变成股份有限公司。但在同样的条件下,如最后一个资产负债表上的"实际资本"超过 500 万法郎,代表一半"公司股份"的股东可决定将公司转变为股份有限公司。

根据我国 2005 年《公司法》第 38 条、第 44 条、第 100 条、第 104 条规定,有限责任公司股东会对公司组织变更作出决议,必须经代表 2/3 以上表决权的股东通过。股份有限公司股东大会对公司分立作出的决议,必须经出席会议的股东所持表决权的 2/3 通过。

(三) 办理变更登记

关于公司组织形式变更登记,有的国家采用分别登记的办法,既要办理原组织公司形式的注销登记手续,又要办理新组织形式的公司的设立登记手续;有的国家则只需办理变更登记。根据我国《公司登记管理条例的规定》,公司组织形式的变更只办理变更登记即可。

五、公司组织形式变更的效力

公司组织形式的变更是公司形态的改变,组织形式变更后,原公司不存在,变更后公司实际为新设公司,原公司的债权债务不会因为原公司的不存在而自动消失,为有效保护债权人的合法权益,我国 2005 年《公司法》第 9 条第 2 款明确规定,无论是哪种公司组织形式变更的,公司变更前的债权、债务由变更后的公司承继。

第十一章 公司的收购

第一节 公司收购概述

一、公司收购的界定

公司收购（Acquisition）常常与兼并、合并等用语交错使用，实践中较为混乱。一般来说，公司收购可以从广义和狭义两个方面来理解。

广义上的公司收购包括以下四种形式：兼并（Merger），是指前面所述的吸收合并；合并（Consolidation），指合并行为或合并后的状态，在公司法上，指的是两个或两个以上的公司合并成为一个新设立的公司。[①] 股份收购（Acquisition of Stock），即一公司以股份购买要约（Tender offer）的形式取得对另一家公司的控制权（控股权或代表权）的行为，指公司用现金、债券或股票通过购买目标公司的股权达到控制或兼并目标公司的目的，被收购公司可以丧失，也可以不丧失法人或主体资格。财产收购（Acquisition of Asset），是指一公司通过购买（Purchase）另一家公司的财产（实物）使该公司名存实亡，只剩下一"空壳"的行为。在广义的公司收购中，兼并和合并，导致被兼并或被合并公司完全消灭；股份收购或财产收购，指的是一个公司购买其他公司的行为，其结果可能产生兼并或合并，也可能只是购买公司的一部分，达到控制公司的目的，被购买公司并不消灭。在收购一家私人公司时，影响公司选择采取股份收购还是财产收购的因素，主要是税收问题以及当被收购公司不愿意被收购时，收购公司的责任问题。[②]

狭义上的公司收购，仅指股份收购。公司收购的目标，可以是一家私人公司，这时，称为私人公司收购（Acquisition of private companies）；也可以是公开公司，主要是上市公司，这种情况一般称为 takeover（公司收购）。公司收购，是指投资者为了达到对公司控股或兼并的目的，而依法购买已发行上市的股份的行为。在实际中，提出收购要约的人往往是公司，这些公司被称之为收购要约公司。收购要约人对其股东提出收购要约的公司被称之为被收购要约公司，也称之为目标公司。公司收购直接对被收购公司股东的利益产生影响，因此，也构成公司组织的变更的一种情况。相对于公司兼并或合并而言，公司收购在现代社会运用更为广泛，并由于涉及公开公司对社会公众股东及公

---

① Black's Law Dictionary, p. 23.
② See John Lowry and Loraine Watson, Company Law, Butterworths, 2001, p. 338.

司其他利害关系人的利益影响更大，需要进行法律规制。

二、公司收购的种类

按不同的分类标准，公司收购可以分成不同的种类。

（一）公开收购与非公开收购

按公司收购是否向目标公司全体股东提出为划分标准，公司收购可以分为非公开收购和公开要约收购。

非公开收购，是指收购公司直接向目标公司股东提出收购股权要求，双方私下通过协商达成协议，达到通过收购控制目标公司的目的。非公开收购，主要针对的是目标公司的控股股东或大股东，多发生在目标公司的股权较为集中的情况下。非公开收购的对象，一般是私人公司。例如，《英国金融服务法》第57条规定，如果收购私人公司是通过股权收购的程序进行，不能采取公开要约的方法。这是因为，在多数私人公司中，公司的股份由几个有限的股东所持有，所以，对私人公司的收购通常是私下协商的结果；而在股东人数众多的公开公司，特别是上市公司，私下与各个股东协商是不可能的，只有通过发出正式要约的形式进行。

公开要约收购（Tender Offer），是指收购公司公开向目标公司股东发出要约，并承诺以某一特定价格购买一定比例或数量的目标公司的股份。公开要约收购针对的是目标公司的全体股东，是收购公司与目标公司股东之间的直接交易，意图在证券市场之外公开以特定价格收购目标公司股东所持有的股票，以取得目标公司的控制权。

（二）善意收购与敌意收购

按收购是否取得目标公司的同意与合作为标准，公司收购可以分为善意收购与恶意收购。

善意收购，或"友善性购买"（friendly takeover），是指目标公司同意收购公司所提出的收购条件并承诺给予协助，收购公司与目标公司达成双方可以接受的收购协议，共同完成收购事宜。善意收购一般由收购公司与目标公司的管理阶层来进行，所以，公司收购后，收购方一般会保留原来公司的高级管理人员。

恶意收购，或"敌意性购买"（hostile takeover），指收购方在目标公司管理层对其收购意图尚不知晓或持反对态度的情况下，对目标公司进行强行收购，如通过投标竞价，以现金直接购买目标公司股东手中的股票等。由于恶意收购违背目标公司管理层的意愿，甚至恶意收购的目标本来就是经营不善的公司，所以，公司产权易手后，买方一般将更换原来公司的高级管理人员。在这种收购方式下，目标公司的高级管理人员为了防止公司被收购后自己的地位不保，一般会采取一些反收购策略。

（三）出资购买资产式收购、出资购买股票式收购、以股票换取资产式收购和以股票换取股票式收购

按收购的出资方式为标准，公司收购可以分为出资购买资产式收购、出资购买股票式收购、以股票换取资产式收购和以股票换取股票式收购。

出资购买资产式收购，是指收购公司使用现金购买目标公司全部或大部分资产以实现收购目标。这种收购形式比较适合产权关系和债权债务清楚的公司。

出资购买股票式收购，是指收购公司使用现金、债券等方式购买目标公司的一部分股票，以实现控制目标公司的目标。

以股票换取资产式收购，是指收购公司向目标公司发行自己的股票以交换目标公司的大部分资产，以实现控制目标公司的目的。一般情况下，收购公司同意承担目标公司的债务，双方也可作出其他约定。

以股票换取股票式收购，是指收购公司直接向目标公司的股东发行自己公司的股票，以交换目标公司的股票。一般而言，交换的股票数量应当至少达到收购公司可以控制目标公司的表决权数。这种收购方式的结果，是目标公司成为收购公司的子公司，或者通过解散并入收购公司。

（四）强制收购与自由收购

按收购公司收购目标公司的股份是否受到法律规范的强制，可分为强制收购和自由收购。

强制收购（Mandatory offer），是指按法律规定，当收购公司持有目标公司的股份达到一定比例，可能导致操纵目标公司的董事会并进而对股东权产生影响时，收购公司即负有对目标公司所有股东发出收购要约，以特定价格购买股东手中持有的目标公司股份的强制性义务。

自由收购，与强制收购相对应，是指在法律规定有强制收购的国家或地区，收购公司在法定的持股比例之下收购目标公司的股份。

三、公司收购产生的原因

公司收购之所以产生，其原因有四：其一，正如公司通过合并所进行的重组一样，公司通过收购所进行的重组也是为了实现公司的发展壮大。公司对另外一家与自己的事业有密切联系的公司的收购，使公司在资本、管理等方面得到发展和壮大，避免了公司在与其他公司进行商事交易时所产生的巨大成本。其二，公司收购能够使收购要约人获得目标公司的潜在价值，是公司通过市场实现控制的重要手段。在目标公司被人收购之前，目标公司的股份市场价值没有反映出其真实的账目价值（book value），通过收购人的收购行为，目标公司股价的市场价值提升，公司收购人和目标公司的股东获得利益。

其三，公司通过收购可以实现对商事贸易活动的垄断。公司在从事商事贸易活动中往往存在竞争对手，通过收购竞争对手的股份并使之成为自己的子公司或孙公司，则收购要约人的商事贸易活动即可在缺少有力竞争对手的情况下进行。其四，公司收购是收购要约公司管理层希望张扬自己并取得高额回报的反映。收购要约人之所以采取收购行动，主要是为了巩固自己的权力和地位，当他们成功地收购了目标公司以后，他们的收益和报酬即因为他们的卓越表现而得以增加。①

第二节 公司收购的法律调整

一、公司收购法律调整概述

随着公司收购的日益发展，其所产生的问题也日益突出，主要涉及公司收购中对于公司利害关系人特别是被收购公司的股东保护问题。为解决公司收购所带来的各种问题，各国先后出台了一系列法律，对公司收购问题进行规制。

英国规制公司收购的立法主要是公司收购与合并委员会制订的《收购与兼并城市法典》（the City Code on Merger and Takeover），也称作《伦敦法典》或《城市法典》（City Code），主要规定了强制要约、对被收购公司股东信息公开、被收购公司董事的责任和对反收购行为的限制等内容。但该法典不是法律，制订法典的委员会也不是一个官方机构，只是一个会员制的组织。1980 年，英国颁布了《大宗股份买卖条例》（the Substantial Acquisition Rules），进一步规定了信息公开的问题。1986 年英国又颁布了《金融服务法》（the Financial Services Act），对信息披露的监管进行了规定，2000 年通过了对该法的修订，但目前主要内容尚未生效。

美国规制公司收购问题主要通过联邦和州的证券立法和有关的判例进行。美国在 1933 年的证券法中，对股份收购和信息公开进行了简单的规定。1967 年美国参议院银行与货币委员会的证券小组主席哈瑞森·威廉姆斯（Harrison Williams）提出了一个规制公司收购的法案，经讨论修改于 1968 年由国会通过，并于 1970 年修订。该法案被称作《威廉姆斯法案》，被纳入美国证券交易法的第 13、第 14 条中，是目前美国规制公司收购的主要立法。此外，美国各州在各自的公司法中对公司收购问题进行了规制。同时，美国各级法院有关公司收购的判例也构成其相关立法的一部分。

二、英国城市法典对公司收购的法律调整

为了规范收购行为，为了给目标公司股东提供保护，英国在 1959 年成立了一个城

---

① 张民安：《公司法上的利益平衡》，北京大学出版社 2003 年版，第 469～470 页，第 473～477 页。

市工作小组（City Working Party），该工作小组出版了题为《关于英国商事合并的注意事项》（Notes on Amalgamation of British Businesses），对公司收购的某些程序和原则作了规定。到了1968年，该种注意事项被内容更加详尽的规范即《收购与兼并城市法典》所取代。为了执行此种法典，英国还成立了一个专门小组，即有关公司收购和合并的专门小组（the Panel on Takeovers and Mergers）。该城市法典是目前英国有关公司收购方面的最主要的规范，它包括1条说明性质的导论、10条基本原则、38条规则、对这些规则所作的注解和说明以及4个附则。总的说来，该法典所涵盖的范围极其广泛，几乎包括所有类型的公司收购行为和合并行为。该法典的基本目标是为了对目标公司的股东提供保护，确保目标公司的股东在收购交易中得到公平和平等的对待，确保目标公司股东对收购要约的接受决议是由这些股东在信息得到公开披露的情况下作出的，而不是他们的董事作出的。

从理论上讲，英国《城市法典》并非是英国国会所颁布的制定法，它对有关公司收购方面所规定的基本原则和规则对那些从事收购交易的人并不产生法律上的约束力；同样，有关收购和合并方面的专门工作小组也并不是制定法上的机构，因此，他们所作出的决定本身并不具有法律上的约束力。如果当事人对该种工作小组所作出的决定不服，他们也不能向法庭起诉，要求法庭撤销此种决定。近些年来，有关公司收购和合并方面的专门小组的地位发生了并且正在发生重大变化，这表现在：英国司法开始对该种小组的决议进行司法上的审查（judicial review），此种司法审查在实际生活中往往发生在公司收购行为成功和失败之后。英国司法在对此种决议进行司法审查时，如果认为此种决议不公平，他们并不撤销此种决议，他们也愿意对该小组的不公平行为所造成的损害提供救济，他们仅仅愿意通过此种司法审查为该工作小组将来的行为提供指导。有关公司收购方面的专门小组的主要职责是：其一，监控所有的收购和合并交易，以确保《城市法典》所提出的原则、规则以法典所规定的方式得到执行；其二，对公司提供咨询意见，当公司及其顾问在从事收购行为之前或之中，为了确保自己的收购行为符合城市法典所规定的原则，他们可以向该执行机构进行咨询；其三，对《城市法典》的解释作出说明。[①]

三、美国有关法律对公司收购的法律调整[②]

为了保护目标公司股东的利益，为了规范公司的收购行为，美国国会在1968年通过了《威廉姆斯法案》，对公司收购方面的收购要约、强制性信息公开以及反欺诈和反操纵制度等都作了明确规定。随着《威廉姆斯法案》的通过，美国众多的州也开始制

---

① Boyle & Sykes, Gore – Browne on Companies, Vol. 2. Jordons, p. 29.
② 张民安:《公司法上的利益平衡》，北京大学出版社2003年版，第484~488页。

定有关公司收购方面的制定法,到了 1982 年,大约有 37 个州已经制定了有关公司收购方面的制定法。[1] 总的说来,各个州的制定法虽然允许公司通过收购来达到控制目标公司的目的,但是它们对公司收购作了众多限制性的规定,表现在:其一,它们要求收购要约人在提出收购要约之前即公开有关文件,并对目标公司的管理层进行通知。其二,它们所规定的信息公开程序要比《威廉姆斯法案》更复杂、麻烦。其三,它们要求在政府官员面前举行有关公司收购方面的听证会。此种听证会或者基于政府官员的选择而开始或者基于目标公司管理层的选择而开始,主要是讨论收购要约人所公开文件的适当性,以及对新创设的重大行为标准的遵守。诸如,收购要约的内容应当被听证会认为对目标公司的股东具有公平性;收购要约人须愿意购买全部目标股份;收购要约需有利于州的人民大众。其四,它们为那些没有遭遇目标公司管理层反对的要约收购规定了特殊的、简易的规则。[2] 其五,某些州的公司制定法将那些由学者所提出的反收购战略措施规定在公司制定法中,为目标公司管理层采取反收购措施提供合法的理论根据。

在美国,司法对公司收购行为所施加的影响非常大,它们通过具体案件的审判,为收购行为设定了众多的规则,这尤其表现在州的司法判例方面,其中尤以美国德拉瓦州最高法院的判例为著名。德拉瓦州系美国公司法律制度产生的主要地方,也是美国大型上市公司最多的地方。因此,由德拉瓦州的司法在公司收购领域创设有关收购方面的规则也就不足为奇。美国德拉瓦州最高法院在 1985 年到 1989 年间通过一系列的案例确立了目标公司董事会在反击收购时所应遵循的行为规则。

四、我国证券法对公司收购的法律调整

在我国,有关公司收购方面的法律主要是 1998 年全国人民代表大会常务委员会通过的《中华人民共和国证券法》[3],该法第四章对公司上市公司收购的方式、强制性信息公开、强制性收购要约等问题都作出了明确规定。任何人在从事公司收购的时候都应当遵守证券法的规定,不得违反有关的规则,否则,即应承担有关的法律责任。在我国,对公司收购的监督和管理的职责由国务院证券监督管理机构进行。如果国务院证券监督管理机构发现有关人员违反证券法所规定的公司收购程序,利用公司收购谋取不当利益,有权没收其违法所得,并给予罚款。在我国,证券法对公司收购法律的问题规定比较简单,对公司收购中的许多问题没有作出说明,尤其是证券法没有对公司收购中收购要约公司和目标公司董事会的行为规则作出说明,没有对公司收购中的收购策略和反

---

[1] Robert Charles Clark, Corporate Law, p. 568.

[2] 同上。

[3] 该法分别在 2004 年 8 月 28 日和 2005 年 10 月 27 日,由第十届全国人民代表大会常务委员会第十一次会议和第十届全国人民代表大会常务委员会第十八次会议进行修订。

收购策略作出说明。为此，本书认为，公司证券法应当借鉴英美法系国家有关制定法和判例法的经验，对此问题作出明确的说明。

第三节 公司收购方面的主要法律规则

一、公司收购信息的强制性公开

（一）公司收购信息的强制性公开的意义

在公司法中，公司有关收购方面的信息对收购要约公司和目标公司的股东意义重大，是他们在作出是否同意公司收购或被收购、出卖或不出卖公司股份的重要根据，为了确保公司股东所作出的决议是理性的决议，现代法律都规定了有关公司收购方面的信息公开制度，任何人，如果希望通过公开的股份市场收购其他目标公司，都应当遵守这些规定，严格按照有关的法律公开有关的信息，这就是公司收购方面的信息强制性公开制度。此种公开包括公司收购前的强制性信息公开和公司收购时的强制性信息公开。

（二）公司收购前的信息强制性公开

根据美国《威廉姆斯法案》第13（D）条，任何人或任何采取共同行动的人，如果取得了根据美国《1934年证券交易法》加以注册登记的超过5%的有表决权股，则必须在此种股份取得以后的10天内向美国证券交易委员会报送有关重要信息。这些信息包括：所取得的证券的名称，该种证券的发行者，报送者的身份和背景，用来购买目标公司股份的资本的来源和数额包括所获得的贷款，交易的目的，股份受益所有权①（beneficial ownership）的性质及范围以及报送者与发行此种证券有关的任何人之间的契约、安排、谅解或关系（合法的或非合法的）。在《威廉姆斯法案》第13（D）条所要求公开的信息中，最为重要的信息是收购要约人获得目标公司的股份的目的。该条要求收购要约人在向美国证券交易委员会报送有关信息的时候说明任何计划或建议，如果此种计划或建议同下列事项有关或导致下列事项发生的话：①发行者所发行股份的取得或处分；②诸如涉及到股份发行者的公司合并、重组或清算等特别的公司交易；③股份发行者的重大财产的出卖或转移；④股份发行人的董事会的变更；⑤股份发行人的资本或股利政策的变更；⑥股份发行人的商事或公司结构的实际变更；⑦股份发行人的章程、管理细则的变更，如果它们可能会妨碍股份发行人控制权的取得的话。《威廉姆斯法案》第13（D）条的此种规定，其目的在于对目标公司的股东提出保护，使他们能够在目标公司的收购要约人开始提出收购要约之前即能知悉目标公司所存在的控制权将要

---

① 在美国，股份受益所有权是指表决权和股份转让权。

发生变更的事实。在美国的实际生活中，那些有意图收购目标公司股份的人往往首先通过公开的股票交易市场取得该未来目标公司的一定比例的股份，为将来正式收购公司的股份提供保障。

在我国，证券法也对公司收购前所作的强制性信息公开制度作出了规定。根据我国《证券法》第86条和第87条的规定，通过证券交易所的证券交易，投资者持有或者通过协议、其他安排与他人共同持有一个上市公司已发行的股份达到5%时，应当在该事实发生之日起3日内，向国务院证券监督管理机构、证券交易所作出书面报告，通知该上市公司，并予公告；在上述期限内，不得再行买卖该上市公司的股票。投资者持有或者通过协议、其他安排与他人共同持有一个上市公司已发行的股份达到5%后，其所持该上市公司已发行的股份比例每增加或者减少5%，应当依照前款规定进行报告和公告。在报告期限内和作出报告、公告后2日内，不得再行买卖该上市公司的股票。书面报告和公告的内容包括：持股人的名称、住所；持有的股票的名称、数额；持股达到法定比例或者持股增减变化达到法定比例的日期。如果行为人违反此种规定，没有对有关的重大信息进行公开，有关的主管机关可以对行为人加以惩罚，但是，私人是否有权对该种行为提起诉讼？对于此种问题，我国法律没有作出明确规定，而美国司法分两个方面加以讨论，一方面，当行为人违反《威廉姆斯法案》第13（D）条时，司法允许股份发行者向法庭提起诉讼，法庭也会颁发临时性的禁止令，直到行为人已根据上述规定向美国证券交易委员会报送有关文件为止，一旦行为人已经完成此种信息公开行为，法庭会即刻解除此种禁止令。仅仅在关乎行为人故意和严重违反第13（D）条的特别情况下，法庭才会对行为人采取更严厉的方式诸如剥夺行为人所取得的股份或终止收购要约。① 另一方面，即便行为人违反第13（D）条的规定并导致股份发行人及其股东遭受损害，公司的股份发行人及其股东也不得根据《威廉姆斯法案》第13（D）条对行为人提起诉讼，要求行为人对自己的损害承担赔偿责任。② 在我国，也应当作同样的理解。

（三）公司收购时的强制性信息公开

1. 收购要约人对有关信息的强制性公开

当公司收购要约人正式开始收购程序时，美国《威廉姆斯法案》第14（D）条要求收购要约人和目标公司的董事会承担按照《威廉姆斯法案》规定进行信息公开披露的义务。对于收购要约人而言，《威廉姆斯法案》第14（D）条要求收购要约人在收购要约开始时将下列信息报送美国证券交易委员会并将其复印件送交给目标公司：收购要约人的身份和背景；用来作为收购要约的资本的来源和数额；收购要约的目的，目标公

---

① Robert A. Prentice, Law of Business Organizations And Securities Regulation, p. 784.
② Weisman v. Darneille [1977-1978] Fed. Sec. L. Rep. (CCH) 96. 278 (S. D. N. Y. 1978).

司管理层、商事事业和财务结构变更计划；作为非自然人的收购要约人的财务信息；有关遵守法律和规则的信息，有关悬而未决的诉讼的信息以及反托拉斯法适用规则的信息。收购要约人对股东进行信息公开的手段多种多样，包括在报纸上做广告和直接向他们寄送信函。

在我国，证券法对公司收购过程中的强制性信息公开制度也作出了规定，根据我国《证券法》第88条和第89条的规定，通过证券交易所的证券交易，投资者持有或者通过协议、其他安排与他人共同持有一个上市公司已发行的股份达到30%时，继续进行收购的，应当依法向该上市公司所有股东发出收购上市公司全部或者部分股份的要约。在进行此种收购时，收购人应当事先将有关收购方面的重大信息报送国务院证券监督与管理机关，包括：收购人的名称、住所；收购人关于收购的决定；被收购的上市公司名称；收购目的；收购股份的详细名称和预定收购的股份数额；收购期限、收购价格；收购所需资金额及资金保证；报送上市公司收购报告书时持有被收购公司股份数占该公司已发行的股份总数的比例。此外，收购人还应当将上市公司收购报告书同时提交证券交易所。

2. 目标公司对有关信息的强制性公开

目标公司的董事会是否应当向国务院证券监督和管理机构报送有关公司收购方面的信息？我国证券法没有作出规定，本书认为，应当借鉴美国有关法律的规定，对目标公司的董事会强加强制性的信息公开义务。在美国，《威廉姆斯法案》第14（D）（9）条规定，除非目标公司的董事会将这些信息报送美国证券交易委员会，否则他们不得向股东推荐或要求目标公司的股东接受收购要约：目标公司的名称和证券的名称、收购要约人的身份、报送信息人的身份和背景、所作的推荐以及推荐的理由、第三人提出的收购要约。《威廉姆斯法案》第14（E）（2）条规定，目标公司董事会不得在收购要约开始之日起的10天内要求目标公司公开、发送或提供给股东以某种陈述，该陈述披露公司：（A）建议股东接受或拒绝收购要约人的收购要约；（B）没有表示观点；（C）不能对收购要约采取立场。

3. 违反强制性公开义务所承担的责任

公司收购要约人违反前述强制性信息公开义务是否要承担责任？我国证券法没有作出规定，应当借鉴美国有关法律的规定。根据美国《威廉姆斯法案》，如果收购要约人违反了前述第14（D）条的规定，没有及时进行有关收购信息的公开，其法律救济同违反前述第13（D）条完全相同：美国证券交易委员会有权寻求禁止令，阻却收购要约人对目标公司股份的收购；私人也有权向法庭起诉，要求法庭颁发禁止令，一旦收购要约人及时按要求公开了有关信息，法庭即刻解除禁止令；如果违反行为是故意的、具有严重损害性质的，则法庭会在例外的情况下颁发命令，要求收购要约人将所收购的股份退还给目标公司或终止收购要约。

二、目标公司股东的法律保护规则

为了保护目标公司小股东利益，防止公司收购要约人与目标公司大股东串通，确保目标公司小股东享有公司大股东所享有的同等条件或同等价格转让自己所持有的股份的机会，现代法律对目标公司的小股东规定了众多的保护手段，包括目标公司小股东股份的强制性收购规则、目标公司股东的撤回权规则、按比例购买股份的规则以及最优出卖价规则。

（一）目标公司股份的强制性收购

收购人规定了强制收购剩余股份的义务。英国《1985年公司法》第429条规定，如果收购要约人因为目标公司的股东的接受而取得了目标公司股份价值或某类股份价值的90%的股份，则该收购要约人可以给予其余没有接受收购要约的10%的股东以通知，说明希望取得他们股份的意图。英国《1985年公司法》第430条，一旦收购要约人发出了此种通知，则收购要约人即应承担根据最后的收购要约取得目标公司股东的股份的责任。英国《1985年公司法》除了规定目标公司股份的强制性取得制度以外，还在第430A条和第430B条规定了股东所享有的出卖股份的权利。根据这些规定，一旦收购要约公司已经取得目标公司90%的股份，则那些没有接受收购要约的10%的股东有权要求收购要约人以与其他类似股东的相同的收购条件购买自己的股权。在我国，《证券法》也规定了目标公司股份的强制性收购制度。我国旧的《证券法》第87条规定，收购要约期届满，收购人持有被收购公司的股份数达到该公司已发行股份总数的90%以上的，其余仍持有被收购公司股票的股东，有权向收购人以收购要约的同等条件出售其股票，收购人应当收购。目前，此种条款已经被取消。

（二）目标公司股东的撤回权

根据美国《威廉姆斯法案》第14（D）（5）条的规定，只要在收购要约人所规定的要约有效期内，任何已同意出卖自己股份的股东，即便他们已经根据收购要约的规定将所出卖的股份寄存，他们也有权撤回自己的股份出卖行为，这就是目标公司股东的撤回权理论。

（三）按比例购买目标公司股东的股份

根据美国《威廉姆斯法案》第14（D）（6）条的规定，如果收购要约人仅购买目标公司部分股票，而目标公司股东所出卖的股份超过了收购要约人所需要的股份，则收购要约人须按相应的比例购买全部出卖股东的股份，这就是按比例购买股份的规则。我国证券法也规定了同样的规则，《证券法》第88条规定，收购上市公司部分股份的收购要约应当约定，被收购公司股东承诺出售的股份数额超过预定收购的股份数额的，收购人按比例进行收购。

（四）最优出卖价

根据美国《威廉姆斯法案》第 14（D）（7）条的规定，任何收购要约人在收购要约规定的有效期限届满前，如果增加目标公司股东的对价，则必须将所增加的对价支付给所有将自己股份出卖给收购要约人的股东，包括那些在增加价格之前即已同意出卖自己股份的股东。这就是"最优出卖价的规则"。

三、目标公司董事会的行为规则

（一）目标公司董事会行为规则概述

在公司收购过程中，目标公司董事会在代表公司作出某种建议甚至某种决定时是否应当遵循一定的义务，我国证券法也没有作出说明。因为，我国证券法仅仅从收购要约人的立场来规定有关公司收购方面的法律规则，仅仅从收购要约人与国家有关证券监督和管理机关的关系方面来规定有关收购方面的法律规则，根本没有从目标公司的立场出发来规定公司收购方面的规则，因此，有关目标公司董事会的行为规则，我国证券法没有任何规定。而在英美，有关法律不仅从收购要约人的立场来规定公司收购的法律规则，而且还从目标公司的立场出发规定目标公司董事会的行为规则，借以保护目标公司股东的利益，防止目标公司从自己或与自己有关的第三人的利益考虑是否同意收购要约人的收购要约。目标公司董事会在行为时承担众多的注意义务，包括向目标公司股东提供充分的信息和建议的义务，采取适当措施反击他人收购行为的义务以及为目标公司股东获得最优出卖价的义务等。

（二）向目标公司股东提供充分的信息和建议的义务

在英国，有关的城市法典规定，当目标公司董事会已经公开了收购要约人的收购要约以后，他们还不得即刻作出该种收购要约是否是最有利于公司的决定，也不得即刻向公司股东提出是否接受收购要约条件的建议。他们应当首先向有独立提供有关收购建议资格的顾问提供咨询，听取这些顾问的意见。他们应当将这些顾问的意见和他们自己对收购要约的意见送交给公司股东。除非顾问认为，收购要约是公平的交易，否则，目标公司董事会不得向其股东作出同意收购要约的建议。[①]《城市法典》基本原则 4 规定，公司股东应当被提供充足的信息和建议，以便他们能够作出建立在充分的知情权基础上的决定，并且公司股东必须有充分的时间来作出这样的决定；提供给这些股东的相关资料不得被抽回。《城市法典》基本原则 5 规定，任何给予公司股东的文件或公告，在包含收购要约人、目标公司董事会或者他们的顾问的信息或建议的时候，都应当以最大的注意标准和最准确的方式加以准备，正如公司在准备招股章程那样。

---

① 张民安：《公司法上的利益平衡》，北京大学出版社 2003 年版，第 477 页。

(三) 采取适当措施反击他人收购行为的义务

当目标公司董事会收到收购要约书时，他们是否可以直接采取行动反击他人的收购行为？对此，有两种不同的立法例。在英国，《城市法典》禁止目标公司董事会在没有获得公司股东会授权的情况下单方面采取措施反击收购行为，因为，英国《城市法典》基本原则 7 规定：在某一善意收购要约被送交给目标公司的董事会以后，或者在目标公司的董事会有理由相信某一善意收购要约将要对目标公司提出的时候，目标公司董事会在没有取得公司股东大会批准的情况下不得就公司的事务采取任何行动，如果此类行动可能导致任何善意收购要约落空或导致股东丧失自己根据实际情况作出是否接受收购要约的决定的机会的话。在美国，制定法对此没有明确规定，美国司法判例采取肯定的态度，因为，美国司法允许目标公司董事会采取各种形式的反收购策略，关于这些策略，将在下面有关章节作出介绍。但是，即便美国司法采取肯定的态度，美国司法也对目标公司董事会的反击行为作出了限制，认为目标公司董事会不得采取一切行动来反击收购行为，他们所采取的反击行动应当同目标公司所面临的威胁和危险相适应，否则，目标公司董事会即违反了所承担的注意义务。

同时，目标公司董事会在代表公司作出反击收购行动时，应当承担忠实义务，仅仅考虑公司的利益，而不考虑他们个人的利益或任何第三人的利益。如果他们认为，公司收购对公司利大于弊，则他们应建议公司被收购；如果他们认为，公司被收购利小于弊，则他们应当建议公司不被收购，并采取适当的措施反击。

(四) 为目标公司股东获得最优出卖价的义务

当目标公司被收购已成定局时，目标公司董事会所承担的为公司利益而行为的义务就转变为目标公司当前股东的利益而行为的义务，此种义务要求目标公司董事会将公司出卖给那些出价最高的收购要约人，而不得出卖给出价较低的收购要约人。在 Heron International Ltd v. Lord Grade[1] 一案中，目标公司的董事在面临两个收购要约人的收购要约时，决议接受出价较低的收购要约的收购要约价而拒绝出价更高的收购要约人的收购要约价，法庭认为，目标公司董事会的行为违反了他们所承担的为公司最好利益而行为的忠实义务。法官指出："当目标公司董事会已经决议目标公司被他人收购是为了该公司的最好利益时，如果目标公司的收购要约人有两个或两个以上，则目标公司董事会所承担的唯一义务是为目标公司取得最好的出卖价。除非目标公司董事会认为，收购要约人的出价是所有出价中最高的，否则，他们不得与收购要约人订立锁定协议并承诺将他们自己的表决权股转让给该收购要约人。"[2]

---

[1] [1983] BCLC244, C. A.

[2] [1983] BCLC 244, 265, C. A.

第四节 公司收购策略与反收购策略

一、公司收购与反收购策略概论

公司收购虽然可以分为友好收购和敌意收购,但是,在许多情况下,公司收购要约人的收购行为表现为敌意收购,他们的收购行动遭受到了目标公司董事会的反对,目标公司董事会可能会采取各种手段,反击收购行动,因此,收购行动往往表现为极其残酷的收购战与反收购战。收购要约人除了要遵循法律所规定的各种程式之外还须采取某些积极有效的策略,以确保收购战的成功。学者将收购要约人所采取的这些策略称之为进攻策略。而目标公司董事会为了确保公司不被他人收购,也会采取各种有效的策略,防止公司收购的成功或抬高公司收购的成本。学者将目标公司采取的这些反收购策略称之为防御策略。

二、公司收购要约人的进攻策略[①]

(一)"任何与全部"现金收购要约

虽然从理论上讲,收购要约人在收购目标公司的股份时,其所支付的对价形式可以多种多样,包括现金、公司股份、公司债券,等等,但以现金方式收购目标公司的股份比以证券等其他方式收购目标公司股份具有自己的独特优势。即通过现金方式所为的收购,收购要约人更容易使目标公司的股东了解每股 47 元的市场价与每股 70 元的现金收购价之间的差额,而通过证券交换方式,收购要约人很难说服目标公司的股东,使他们相信所交换的股票的价值的确等同于它所代表的价值。正是由于现金收购要约有如此直接的效果,收购要约人在对目标公司股份进行收购时可以提出这样的收购要约:目标公司的股东所出卖的任何股份和全部股份均将以现金方式被要约人所取得。

(二)两步收购要约

收购要约人获得目标公司股份的方法往往分为两个步骤:第一个步骤是通过收购要约方式取得目标公司的控制权,第二个步骤是通过合并方式将第一阶段没有通过收购方式出卖自己股份的小股东的股份买断。由于收购要约人已控制了目标公司,无论小股东是否愿意出卖自己的股份,他们的股份也将由收购要约人买断。通过这两个步骤,收购要约人已经成功地取得了目标公司 100% 的所有权。

在两步收购要约中,虽然收购要约人在公司合并这一步骤中所支付的价格同在收购

[①] 张民安:《公司法上的利益平衡》,北京大学出版社 2003 年版,第 490~493 页。

要约这一步骤中所支付的价格经常是相同的，但是，收购要约人往往可以采取变通的方式。这就是，他们可以在其收购要约中规定两步收购要约方案，第一步将以高于股份市场价的价格收购目标公司的股份，在获得目标公司的控制权以后，将以更低的价格如每股 40 元购买其他股东的股份。股东 A 可能认为每股 50 元的收购价并非适当，但如果她不出卖自己的股份，其他股东可能会出卖自己的股份，此时收购要约可能会获得成功，A 的股份将仅以每股 40 元的价格出卖。虽然此种收购要约方式具有明显的胁迫因素，并且将目标公司的股东置于一种囚犯般的两难境地（Prisomers'dilemre），但是，此种方式并不违反美国《威廉姆斯法案》第 14（E）条而构成操纵行为。

（三）先头部队登陆法

通过股份累积方案，那些意图取得目标公司股份控制权的袭击者可以通过"先头部队登陆法"获得目标公司的某些股份并以此为基础而开展对目标公司股东的收购。在实际生活中，那些意图收购他人股份的人可以在收购行动开始之前通过公开的股票交易市场取得一定数量的股份，诸如潜在的目标公司表决权的 5% 到 10%，之后再通过公司收购程序对目标公司的股份进行收购。通过公开的股票市场的购买行为，收购要约人可以为自己此后进行的收购行为铺平道路和提供成功的保障。因为，在一个大型的公共持股公司，能够拥有公司 5% 至 10% 的表决权股即可对该公司实施事实上的控制。

（四）共同收购

有时候，经济势力较小的收购要约人可以和其他人联手，共同实施他们不能单独实施的收购行为。例如，T 公司是一个大型的公司，其主要业务范围是采矿和木材经营。A 公司是一个较小的公司，对 T 公司的采矿业有兴趣，B 公司也是一个较小的公司，对 T 公司的木材经营业感兴趣。A 公司和 B 公司倾两家公司之资源共同向 T 公司提出收购要约，此时，A 公司和 B 公司可以成功地取得 T 公司的控制权。在收购成功之后，他们将 T 公司的财产予以分割，A 公司取得 T 公司的采矿业而 B 公司取得 T 公司的木材业。

（五）四两拨千斤的收购要约

公司收购需要收购要约人具有巨大的经济实力。然而，在实际生活中，收购要约人通过一定的方法也可以成功地收购那些规模比自己大得多的公司，这种方法就是所谓的四两拨千斤的方法。例如，某一收购要约人已经获得了目标公司一定比例的股份之后即无法再给目标公司的股东提供现金或信用来购买他们的股份并因此而无法获得目标公司的控制权。此时，他可以采取这样的策略即他仅仅提出收购很小部分的股份，如 15%，但是他提出的要约收购价非常具有吸引力，导致目标公司 50% 的表决权股希望将自己的股份出卖给收购要约人，至少按所持股份的比例出卖给收购要约人。这时，收购要约人可以找到某家银行并告诉他，"看看，目标公司的控制权等待我去享有。我唯一需要的是金钱,目标公司的大多数股份均已同意出卖给我。因为目标公司的控制权迟早都归我,我可以将目标公司的财产作为你贷款给我的担保。"如果银行将贷款提供给收购要约人,则收购要约人即可成功地收购目标公司的股份。

（六）解销收购

由于收购要约人以四两拨千斤的方法取得了银行大量的贷款,为了付清此处贷款,公司收购人在成功收购目标公司以后将不得不解销目标公司,出卖目标公司财产和转移目标公司的事业。为了偿还收购所欠下的债务而解销目标公司,此种收购被称之为解销收购。

（七）GREENMAIL

在公司法中,人们将购买某一目标公司的股份并以收购目标公司作为威胁以引诱目标公司及目标公司的白衣骑士购买自己的股份的行为称之为 greenmail。通过前述先头部队登陆法取得潜在目标公司股份的人,其真实的意图并非在于通过此种购买行为为收购目标公司铺平道路,他们有时仅仅是希望通过此种购买行为对目标公司施加影响,以收购目标公司作为威胁,迫使目标公司管理层以更高的价格再将自己所持有的公司股份买回。此时,通过先头部队登陆法取得股份的人即获得了丰厚的利润。此时,目标公司董事会往往会与该人签订协议,该人承诺退出公司并在一定期限内不得再进入该公司。有时,当该人向目标公司提出收购要约之后,目标公司可能会找寻一个白衣骑士提出一个更具竞争力的收购要约。如果该白衣骑士成功获得目标公司的控制权,该人也仅暂时失望,因为,他也可以向白衣骑士出卖自己的股份,此时,他亦可以获得丰厚的利润。

三、目标公司的防御策略[①]

为确保目标公司的独立性,美国司法允许目标公司的董事会采取以下一系列的防卫策略以防止收购要约人对目标公司的控制[②]：

（一）提前计划

目标公司可以提前做好应对准备,防止在收购要约突然降临时茫然不知所措的行为发生。提前计划包括组织好人员以应付可能降临的收购行为,授权他们代表公司作出即时的反映,规定可以接受的收购要约的判断标准,准备好可供讨论的防卫策略等。

（二）鲨鱼防护

所谓鲨鱼防护就是对公司的章程或管理细则作出修改以使公司收购行为更加困难或

[①] 张民安：《公司法上的利益平衡》,北京大学出版社 2003 年版,第 493~496 页。
[②] Robert A. Prentice, Law of Business Organizations and Securities Regulation, pp. 800~807；张民安：《现代英美董事法律地位研究》第二版,第 219~222 页。

无吸引力。鲨鱼防护的方法多种多样,主要包括董事会保护、超大股东规则的规定以及公平价格条款的规定等。在公司的实际生活中,一个潜在的目标公司可以:①对董事会的选举方式作出变更,可以不一次选任九名成员,而是将董事会分成三组,每组三名成员,每一组轮流服务一年共三年,这样,即便收购要约人已经取得了目标公司的控制权,他在控制董事会之前也必须等待直到两次股东大会召开时为止。②将股东无因解除董事的权力、召开特别股东大会提议的权力以及不召开会议而通过书面同意行为的权力排除。③规定累积表决权股,这样,收购要约人即便已经取得了目标公司51%的股份,他们在选举的时候虽然可以将自己的大多数候选人选入董事会,但并非必然会将自己的所有候选人选入董事会。④规定在董事中期退职时,该种职位空缺仅由其他董事享有填补权,股东不享有填补权。通过这些手段,收购要约人要取得目标公司的控制权更加困难,更加费时旷日。这就是所谓的通过董事会对目标公司提供的保护。一般而言,公司控制权在通过诸如合并等方式发生变更时,法律仅仅要求2/3或3/4的特定大股东同意即可。为了防止公司被收购,许多公司对其章程作出修改,他们认为,如果公司要变更其组织结构应当符合更高的同意要求,其范围从67%的股东同意到95%的股东同意。此时,公司收购要约人如果想取得目标公司的控制权,必须获得目标公司67%到95%的表决权股的同意,而这往往是非常困难的。公司收购要约人要确保收购成功,必须采取前面所论及的两步收购方案,通过两步收购方案至少取得目标公司67%到95%的股份,以确保第一阶段即合并阶段股东的同意。这就是通过超大股东规则对目标公司提供的保护。

(三)氧化物瓶盖

同鲨鱼防护一样,氧化物瓶盖的防卫策略也可以通过例示来加以说明。公司同其雇员订立了长期雇佣契约,其中规定了这样的一个条款,即一旦目标公司控制权发生转移则此种契约所规定的内容将即刻开始重新实行;公司同债权人订立长期贷款协议,其中规定了这样的条款,一旦公司控制权转移,则公司应当立即将全部的本金予以返还。在此种情况下,取得目标公司控制权的收购要约人在要取得目标公司的财产的同时,也要承担目标公司所承担的责任,而氧化物瓶盖策略使此类责任更重。

(四)焦土防卫

目标公司如果在银行存有大量的现金,则它们往往成为他人垂涎的目标。收购要约人可以通过收购要约取得该种目标公司的控制权,之后再利用目标公司的现金来完成此种交易。因为此种原因,许多潜在的目标公司将这些现金用来购买其他公司的股票、债券,或者通过将有价值的财产投入新设立的公司而抛离目标公司有价值的财产,或者出售自己所持有的股份。此种反收购的策略,其目的是为了减少目标公司的资产负债表对潜在的收购要约人的吸引力,因此被称之为"焦土"策略,也称为重组策略。

（五）金色降落伞与锡色降落伞

"金色降落伞"是指公司关键的高级官员与公司订立的长期雇佣契约，该种契约尤其规定，一旦公司控制权发生转移，公司即应对这些高级官员给予赔偿，此种赔偿或者是一次性全部支付或者是每年支付。有些公司规定，当成功的收购要约人解除目标公司高级官员的职位时应当支付赔偿金给这些高级官员；有些公司则规定，在公司控制权转移时，如果公司高级官员作出不能有效地为公司工作的决议时才加以支付。这些年来，为了更加有力地反击公司的收购行为，一些目标公司还采取了"锡色降落伞"策略，这就是，潜在的目标公司与其中层管理人员甚至低层雇员订立长期雇佣契约，该种契约规定，一旦公司控制权因为收购而发生变更，公司即应对他们提供赔偿。

（六）毒丸

"毒丸"也称为"股东权利计划"（shareholder right plan），其方式虽然多种多样，但其典型方式则是由目标公司将"权利"分配给所有普通股东，使这些股东在一定的条件下取得购买公司剩余股份的权利，并因此而稀释收购要约人的地位。根据美国公司的实际情况，公司取得股份的权利通常在两种情况下开始付诸实施：其一，收购要约人已经取得了目标公司一定比例的控制权，如30%或50%；其二，收购要约人在取得目标公司控制权以后试图进行第二阶段的合并计划。毒丸作为一种反收购策略，其目的不在于使目标公司股东获得利益，而在于阻却收购要约人的收购行为，避免两步要约法的不公平后果并增加目标公司管理层在与收购要约人谈判中的谈判力。绝大多数毒丸计划均附有回赎权，因此，当收购行为失败以后，公司可以赎回分配给股东的股份。

（七）白衣骑士

目标公司经常使用的反收购策略是找寻第二家收购要约人，让该收购要约人以高于第一家收购要约人的价格和优于第一家收购要约人的条件向目标公司股东提出具有竞争力的收购要约，以便使第一家收购要约人的收购要约失去吸引力而失败。目标公司所找寻的第二家收购要约人被称之为白衣骑士。白衣骑士这种反收购策略通常能够获得法庭的支持，因为它几乎总是能够导致目标公司股东获得比第一家收购要约人的收购要约价高得多的股份出卖价。

（八）管理机关买断

有时，为了保住对目标公司的控制权，目标公司的董事会并不找寻白衣骑士的帮助，而是由他们自己提出一个具有竞争力的收购价，以使第一家收购要约人的收购行为失败。由于目标公司通常靠借贷的资金来提出此种有竞争力的收购要约，并且以目标公司的财产作为此种借贷的担保，因此，此种反收购策略在20世纪80年代的美国极其盛行。

第十二章 公司的解散、破产和清算

第一节 公司的解散

一、公司解散的概念及其特征

根据我国 2005 年《公司法》第 181 条的规定，公司因下列原因解散：①公司章程规定的营业期限届满或者公司章程规定的其他解散事由出现；②股东会或者股东大会决议解散；③因公司合并或者分立需要解散；④依法被吊销营业执照、责令关闭或者被撤销；⑤人民法院因公司少数股东的申请而解散。

那么，从法律性质上而言，解散究竟应作如何解释呢？关于这一点，公司法学中尚未达成统一的认识，可分为五种观点：一是认为公司解散是一种行为，是使公司消灭的法律行为[1]；二是认为公司解散是一种法律事实，是构成消灭公司法人格原因的法律事实[2]；三是认为公司解散是一种程序，是消灭公司法人格的一种程序[3]；四是认为公司解散是行为和程序的结合，是致使公司人格发生消灭的原因性行为和程序[4]；五是认为企业解散是企业因某种原因而归于消灭的一种状态和法律程序。[5] 日本和我国台湾的学者一般都认为公司解散是一种法律事实，而我国很多学者均倾向于把公司解散解释为一种程序。本书认为，法律事实是法律关系发生、变更和消灭的原因，上述无论哪种学说对于公司解散是公司法人格消灭的原因是无异议的，而如果把公司解散理解为一种程序或一种状态的话，容易和公司清算混淆，造成逻辑上的混乱，因此，认为公司解散是一种法律事实这一观点是比较妥当的。

为了保护债权人、股东以及相关利益关系人的利益，法律规定，除公司合并分立之外，公司解散后必须进行公司清算。那么，公司在被宣布解散至消灭的存续期间，属于何种性质？对此，学界大致有四种不同的看法：①人格消灭说。主张公司因解散而丧失

---

[1] 王保树、崔勤之：《中国公司法原理》，社会科学文献出版社 2000 年版，第 304 页。
[2] 近藤光男：《最新株式会社法》，中央经济社 2004 年版，第 376 页；柯芳枝：《公司法论》，中国政法大学出版社 2002 年版，第 59 页。
[3] 郑玉波：《公司法》，三民书局股份有限公司 1980 年版。
[4] 施天涛：《公司法论》，法律出版社 2005 年版，第 677 页；石少侠：《公司法教程》，中国政法大学出版社 2006 年版，第 203 页。
[5] 甘培忠：《企业与公司法学》，北京大学出版社 2000 年版，第 427 页。

法人格，公司财产归股东所有。②清算公司说。主张解散后清算中的公司是为清算目的而存在的公司。③拟制说。认为公司虽因解散而丧失其法人资格，并不得从事经营范围内的活动，但由于法律的拟制，在清算范围内，公司仍应视为存在，享有权利能力。④同一人格说。认为公司虽已解散，但其法人资格在清算终结前视为继续存在，从未间断，而且与清算前的法人资格并无本质区别，只是权利能力范围有所缩小而已。其中，同一人格说为通说，为各国立法所采纳，亦为各国学者所主张。本书亦赞成此说。鉴于此，解散后存续公司的性质可以理解为：公司经解散后，并不立即丧失其法人格，而是直至公司清算手续结束前仍旧在清算的目的范围内拥有法人格，清算手续终结后其法人格才消失。

我国 2005 年《公司法》对于清算中公司的法律地位没有进行规定。我国最高人民法院《关于贯彻执行〈中华人民共和国民法通则〉若干问题的意见》（试行）中第 58 条规定，对于涉及终止的企业法人的债权、债务的民事诉讼，清算组织可以自己的名义参加诉讼。这一规定实际上否认了公司在解散后可继续存在。2000 年最高人民法院在答复辽宁省高级人民法院《关于企业法人营业执照被吊销后，其民事诉讼地位如何确定的请示》中认为，企业法人被吊销营业执照后至被注销登记前，该企业法人仍应视为存续，可以自己的名义进行诉讼活动。

二、公司解散的原因

为了保护债权人的利益和股东的利益，同时也为了稳定社会的经济秩序，公司解散只有在出现公司法所规定的事由时才能进行。根据公司法的原理，可将公司解散分为自愿解散和强制解散两大类。

（一）自愿解散

自愿解散是公司根据设立时的愿望或实际经营情况自行决定的解散，各国立法通常包括基于公司章程规定、股东会的决议以及公司合并分立等情形。这种解散方式，是公司法对公司自愿解散的许可，是法律尊重公司意志，尊重公司自治的体现。

1. 章程所规定事由的发生

我国 2005 年《公司法》第 181 条第 1 款规定，公司章程规定的营业期限届满或者公司章程规定的其他解散事由出现时，公司解散。各国公司法无一例外均有此规定。

为了鼓励股东投资的积极性，有利于社会经济关系的稳定，各国公司法一般都承认公司的永久存在，既不规定公司的最高经营期限，也不强制要求公司章程对其规定。因此，经营期限是公司章程任意规定的事项，如不记载，公司可以永久存在；如章程已规定经营期限，则期限届满时公司即予解散。

除章程规定的营业期限届满之外，公司章程可以规定任何解散公司的事由，只要不与强行法律或公序良俗相违背。如公司章程所规定的事业完成、目的实现；公司经营严重亏损，无法继续经营；因自然灾害等不可抗力的因素，无法继续经营等。

各国公司法一般都规定，当章程规定的有关解散事由出现时，公司可以不经股东（大）会决议而解散。我国《公司法》也作如此解释。但也有少数国家例外，如英国《1986年清算法》规定，即使公司章程规定了导致公司解散的事件或公司的存续期限，公司是否解散尚需股东决议。

2. 股东会决议解散

虽无法定或章程规定的解散事由出现，但公司认为有必要时，可由公司权力机关的决议解散公司。公司的解散属于公司的重大事项，与股东关系重大，因此，各国立法普遍规定公司解散须由股东大会决议作出。我国2005年《公司法》第181条第2款规定，股东（大）会的决议为公司解散的原因之一。

股东大会对公司解散的决议，一般国家规定须为特别决议。例如，《日本公司法》第309条规定，解散的决议，应由持有可行使表决权的股东表决权的过半数的股东出席，且以出席会议的该股东表决权的过半数作出；《德国股份公司法》第262条规定，解散股份公司的决议需要代表股份总数的3/4的最低股东的同意；我国《台湾公司法》第316条规定，股份公司的解散之决议，应有代表已发行股份总数2/3以上股东之出席，以出席股东表决权过半数之同意行之。但也有国家例外。如《美国修正标准商事公司法》第§14.02条规定，如果公司章程没有相反规定，只需要简单多数通过即可。我国2005年《公司法》第44条及第104条也规定公司解散决议为特别决议，必须经出席会议的股东所持表决权的2/3通过。

3. 公司因合并或分立需要解散

在合并中，无论是吸收合并或者是新设合并，均涉及到公司解散问题。我国2005年《公司法》第173条规定，在吸收合并中，被吸收的公司解散；在新设合并中，合并各方解散。而在分立中，无论是吸收分立还是新设分立，分立各方公司均不发生解散。

（二）强制解散

公司强制性解散主要包括基于行政机关的命令而产生的行政性强制解散和通过司法程序、经法庭判决或颁发命令的司法性强制解散。此外，还有其他两种解散方式，一种是由公司登记机关代为公告，视该公司解散的休眠公司解散，另一种则是破产解散。

1. 司法强制解散

司法强制解散是基于法院判决、裁定或命令而解散公司。根据事由的不同以及各国的民事诉讼制度，各国对哪一种事由应采用哪一种裁判形式来解散公司各自不同。如《日本公司法》就规定，因少数股东的解散请求，法院应作出解散判决。而如果是由一些公益性的理由而由法务大臣或其他利害关系人提出请求的，则法院应作出解散命令。而我国《台湾公司法》则规定法院依股东之申请的，应裁定解散。而对于一些违反公益等行政事由而导致的解散命令则由"中央主管机关"发出。我国《公司法》对于少数股东申请解散的,虽未明文规定是用判决还是裁定,但根据民事诉讼法的原理,显然是应该作出解散判决的。

至于基于哪些事由可以由法院强制解散公司,各国有不同的规定。但大致可分为两大类。第一类是为了保障某一类权利主体的利益,由该权利主体所提起的私益诉讼。如几乎所有的国家公司法均赋予公司小股东在受到不公正待遇或公司经营管理发生严重困难时的解散起诉权。我国也在 2005 年《公司法》第 183 条中规定了这一内容。有的国家还规定了债权人也可向法院提起解散诉讼。如《美国修正标准商事公司法》规定,当债权人的权利主张已被转化为判决书,对判决书的主张又是不能令人满意的,并且该公司缺乏支付能力;或者在公司已书面承认债权人的债权已到偿付期限而未偿付并且公司缺乏支付能力时,债权人可向法院请求解散公司。我国《公司法》并没有赋予债权人这一权利。

第二类是指当公司违反了一些行政性的法规从而导致公共利益受损时,可由行政机关或其他公司相关当事人向法院提出解散的一些事由。如《日本公司法》第 824 条规定,法院在下列情形,认为为确保公益无法允许公司存立时,依法务大臣或股东、债权人及其他利害关系人的申请,可以命令解散公司:①基于非法目的设立公司时;②公司无正当理由,自其成立之日起 1 年之内未开始其事业,或连续 1 年以上休业时;③业务执行董事、执行官或业务执行股东,实施超越或滥用法令或公司章程规定的公司权限的行为,或者触犯刑罚法令的行为的场合,尽管受到法务大臣的书面警告,但仍继续或反复实施该行为时。

《美国修正标准商事公司法》规定,当公司对于其要遵照执行的组织章程是通过虚假手段取得的,或者公司已在继续超越或滥用法律授予的权限时,检察长可以向法院提起解散。

《英国清算法》第 122 条列举出了 7 种法院可以命令公司解散的情况,其中属于这一类的事由有:①作为一个在其最初设立时登记的公开公司,没有被授予法律所要求的证书,距登记时已超过 1 年;②公司在设立后 1 年内没有开展营业或中止营业满 1 年;③公司成员的数目减至 2 人以下;④公司没有能力偿债;⑤法院认为应当解散公司,解散是正当的和公平的。

《德国股份公司法》规定,由法院解散股份公司的前提条件是,如果一个股份公司或股份两合公司因其行政管理人员违法而危及公共利益,并且其监事会和股东大会又没有罢免这些人员的职务,那么公司所在地的州最高行政机构可以申请法院通过判决解散该公司。

我国《公司法》并没有规定法院因公益受损依当事人的申请而解散公司。

2. 行政强制解散

行政强制解散，是指公司在违反法律法规或社会公共秩序、善良风俗应当解散时，国家行政机关依职权而强制解散公司。有的国家仅规定法院可命令解散公司，而未规定行政机关强制解散公司的职权，如日本、韩国和瑞士。有的国家仅规定行政机关有权命令解散公司，而未规定法院可以命令解散公司，如我国大陆及台湾地区。有的国家是两者兼而有之，如美国和德国。

各国对于行政强制解散的事由规定各有不同，但本质上都属于公司违法的情形，涉及税收、登记、营业等方面。例如，《美国修正标准商事公司法》规定了行政强制解散的情形包括：①公司在60天期满日没有按规定缴纳特许税或者其他罚款；②在到期后60天内公司不向州务卿递交年度报告；③在60天或60天以上的时间，公司未设立注册代理人或注册办公室；④在公司更改注册代理人或注册办事处后，或者在公司注册代理人辞职后，或者公司的注册办公室已被停止办事后的60天内未通知州务卿；⑤公司在其组织章程中规定的存在期限已经到期。

《德国有限责任公司法》规定，如果公司因股东的违法决议或因股东故意纵容业务执行人的违法行为导致损害公共利益，行政机关可以解散公司。

我国《公司法》并未明文规定行政机关的解散权限，而是规定公司依法被吊销营业执照、责令关闭或者被撤销为解散的原因之一（第181条第4款），这也可理解为行政机关具有事实上的解散权。我国《公司法》规定的行政强制解散事由包括：在办理公司登记时虚报注册资本，提交虚假证明文件或者采取其他欺诈手段隐瞒重要事实取得公司登记，情节严重的，应撤消公司登记或者吊销营业执照（第199条）；公司成立后无正当理由超过6个月未开业，或者开业后自行停业超过6个月以上的，由公司登记机关吊销其营业执照（第212条）；利用公司名义从事危害国家安全、社会公共利益的严重违法行为的，吊销营业执照。责令关闭这样一种行政处罚的措施在《公司法》中并没有规定，而《水污染防止法》、《大气污染法》、《环境保护法》等法律中均有在一定条件下责令公司关闭的规定。

3. 休眠公司的视为解散

休眠公司的视为解散，是指在登记簿上注册登记的，但实际上并没有进行营业活动的休眠公司，公司将其视为解散并进行公告等处理措施的规定。法律之所以作出这样的规定，是因为如果这样的公司长期存在，将会出现妨碍他人自由选择商号等弊端。

《日本公司法》第472条第1款规定，如法务大臣对休眠公司发出了公告（公告内容是休眠公司必须在2个月内向登记所报告其没有停止营业），而休眠公司在期间内没有申明或没有登记的，将被视为已解散。其中，该条将休眠公司定义为从最后一次登记后12年内没有进行登记的公司。

我国《公司法》并没有这样的规定，有学者将2005年《公司法》第212条中规定的"公司成立后无正当理由超过 6 个月未开业的，或者开业后自行停业连续 6 个月以上的，可以由公司登记机关吊销营业执照"理解成这样的规定。① 比较这两条规定，虽然目的上有相似之处，但其功能仍有不同。因为公司是否停业，登记机关无法清楚把握，所以在事态不是很显然的时候，只能用公司是否进行过变更登记来推定公司的状态。故这两种制度是不同的。此外，从《日本公司法》另规定有我国 2005 年《公司法》第 212 条所规定的制度这一事实，更加印证了本书的这个观点。但考虑到我国公司登记管理机关要求公司必须接受年检，我国也没有必要引进日本这一制度。

4. 破产解散

公司不能清偿到期债务，被人民法院依法宣布破产，公司自人民法院作出宣告破产之日起即告解散。因公司破产而必须解散公司，这是各国公司法的共同规定。

三、解散公示和公司的继续

（一）解散公示

世界各国一般都立法规定公司解散后需要进行解散登记。如《日本公司法》第 926 条规定，公司解散后，除因合并、分立及破产等情形外，须在 2 周之内，在其总公司所在地进行解散登记。我国《台湾公司法》并规定，公司解散后，如不申请解散登记的，主管机关依职权或根据利害关系人的申请，废止其登记，以便管理。不过，主管机关欲废止公司登记时，除命令解散或裁定解散外，应在 30 日内，催告公司负责人申明异议，以维护公司权益；逾期不申明或申明理由不充分的，可废止其登记。我国《公司法》只规定了注销登记，而没有规定解散登记。

解散登记的意义在于：①解散登记仅发生公司变动的效力，并不发生消灭公司人格的效果；②解散登记是对公司解散行为合法性的确认，解散登记须提交载明解散决议合法性说明等的申请书，由公司登记机关进行审查；③公司解散应从解散登记之日生效，停止正常生产经营活动，进入清算阶段。②

（二）公司的继续

在章程规定期限届满前，股东（大）会还可以形成延长经营期限的决议，从而使公司得以延续。

但在公司章程规定的事由发生或股东大会作出决议而导致公司解散后，至清算程序终结前，公司是否可通过股东会的决议继续公司的经营呢？对此，我国《公司法》没有规定。针对股东自愿解散后因一定情况的发生又撤消公司解散，继续公司经营的需

---

① 沈贵明：《公司法学》，法律出版社 2003 年版，第 366 页。
② 施天涛：《公司法论》，法律出版社 2005 年版，第 686~688 页。

求，一些国家规定了对股东自愿解散的撤销制度，撤销公司解散后，公司视同没有解散过。例如，《日本公司法》第473条、第309条第2款第11项规定，在此情形下，公司仍旧可通过股东大会的特别决议而使公司延续。《美国修正标准商事公司法》规定，公司在解散生效日后的120天内可以撤销解散。撤销解散的批准方式和解散的方式一样，除非在批准解散时允许由董事会单独决定撤销解散，在此情况下，董事会有撤销解散而不需要股东采取行动。这些规定充分尊重了公司自治的原则，值得我国将来立法时借鉴。

四、公司解散的生效及后果

如前所述，公司解散一般并不导致公司人格的消灭，公司解散的生效，是公司行为能力或权利能力受到约束的起点，也是公司进入清算的开始。因此，公司解散生效后，公司只能在清算目的范围内行为，否则行为无效。

公司解散生效的时间，因公司解散的种类而有一定的区别，但公司解散生效的后果基本相同。《英国清算法》规定，股东自愿解散自股东大会通过解散决议时开始。自此，公司停止除为解散的目的所从事业务之外的一切业务。任何不经过清算人批准的转让股份的行为和对公司成员地位的变更均为无效。司法强制解散的开始时间，追溯到解散申请被提起的时间。这一对解散命令具有溯及力的规定与公司财产的处置具有重大关系。在法院解散公司时，任何对公司财产的处置、任何对股份的转移以及任何对公司成员地位的变更，如果是发生在解散开始之后，除非法院有相反的命令，否则一律无效。如果与公司有关的第三人反对公司解散的请求已提起，他应向法院申请确认生效的命令，否则，如果法院拒绝确认转让生效，则他将面临被命令退回已转让给他的财产的危险。

公司解散生效后，公司不能继续经营业务，但可以进行与结业有关的以及与清算有关的业务和事务。对于公司解散后和不能从事的事务，《美国修正标准商事公司法》有具体的规定。公司能够继续的与结业有关的以及与清算有关的业务和事务包括：收集其资产；处置不能用来分配给股东的实物财产；履行公司的义务或为履行义务制订办法；根据股东的权益分配公司留下的财产；以及就公司结业和清算采取其他必要的业务或事务行动。公司解散后不能从事的活动包括：转让公司的财产的所有权及其证书；阻止转让公司的股票或证券，虽然批准解散可以停止使用公司的股票转让登记簿；约束董事或高级职员，使其行为的准则不同于第八章上的规定；改变公司董事会或股东会的法定人数或投票要求；改变挑选、免除董事或职员或其两者的办法以及董事或高级职员或其两者辞职办法；或者改变修订工作细则的办法；阻止以公司的名义开始或被开始的一项程序；在解散生效日取消或停止以公司的名义或对公司提起的一项已经开始的程序；或者终止公司注册代理人的权限。

第二节 公司的破产

一、公司破产的基本功能

公司破产一词具有众多的意义，在法学上讲，公司破产是指当公司不能清偿其债权时，基于公司或债权人的申请，法庭作出公司破产宣告并对公司债权人予以公平清偿的一种法律程序制度。公司破产制度的主要目的有以下三方面。

（一）确保公司债权人获得公平受偿

公司财产作为公司债权人的债权实现的总担保，在公司资财充足之际，公司债权人的债权有获得实现的可能；在公司资财严重下降时，公司债务即有不能清偿的危险；当公司资财不足以清偿公司债务时，公司债权人的债权即有不能获得清偿或者不能获全部清偿的危险。此时，若某一公司债权人首先对公司起诉，要求公司清偿自己的债权，则当公司清偿该债权人的债权时，其他债权人的债权即存在不能清偿的危险。为确保公司债权人在公司资不抵债之际能获得公平的清偿，现代各国公司法或破产法均规定了一定程序，使破产公司债权人的债权能够获得平等保护。

（二）赋予公司重新振兴的机会

公司破产不受刑法处罚，系现代法律进步之标志。公司破产并不必然导致公司人格消失和公司生命终止。在公司破产清算中，若公司的债务能够获得公司债权人的减免，若公司能够与其债权人达成和解协议，让公司进行破产重整，公司有获得重生的机会。因此，现代法律在设计破产制度时，并非单纯站在公司债权人的角度，同时也站在公司的角度，使公司享有获得重新振兴的机会。

（三）防止社会经济陷入混乱

现代公司尤其是大型的公共持股公司关乎千家万户的经济利益，一旦这种公司破产并在法律上被消灭，则不仅那些购买这种公司股份或债券的人将遭受巨大的损失，就是公司雇员、公司产品的消费者以及同该公司有经济联系的其他公司都会受到不同程度的损害。为防止某一公司破产引起连锁的经济反应，并因此而产生社会经济的恐慌，现代法律都规定了公司破产程序，使公司破产开始于公司不能清偿债务之际，防止公司债务陷得过大过深。因此，制定合理的破产制度及适用此一制度，有防止一般社会经济恐慌之效用。[①]

[①] 陈计男：《破产法论》，三民书局印行1981年版，第3页。

二、公司破产原因

公司破产原因，也称公司破产界限，是指法庭对公司进行破产宣告的条件或根据。各国法律关于公司破产的原因有列举主义和概括主义，前者为英美法所采取，后者则为大陆法所采取。我国公司法采取的是概括主义。我国2005年《公司法》第188条规定，公司不能清偿到期债务，法庭始作出破产宣告。可见公司不能清偿到期债务，为公司破产的原因。公司不能清偿到期债务应如何理解？对此，有两种不同的理论：其一，保守的理论，认为不能清偿的到期债务，是指不能清偿到期的一般债务，即对多数债权人的债务而非仅对某个个别债权人的到期债务。此种理论为我国台湾学者和我国大陆学者所采取。① 其二，积极的理论，认为不能清偿到期债务，是指不能清偿对个别债权人的到期债务，而非对一般债务人的到期债务。此种理论为英国公司法所采取。根据英国《1948年公司法》第223条和《1976年破产法》第1条，任何人，如果公司对其欠款达到200元以上，在该债务到期以后，债权人对其提出书面请求，在此种请求提出以后的3周内没有支付该债务，则公司被推定为不能清偿自己的债务。到了1986年，英国《1986年破产法》将此种数额提高到750元。②

本书认为，相比较而言，上述第一种理论对公司债权人的保护不周，而第二种理论则可以对公司债权人提供周详的保护。公司债权人在公司股东承担有限责任的情况下已经处于承担公司经营失败风险的地位，如果公司在资不抵债之际还借口公司企业之维护而损害公司债权人的利益，让他们承担自己债权不能清偿的危险，则公司债权人将会更加不幸。为此，本书认为，所谓公司不能清偿到期债务应当作字面的理解，它是指公司不能清偿到期的某个具体债权人的债权而非指大多数债权人的债权。本书认为，借鉴英国公司法的制度，凡公司存在下列情形之一者，即推定公司不能清偿自己的债务：公司对其债权人所承担的任何数额的债务已到清偿期，公司债权人已经以书面形式将要求公司清偿自己到期债权的请求送交公司的主要办事机构，公司在收到此种请求以后的3周内未完全清偿债权或未取得该债权人的谅解；法庭作出的生效判决送达给公司以后，公司未能在法庭的生效判决规定的期限内执行法庭的生效判决。

三、公司破产的程序

我国《公司法》没有对公司破产的程序作出规定，公司破产的程序适用于企业破产法的规定，而企业破产法没有规定的，则适用民事诉讼法的有关规定。本书在此仅简

---

① 陈计男：《破产法论》，三民书局印行1982年版，第35页；王保树：《中国商事法》，人民法院出版社1996年版，第233页。
② S. 123, Insolvency Act 1986.

单地对公司破产的程序作出介绍。根据我国《企业破产法》的规定,公司法人破产程序包括:破产清算的申请和受理,管理人的指定,债权申报,债权人会议的组成和召开,破产申请后的重整和和解,破产宣告的裁定,破产宣告的通知与公告,破产财产的分配等。

(一) 公司破产的申请人

我国法律不允许法庭依职权主动宣告公司破产,而仅仅允许法庭依申请人的申请宣告公司破产。根据我国《企业破产法》第7条的规定,可以向法庭申请破产的人有三类,即债务人公司、公司债权人以及清算责任人。对于公司而言,破产申请是其法定权利还是其法定义务?我国学者少有论及。根据我国《企业破产法》第7条的字面规定来看,可以理解为公司申请破产是公司所享有的法定权利而非公司所承担的法定义务。因为,该条规定即使公司不能清算到期债务,并且资产不足以清偿全部债务或者明显缺乏清偿能力的,公司也不是"必须"申请破产,而仅仅是"可以"申请破产。法律的此种规定不符合公司法所贯彻的公司利益平衡理论,损害了公司债权人的利益。为此,本书认为,我国法律应当借鉴两大法系国家的公司法或破产法的规定,认为申请破产并非公司的法定权利,而是其所承担的法定义务。公司董事在知道或应该知道公司资不抵债或不能清偿自己的债务时,即有义务向法庭提出破产申请,否则,应当申请而不申请公司破产,公司董事应当承担刑事责任和民事赔偿责任。对于公司债权人而言,申请破产系其法定权利而非其法定义务,因此,当公司不能清偿对自己的确定到期债权时,公司债权人是否申请破产应由其自由决定。法律对两种申请人科以不同的地位,其原因在于破产申请制度是保护公司债权人的制度,当公司不能清偿自己的债务时,债权人不申请公司破产,实际上是放弃法律所赋予自己的保护利益。不过,根据《企业破产法》第7条第3款的规定,公司清算中的清算责任人负有申请破产的义务。

(二) 法庭对破产申请的裁定以及其他程序的启动

法庭在收到公司破产申请人的申请之后即应对该申请进行审查,审查的范围包括形式审查和实质审查,前者审查的范围包括申请的内容是否完全,申请人是否有申请权,法庭是否对该案件有管辖权,后者如公司是否有破产原因。如果法庭经过审查,认为破产申请不合法或无原因,则应裁定驳回申请;如果认为破产申请合法且有原因,则应裁定宣告公司破产。

根据《企业破产法》第11条的规定,人民法院一旦作出受理公司破产申请的裁定,应当自裁定作出之日起5日内送达申请人;由债权人提出申请的,应在5日内送达债务人;并于25日内通知已知债权人,发出公告。根据《企业破产法》第45条的规定,人民法院受理破产申请后,应当确定债权人申报债权的期限。债权期限自人民法院发布受理破产申请公告之日起计算,最短不得少于30日,最长不得超过3个月。又根据该法第 56 条的规定,在人民法院确定的债权申报期限内,债权人未申报债权的,可以在破产财产最后分配前补充申报。根据《企业破产法》第 13 条及第 24 条的规定,人民法院裁定受理破产申请的,应当同时指定管理人,管理人可以由有关部门、机构的人员组成的清算组或者依法设立的律师事务所、会计师事务所、破产清算事务所等社会中介机构担任,负责破产财产的保管、清理、估价、处理和分配,提议召开债权人会议,并开展必要的民事活动等。根据《企业破产法》第 59 条的规定,依法申报债权的债权人为债权人会议的成员,有权参加债权人会议,享有表决权。债权人会议的职权主要是讨论、决定破产财产的处理和分配方案、重整计划或者与公司的和解协议。

(三) 公司和解

公司申请破产后并不必然导致公司生命的终结和公司独立人格的消灭。在公司进入破产程序之后,公司仍然有重新振作与生存的机会,如果公司在破产程序中能够积极主动地与公司债权人协商,请求他们谅解、减缓或免除公司对他们承担的债务的话。这就是公司破产程序中特有的和解制度。[①]

所谓和解是指公司在破产程序中经过与债权人达成协议,让公司债权人减缓或免除公司的某些债务,以中止破产程序并避免公司被清算终结的一种法律制度。我国《企业破产法》第 9 章专门对公司的和解制度作了明确规定,认为,债务人公司可以在破产程序前直接向人民法院申请和解,也可以在人民法院受理破产申请后、宣告债务人破产前向人民法院申请和解。和解制度,其直接目的在于避免公司人格的最终消灭,赋予公司以经济上重振的机会,其间接目的在于保护公司债权人的利益,预防公司生命最终结束所引起的经济恐慌和社会动荡。

第三节 公司的清算

一、公司清算概述

公司的清算,是指了结公司的一切法律关系,并对公司财产进行分配,使公司归于消灭的程序。

除公司合并和破产外,公司因解散进入清算程序。按多数国家的规定,清算中的公司与解散前的公司属于同一公司,公司在解散前已发生的法律关系一般不因解散进入清算程序而变更;但公司进入清算程序后,其营业活动能力又受到一定的限制,只在清算目的范围内为了结公司现存业务等暂时进行一定的营业和专门从事了结公司解散前所发

[①] 同样在企业破产法中规定的,与和解制度相类似的制度还有公司重整制度,关于该制度的介绍请参阅第十章第六节的内容。

生的法律关系的活动。

公司清算可分为以下不同的种类：

（1）按公司清算方法的依据不同，可分为任意清算和法定清算。任意清算是指依照公司章程或股东决议所通过的办法所进行的清算。例如，《日本商法》第 117 条规定，解散时公司财产的处分方法，可依章程或全体股东同意的规定。法定清算是指依照法定的程序所进行的清算。是否允许公司任意清算，各国立法态度不同，有些国家只允许进行法定清算。

（2）按股份公司清算的法定程序区分，可分为普通清算和特别清算。普通清算是指股份公司解散后，通常所进行的清算。特别清算是指股份公司解散后，普通清算的实行发生显著的障碍或公司负债超过资产有不实之嫌疑时，依法院命令开始进行的清算。特别清算是《日本商法》独创的制度。普通清算和特别清算都是法定清算，普通清算是公司解散后必须进行的程序，只有当普通清算的实行发生显著的障碍或公司负债超过资产有不实之嫌疑时，法院才能依债权人、清算人、监察人或股东的申述，命令开始对公司进行特别清算。特别清算程序比普通清算程序更为严格，旨在加强对不正常清算的处理，偏重法院公权力干涉，有利于保护债权人的利益。

公司清算的一般程序包括：组成清算人、由清算人在职权范围内处理清算中公司的事务、清算人于清算结束后编造各项账表并送交有关机构审查和经股东会认可，清算完结后依法消灭公司人格。

二、清算人

（一）清算人的意义

清算人，是公司清算中执行公司清算事务的公司法定代表机关。公司解散后，公司丧失一般经营活动能力，公司的原经营管理机构丧失存在的基础，清算人代替董事成为公司清算事务的执行人，并对外代表公司。

清算人代替公司的原来的董事成为清算中公司的执行和代表机关，但关于清算人的法律地位，存在不同的看法。我国台湾学者认为，清算人于执行清算事务的范围内，除法律的有关规定外，其权利义务与董事相同（《台湾公司法》第 324 条），但因公司已丧失营业活动能力，所以清算人不负竞业禁止义务，应尽善良管理人之注意义务；清算人与公司之间的关系与董事与公司之间的关系相同，都是委任关系。由于清算人的费用要在公司现存财产中优先拨付，因此，清算人与公司之间属有偿委任关系。[①] 德国同样规定，清算人在其业务范围内拥有董事会的权利和义务，与董事会一样，受监事会的监

---

① 柯芳枝：《公司法论》，三民书局印行 1997 年版，第 572 页。

督。董事的竞业禁止义务不适用于清算人（《德国股份公司法》第268条）。

英国学者则认为，公司解散命令直接导致终止公司董事的权力，并将董事的权力和信托义务转让给清算人，因此，清算人必须以良好的信誉来行为，避免利益的冲突并且不能谋取秘密利益。但是，清算人并不是债权人和投资人的受信托人，因为，如果清算人为受托人，则他的责任将是繁重的，将会使清算人的位置很少有人问津。[①] 在一个英国判例中，科腾法官对清算人的地位进行了这样的描述：他不是一般意义上的受托人，而是由法官任命从事特定事务的人；他具有一个受托人所拥有的一些权利和义务，但并不具有一个通常受托人所具有的地位。作为一个为报酬而被雇佣从事商业活动的行为人，他必须具有从事其工作的合理的技术。[②] 《英国清算法》第230条之三同样规定，清算人必须是一个合格的清算从业者。

（二）清算人的职责与责任

清算人的职务是在清算目的范围内，了结公司解散前的一切法律关系，一般包括了结现务、收取债权、清偿债务和分配剩余财产等事项。但在清算人职务的具体内容方面，各国规定仍有一定差异。

《德国股份公司法》和《德国有限公司法》均规定，清算人应结束现行业务、收回款项、将其他财产兑换成现金以及清偿债权人。如果是清算所需要的，也可以开展新的业务。

《日本商法》规定清算人的职务权限为：完成现有职务、收回债权及清偿债务、剩余财产的分配，能代表公司的清算人，有进行这些职务的一切裁判上或裁判外行为的权限（第124条）。清算人有数名时，其清算事务由其半数以上决定（第128条）。清算人的具体职责和责任有：清算人就职后，须立即进行公司财产现状的调查，及制作公司财产目录及资产负债表，并向股东提交。清算人须依股东的请求，提交每月的清算状况报告（第130条）。清算人将公司营业的全部或一部转让时，须有股东半数以上的决议（第127条）。清算人延误其任务时，该清算人对公司承担损害赔偿之连带责任，清算人有恶意和重大过失时，对第三者也要承担损害赔偿之连带责任（第134条之二）。

《英国清算法》规定，强制清算中，清算人的主要作用是：确保公司的财产收回、变现和对公司债权人进行分派，如果有剩余财产，分配给有权获得的人。在清算工作中，清算人是法院的官员并服从法院的控制。清算人监管和控制公司所有的财产和公司有权从事的事务，他可以要求任何一个占有或控制公司有权获得的财产、账簿、文件或记录的人将这些东西支付、送交、转让或让与给他。如果清算人错误地夺取或分派了任何不属于公司的财产，假使当时他有合理的依据相信他有权夺取或分派这些财产，除了

---

① Knowles v Scott (1891), Romer J, See John Lowry and Loraine Watson, Company Law, p. 380.
② Re Silver Valley Mines (1882), id.

由于他的疏忽而导致的他人的损失和损害外,他不用承担对任何人的责任。但按清算法的规定,公司债权人和投资者可以向法院申请迫使清算人对其错误的实施行为或保留任何金钱或其他公司的财产行为、任何有罪的不法行为、违背信托义务或其他对公司的义务等行为负责。在法院解散的情形下,清算人的权力可分为两类:一是只有经法院或清算委员会批准方可实施的权力;二是不需要获得这些批准就可实施的权力。法律列举只有经批准才可实施的权力包括:①全额支付任何类型债权人的权力;②与债权人进行任何妥协或计划的权力;③对有可能被认可的在公司与投资人之间有关的权力。而诸如卖售公司财产或筹措资金保护公司财产等行为则不需要经法院或清算委员会批准。在自愿解散的情形下,清算人所需的批准来自于获得公司特别决议的通过。在债权人自愿解散的情形下,清算人要获得的批准与上述法院强制解散中的手段相同,只是在不存在清算委员会时,需要债权人会议的同意。对于没有从法院或清算委员会获得适当的批准而基于良好信任而从事交易的人,法律提供了一定的保护办法,预设其没有必要关心清算人是否获得了所需的同意。对清算人的具体权利义务,英国判例法也有一些具体的规定。例如,清算人以公司的名义从事活动,因而对他为公司利益而订立的合同没有义务,他对于受其指示而进行公司商业活动的律师的职业活动的花费也不承担个人责任。[1]

我国 2005 年《公司法》规定,清算组在清算期间行使下列职权:①清理公司财产,分别编制资产负债表和财产清单;②通知或公告债权人;③处理与清算有关的公司未了结的业务;④清缴所欠税款;⑤处理债权、债务;⑥处理公司清偿债务后的剩余财产;⑦代表公司参与民事诉讼活动。清算期间,公司不得开展新的经营活动。公司财产在未按照法律规定清偿前,不得分配给股东。因公司解散而清算,清算组在清理公司财产、编制资产负债表和财产清单后,发现公司财产不足清偿债务的,应当立即向人民法院申请宣告破产。公司经人民法院裁定宣告破产后,清算组应当将清算事务移交给人民法院。清算组成员应当忠于职守,依法履行清算义务。清算组成员不得利用职权收受贿赂或者其他非法收入,不得侵占公司财产。清算组成员因故意或重大过失给公司或债权人造成损失的,应当承担赔偿责任。清算组成员利用职权徇私舞弊、谋取非法收入或者侵占公司财产的,责令退还公司财产,没收违法所得,并可处以违法所得 1 倍以上 5 倍以下罚款,构成犯罪的,依法追究刑事责任。

(三) 清算人的选任和组成

1. 清算人的任命和罢免

清算人可由法律规定、章程事先确定、股东会选任和法院依利害关系人的申请选派等多种方式产生,依公司解散的情形不同以及公司种类不同而有别。

---

[1] Stead, Hazel & Co v Cooper (1933), and Re Anglo-Moravian Co (1875), id.

以《英国清算法》的规定为例，在自愿解散的情形下，由股东大会任命一位或多位清算人来处理解散公司的事务和分配其财产。在债权人自愿解散时，公司会议和债权人会议都可提名清算人，如果不同的人被提名时，债权人的决定优先。一旦任命清算人后，公司董事的所有权力都将停止，除非由清算委员会批准；如果没有清算委员会时，由债权人批准。如果清算人不能行为，法院可以任命另一个清算人，同时有权利更换清算人。

对于清算人的产生，有的国家还规定了不同的顺序。《法国民法典》规定，清算人按章程的规定任命。章程未作规定的，由全体股东任命；股东未能任命的，由司法判决任命。

对于法院选任清算人，一般在强制清算或特殊情形下发生。《德国股份公司法》规定，法院可以根据监事会或其股份达到基本资本1/20 或100 万德国马克票面价值的少数股东的申请，在有重要理由的情况下任命或罢免清算人。提出申请的股东应证明自己至少3 个月以来就是股份的持有人，证明的方法是在法院或公证人面前具结宣誓。对于法院的裁决，允许即时提出抗告。股东大会可以随时罢免非由法院任命的清算人。清算人及其代理权限必须申报在商业登记簿中登记注册。《德国有限公司法》规定，经股份相加至少占基本资本1/10 的股东的申请，可以因重大理由而由法院任命清算人。《日本商法》规定，公司在法定和司法强制解散时，法院可依利害关系人或法务大臣的请求、或依职权，选任清算人。《日本有限公司法》规定，有限公司解散时，如果没有董事担任清算人，或章程没有规定，或股东大会没有另选他人，法院依利害关系人的请求选任清算人。

关于清算人的解任与其任命的来源基本相同。例如，法国规定清算人可在与选任的同等条件下被解职。德国规定，在与任命相同的前提下，可以由法院罢免清算人。不是由法院任命的清算人，也可以通过股东决议在其任期届满前即予罢免。《日本商法》规定，股东选任的清算人可随时解任，该解任由股东半数以上决定；有重要的事由时，法院可依利害关系人的请求，将清算人解任。《日本有限公司法》也规定，清算人除由法院选任的外，可随时依股东大会的决议解任之。有重要事由时，法院可依股东的请求，将清算人解任。

我国2005 年《公司法》规定，公司在章程规定的营业期限届满或者公司章程规定的其他解散事由出现时，或股东会决议解散的，应当在15 日内成立清算组，有限责任公司的清算组由股东组成，股份有限公司的清算组由股东大会确定其人选；逾期不成立清算组进行清算的，债权人可以申请人民法院指定有关人员组成清算组进行清算。人民法院应当受理该申请，并及时指定清算组成员，进行清算。公司违反法律、行政法规被依法责令关闭的，应当解散，由有关主管机关组织股东、有关机关及有关专业人员成立清算组，进行清算。公司因不能清偿到期债务，被依法宣告破产的，由人民法院依照有关法律的规定，组织股东、有关机关及有关专业人员成立清算组，对公司进行破产清算。

针对我国实践中出现的很多企业在解散后不进行清算，甚至拒绝清算，企业的开办人、股东不承担清算义务，令有关的利害关系人利益得不到保障的情况，最高人民法院根据《民法通则》、《公司法》、《民事诉讼法》、《公司登记管理条例》、《企业法人登记管理条例》等有关法律法规的规定，在总结审判经验的基础上起草了《关于审理解散的企业法人所涉民事纠纷案件具体适用法律若干问题的规定》（征求意见稿）。其中，对清算中的主体进行了确定，并提出了一个"清算义务人"的概念。按照该司法解释，清算义务人，是对公司解散负有清算义务的人，应按照《公司法》的有关规定成立清算组织，对公司进行清算。清算义务人为企业法人的投资者或主管部门。有限责任公司的清算义务人为该公司的股东，股份有限公司的清算义务人为控股股东。

2. 清算人的资格

在清算人的资格方面，其消极资格方面与董事基本相同；在积极资格方面主要涉及董事是否可以成为清算人、法人能否为清算人等问题，各国规定有别。《英国清算法》规定，一旦任命了清算人后，公司董事所有的权力均停止，除非公司股东大会或清算人批准他们可以继续履行职务。《德国股份公司法》规定，董事会成员作为清算人处理清算事宜。章程或股东大会决议可以任命其他人员作为清算人，法人也可以作为清算人。《德国有限公司法》还规定，如果公司合同或股东决议没有把清算委托给其他人员，则由业务执行人进行清算。《日本商法》规定，清算由业务执行股东进行。但半数以上选任另外的清算人时，不在此限。《日本有限公司法》规定，有限公司解散时，除合并及破产的场合外，董事为清算人。但章程另有规定时，或股东大会另选他人时，不在此限。

3. 清算人的代表

清算人有若干人时，还存在代表权的归属问题。对此，德国规定，清算人在法院内外代表公司。如果任命了若干清算人，那么在章程或其他主管机构没有其他规定的情况下，只能由全体清算人代表公司，被授予共同代表权的清算人也可以授予其中一名清算人从事某些或某种业务。章程或其他主管机关还可以规定，由个别清算人单独或与一名代理人共同代表公司。如果监事会经章程或股东大会授权，也可以作出同样规定。清算人的代表权不得受到限制。

4. 清算人的登记

清算人在选任后或更换后，还必须经登记才能对抗第三人。例如，法国规定，清算人的任命和解职自公告之日起才能对抗第三者；德国规定，业务执行人对最初任命的清算人及其代表权申报登记入商业登记簿，此后，由清算人对清算人的撤换及其代表权的变动申报登记，法院依职权对其任命或罢免的清算人予以登记。

三、清算中对债权人的保护

为保护债权人的利益,从清算开始至清算结束,各国均规定了对债权人的保护制度。对债权人的保护是清算人的责任。

为避免公司在清算前转让财产侵害债权人利益,各国均规定该行为无效。《英国清算法》第 238 条授权清算人在当公司将一个"有关的时间"(relevant time)低价转让其财产时,向法院申请发布命令。如法院认为申请适当,可以发出使公司恢复到没有进行转让状态的命令。法院的命令必须执行,除非有与公司向一个与公司有关的人低价转让财产相反的情形。例外的情况包括:①公司按照规定的条款不收对价而向那个人馈赠礼物或进行其他转让;②公司为这样一个对价所进行的交易,其价值按金钱或金钱的价值计算远低于公司所提供的一个按金钱或金钱的价值所计算的对价。该法第 241 条规定了法院可发出的为公司恢复原状的广泛的命令种类。主要包括:法院可以要求任何构成转让部分的财产归公司所有;解除或撤销公司所作出的担保;要求任何人将其从公司所获得的款项交给清算人;对那些义务被解除或撤销的保证人确定新的或有效的义务;通过命令规定对义务的解除;通过命令规定在公司中任何人获得财产的范围,或赋予任何人在解散中的举证义务等。第 238 条之五规定,法院在以下情形下将不发出命令:一是公司转让财产是出于善意和为经营目的;二是公司转让财产时有合理的根据相信转让将对公司有利。

在清算开始后,清算人必须按法律规定的方式,通知公司的债权人在法定期限内申报债权。例如,《德国股份公司法》规定,在提出公司解散时,清算人应要求公司的债权人申报其权利。此要求在公司报上公告 3 次(第 267 条)。只有在第三次公开要求债权人申报权利之日起一年后,才可分配财产。如果一名已知名的股东未进行申报,并且又存在提存权时,则应将负债于他的款项予以提存。如果某项债务目前还不能予以校正或存在争议,那么只有在向债权人提供担保时,才可分配财产(第 272 条)。

在清算过程中,如公司违法处分其财产而侵害债权人利益时,债权人享有请求法院撤销该处分的权利。《日本商法》规定,任意清算时,公司如违反法律有关规定处分其财产而侵害了公司债权人时,公司的债权人可向法院请求取消该处分。法院对债权人的保护准用民法有关善良的受益人、转让人和保护,欺诈行为取消的效果和欺诈行为取消的消灭时效等规定(《日本商法》第 118 条,《日本民法》第 424 条第 1 款、第 425 条和第 426 条)。

《英国清算法》为了促进债权人参与,规定了清算委员会制度。该法规定,债权人可以任命一个清算委员会代表其全体利益,以有助于与清算人沟通,来避免召开全体债权人和公司成员会议。委员会由至少包括 3 名但不超过 5 名债权人。在债权人自愿解散的情形下,委员会可包括最多 5 名公司成员。如果债权人反对公司成员参加委员会,可向法院提出请求，法院如果认为适当，可任命其他人代替股东大会特别决议任命的人作为公司成员参加。清算委员会的主要角色，是监督清算人在清算过程中的行为和批准清算人行使其权力。清算人有义务告知委员清算中出现的事情并提供信息。

为了防止公司优于一般债权人团体对待一个特定的债权人或一群债权人，《英国清算法》授权清算人申请法院令在法院认为适当时恢复到公司没有给予优先的应有状态。公司给予债权人的优先，是指：①此人是公司的债权人之一，或一个为公司任何债务或其他义务的保证人或担保人；②公司所为或所承担的任何事情，其效果是在公司所进行解散清算中将那人置于比没有做那些事情要好的位置。除非给予债权人优先的公司在作出该决定时受到希望将该债权人置于比其应有的较好的位置的影响，否则法院不应作出与已给予某人的优先有关的命令。

我国《公司法》规定，清算组应当自成立之日起 10 日内通知债权人，并于 60 日内在报纸上至少公告 3 次。债权人应当自接到通知书之日起 30 日内，未接到通知书的自第一次公告之日起 90 日内，向清算组申报其债权。债权人申报其债权，应当说明债权的有关事项，并提供证明材料。清算组应当对债权进行登记。

四、清算中对董事责任的追究

对于公司清算中所发现的公司负责人（包括董事、发起人、经理秘书、清算人等）的非法行为，有的国家规定了在清算中追究董事责任的制度。

《英国清算法》第 212 条规定，如果在公司清算过程中显示，一个公司的负责人错误地实施，或保留，或对公司的任何款项或财产负有责任，或因任何非法行为或违反信托义务或其他与公司有关的义务而获罪，法院可以应清算管理官员、清算人、或任何债权人或投资人的申请，检查有关行为，并迫使该负责人以法院认为合适的赔偿方式，交还、恢复、清偿有关的款项和财产，或向公司财产中投入一定数目的资金。该法第 213 条规定，如果在清算公司的过程中显示，任何公司所从事的经营有意欺骗公司的债权人或其他人的债权人，或者为任何欺诈目的而进行，法院应清算人的申请，可以宣布任何已知的用那种方法参与经营的人有义务向公司支付法院认为合适的财产。该条款和《1985 年公司法》第 458 条都规定了从事欺诈活动的刑事责任，利用公司从事欺诈交易的人无论公司是否解散都将被起诉，如被判有罪，将被判处罚款、监禁或并处罚款和监禁。《英国清算法》第 214 条还规定了董事不当经营（wrongful trading）的责任，即进行解散清算公司的清算人可向法院申请，如法院认为适当时，宣告让一个曾经担任或正在担任公司董事的人为了公司无担保的债权人的利益而对公司的财产承担个人支付责任。在如何认定应承担责任的董事方面，该法规定，公司董事应当知道或确定的事实，其应当得出的结论以及应当采取的措施是一个合理而勤勉的人理应知道或确定的、或得出与采取的。合理而勤勉的人，是指：①具有履行与公司有关的董事相同功能所被合理期待的一般的知识、技能和经验的人；②具有那个董事所具有的一般知识、技能和经验的人。但如果董事满足了以下法律规定的条件将可避免责任：如果当他们首次知道或应当得出这样的结论——没有合理的预期公司会避免进入解散清算时，他们采取了各种尽量减少债权人可能的损失的措施。

五、公司财产的分派

公司清算在了结现务、收取债权等活动完成后，对公司所存的财产要按法律规定进行一定的处理或分派。一般按下列顺序支出：清算支出；清偿债务；如有剩余财产，将其分派给各股东。

在具体分派公司财产的过程中，对于债权之间和股权之间的分派应按一定的原则进行。例如，《英国清算法》规定，自愿解散和强制解散中对公司债权按清偿顺序进行：一是清算过程中发生的适当支出，包括清算人的报酬；二是优先债务；三是一般债务；四是递延和附属债务；五是将剩余部分按公司章程和公司章程细则规定的公司成员的权利进行分配。在对公司成员进行剩余财产分配时，优先股股东要在普通股和递延股的股东之前获得款项的支付。英国规定，公司财产对非担保的债权的债权人的分配办法，是适用"按比例分配原则"（pari passu principle of distribution）。这一原则规范了公司自愿解散和债权人自愿解散的情形，对强制解散而言，非优先的债权之间在公司清算中是平等的。

我国《公司法》规定，公司财产能够清偿公司债务的，清算组应当先拨付清算费用，然后按下列顺序清偿：①职工工资和劳动保险费用；②交纳所欠税款；③清偿公司债务。在有剩余财产时，清算组应将公司财产分配给股东。有限责任公司按照股东的出资比例分配，股份有限公司按照股东持有的股份比例分配。

六、清算结束

清算人执行完清算事务后，应按法律规定完结清算。完结清算的内容一般包括：制作清算报告、提请股东大会认可清算报告和进行有关登记。一般认为，清算报告经股东大会认可后，除清算人有不法的行为外，视为公司已解除清算人的责任。

英国对于清算结束规定了清算人制作详细的清算报告、提交股东大会或债权人会议确认、登记注销、清算延期和提前结束清算的制度。《英国清算法》规定，当公司事务完全解散，清算人必须召集股东大会，并在此前列出一份公司清算的详细报告，说明公司清算的操作过程、公司财产的分配情况。在债权人解散公司的情形下，清算人必须召集债权人会议以进行详细报告；如果不召集会议，清算人将被罚款。当清算人依法将其最后的账目和报告送交公司的注册登记官员后，登记官员应立即进行登记，从报告被登记之日起3个月届满之日，公司被视为解散。但是，法院可应清算人或其他任何法院认可的人的申请，发出公司解散生效日延期的命令。如果清算管理的官员是公司的清算人，当他认为公司的可变现财产已不足以支付清算费用或那些不要求进一步调查的公司事务的费用时，他可以随时向公司的注册登记官员申请提前终止公司。该申请将被登记官员登记，从登记通知公司之日起 3 个月届满后，公司终止。收到清算管理官员的通知后，任何债权人或公司的投资人可以向国务大臣提出基于以下的申请：①公司可变现财产足以支付清算费用；②公司的事务确实需要进一步调查；③有其他公司提前解散不适当的原因。国务大臣认为申请合理时，可签发使公司继续清算的命令，如同清算管理官员没有申请过提前终止，也可以在其命令中使公司清算延迟。在没有清算管理官员提出提前解散申请的情况下，当清算人提交其最后的报告或清算管理官员提交一个他认为清算完毕的通知后，公司的登记官员应立即对这些报告或通知进行登记，从登记之日起 3 个月届满后，公司终止。

对于公司清算的完结，一般有法定期限的规定。《日本商法》规定，清算人任务终了时，须立即进行财务会计，以取得各股东的承认；股东在 1 个月内对该会计未提出异议的，视为承认。但清算人有不正当行为时，不在此限。清算完结时，在前条的承认之后，总公司所在地 2 周内、分公司所在地 3 周内，须进行清算完结的登记（第 133、第 134 条）。任意清算按章程或全体股东的同意的方法处分完公司财产后，总公司所在地 2 周内、分公司所在地 3 周内，须进行任意清算完结的登记（第 119 条之二）。

为保障公司结束后原公司债权人和股东等利害关系人的利益，有的国家还规定公司注销后留存公司账簿和文件备查的制度，在有必要时可对原公司作进一步清算。《德国股份公司法》规定，清算结束后，清算人应将清算的结束申报在商业登记簿中登记注册，公司应被注销。公司的账簿和文件要留存在法院指定的可靠地点保存 10 年。法院可允许股东和债权人查阅账簿和文件。如果事后表明有必要采取进一步的清算措施，那么法院根据一名参股人的申请，重新任命迄今的清算人或其他清算人（第 273 条）。

按我国 2005 年《公司法》规定，公司清算结束后，清算组应当制作清算报告，国有独资公司报国家授权投资的机构或部门确认；除国有独资公司外的其他有限责任公司，提交股东会确认；股份有限公司提交股东大会确认。清算组应将经确认的清算报告报送原公司登记的工商行政管理机关，申请注销公司登记，公告公司终止。

第五编　各种形式的公司

第十三章　有限责任公司

第一节　有限责任公司概述

一、有限责任公司的概念

我国《公司法》上有限责任公司的概念与理论上的认识也有一定的差异。我国《公司法》对有限责任公司做出了规定，但并未给出明确的定义。学者们一般认为，有限责任公司是指依公司法设立的，由一定人数的股东共同出资组成，每个股东以其认缴的出资额为限对公司承担责任，公司以其全部资产对公司的债务承担责任的企业法人。在理论上，不少学者对根据我国《公司法》作出的有限责任公司的概念提出了不同看法。他们认为，这种概括最大的不足就是没有把有限责任公司和股份有限公司这两种典型的公司形态明显的区分开来，从而显得并不科学。本书认为，有限责任公司的概念除了涵盖与股份有限公司相同的一些一般公司都具备的特征如营利性、股东有限责任等；此外，更重要的是突出其自有的特征。所以本书给有限责任公司的概念做出了如下界定：所谓有限责任公司，又称有限公司，是指依公司法设立的，由一定人数的股东共同出资组成，并且其股份不得在公开的证券市场交易的企业法人。

二、有限责任公司的特征

有限责任公司除了具有一般公司的营利性、法人性的重要特征外，与其他类型的公司相比较，还具有其自身的法律特征。这些特征是有限责任公司能区别与股份有限公司，无限公司及合伙企业等形态，并使有限责任公司具有自己独特的优势。本书认为，有限责任公司应具有如下法律特征。

（一）股东人数的有限性

对有限责任公司的股东人数，各国的公司法大都有下限和上限的立法规定。在大陆法系，如法国规定有限责任公司股东人数为2人以上50人以下；而有的国家如德国对有限责任公司股东人数无上限规定；我国台湾地区则规定有限责任公司的股东人数为5人以上21人以下。在英美法系，如美国，多数州的公司法规定有限责任公司的股东为

30人以下；英国的公司法也明确的规定了股东人数的最高限制。总之，相对于股东人数可以达到成千上万的股份有限公司而言，有限责任公司的股东最多只有几十人，这是各国立法规定其最高人数限制性的结果。从实践中看，有限责任公司股东人数的有限性，是由于有限责任公司股东的人合性决定的。

纵观各国公司法，可以看出凡不允许设立一人公司的国家或地区，其公司法对公司股东的最低人数都有限制。我国原《公司法》规定，有限责任公司由2个以上50个以下的股东出资设立。而我国现行的公司法肯定了一人公司的法律地位，在有限责任公司的股东人数上规定为有限责任公司由50人以下的股东出资设立，取消了股东的最低人数限制。本书认为，对有限责任公司股东人数作出最高人数的限制，是由有限责任公司自身的性质决定的。因为有限责任公司具有一定的人合性，股东之间需相互信赖，所以其股东人数不可能太多。另外，有的国家公司立法还规定，当有限责任公司的股东人数超出了法律规定的上限时，就要由有限责任公司转变为股份有限公司，即公司类型发生了转换。这一点上，也有学者提出我国公司法规定的股东人数上限50人过高，应适当降低，以30人为宜，如果超过了30人易发生公司类型的转换。另外，还要进一步说明的是，关于一人公司的股东只有一个，全部股份或出资额均由其持有，这一点与传统公司法公司的社团性相冲突，也是一人公司法人独立人格争论的焦点所在。随着公司法理论的不断发展和创新以及公司形态的多样性等现实需求，公司的社团性作为公司法人的必备条件可能不再那么不可逾越，也就是说不具备公司的社团性的品格，并不一定不能成立公司，一人公司的出现是对公司社团性的一大突破。因此，我国《公司法》对有限责任公司股东人数的有限性规定并未违背公司法理论。

（二）公司的封闭性或非公开性

有限责任公司的资本只能由全体股东认缴，不能向社会公开募集股份，不能发行股票。有限责任公司具有封闭性，亦称非公开性。正因为有限责任公司具有封闭性的特点，有的国家直接将其成为封闭性公司。本书认为，有限责任公司的封闭性主要表现在以下几方面。

（1）股份募集的非公开性。有限责任公司不能向社会公开募集股份，不能发行股票。这是由于有限责任公司股东人数有最高限制，不可能像股份有限公司那样通过向社会公开发行股票的方式募集资本。世界各国的公司法无一例外地规定，有限责任公司的设立方式只能采取发起设立的方式，其资本只能由一定数额的发起人认缴，而不得采取向社会公开发行股票的方式募集。

（2）出资转让的非自由性。由于有限责任公司不向社会募集股份，其会计账簿一般无须公开，对公司股东出资的转让有严格限制。有限责任公司股东认缴出资后，公司发给股东的股权证书称为股单，股单是不能在证券市场上流通和转让的。我国《公司法》规定，有限责任公司的股东之间可以相互转让其全部或者部分股权。股东向股东以外的人转让股权,应当经其他股东过半数同意。股东应就其股权转让事项书面通知其他股东征求同意,其他股东自接到书面通知之日起满 30 日未答复的,视为同意转让。其他股东半数以上不同意转让的,不同意的股东应当购买该转让的股权,不购买的,视为同意转让。一般来说,各个国家和地区的公司法对公司内部的出资转让限制较松,而对外部投资者转让限制较严,一般都要求股东向非股东转让出资须经股东会一定比例以上的股东同意。如此限制是为了防止因新股东的加入影响公司与股东之间的关系。值得注意的是,股东向股东以外的人转让股权的,为了维持有限责任公司的人合性,公司法规定应当经其他股东过半数的同意,即意味着转让股权的股东被排除了表决权。

(3) 公司经营和财务状况不向社会公开。有限责任公司的经营状况和财务会计资料一般不向社会公开,这一点与股份有限公司是不同的。世界各国和地区的公司法一般要求严格股份有限公司经营和财务状况向社会公开,而对有限责任公司则体现为不公开原则。我国《公司法》第 166 条规定:有限责任公司应当按照公司章程规定的期限将财务会计报告送交各股东。而股份有限公司的财务会计报告应当在召开股东大会年会的 20 日前置备于本公司,供股东查阅。公开发行股票的股份有限公司必须公告其财务会计报告。由此可见,有限责任公司的经营和财务状况不向社会公开体现了其具有的封闭性和非公开性。

(三) 人合、资合的统一性

有限责任公司虽然从本质上说是一种资本的联合,但因其股东人数有上限的规定,公司又具有封闭性的特点,故股东之间又具有人身信赖因素,具有人合的色彩,这就决定了有限责任公司是适合于中小企业的组织形式。在国外,以有限责任公司发展为大企业的较为少见,故大企业采用有限责任公司形式的为数不多。有限责任公司兼具资合和人合的特点,反映了它是集股份有限公司和无限责任公司的优点而形成的公司形式。[1]

大多数学者认为有限责任公司的性质界于合伙企业或无限公司和股份有限公司之间,兼具人合和资合的特点。也有的学者认为,有限责任公司实际上更倾向于人合性的一面,我们赞同这种观点。我们知道,股份有限公司是典型的资合性公司,适合大规模经营,而有限责任公司适合中小企业来经营,更具有人合性。事实上,各国立法对有限责任公司资本额的要求一般都很低,这方面,我国《公司法》在修订后与原《公司法》相比有较大的降低幅度。这使得有限责任公司在资金方面的要求更加灵活,有利于鼓励投资创业,更加适合中小企业的设立和经营。可以说我国现行《公司法》在法定最低资本额上对原《公司法》的修订是很大的立法进步,也完全体现出了有限责任公司应有的法律特征。

---

[1] 范健主编:《商法》,高等教育出版社、北京大学出版社 2000 年版,第 97 页。

（四）股东出资形式的多样性

股东出资形式的多样化，对有限责任公司尤为重要，一定程度上反映着组建公司的自由空间和灵活多样的实现方式。美国的公司立法规定有限责任公司的出资形式包括无形资产，有形资产以及对公司的利益，包括金钱、期票、已经提供的劳务等，但这些出资形式都没有违反传统公司法的资本确定原则。随着市场经济的进一步发展，公司法理论的不断成熟，现代公司法对这一原则已有所突破和修正。1987 年的《美国修正标准商事公司法》就全部放弃了传统的"法定"资本概念。有些州如印第安纳州已经放弃了公司最低额资本的要求，股东出资形式亦开始实现"自由化"。股东出资可以是承诺在将来提供的劳务或期票（一种要式债务凭证）等方式作为合法出资。人们认为这种承诺也具有其无形价值，就如知识产权一样，如公司破产，承诺出资的股东仍有偿付该项出资的义务。因此没有必要对股东的出资形式作出过于死板的规定。[①] 所以，对于有限责任公司来说出资形式的多样化非常重要。

我国《公司法》规定，股东可以用货币出资，也可以用实物，知识产权，土地使用权等可以用货币估价并可以依法转让的非货币财产作价出资，但是法律、行政法规规定不得作为出资的财产除外。同时限定，全体股东的货币出资额不得低于有限责任公司注册资本的 30%，也就是说非货币出资额最高可达到有限责任公司注册资本的近 70%，这是我国原《公司法》中的"以工业产权，非专利技术作为出资的金额不得超过有限责任公司注册资本的 20%"的重大修订，为有限责任公司非货币出资形式多样化留下了足够的空间。

（五）公司治理上的集中性

在有限责任公司中，公司股东往往就是公司的董事，经理等高管人员，他们的所有权人身份与经营者的身份往往合二为一。而有限责任公司的股东数量又有限，股东们往往又希望直接参与公司事务的管理和经营。在这种情况下，有限责任公司的股东，即使是小股东，也希望自己成为公司的高管人员，表现在公司治理上，即公司治理上的所有权与管理权的高度集中性。与股份有限公司不同，有限责任公司一般是中小型企业，而现存的问题是我国《公司法》对有限责任公司的治理结构和股份有限公司的治理结构基本相同，并无实质区别，反映不出有限责任公司的应有特征，对中小型企业利益的保护也是十分不利的。有学者认为，有限责任公司的经营活动可以适用契约法上的规则，股东可以无视公司法上所规定的规则。只要股东在经营和管理公司事务时没有损害公司债权人的利益，没有违反社会的公共利益，则他们可以按照自己的意愿灵活地经营和管理公司。对于我国现实情况而言，应对有限责任公司的治理实行比股份有限公司更多

[①] 宋永新：《美国公司型企业法》，社会科学文献出版社 2000 年版，第 185 页。

的，灵活的模式，这样才符合市场经济的规律，从而更好地实现和保护中小型企业的利益。

（六）有限责任的相对性

我们知道有限责任公司和股份有限公司的责任形态相对于股东而言均为有限责任，但可以肯定地说，这两种公司的股东之间的有限责任是有所不同的。概括来说，有限责任公司的股东承担的有限责任是一种相对责任，有限责任具有相对性；而股份有限公司的股东之有限责任是一种绝对责任，即股东严格按照所认购的股份对公司承担有限责任。

对于有限责任公司的股东而言，其有限责任的相对性主要体现在在某些特定的情况下，公司股东要承担其出资额以外的财产责任。我国《公司法》规定，公司股东应当遵循法律，行政法规和公司章程，依法行使股东权利，不得滥用股东权利损害公司或其他股东的利益；不得滥用公司法人独立地位和股东有限责任，逃避债务，严重损害公司债权人利益的，应当对公司债务承担连带责任。可见修订后的我国现行《公司法》与原《公司法》相比，体现了有限责任公司股东有限责任的相对性。

（七）公司设立程序的简洁性

相对而言，与股份有限公司比较，有限责任公司在资金的筹集、出资的转让等方面对社会公共利益的影响较小，那么，对于有限责任公司这一灵活的形式在公司设立程序上，政府可尽量减少行政干预，简化各种程序。各国有限责任公司的设立程序上大都实行准则主义原则，只要符合法律规定的条件，当然除特殊经营行业外，国家均应予以注册，以免去繁琐的审查批准程序。至于设立后的有限责任公司能否生存下去，则让市场规律来检验。这一点是有限责任公司与股份有限公司原来有所不同的地方。我国《公司法》修改以后，新《公司法》降低了公司设立门槛，为公司设立提供了制度上的便利，有利于鼓励投资创业，促进经济发展和扩大社会就业。

第二节　有限责任公司的优点和缺点

一、有限责任公司概述

有限责任公司出现之前，无限公司、两合公司、股份两合公司、股份有限公司均已存在，但是正是这些公司形式在现实中一定程度上暴露了各自的不足之处，使社会经济的发展需要有限责任公司形式的出现。有限责任公司的出现，既吸收了其他公司的优点，同时又在一定程度上克服了其他公司的不足。这样，有限责任公司这一公司形式就大大促进了社会经济的发展，鼓励人们投资中小型企业，进行创业经营，可以说有限责任公司的出现是顺应历史潮流的。当然随着社会的发展，有限责任公司也并不是十全十美的，也有着其自身的缺点和不足，下面我们从有限责任公司的优点和缺点两方面作具体阐述。

二、有限责任公司的优点

（一）投资风险性小，投资吸引力大

有限责任公司中的股东原则上仅对公司债务在出资范围内承担有限责任，对超出出资以外的公司债务不再承担个人责任。而无限公司股东则必须以个人的全部财产对外承担无限连带责任，与之相比，有限责任公司的股东投资风险较小，从而使投资者的积极性大大提高，投资吸引力大。有限责任公司的出现使投资者认识到这是一种相对安全的投资方式，而这对于一些潜在的投资者具有更大的吸引力。有限责任公司作为公司制度发展中出现最晚的一种公司形式，更符合中小企业需要。

（二）主要表现为人合性，信用品级较高

有限责任公司一方面具有无限公司的人合特点，股东相互了解信任，而这些股东又不必须像无限公司股东那般承担无限责任；另一方面又具有股份有限公司的资合性特点，股东既对公司债务承担有限责任，又不需像股份有限公司股东那样，以放弃在公司业务上的管理权作为代价。有限责任公司的财务情况亦无须对外公开。[①] 有限责任公司的人合性和资合性相比较而言，人合性更为突出，有限责任公司既有人的信用，又有资金的联合，同时关注股东本身的财产状况、商誉和经营能力等个人条件，这些强调了股东对公司的责任和信用，从而使公司具有较高的信用品级。

（三）经营模式的封闭性，易于公司维持稳定

与股份有限公司的"开放式"经营不同，有限责任公司不能向社会公开发行股票筹集资金，其公司内部财务经营状况无须向社会公开，公司的股份更不能上市自由流通，其转让亦受到严格限制。但是正是少了如同股份有限公司在股票价格暴涨暴跌使公司经营受到影响的情况，有限责任公司因此而更易于保持稳定，无论是公司长期的经营策略和计划，还是公司具体的业务经营，都不会受到来自股票市场行情的冲击和影响，更有利于促进公司的长期稳定和发展。这一点，股份有限公司是无论如何也做不到的。

（四）公司设立程序的简便性

与股份有限公司不同，有限责任公司的设立过程更具有简便性。有限责任公司只有发起设立一种方式，只要符合法定数额和资格要求的全体股东订立公司章程，依法履行

---

① 赵旭东主编：《公司法学》，高等教育出版社2003年版，第69页。

出资后，即可申请设立公司。经公司登记机关核准申请后，公司即告成立。同股份有限公司的募集设立和发起设立两种方式相比较，有限责任公司的设立程序相对简单，没有太多严格复杂的法律程序，这也是有限责任公司得以大量存在的原因之一。

（五）公司治理模式具有较强的灵活性

有限责任公司在公司治理模式上表现出较强的灵活性。由于有限责任公司的股东人数相对较少，而公司股东往往又是公司的董事，经理等高管人员，这样使得公司的所有权与管理权高度集中。这种有限责任公司内部所有权和管理权的高度集中，又使得公司在内部机构的改良方面具有灵活性，因为公司股东可以根据实际需要决定是否改置一些公司治理机构，如股东会，董事会或监事会的设置上。这方面各国公司法大都作出了比较灵活的规定。例如日本、法国等国家股东会不是有限责任公司的必设机构。当然股东可以通过公司章程来作出决定。我国《公司法》第52条规定：有限责任公司设立监事会，其成员不得少于3人；股东人数较少或者规模较小的有限责任公司，可以设1至2名监事，不设立监事会。这些都体现了有限责任公司的治理模式具有较强的灵活性的特点。

三、有限责任公司的缺点

（一）有限责任公司形态的企业规模有限，缺乏社会性

有限责任公司因其人合性和封闭性的特点，一般难以成长为大型企业。各国公司法对有限责任公司股东大都有人数的上限，所以实践中，大多数中小型企业采用了有限责任公司的形式。如果有限责任公司不满足现状，要筹集资本，继续发展大规模经营，则需要从有限责任公司的形态转换为股份有限公司。当然，有限责任公司的股东人数少，并不必然表明企业的资本规模小，这只是相对而言的。有些有限责任公司的规模也很大，如我国一些国有企业采取有限责任公司形式进行改制的，国有股东的强大资产，使一些有限责任公司的规模很大。我国的一些国有独资公司就是很好的例子，但是不管怎么说，有限责任公司股东人数的上限和公司的封闭性的治理模式使有限责任公司形态的企业规模很难扩大，一般意义上讲，是不符合社会化大生产对公司社会性的要求的，这是有限责任公司本身固有的缺陷。

（二）实行股东有限责任制，易损害公共利益和公司债权人利益

法律所设定的股东有限责任原则在现实中存在着一些弊端，这些制度上的缺陷，使股东能滥用其有限责任的职权和公司法人人格为自己牟取不正当的利益，严重侵害了公司和公司债权人的利益。有限责任公司的形态设计的最初愿望是为了有效地鼓励投资人的创业热情和积极设立公司的热情，所以投资者仅在其出资范围内为公司债务承担有限责任，并因此使公司法人人格独立。特别是一人公司的出现，股东个人财产与公司财产

是否能严格独立分开,这对于公司债权人的利益保护更是一个重要的问题。我国《公司法》首次吸纳并确立了公司法人人格否定制度,规定公司股东应当遵守法律、行政法规和公司章程,依法行使股东权利,不得滥用股东权利损害公司或其他股东的利益,并且规定,公司股东滥用公司法人独立地位和股东有限责任,逃避债务,严重损害公司债权人利益的,应当对公司债务承担连带责任。在理论上,这被称为公司有限责任的补充制度,是对有限责任公司存在的缺陷的一种补充。

第三节 国有独资公司

一、国有独资公司的概念和特征

国有独资公司,是指国家单独出资,由国务院或者地方人民政府委托本级人民政府国有资产监督管理机构履行出资人职责的有限责任公司。这是我国《公司法》上给国有独资公司作出的概念界定。国有独资公司是有限责任公司的一种特殊形式,与一般的有限责任公司相比,它的法律特征如下。

(一)国有独资公司是特殊的有限责任公司

首先可以肯定国有独资公司是有限责任公司形态,因为国有独资公司采取有限责任公司形式,除有特别规定以外,《公司法》有关有限责任公司的一般规定也同样适用于国有独资公司。国有独资公司的资本不分为股份,不属于一人股份公司。国有独资公司与一般有限责任公司一样,公司以其全部资产对公司承担责任,股东以其出资额为限对公司承担责任,公司与股东相互独立。[①] 但是由于国有独资公司股东的特殊性和唯一性,法律对这种公司形式在股东的身份,公司的设立,公司的组织机构制度设置及其运行和股权的行使等方面都具有特殊性,所以说国有独资公司是一种特殊的有限责任公司。

(二)国有独资公司是特殊的一人公司

我国现行的公司法肯定了一人公司的法律地位,可以说作为有限责任公司的两种特殊形态,一人公司和国有独资公司都是特殊的有限责任公司,二者是并列的。但同时,本书认为国有独资公司也是特殊的一人公司。国有独资公司的出资人只有一个,即国家单独出资或国家委托的机构。若只为单独投资,但投资者为自然人或其他法人,虽为一人公司而不能成立国有独资公司。所以说国有独资公司与一人公司虽同为有限责任公司且出资主体单一,但二者并不等同。一般说来,一人公司的主体可以是自然人或法人,

---

[①] 赵旭东主编:《公司法学》,高等教育出版社2003年版,第75页。

这种意义上的一人公司与国有独资公司相比,其规模不大;而国有独资公司则不同,国家作为公司的股东,公司的经营规模往往很大。这在我国国有企业实行公司制改制中,国有独资公司发挥着极其重要的作用。所以说国有独资公司是一种特殊的一人公司。

(三) 国有独资公司资产的国有性

不言而喻,国有独资公司是国有公司的一种,国家是其唯一的股东,由国家委托有关机构出资并代表国家行使各种权利,公司的资产自然属于国家所有,具有国有性。国有独资公司的全体资本只能由国家单独投入,国有独资公司对公司财产享有法人财产所有权。而公司的财产权又来源于国家对投资资产的所有权,所以这很明显地体现了国有独资公司资产的国有性。国有独资公司资产的国有性也是区别于其他一般有限责任公司及一人公司的重要法律特征。

(四) 国有独资公司的出资方式的特殊性

我国原《公司法》第64条规定:"本法所称的国有独资公司是指国家授权投资机构或者国家授权的部门单独投资设立的有限责任公司。"可见,我国《公司法》规定国有独资公司的出资人须经国家特别授权。而修订后我国现行的《公司法》则规定,国有独资公司,是指国家单独出资,由国务院或者地方人民政府委托本级人民政府国有资产监督管理机构履行出资人职责的有限责任公司。这一修订改变了国有独资公司的出资人须由国家特别授权的规定,本书认为是合理的,能更好地体现国有独资公司出资方式的特殊性。因为若由国家授权部门直接投资设立国有独资公司,则与传统的国有企业投资没有太大的差异,很容易导致在与国有独资公司的关系上,国家授权的部门会滥用行政权利,仍然可能产生原国有企业政企不分的状态,使国有独资公司的特殊性没有显现出来。因此,国有独资公司在出资方特别投资主体的改变是值得肯定的。

二、国有独资公司的设立

(一) 国有独资公司的设立范围

按照各国通行的做法,国有独资公司的经营范围大都限制在交通、邮政、电信、电力及军事工业等方面,涉及全民的经济、国家利益、公共利益、国家安全。[①] 可以看出,国有独资公司的设立范围在特殊的行业领域,然而,值得进一步讨论的是,国有独资公司形式是否仅限于生产特殊产品的特定行业领域的公司呢?我国《公司法》没有明确规定。在实践中,有许多国有企业改制后改造为国有独资公司。而这种形式上的改变并不是国家设立国有独资企业的初衷,我们希望现行的立法能对这一问题作出明确的规定,从而界定国有独资公司的设立范围。

---

① 周友苏:《新公司法论》,法律出版社2006年版,第652页。

（二）国有独资公司的设立方式

（1）设立人。按照《公司法》第 65 条第 2 款的规定，国有独资公司由国家单独出资设立。由于国家是由政府来代表的，政府依法委托国有资产监督管理机构履行出资人的法律职责，作为国有独资公司的股东，根据《公司登记管理条例》的规定国有独资公司的具体设立人为国有资产监督管理机构。

（2）设立条件。国有独资公司的设立条件具体包括：其一，国有独资公司的注册资本不得少于《公司法》关于有限责任公司规定的法定资本的最低限度额。其二，要制定公司章程。根据我国《公司法》第 66 条的规定，国有独资公司的章程可以通过以下两种方式制定：一是直接由国有资产监督管理机构制定，二是由公司董事会制定报国有资产监督管理机构批准。其三，申请公司名称须预先核准，建立公司有关组织机构。其四，要有公司住所。

（3）公司登记。如果是单独发起设立的新的国有独资公司，必须按照设立登记的要求来进行。如果是国有企业改造的国有独资公司，应根据机关规定，应按设立登记的要求提交文件，按变更登记的程序，换发营业执照的要求来进行。

三、国有独资公司的组织机构

国有独资公司作为一种特殊的有限责任公司，只有一个股东，并由国务院或者地方人民政府委托本级人民政府国有资产监督管理机构履行出资人职责，代表国家形式股东权利，因此国有独资公司不设股东会。国有独资公司在组织机构上有一些不同于其他有限责任公司的特点，具体表现在以下几个方面。

（一）不设股东会，董事会具有特殊性

从我国《公司法》的规定中可以看出，国有独资公司与一般的有限责任公司的董事会有许多相同之处，如董事会每届任期不得超过 3 年，董事会人数为 3 至 13 人，设董事长，董事会依《公司法》的相关规定行使职权。但国有独资公司的董事会也有其自身的特殊性，特别是国有独资公司因为股东只有单一的国家主体而不设股东会而使董事会的权利扩大。国有独资公司的董事会为公司的必设机构，而对于一般有限责任公司而言，《公司法》明确规定：股东人数少或规模较小的有限责任公司，可以设一名执行董事，不设立董事会。所以相比较而言，国有独资公司的董事会为必设机构。在董事会成员的组织上，国有独资公司董事会全体成员必须由一般董事和公司职工董事两类组成。而《公司法》中也明确规定了国有独资公司董事会成员中应当有公司职工代表。而一般的有限责任公司则无此强制性规定。另外，关于董事会成员的产生方法，一般有限责任公司董事会成员一般由股东会选举产生。董事长、副董事长的产生办法由公司章程规定；而国有独资公司的董事会成员中的一般董事由国有资产监督管理机构委派，董

事长、副董事长由国有资产监督管理机构从董事会成员中指定。这些都体现了国有独资公司组织机构中董事会的特殊性。

(二) 监事会为必设机构及其特殊性

根据我国《公司法》，监事会是国有独资公司的必设机构。而一般的有限责任公司在股东人数少或规模较小的有限责任公司，可以设 1 至 2 名监事，不设立监事会。而一般有限责任公司监事会是作为公司的外部机构而存在的。[①] 在监事会的组成上，我国《公司法》第 71 条规定，国有独资公司监事会成员不得少于 5 人，其中职工代表的比例不得低于 1/3，具体比例由公司章程规定。监事会成员由国有资产监督管理机构委派，但是监事会中职工代表由公司职工代表大会选举产生。监事会主席由国有资产监督管理机构从监事会成员中指定。而对于一般有限责任公司，《公司法》第 52 条第 3 款规定，监事会设主席一人，由全体监事过半数选举产生。另外，在监事会的职权上，国有独资公司也具有特殊性。《公司法》第 54 条规定，监事或监事会的职权共有 7 项，当然这是针对一般有限责任公司的。而国有独资公司监事会职权的特殊性表现在并不是这些权利都可以由国有独资公司这种特殊的有限公司中的监事会来行使。具体而言，国有独资公司的监事会可以行使 3 项职权：检查公司财务；对董事、高级管理人员执行公司职务的行为进行监督，对违反法律、行政法规、公司章程或者股东会决议的董事、高级管理员提出罢免的建议；当董事、高级管理员的行为损害了公司的利益时，要求董事、高级管理人员予以纠正。当然，国有独资公司中的监事会除依法行使上述职权外，还可以行使国务院规定的其他职权。

(三) 国有独资公司经理的特别规定[②]

《公司法》对国有独资公司的特别规定仅有一项，即第 69 条："国有独资公司设经理，由董事会聘任或者解聘。经理依照本法第 50 条规定行使职权。经国有资产监督管理机构同意，董事会成员可以兼任经理。"根据这一内容并结合《公司法》的其他有关规定，公司实践中应当注意以下几个问题：

（1）经理是国有独资公司必须设立的机关或职位。董事会成员尽管可以兼任经理，但不得以董事职位代替经理职位，或者说董事兼任经理时，不仅要履行董事职责，而且必须履行法律和公司章程规定的经理职责。

（2）《公司法》第 13 条规定，国有独资公司的经理依照公司章程可以担任公司的法定代表人。根据《公司法》第 66 条关于国有独资公司章程由国有资产监督管理机构制定或批准的规定看，国有资产的法定代表人，是由董事长担任还是由经理担任取决于

[①] 周友苏：《新公司法论》，法律出版社 2006 年版，第 662 页。
[②] 周友苏：《新公司法论》，法律出版社 2006 年版，第 663 页。

国有资产管理监督机构的意思。

（3）国有独资公司经理的选任与一般有限责任公司的情况基本相同。但如果由董事会成员兼任经理，须经国有资产监督管理机构同意。另外，在经理的解聘，享有的职权，职权行使程序，列席董事会会议并向董事会负责等方面，国有独资公司与一般有限责任公司没有差别。

第四节 一人公司

一、一人公司的概念和特征

一人公司，亦称独资公司，是指仅由一个股东组成的，股东承担有限责任的公司。一般认为，其具有广义和狭义之分。狭义的一人公司，即形式意义上的一人公司是指股东只有一人，并且公司全部股份或出资仅由此一人拥有的公司；广义上的一人公司，即实质意义上的一人公司是指公司的真正股东只有一人，其他股东仅是为了真实股东的利益而象征性地持股作为挂名股东的公司。通常所说的一人公司是指狭义意义上的一人公司。我国原《公司法》没有一人公司的规定，作为此次《公司法》修改的亮点之一，新《公司法》在第二章第三节对一人有限责任公司做了特别的规定。根据规定，可把一人有限责任公司概括为：一人有限公司是指只有一个自然人或者一个法人股东的有限责任公司。与一般意义上的有限责任公司相比，一人有限责任公司具有以下特征：

（1）公司股东的单一性。一人有限责任公司的投资主体具有唯一性和排他性，只能由一个股东设立，这是它与普通有限责任公司的最主要区别。此处的一人，既包括自然人，也包括依法批准成立的法人。

（2）股东责任的有限性。如上所述，一人有限责任的股东虽仅有一个自然人或法人，但股东的单一性并不因此而使其承担无限责任，股东在通常情况下仅以其出资额承担有限责任，这也是一人有限责任公司这种公司形式吸引投资者的优势所在，它满足了既想一个人设立公司，又想对公司承担有限责任的现实需求。一人有限责任公司股东责任的有限性，明确了公司与其股东的财产关系。一人有限责任公司股东与公司的财产相分离，股东仅承担向公司出资的义务，从而形成对公司的有限责任；公司则享有其股东投资及运营过程的收益形成的全部法人财产权，依法独立享有民事权利和承担民事责任，这是一人有限责任公司与个人独资企业的重要区别点。

二、一人有限责任公司与其他企业组织形式的区别

（一）一人有限责任公司与个人独资企业的区别

（1）设立的法律依据不同。一人有限责任公司作为有限责任公司的一种特殊形式，

是依照公司法的规定设立的，其设立时需要满足《公司法》规定的公司资本制度、机构设置制度、公司治理制度等方面的要求；而个人独资企业是依照《个人独资企业法》的规定设立的，受其调整和约束，设立的条件和程序相对简单。

（2）投资主体不同。我国《公司法》将一人有限责任公司的投资主体限定为自然人或法人，特殊形式的一人公司即对国有独资公司而言，其投资主体只能是授权的国有资产监督管理机构；而个人独资企业的投资人只能是自然人。

（3）承担的责任形式不同。一人有限责任公司是独立的企业法人，能够以自己的财产独立承担责任，股东对公司的债务或债权人不承担责任，即股东承担的是间接责任；而个人独资企业则不是独立的企业法人，企业设立人的财产和个人独资企业的财产是融为一体的，个人独资企业的财产即是其设立人的财产，因此其设立人须对个人独资企业的债务负连带无限责任。

（4）缴税义务不同。一人有限责任公司因其股东的财产和公司的财产完全分离，公司仅对其公司的财产缴纳企业所得税，股东只对其股利或红利等收益缴纳个人所得税；而个人独资企业由于自身不具有主体资格，不能将其作为单独的纳税主体，所以不缴纳企业所得税，只需由其投资者就投资所得收益缴纳个人所得税。

（二）一人有限责任公司与合伙企业的区别

（1）投资者人数不同。一人有限责任公司的股东仅为一人，即一个自然人或法人；而合伙企业的设立主体必须两个以上的自然人。

（2）财产归属不同。一人有限公司公司的财产归公司所有，其全部法人财产是公司依法自主经营、自负盈亏的物质基础；而合伙企业的财产归合伙人共有。

（3）责任承担不同。一人有限责任公司的财产是独立与股东个人的，能够以自己的财产独立财产承担民事责任；而合伙企业由于不具有独立的民事主体资格，其责任的承担需由全体合伙人承担无限连带责任。

三、一人有限责任公司的分类

对一人有限责任公司而言，可以从不同角度进行分类：

（1）依公司形成的时间不同，分为原生型一人公司和继发型一人公司。前者是指由一个股东发起设立，公司在成立时就具备一人公司的构成要件而形成的公司。我国《公司法》第58条的规定可以看作是肯定这种类型的一人公司。后者是指在公司成立以后，由于公司的股份转让、赠与或公司分立、合并等原因而使公司股东仅为一人所形成的情况。

（2）依股东身份的不同，分为一个自然人投资的有限责任公司、一个法人投资的有限责任公司和国有独资公司。一个自然人投资的有限责任公司，亦称自然人投资公司，是由一个自然人投资的单独设立的有限公司，它是一种最早的也是最典型的一人公司类型。法人投资的有限公司，亦称法人投资公司，是由一个法人单独投资设立或一个法人通过收购拥有另一个公司全部股份而形成的一人公司。最早的法人投资公司的产生可以追溯到 19 世纪末的美国新泽西州公司法的规定。国有独资公司是指由国家投资的，由法律赋予其民事主体资格的公司。我国《公司法》第 176 条规定的国有独资公司，是国家单独出资、由国务院或地方人民政府授权的本级人民政府国有资产监督管理机构履行出资人职责的有限责任公司，即属此种公司类型。

四、一人有限责任公司的特别法律规定

（一）一人有限责任公司的注册资本及缴纳方式

根据《公司法》规定，一人有限责任公司的注册资本最低额为人民币 10 万元。股东须一次足额缴纳公司章程规定的出资额。可见，我国对一人有限责任公司适用的是严格的法定资本制，最低资本额不但要高于有限公司的 3 万元的规定，而且不允许分期缴纳，股东必须在公司成立时一次性足额缴纳。之所以如此，主要考虑到与一人有限责任公司交易的风险肯定要高于普通有限责任公司，为了保障和平衡债权人的利益，提高一人有限责任公司的最低注册资本额，采取严格的缴纳方式是必要的。

（二）自然人设立的一人有限责任公司的限制

如一个自然人已投资设立一个一人有限责任公司，那么根据公司法的规定该自然人不能投资设立新的一人有限责任公司，即法律不允许一个自然人同时设立、拥有多个一人有限责任公司。其根本目的是考虑到一人有限责任公司的股东的特殊性，如果允许自然人设立多个一人有限责任公司，自然人则有可能滥用公司权力，对债权人不利。

（三）一人有限责任公司的营业执照规定

《公司法》第 60 条规定：一人有限责任公司应当在公司登记中注明自然人独资或法人独资，并在公司营业执照中载明。也就是说，一人有限责任公司在公司登记时，不但要在营业执照中载明公司的名称、住所、注册资本、经营范围等事项，还应当在登记中注明自然人独资或法人独资，并在公司营业执照中载明。这是基于诚信和对债权人利益的考虑，对一人有限责任公司做出的特别限制。通过对一人有限责任公司及其股东身份的强制性公示，能够使与公司交易的相对方知悉公司的实际情况，以便做出是否与公司合作、交易的意向和行为，防止相对方受到欺诈而为此承担过高的经营风险。

（四）一人有限责任公司的组织机构及其职权行使

一人有限责任公司投资主体的单一性，使得其内部法律关系变得比较简单，如果再按照一般有限责任公司的模式进行机构设置，设立股东会、董事会、监事会等，不仅没有必要，也不太符合实际。所以我国《公司法》规定：一人有限责任公司不设股东会。但如果一人有限责任公司的规模比较大、资产比较雄厚，经营的业务比较多，那么一人

有限责任公司也可以根据需要自主决定是否设立董事会和监事会或监察人等，以便公司更好地运作、经营。这一点在我国《公司法》中也有所体现，根据第58条的规定：一人有限责任公司的组织机构适用本节的规定，本节没有规定的，使用有限责任公司的规定。结合有限责任公司的规定可知，一人有限责任公司可以设立董事会和监事会，也可以不设董事会或监事会，至于是否设立，公司可以根据实际情况自主决定。如果要设立，则必须符合一般有限责任公司的设立条件和设立程序。

（五）一人有限责任公司强制审计制度

一人有限责任公司应当在每一会计年度终了时编制财务会计报告，并经依法成立的会计师事务所审计。

（六）民事责任制度

《公司法》第64条规定：一人有限责任公司的股东不能证明公司财产独立于股东自己的财产的，应当对公司债务承担连带责任。这是对股东滥用公司有限责任进行的矫正。由于一人有限责任公司的特殊性，容易造成股东滥用权利，使公司的业务和股东的个人业务、管理机构等多方面发生混同，使公司的财产变为股东的财产，从而使公司相对人难以分清与之交易的对象是公司还是股东个人，可能对公司的债权人产生不利的局面。本条通过法律连带责任形式的强制性规定和把举证责任强加于股东身上，即举证责任倒置的规定，对股东与公司的行为作出严格的规定，只有当股东能够证明其个人的财产和行为与公司的财产和行为是彼此独立的，那么他对公司的债务就无须承担责任，否则须与公司承担连带责任。具体到个案中，即当出现公司和股东个人的人格混同情形，此时的公司变为股东的另一个自我，公司的债权人向公司要求偿还其债权时，可以否认该公司拥有的独立人格，直接追索该公司背后的股东，要求其承担连带责任。

第十四章　股份有限公司

第一节　股份有限公司概述

一、股份有限公司的概念

股份有限公司，亦称股份公司，世界各国的公司立法并没有对股份有限公司的概念形成一个统一的界定。在大陆法系，如《德国股份公司法》第1条将股份有限公司界定为：①股份有限公司是具有独立法律人格的公司。对公司的债务，只以公司的财产向债权人负责任。②股份有限公司具有分割成等额股份的股本。在英美法系国家，由于没有股份有限公司与有限责任公司的划分，所以在其公司法中，一般没有对股份有限公司及其概念的界定。如在美国公司法上有封闭公司与公开公司之分。根据美国法学会制定的《公司治理指南》的界定，封闭公司是指股权证券由少数人拥有并且不存在为这些证券提供活跃的交易市场的公司。[①] 所谓公众公司是指股东人数500人以上，公司总资产500万美元以上的公司。如果在经营中公司总资产下降到500万元美元以下，仍然可以维持公众公司地位。但是，如果连续两个财政年度低于500万美元则不能维持公众公司的地位。[②]

综上所述，两大法系对股份有限公司的界定是存在着差异的。大陆法系国家对股份有限公司的规定，尽管字面上或学理的概括可能存在差别，但究其实质是一致的。而英美法系国家存在事实上的股份有限公司，但表述却采用的是公开公司。根据学界通说，一般认为英美法系的封闭公司相当于大陆法系国家中的有限责任公司和不公开发行股份的股份有限公司；公开公司相当于公开发行股份和股票在证券交易所上市交易的股份有限公司。由此可见，股份有限公司和公开公司并不是一个等同的概念。

反观我国对股份有限公司的规定，也没有对股份有限公司做出一个明确的界定。我国新《公司法》第2条规定：公司是企业法人，有独立的财产，享有法人财产权。公司以其全部财产对公司的债务承担责任。股份有限责任的股东以其股份为限对公司承担责任。结合《公司法》第四章、第五章的相关规定，可将股份有限公司概括为：股份有限公司是指由2至200人的股东组成，公司的全部资本分成等额股份，股东以其认购

---

① Prin. of corp. gov. 1. 06. 转引自：施天涛著：《公司法论》，法律出版社2005年版，第39页。
② Prin. of corp. gov. 1. 06. 转引自：施天涛著：《公司法论》，法律出版社2005年版，第40页。

的股份为限对公司承担责任，公司以其全部资产对公司债务承担责任的企业法人。

二、股份有限公司的特征

（一）公司资本划分的等额性

这是股份有限公司与有限责任公司区分的重要特征。股份有限公司的资本要划分为等额股份，股份是构成公司资本的最小单位，也是最基本的单位。每位股东所持有的股份数额可多可少，但每股所代表的金额必须相等。公司资本的股份化满足了股份有限公司便于向社会公开募集资金的需求，同时也有利于股东权利的行使和利润及剩余财产对的分配。

公司资本是一个含义非常广泛的概念，但这里的公司资本一般认识是指公司的注册资本。

（二）公司设立程序的复杂性

从我国的公司法规定来看，股份有限公司的设立条件和设立程序比其他公司的要求要严格得多，无论对发起人的人数限制、最低注册资本额的要求、设立的法定方式、还是对公开发行股份的股份有限公司的股份募集以及上市公开发行股份的条件等，都作了相对严格的规定，并规定了复杂的设立程序。

（三）股东责任的有限性

根据《公司法》第3条规定，在股份有限公司中股东以其认购的股份为限承担责任。股东的有限责任应包括以下几层含义：①股东以其所认购的股份为限对公司承担义务与责任。根据我国《公司法》的规定，股份认购必须一次认购，但可以分期缴纳股款，最长期限可达2年，股东认购股份并缴纳股款后，以其股份的多少分享收益和承担责任与风险。②股东的有限责任是对公司的有限责任，股东对公司债权人不承担责任，股东依法履行对公司的义务，而没有其他损害公司利益的行为时，股东对公司没有责任，对公司债权人也没有任何责任。③股东的有限责任还意味着股东的个人责任与对公司的责任的分离，股东投入公司的财产不得用于对个人债务的担保或清偿。④股份有限公司是指股东以投资为限对公司承担有限责任，公司以其全部财产对公司债务承担责任，公司只能以其全部财产为其经营活动承担独立责任。

（四）公司信用的资合性

以公司信用作为标准可以将公司分为人合公司、资合公司和人合兼资合公司。股份有限公司主要是以资本的结合而形成的，所以一般认为其是最典型的资合公司。主要表现为：公司的信用基础在于公司自身资产的多寡，与股东个人信用的好坏无关。公司的资产或资本不仅是公司设立和运营的基本条件，而且也是公司对外承担债务和责任的总担保。由于公司的资合性，股份公司对股东的出资及资本制度等方面要求较严格。在出资方面，股东只能以货币、实物，工业产权等出资，而不能以劳务或信用等出资，并且对非货币出资规定了严格的验资程序。在资本制度方面，要求最低注册资本达到 500 万元，在公司运行的始终必须确保资本确定、维持、不变的三大原则。股份有限公司是以个人的财产为唯一联系纽带的公司形态，股东之间是建立在资产相互合作基础之上的，无须存在任何人身信任和信赖。

（五）股份转让的自由性、公开性

股份转让的自由性，即股份有限公司的股份是可以自由转让的，这也是其区别于有限责任公司的主要特征。由于股份公司的人数较多，规模较大以及资合性的特点，使得公司的设立和运营往往仅依附于股东的出资，而与股东间的个人信用无关。股东可以自由出资，成为公司的股东，也可以"用脚投票"抛出自己的股份，从而退出公司。对投资者来说，可以在持有股份的任何时间，通过对股权的自由转让，转移投资风险和赚取利润。因此，无论大陆的公司立法，还是英美法系的公司立法，一般都对股份有限公司的股权转让的自由性予以肯定，并作出详细的规定。除法律另有规定外，公司不得以章程或者股东大会、董事会的决议予以剥夺或限制，否则决议无效。

股份转让的自由性必须要求转让的公开性。依照公司法的规定，股东转让其股权应当在依法设立的证券交易所或按照国务院规定的其他方式进行。原则上，股份转让主要在依法设立的证券交易场所进行，包括证券交易所和场外场所。无论是证券交易所交易还是场外交易，都充分体现了股份转让的自由性与公开性。

三、股份有限公司与有限责任公司的比较

根据我国《公司法》第 2 条规定，我国目前只承认股份有限公司和有限责任公司这两者形式的公司。两者之间既有共同点，又有不同点。

（一）股份有限公司与有限责任公司的共同点

（1）均具有独立的法律人格。根据《公司法》第 2 条的规定，股份有限公司和有限责任公司都是具有独立法人资格的企业法人，能够独立享有民事权利，并能以其全部财产对公司的债务承担责任。

（2）公司股东责任形式相同。根据《公司法》第 3 条的规定，股份有限公司和有限责任公司承担责任为有限责任。股东以其认购的出资额或认购的股份为限对公司承担有限责任。除此之外，对公司不承担任何责任，对债权人也不承担责任。

（3）公司财产的独立性相同。有限责任公司与股份有限公司的股东的出资构成了公司的独立财产，形成了公司法人所有权，从而使股东的财产与公司的财产实行了分离，股东将其财产投入到公司之后，该财产即构成了公司的独立财产的一部分，股东对其财产的所有权转变为对公司的股权。该财产只能由公司进行直接支配和使用。股东投入公

司而形成的公司的财产与股东的现有财产是相互独立的，当公司或股东个人出现了亏损或其他债务需要偿付时，只能用各自的财产进行清偿。这也是他们与合伙企业的重要区别之一。

(4) 公司重大事务的决定方式相同。根据我国《公司法》的规定，在公司特别事务的表决上，有限责任公司与股份有限公司都必须通过特别的程序才能通过。股东大会作出修改公司章程、增加或减少注册资本以及公司合并、分立、解散或变更公司组织形式的决议，必须经出席会议的股东表决权的 2/3 以上通过。

(5) 公司的成立时间相同。根据《公司法》的规定，有限责任公司和股份有限公司的成立日期以其营业执照的签发日期为准，营业执照的签发之日即为公司的成立日期。

(二) 股份有限公司与有限责任公司的区别

(1) 股东人数限制不同。由于有限责任公司的人合性的特征，各国的立法对其股东人数一般都有最高人数的限制。我国《公司法》第 24 条规定："有限责任公司由 50 个以下股东出资设立。"另外在第 58 条规定了一人有限责任公司以及第 65 条的国有独资公司。由此可见，我国《公司法》对有限责任公司的人数只有最高人数限制，即不超过 50 人，而无最低的限制，自然人或法人也可以独立设立公司。而对股份有限公司来说，既有最低人数的限制，也规定了最高人数的限制。根据《公司法》第 79 条规定，设立股份有限公司，发起人的人数最低为 2 人，最高为 200 人。

(2) 最低的注册资本额不同。对最低资本额的限制，大陆法系国家的公司法大多采用法定资本制。出于同一的立法目的，大陆法系国家的公司法一般对公司最低资本额都有明确的规定。其立法的共性是：鉴于有限责任公司的人合性特点及其多为中小企业组织的实际，一般对有限责任公司的最低资本额的要求不高；而对具有资合性特点并可成为大企业形态的股份有限公司，往往规定要大大高于有限责任公司的最低资本额。这在我国公司法也有所反映，我国《公司法》第 26 条第 2 款规定，有限责任公司注册资本最低限额为 2 万元，法律另有规定的除外；第 81 条第 3 款规定，股份有限公司注册资本最低限额为 500 万元，法律另有规定的除外。

(3) 设立的方式不同。股份有限公司和有限责任公司都可以采用发起人的方式设立，但两者不相同，即有限责任公司发起人必须认足全部注册资本，可以分期缴纳出资，首次缴纳的出资额不得低于注册资本的 20%，并且不得少于 3 万元。而股份公司采用发起设立方式的设立人的首次缴纳的出资额不得低于注册资本的 20%，但却没有不低于最低注册资本额 500 万元的限制。另外，股份有限公司也可采用募集设立的方式设立，而有限责任公司却不可以采用这种方式。

(4) 章程制定的程序不同。公司章程是公司对内和对外的最高行为准则，对公司及公司的股东、董事、监事、经理具有法律约束力。公司章程是出资人（更确切地说是发起人）共同意志的体现，一般是在公司设立阶段由最初的全体发起人共同制订。有限责任公司的章程是由全体股东（发起人）共同参与制订的，并且全体股东签名、盖章始产生法律效力。而股份有限公司的章程由全体发起人共同制订，并由出席创立大会会议的认股人所持表决权的半数以上同意通过。

（5）公司信用的基础不同。有限责任公司兼具资合和人合的双重属性。从其本质来说是一种资本的结合。由于彼此间具有较强的人身信赖关系以及资本的非流通性特点，故其体现了很强的人合性色彩。因此现实中有限责任公司的设立往往更体现其人合性的特征，它一般是适合于中小企业的组织形式。有限责任公司资合与人合的统一性反映了它是集股份有限公司和无限责任公司的优点而形成的一种公司形式。而股份有限公司是最典型的资合公司，它的信用是完全建立在公司资产规模大小的基础之上，一般不关注股东的个人信用如何，一般股东的变动对公司毫无影响。所以，它便适合于大中型企业，这也是财富最集中和创造价值最多的企业组织形式。

（6）股权形式不同。在有限责任公司中，股东出资的对价是公司向股东签发的出资证明书。出资证明书是一种证权证券，不同于有价证券，它不能转让和流通。而股份有限公司证券是一种设权证券，股东所持股份的形式是通过股票的多少来表现的，股份的法律表现形式为股票，股票是有价证券的一种形式，它可以在依法设立的证券交易场所自由转让和流通。

（7）股权转让的自由程度不同。有限责任公司更注重"人合性"的特征，各国公司法一般都对其出资的转让做出了程度不同的限制。我国公司法也不例外，如《公司法》第72条和第73条对有限责任公司股权转让作出限制规定，股东之间可以相互转让，但若让出资转让给股东以外的第三人时，需要经过全体股东过半数同意。而股份有限公司的股份转让一般没有这样的限制条件，股东的股份可以在依法设立的证券交易场所或国务院规定的其他场所自由转让，但为了保持公司决策的稳定性，对一些特殊人员如发起人、公司董事、监事、高级管理人员等所持有的公司的股份转让规定了一定的时间和份额的限制。总的来说，股份有限公司的股权转让的自由化程度是高于有限责任公司的。

（8）公司的机构设置不同。各国的公司法对机构设置权限分配存在着一定的差别。根据我国《公司法》的规定，有限责任公司由于其规模一般不大，彼此关系紧密，其董事会和监事会都不是公司的必备机关，公司可以根据其运营的需要决定是否设立，属于公司自治的范畴。而股份有限公司的董事会和监事会是其必设机关，并对董事会和监事会的组成、会议召集、表决等方面规定了严格的限制条件。

四、股份有限公司的利弊

股份有限公司作为资本主义市场经济的典型企业组织形式，是伴随日益发展的社会化大生产的要求,是从资本主义垄断到自由竞争这一资本运作过程中所产生的必然结果。股份有限公司的作用,许多学者给予了很高的评价,马克思也曾精辟地指出:"假如必须等待积累去使某些单个资本增长到能够修建铁路的程度,那么恐怕直到今天世界上还没有铁路。但是集中通过股份有限公司转瞬之间就把这件事完成了。"[①] 股份有限公司在现代社会更是飞快地发展,并为社会广泛接受,这说明了股份有限公司是适应生产力发展的客观要求的,自身具有很多优点和其他公司形态无法比拟的优越性,但是股份有限公司也并非是完美无缺的,也存在着一些不可避免的缺陷和不足。本书认为应从两个方面分别分析股份有限公司的利弊。

(一) 股份有限公司的主要优点

(1) 集资功能强大,易于开展经营。股份有限公司是集中资本的一种最有利的公司形式。因为一个公司要扩大经营规模,增强竞争能力的最重要方式就是适当地增加资本,而对于股份有限公司而言,其集资功能强大,适合公司扩大经营规模。股份有限公司可以将其全部资本分为等额的股份,对外公开发行股票和债权。同时由于股份有限公司的每股金额一般较少,可以更为广泛地并大规模地吸收社会上闲散小额分散资金,这样就为公司开展大规模的经营创造了条件。

(2) 分散投资风险,易于公众参与。由于股份有限公司的每一股份金额较小,大量的股东每个人所实际拥有的股东个人股份只占股份有限公司总体资本很少的一部分。而股东又只以其拥有的股份金额对公司承担财产责任。因此,即使股份有限公司经营不善,面临亏损或破产,其风险由所有股东共同分担,每个股东承担的风险较小。股份有限公司拥有众多股东,从而有利于分散投资风险,便于公众参与。股份有限公司有广泛的公众性,公开向社会募集资金,任何人都可以通过购买股票的方式成为股东,完全不受身份和个人的其他条件所限制,所以易于公众参与。

(3) 有利于提高公司的管理水平和经营管理效率。股份有限公司以董事会和经理等高管人员为中心的专门管理机构管理着公司的生产和经营,大大适应了所有权和经营权相分离的生产方式的需要。在股份有限公司中,除了董事和经理等高级管理人员,其他众多的股东不可能都同时对公司进行管理。众多的股东只是领取股息和红利,而不参与公司的具体经营。所以说,一方面,众多投资者作为股东将其财产权利委托给具有专门管理知识经验技能的高管人员,而公司的高管人员则在委托的权限范围内,充分发挥其管理才能,为公司、为全体股东实现利益。这种专门化管理有利于提高公司的经营管理水平,也有助于塑造一批专门的高级管理人员队伍。另一方面,股份有限公司的股票可以自由转让,股东如果认为他们所选择的经营者不能胜任,导致规定亏损或破产时,可

---

① 《马克思恩格斯全集》第23卷,人民出版社1972年版,第688页。

以根据自己的意愿随意转让股份,这必然提醒并督促着高管人员尽职尽责地为公司服务,从而形成了一种较好的监督效果和监督机制。

(二) 股份有限公司的主要弊端

任何企业组织形式都不是完美无缺的,同样,股份有限公司也有着不足和缺陷,主要表现在以下几点:

(1) 公司的设立条件严格,设立程序复杂。股份有限公司的设立条件严格,设立程序复杂,这是由股份有限公司的开放性和社会性所决定的。与封闭性的有限责任公司相比,股份有限公司的设立程序复杂,公司的管理机构复杂,公司的管理活动也受到许多约束和限制,相对来说缺乏灵活性。由于股份有限公司是面向社会,以不特定的投资者为对象的,所以各国公司立法对其设立的条件均作了比较严格的限定,以免引起社会不安和震荡。总之,股份有限公司的自身特性决定了法律对这种公司的设立条件、设立程序、管理机构、监督机制、运行机制等一系列问题,都作出了严格而细致的规定。

(2) 股东之间缺乏相互信赖,中小股东利益易被侵害。股份有限公司股东人数众多且分散,股东流动性强,大多股东之间互不相识,缺乏了解,没有信任基础,所以股东之间很难协调一致。另外又由于股份有限公司的股份可以自由转让,一旦公司面临亏损或破产,股东们可随时通过转让股票来收回投资和转移风险。股东总是最关心自己的利益,彼此之间都缺乏信赖。在股份有限公司中,由于在股份持有比例上的优势,决定了大股东对中小股东意志的强制和支配具有一定意义上的合法性,这就使中小股东在公司内相对于大股东处于弱者的地位,属于利益容易受到侵害的主体。中小股东在股份有限公司中虽然持有一定的公司股份,但却很少获得决定性的表决权,不可避免地容易受到操纵。

(3) 公司的经营和决策受证券市场行情等因素影响较大。股份有限公司受证券市场行情的影响较大,很可能因为股票价格的剧烈波动而改变公司的经营和决策,甚至完全可能使一个经营业绩甚好的公司一夜之间因股票价格的暴跌而陷入困境,从此一蹶不振。我们知道,股份有限公司在设立和运营阶段均可以向社会发行股票,股票一旦进入证券市场这个高度流动的风险投资场所,对股份有限公司而言,则具有高度的风险性和关联性,可以在很大程度上影响着公司的经营和决策。所以,股份有限公司为更好地融资并保持公司良好的形象,十分关注证券市场行情,避免自己的经营和决策使股票价格产生波动,小心谨慎地作出选择。

(4) 股份的自由转让易于导致大股东对公司的控制和垄断。由于股份有限公司的股份数额很大,股东人数很多,只要掌握一定比例(股票控制额)以上的股份,就能操纵控制公司的管理,因此它很容易被少数大股东所利用,使公司被大股东控制并可能形成垄断。公司股票的发行量的增加和股票转让,使公司股权由集中走向分散,而大多数股东缺乏对公司的责任感,不关心公司的经营而只关注股票价格。所以股份有限公司的全体股东的利益能否得到充分保护，在很大程度上取决于董事、经理等高管人员对公司的忠实与诚信义务。但是现实中，由于公司高管人员的自身利益与股东利益存在冲突，而高管人员又常常听命于公司的大股东，这样，公司的高管人员往往不自觉地违背其对公司的忠实义务，而使公司的大股东操纵公司并实现垄断。这是股份有限公司存在的一个很大的缺陷。

第二节 上市公司

一、上市公司的概念和特征

根据《公司法》第12条的规定，上市公司是指其股票在证券交易所上市交易的股份有限公司。通过对上市公司的概念分析，可得出上市公司有如下特征。

（1）上市公司是有限公司的一种形式。股份有限公司以其发行的股票是否能公开上市交易，可分为上市公司和非上市公司。各国公司法一般都规定只有股份有限公司才享有股票上市交易的权利。上市公司是股份有限公司的构成部分，上市公司不因其股票上市而改变其股份有限公司的性质。股份有限公司不一定是上市公司，上市公司一定是股份有限公司，股票能否上市交易是区分上市公司与非上市公司的关键。

（2）上市公司是其股票必须在证券交易所公开竞价交易的股份有限公司。证券市场分为一级市场、二级市场、场外交易市场。在这些市场上交易的股票都是股份有限公司发行的股票，在这些市场上的交易都属公开交易。证券交易所是公开市场的二级市场，只有在二级市场（证券交易所）并根据法律、行政法规为证券交易的业务规则进行上市交易的股份有限公司才是上市公司，而股票不能在证券交易所进行交易的股份有限公司则不是上市公司。上市公司的股票在证券交易所进行交易必须根据公开、集中竞价的方式进行。

（3）上市公司是股票上市必须符合法定条件并经有关权力机关批准的股份有限公司。为了维护公众利益和公开市场秩序，各国证券法通常都对证券市场施以不同程度的管制和干预。我国证券法规定了股份有限公司要成为上市公司必须具备法定的条件且须履行法定的审批程序。只有经过国务院证券监督管理机构批准的股份有限公司才能成为上市公司，未经批准的股份有限公司的股票不得上市交易。

二、上市公司的法定条件

上市公司的法定条件是指股份有限公司申请股票在证券交易所上市交易必须符合的条件。修改前《公司法》在第152条对其进行了详细的规定，但存在着一些不合理的因素。新修订的《证券法》克服了其不足，在其第50条进行了规定，其条件为：①股票经国务院证券监督管理机构批准已公开发行；②公司股本总额不少于人民币 3000 万元；③公开发行的股份到达公司股份总金额的 25% 以上，公司股本总额超过人民币 4 亿元的、公开发行的股份的比例为 10% 以上；④公司最近 3 年无重大违法行为，财务合计报告无虚报记载。以上条件必须同时具备，缺一不可。

三、股份有限公司申请股票上市的程序

依照《公司法》和《证券法》的相关规定，股份有限公司申请股票上市必须依照下列程序：

（1）向证券交易所提出申请。证券交易所是股票上市的审批机关。提出申请的股份有限公司应当符合《证券法》第 50 条规定的上市条件，并向证券交易所报送有关文件。报送的文件应包括：①上市报告书；②申请股票上市的股东大会决议；③公司章程；④公司营业执照；⑤依法经会计师务所审计的公司最近 3 年的财务会计报告；⑥法律意见书和上市保荐书；⑦最近一次的招股说明书；⑧证券交易所上市规定的其他文件。

（2）证券交易所审核批准。证券交易所依照《公司法》和《证券法》相关规定，对申请上市公司所报送的文件进行审核。经审核同意后，对符合条件的公司由证券交易所安排上市交易，对不符和规定的不予审核同意。

（3）签订上市协议书。股票上市交易申请经证券交易所审核同意后，申请人在收到上市通知的一定期限内与证券交易所签订上市协议书。对双方的权利义务作出具体明确的规定。

（4）公告上市报告及有关文件。签订上市协议书的公司应是在规定的期限内公告股票上市的有关文件，并将该文件置于指定场所供公众查阅。为了规范股票上市交易的上市报告及其公告行为，中国证券监督管理委员会发布了《公开发行证券公司的信息披露内容的格式准则第七号——股票上市公告书》明确规定了上市公告书的内容与格式包括以下事项：①重要声明与提示；②揽览；③绪言；④发行人概况；⑤股票发行与股本结构；⑥董事、监事、高级管理人员及核心技术人员；⑦同业竞争与关联交易；⑧财务会计资料；⑨其他重要事项；⑩董事会上市承诺；⑪上市推荐人及其意见。

此后又陆续发布了一些相关规定，进一步规定了有关公告的内容。申请股票上市交易的股份有限公司必须按照上述要求，向社会公告其上市报告，并应当保证其内容真实、准确和完整。公告的上市报告及有关文件除了前述的报送文件外还应包括：①股票获准在证券交易所交易的日期；②持有公司股份最多的前十名股东的名单和持股数额；③公司的实际控制人；④董事、监事、高级管理人员的姓名及其持有本公司股票和债券的情况以及证券交易所要求载明的其他事项。

5. 正式挂牌上市

在公告公司的上市报告及有关文件的期限后，公司将按照与证券交易所签订的上市协议书在规定的时间内，由证券交易所安排上市公司挂牌上市交易。

四、上市公司股票上市的暂停和终止

（一）上市公司股票上市的暂停情形

上市公司股票上市的暂停是上市公司不符合法律规定的条件，证券交易所作出暂停其股票上市的决定。根据《证券法》第 55 条的规定："上市公司有下列情形之一的，由证券交易所决定暂停其股票上市交易：①公司股本总额，股权分布等发生变化不再具备上市条件；②公司不按照规定公开其财务状况或者对财务会计报告做虚假记载，可能误导投资者；③公司有重大违法行为；④公司最近 3 年连续亏损；⑤证券交易所上市规定的其他情况。"只要公司有上述情形之一的，证券交易所就有权决定暂停其股票上市交易，但暂停股票上市并不是终止股票上市交易，经过一段的整改如暂停上市的情形不存在，仍可以向证券交易所申请恢复上市。

（二）上市公司股票上市的终止情况

所谓上市公司股票上市的终止是指上市公司出现不符合法律规定的条件，由证券交易所终止其股票在证券交易所挂牌进行公开交易的资格。根据《证券法》第 56 条规定："上市公司有下列情形之一的，由证券交易所决定终止其股票上市交易：①公司股本总额，股权分布发生变化不再具备上市条件，在证券交易所规定的期限内仍不能达到上市条件；②公司不按照规定公开财务状况，或者对财务会计报告做虚假记载且拒绝纠正；③公司最近 3 年连续亏损，在其后一个年度内未能恢复盈利；④公司解散或者被宣告破产；⑤证券交易所上市规则规定的其他情形。"在上市公司运营过程中只要出现上述情形之一的，证券交易所就可以终止其股票的上市交易。

第三节 股份发行

一、股份发行的概念和种类

（一）股份发行的概念

股份发行是指股份有限公司在公司成立时或成立后以募集资本为目的，分配或出售股份的行为。从法律规范的角度看，各国一般都同时在《公司法》和《证券法》中对股份发行的相关规则进行规范。由于公司的股份采用股票的形式，所以股份的发行一般也称为股票的发行。股份的发行存在于股份有限公司，一般认为股份的发行主要是指股

份有限公司的发起设立或募集设立，相应地各国公司法和证券法都在股份有限公司部分对股份发行的法律规则进行详细的规定。

（二）股份发行的分类

根据不同划分标准，可将股份发行分为不同类型。

1. 设立发行与新股发行

这是根据发行的不同时间或阶段进行的划分。

（1）设立发行。又称首次发行，是指公司在设立过程中发行的股份。公司的设立方式有发起设立和募集设立两种方式。相应地公司地股份的设立发行也分为发起设立发行和募集设立发行。在采取发起设立方式时，第一次发行的股份必须由全体发起人认足，不得向社会募集；而在采取募集设立方式时，依照《证券法》的规定股份第一次发行时除发起人认购发行的全部股份的35%以外，其余股份应当向社会公开发行，募足。

（2）新股发行。新股发行是指公司在成立以后需要发行的股份。根据《公司法》第134条规定："公司发行新股，股份大会应当对下列事项作出决议：新股种类及数额；新股发行价格；新股发行的起止时期；向原有股东发行新股的种类和数额。"新股发行可分为增资发行和非增资发行，非公开发行和公开发行等。

2. 直接发行与间接发行

依据股份发行是否通过证券承销机构进行的划分。

（1）直接发行。它是指股份有限公司直接向投资者发行股份而不通过证券承销机构办理发行事宜。股份有限公司在发起设立阶段，由发起人直接认购全部股份，无须通过任何中介机构，显然采取的是直接发行方式。直接发行有发用费用低的优点，但通常其发行时间过长，发行风险较大，因此，在实际中较少采取此方式。

（2）间接发行。它是指股份有限公司委托证券承销机构办理有关发行股份的具体事宜的方式。间接发行通常采用股份承销方式进行，其具体可分为股份代销和股份包销两种方式。间接发行是股份有限公司发行中较为普遍的发行方式，我国《公司法》第88条规定：发起人向社会公开募集股份，应当由依法设立的证券公司承销，签订承销协议。由此可见，在我国股份有限公司公开发行股份必须采用间接发行方式。从间接发行的优点看，间接发行能利用证券承销机构的承销经验，资金优势和专业特长等，保障股份发行的顺利完成，而且在采用股份包销的方式下，发行人无须承担发行风险。但间接发行的最大缺点就是加大了发行成本。

二、股份发行的原则

我国《公司法》第127条规定：股份的发行实行公平、公正的原则。同种类的每一股应当具有同等权利；同次发行的同种类股票，每股的发行条件和价格应当相同；任何单位和个人所认购的股份每股应当支付相同的价额。由此形成了股份发行的基本原则：①公开原则；②公正原则；③同股同权，同股同利原则。

三、股份发行的条件

我国对股份有限公司公开发行的条件规定的法律依据主要是《公司法》、《证券法》和《股票发行与交易管理暂行条例》。根据《公司法》第85条规定：以募集设立方式设立股份有限公司的，发起人认购的股份不得少于公司股份总额的35%。《证券法》第12条规定：设立股份有限公司公开发行股票，应当符合《中华人民共和国公司法》规定的条件和经国务院批准的国务院证券监督管理机构规定的其他条件。《股票发行与交易管理暂行条例》规定：首次公开发行股票分为新设股份有限公司的股票发行和原企业改组设立股份有限公司的股票发行两种情况，从而不同的发行情况分别规定了不同的发行条件。

（一）设立发行的条件

国务院发布的《股票发行与交易管理暂行条例》第8条规定，设立股份有限公司申请公开发行股票，应当符合下列条件：①其生产经营符合国家产业政策；②其发行的普通股限于一种，同股同权；③发起人认购的股本总额不少于公司拟发行的股本总额的35%；④在公司拟发行的股本总额中，发起人认购的部分不少于人民币3000万元，但国家另有规定的除外；⑤向社会公众发行的部分不少于公司拟发行的股本总额的25%，其中公司职工认购的股本总额超过人民币4亿元的，中国证券监督管理委员会按照规定酌情降低向社会公众发行的部分的比例，但是最低不少于公司的股本总额的10%；⑥发起人在近3年内没有重大违法行为；⑦国务院证券监督管理机构规定的其他条件。

（二）改组设立发行的条件

改组设立发行是指原有企业改组设立股份有限公司而进行的股份发行。原有企业改组设立股份有限公司是我国国有企业转换经营机制和运营方式的重要途径。国有企业的改制，对建立权责清晰，管理科学的现代企业制度具有重大的理论意义和实践意义。我国现有股份有限公司基本上都是在原有国有企业改组的基础上形成的，因此，对改组设立发行的条件作出明确规定具有重要的实际意义。根据《股票发行与交易管理暂行条例》第9条规定，原有企业改组设立股份有限公司申请公开发行股票，除应符合上述设立发行的所有条件外，还应当符合下列条件：发行前一年来净资产在总额产中所占比例不低于30%，无形资产在净资产中所占比例不高于20%，但是国务院证券监督管理机构另有规定的除外；近3年连续盈利。国有企业改组设立股份有限公司公开发行股票的，国家拥有股份在公司拟发行的股本总额中所占的比例，由国务院或国务院授权部门规定。

(三）新股发行的条件

根据《证券法》第 13 条的规定，发行新股包括公开发行新股和非公开发行新股两种方式。新股发行除应符合设立发行及改组发行的条件外，还应当符合下列条件。

（1）公开发行新股的条件主要包括：①具备健全且运行良好的组织机构；②具有持续盈利能力，财务状况良好；③最近 3 年财务会计文件无虚假记载，无其他重大违法行为；④经国务院批准的国务院证券监督管理机构规定的其他条件。

（2）非公开发行新股的条件。《证券法》第 13 条第 2 款规定：上市公司非公开发行新股，应当符合经国务院批准的国务院证券监督管理机构规定的条件，并报国务院证券监督管理机构批准。

为了加强对上市公司发行新股的监督，中国证券监督管理委员会发布的《上市公司新股发行管理办法》第 9 条对上市公司申请发行新股还做了以下具体规定：①具有完善的法人治理机构，与对其具有实际控制权的法人或其他组织及其他关联企业在人员、资产、财务上分开，保证上市公司的人员、财务独立以及资产完整；②公司章程符合《公司法》和《上市公司章程指引》的规定；③股东大会的通知、召开方式、表决方式和决议内容符合《公司法》及相关规定；④本次新股发行募集资金用途符合国家产业政策的规定；⑤本次新股发行募集资金数额原则上不超过公司股东大会批准的拟投资项目的资金需要数额；⑥不存在资金、资产被具有控制权的个人、法人或其他组织及相关联人占用的情况或其他损害公司利益的重大关联交易；⑦公司有重大购买或出售资产行为的，应当符合中国证监会的有关规定；⑧中国证监会规定的其他要求。

四、股票发行的程序

股票发行程序包括设立发行的程序和新股发行的程序。根据相关法律，行政法规的规定，设立发行主要包括下列程序。

（一）申请

设立股份有限公司公开发行股票，应当符合公司法规定的条件和经国务院批准的国务院证券监督管理机构规定的其他条件，还应当向国务院证券监督管理机构报送下列文件，供其核准。文件包括：①募集申请，即设立股份有限公司公开发行股票的申请书；②公司章程及发起人协议；③发起人的姓名或者名称，发起人认购的股份数，种类及验资证明；④招股说明书；⑤代收股款银行的名称及地址；⑥承销机构的名称及有关协议。

依法规定聘请保荐人的公司，还应当报送保荐人出具的发行保荐书。法律、行政法规规定设立公司必须报经批准的（如保险公司、商业银行等），应当提交相关主管行政机关批准文件。

《股票发行与交易管理暂行条例》对公司申请公开发行股票作了更具体的规定。公司须聘请会计师事务所,资产评估机构,律师事务所等专业性机构对其资信、资产、财务状况进行审计就和就有关事项出其法律意见书后,按照隶属关系,分别向省,自治区,直辖市,计划单列市人民政府或中央企业主管部门提出公开发行股份的申请。提出申请时,应向地方政府或中央企业主管部门报送下列文件:①申请报告;②发起人会议或股东大会同意公开发行股票的决议;③批准设立股份有限公司的文件;④工商行政管理部门颁发的股份有限公司营业执照或股份有限公司筹建登记证明;⑤公司章程或公司章程草案;⑥招股说明书;⑦资金运用的可行性报告,需要国家提供资金或其他条件的固定资产投资项目,还应当提供国家有关部门同意固定资产投资的批准文件;⑧经会计师事务所审计的公司近3年或成立以来的财务报告和由2名以上注册会计师及所在事务所签字,盖章的审计报告;⑨经2名以上律师及其所在事务所就有关事项签字,盖章的法律意见书;⑩经2名以上专业评估人员及其所在机构签字,盖章的资产评估报告,经2名以上注册会计师及其所在事务所签字,盖章的验资报告,涉及国有资产的,还应当提供国有资产管理部门出具的确认文件;⑪股票发行承销方案和承销协议;⑫地方政府或中央企业主管部门要求报送的其他文件。

(二) 审批与核准

在提交申请文件后,国务院证券监督管理机构设立的发行审核委员会依法对股票的发行申请进行审核,最后报请中国证监会核准。发行审核委员会是国务院证券监督管理机构设立的内部负责审核股份发行申请的具体专业职能机构,其人员是国务院证券监督管理机构专业人员和国务院证券监督管理机构以外的有关专业人士组织,以投票表决的方式对股票发行申请进行表决,提出审核意见,国务院证券监督管理机构依法最终核准股票发行申请。

(三) 公告发行文件

根据《公司法》第86条、第87条和《证券法》第25条规定,股票发行申请经核准后,发行人应当依照法律、行政法规的规定在股票公开发行前向社会公众公告招股说明书,并制作认股书。认股书应当载明下列事项:①发起人认购的股份数;②每股的票面金额和发行价格;③无记名股票的发行总数;④募集资金的用途;⑤认股人的权利和义务;⑥本次募集的起止期限及逾期未募足时认股认可以撤回所认股份的说明等。并将该文件置备于指定场所供公众查阅。发行股票的申请经核准后,在向公众公告前,任何知情人不得公开或泄露该信息。

(四) 公开募集股份

公开发行的股票应当由依法通过证券经营机构承销,公开发行股票的发行人有权依法自主选择承销经营机构。证券经营机构承销股票应当与发行人签订承销协议,承销协议是明确双方权利义务的法律文件，任何一方违反都要承担相应的责任。承销协议应当载明下列事项：①当事人的名称，住所及法定代表人姓名；②代销、包销证券的种类、数量、金额及发行价格；③代销、包销的期限及起止日期；④代销、包销的付款方式及日期；⑤代销、包销的费用及结算办法；⑥违约责任；⑦国务院证券监督管理机构规定的其他事项。向不特定对象发行的证券票面总额超过人民币5000万元的，应当由承销团进行承销，承销团应当由主承销商和参与承销的证券公司组成。

（五）验资并召开设立大会

发行股票的股款缴足后，必须经法定的验资机构验资并出具证明。发起人应当在股款募足后30日内主持公司创立大会。

根据《公司法》和《证券法》的相关规定，发行新股的程序如下。

（1）公司股东大会作出决议。在我国，发行新股是属于公司的增资行为，增资行为必须经出席股会大会的股东所持表决权的2/3以上的通过的特别程序。公司发行新股，股东大会应当对下列事项作出决议：①新股种类及数额；②新股发行价格；③新股发行的起止日期；④向原有股东发行新股的种类及数额。

（2）申请与核准。公司公开发行新股，应当向国务院证券监督管理机构报送募股申请和下列文件：①公司营业执照；②公司章程；③股东大会决议；④招股说明书；⑤财务会计报告；⑥代收股款银行的名称及地址；⑦承销机构名称及有关协议。

公开发行股票依法采用承销方式的，应当聘请具有保荐资格的机构担任保荐人，并应当报送保荐人出具的发行保荐书。国务院证券监督管理机构依法对公司发行新股进行核准。

（3）公开发行文件。公司经批准向社会公开发行新股时，必须公告新股招股书说明、财务会计报告等文件，并制作认股书。

（4）签订承销协议。公司向社会公开发行募集新股，应当由依法设立的证券公司承销并签订承销协议。还应当与银行签订代收股款协议，由银行代收和保存股款。

（5）变更登记及公告。公司发行新股募足股款后，公司的注册资本及股东持股的情况等可能会发生变化，所以，必须向公司登记机关办理登记并公告。

第四节　公司债券的发行

一、公司债券的发行概念和特征

公司债券是指公司依照法定程序发行，约定在一定期限还本付息的有价证券。公司债券的发行是指公司依照法定程序，经国家有关主管部门批准，为筹集生产经营资金，出售债券的行为。其特征可概括如下。

（1）公司债券发行的主体资格没有限制。原《公司法》第159条对公司债券的发行主体作了限制性规定，即只有股份有限公司、国有独资公司和两家以上的国有企业或其他两家以上的国有投资主体投资设立的有限责任公司，才具有发行公司债券的主体资格。新《公司法》删去了这一限制性规定，对公司的类型不再作特别的要求，只要符合法定条件的公司都可以发行公司债券。

（2）公司债券的发行对象是不特定的社会公众，对购买公司债券的对象没有身份和资格限制。①

（3）公司债券的发行的目的是为了募集企业生产经营所需资金。公司发行公司债券募集的资金必须用于核准的用途，不得用于弥补亏损和非生产性支出。

（4）发行公司债券，依法必须经过国务院授权的部门批准。

二、公司债券的发行条件

《公司法》第154条第2款规定：公司发行公司债券应当符合《中华人民共和国证券法》规定的发行条件。《证券法》第16条、第18条从必要条件和限制条件两个方面对公司债券发行必须符合的条件进行规定。

（1）必要条件。根据《证券法》第16条规定。发行公司债券应当符合以下条件：①股份有限公司的净资产不低于人民币3000万元，有限责任公司的净资产不低于人民币6000万元；②累计债券金额不超过公司净资产的40%；③最近3年平均可分配的利润足以支付公司债券1年的利息；④筹集的资金投向符合国家产业政策；⑤债券的利率不超过国务院限定的利率水平；⑥国务院规定其他条件。

（2）限制条件。《证券法》第18条规定了有下列情形之一的，不得再次公开发行公司债券：①前一次公开发行的公司债券尚未募足；②对已公开发行的公司债券或者其他债券有违反或延迟支付本息的事实，仍处于继续状态；③违反本法规定，改变公开发行公司债券所募资金的用途。

---

①　范健、王建文著：《公司法》，法律出版社2006年版。

（3）上市公司发行可转换债券的条件。可转换债券亦称可转换为股票的公司债券，是指可依公司债权人的请求，而以事先确定的办法转换为公司股票的公司债券。可转换公司债券与非转换公司债券是相对的概念，它是一种特殊的公司债券。我国《公司法》第 16 条规定：上市公司经股东大会决议可以发行可转换为股票的公司债券，并在公司债券募集办法中规定具体的转换办法。根据这一规定，在发行公司债券的公司属于上市公司时，经股东大会决议既可以发行转换公司债券，也可以确定发行非转换公司债券。

对于可转换公司债券的发行，我国《证券法》、《可转换公司债券管理暂行办法》对其作了严格的限制，应当符合下列条件：①发行主体只能是上市公司；②必须经过上市公司股东大会决定并报国务院证券监督管理机构核准；③发行公司除应当符合公司股票发行的条件外，还应当具备公司债券发行的条件；④可转换公司债券发行后，资产负债率不高于 70%；⑤累计债券金额不超过公司资产的 40%；⑥最近 3 年连续盈利，且最近 3 年净资产利润平均在 10% 以上，属于能源、原材料和基础设施类的公司可以略低，但是不得低于 7%；⑦募集资金的投向符合国家产业政策；⑧可转换公司债券的利率不超过银行同期存款的利率水平；⑨可转换公司债券的发行额不少于人民币 1 亿元。

三、公司债券的发行程序

根据《证券法》的规定，我国对公司债券的发行采取的是审批制，国务院授权的部门依照法定条件和程序核准公司债券的发行申请，结合《公司法》、《证券法》等的有关规定，公司债券应当按照下列程序进行。

（1）股东大会作出发行公司债券的决议。根据《公司法》第 38 条、第 47 条、第 67 条和第 162 条的规定可知，符合法定条件的股份有限公司和有限责任公司发行公司债券，由董事会制订具体方案，股东大会作出决议。国有独资公司发行公司债券，必须由国有资产监督管理机构作出规定。另外，在证券交易所上市的股份有限公司发行可转换股票的公司债券时，须经股东大会作出发行转换公债的决定。

（2）公司债券发行申请。公司作出发行公司债券的决定后，应当向国务院授权的部门或国务院证券监督管理机构申请批准发行公司债券。应当报送的文件包括：①公司营业执照；②公司章程；③公司债券募集办法；④资产评估报告和验资报告；⑤国务院授权的部门或国务院证券监督管理机构规定的其他文件。依法规定聘请保荐人员的公司，还应当报送保荐人出具的发行保荐书。发行人向国务院证券监督管理机构或国务院授权的部门报送的债券发行申请文件，必须真实，准确，完整。债券发行申请文件是发行人制订并提示给有关机构或部门核准的，其内容反馈的是发行人自身的资产规模，盈利水平，信用状况等，所以对于申请文件的真实性，完整性而言，发行人负有最直接，最主要的责任。同时，证券法对发行人申请文件有虚假记载，误导性陈述和重大遗漏等，规定了相应的法律惩戒或责任。

(3) 国务院对授权的部门审查批准。国务院授权的部门对公司债券发行申请依照法定条件进行核准。核准程序应当公开，并坚持公开公平公正的基本原则，依法接受社会监督。国务院授权的部门应当自受理证券发行申请文件之日起 3 个月内依照法定条件依法定程序作出予以核准或不予核准的决定。对符合公司债发行申请条件的予以核准，对不符合申请条件的不予核准，并说明理由。如发行人根据需要要求对公司债券的发行申请文件进行补充、修改的，应当允许，并且修改、补充的时间不计入法定核准期限内。对已作出的核准债券发行的决定，发现不符合法定条件或法定程序，尚未发行债券的，应当予以撤销，停止发行。已经发行尚未上市的，撤销发行核准决定，发行人应当按照发行价格并加算银行同期存款利息返还给证券持有人。

(4) 公告公司债券募集办法。公司债券募集办法是指公司为了募得公司债券资金而制订的载有法定内容的书面文件。公司债券的发行申请经国务院授权部门批准后，发行公司应当依照法律，行政法规的规定，在证券公开发行前，公告公司证券募集办法，并将该文件置备于公共场所供公众查阅。根据《公司法》第 155 条规定，公司债券募集办法应当载明下列事项：①公司名称；②证券募集资金的用途，债券总额和债券的票面余额；③债券利率的确定方式；④还本付息的期限和方式；⑤债券担保情况；⑥债券的发行价格，发行的起止日期；⑦公司净资产；⑧已发行的尚未到期的公司债券总额；⑨公司债券的承销机构。

(5) 公司债的募集。发行人向不特定对象发行的公司债券，应当通过法律、行政法规规定的证券公司进行承销，发行人应当与证券公司签订承销协议。债券承销业务采取代销或包销方式。在采取代销的方式下，证券公司代理公司债券的发行，如在发行结束时仍有未售出的证券，可将未能发行的余额债券返回发债公司。而证券包销则是指证券公司就发行人的证券按照协议全部买入，如在承销期满未能售完，则由证券公司将售后余额全部认购的承销方式。公司债的募集，通常经过三个阶段：①签订公司承销协议；②进行公司债券募集公告；③认购缴款及债券交付。

四、公司债券的发行事项

(一) 以实物券方式发行公司债券

公司以实物债的方式发行公司债券，应当在债券上载明公司名称，每种债券的票面金额和利率，债券的种类，公司债券的偿还方式及其期限等。一旦这些记载于债券上的事项经公司法定代表人签名，并加盖公司印章，对公司债券发行具有法律效力。

(二) 发行公司债券的种类

根据公司法的规定，发行公司债券分为记名债券和不记名债券两种。

（三）发行公司债券应当置备公司债券存根簿

公司债券存根簿是指依法记载债券持有人及债券有关事项的簿册。它是公司债券发行的原始凭证，其设置及记载事项应当依照法律规定进行。公司法对发行记名公司债券和无记名公司债券均作出不同规定。对记名公司债券，应当载明下列事项：①债券持有人的姓名或名称及住所；②债券持有人取得债券的日期及债券的编号；③债券总额，债券的票面金额，利率，还本付息的期限和方式；④债券的发行日期。而对无记名公司债券而言，则应当在公司债券存根簿上载明债券的总额、利率、偿还期限，以及方式、发行的期限、债券的编号。

（四）公司债券的转让

公司债券的转让方式因债券种类的不同而异。根据《公司法》第 16 条规定，公司债券的转让方式分为记名债券的转让和不记名债券的转让。记名债券的转让由债券持有人以背书方式转让或法律、行政法规规定的其他方式转让。债券转让后，债券持有人发生了变化，因此记名债券的转让还需要由公司将受让人的姓名或名称及住所记载于公司债券存根簿。无记名债券的转让则相对比较简单，只须由债券持有人将债券交付给受让人后即发生转让的效力。

第十五章 关联公司

第一节 关联公司概述

一、关联公司的概念

在市场经济条件下,资本集中是企业发展的必然规律,从经济发展角度看,这种集中必然导致垄断的产生,而从公司制度的角度看,这种集中必然导致一些新的企业组织的产生,关联公司便是其中之一①。从理论上关联公司,严格地讲仅仅是一个经济学上的概念,对于这一概念,各国公司法或者称谓各异,或者根本未作规定,理论上亦无公认的界定标准为人们广泛接受。在英美国家,最早出现并经常使用"控股公司"(holding company)和"从属公司"(subsidiaries)这样的概念。然而,这样的概念和名称最多也不过表明公司之间的等级关系。在某些欧洲国家的法律文件中出现的"公司集团"(groupe de societe)这一术语,同样缺乏对这种联合形式的法律界定。

《德国股份法》中对关联公司进行了明确的界定,认为"关联企业是指在相互关系上为多数参与的企业和被多数参与的企业、从属企业和控制企业、康采恩企业、相互参与的企业或为关系企业合同的合同当事方的法律上独立的企业"(第15条)。我国《台湾公司法》则接受和使用了"关系企业"这一概念,并明确规定"关系企业是指独立存在而相互间具有控制与从属关系或者相互投资关系的企业"。我国《公司法》中对关联公司没有明确的界定,但在第217条对关联关系下了这样的定义,即"关联关系,是指公司控股股东、实际控制人、董事、监事、高级管理人员与其直接或者间接控制的企业之间的关系,以及可能导致公司利益转移的其他关系。但是,国家控股的企业之间不仅仅因为同受国家控股而具有关联关系"。

综观国内外立法规定和相关理论观点,本书认为,所谓关联公司,或称关联企业,是指两个或两个以上具有独立法律地位的公司或企业,基于特定的经济目的,通过特定的经济手段形成的公司或企业联合。

---

① 江平、方流芳主编:《新编公司法教程》,法律出版社2000年版,第224页。

二、关联公司的特征

（一）关联公司的组成成员具有各自独立的法律地位

关联公司中的成员必须具有独立的法律人格，这是构成关联公司的一个不可或缺的前提条件。在传统的公司法中，公司表现为单体性，具体言之，公司是一个具有权利能力和行为能力，具有自己的意思机关，能够以自己名义从事商事活动并对自己的行为负责的，具有独立法律地位的实在体。而关联公司正是由这种单体公司联合起来的公司群体，其本身不具有独立的法人人格。在法律上，关联公司的成员公司保持着各自的独立的法人地位，相互间是法律地位平等的企业法人之间的联合关系，虽然它们在经济事实上往往不平等。

基于这样的前提，关联公司的财产不是表现为企业集团作为一个整体所享有的财产，而是表现为各成员公司各自独立的财产，虽然这种所谓的独立的财产存在着事实上的关联性和被支配性。关联公司也没有一个统一的意思机关。有些企业集团设立有"总管理处"之类的机构，但是此类机构充其量只能发挥协调功能，不是一种意思决定机关。关联公司中各成员公司虽然在法律上保持着各自的独立性，但其经济地位已经发生了倾斜，关联公司内部的各成员公司之间在事实上已形成了不平等的控制与从属关系，并引发出一系列法律问题，如从属公司的债务负担问题等。

（二）关联公司是基于特定的经济目的而形成的公司联合体

关联公司形成的目的和动机可能多种多样。一般地，它是为适应市场经济和社会化大生产的需要而进行的联合。其具体的经济目的和动机可能基于垄断市场考虑，也可能是基于避免风险、降低成本、寻求合作、逃避税务等方面的考虑，还可能是出于加强竞争能力的考虑[1]。但从法律角度看，其目的只有一个，就是使公司可以通过一定手段达到支配和控制他公司经营管理的效果。其中，能够直接或间接地对他公司进行支配和控制的公司，称为控制公司；相应地，被控制和支配的他公司，称为从属公司。一般来说，控制公司和从属公司表现为如下两种类型。

1. 股份控制型

当一公司持有他公司一定数量的股份时，二者之间就可能形成控制与从属关系。大多数情况下，此种股份资本参与主要表现为多数股份资本参与，即一公司持有他公司多数股份资本时，该公司就可看作是控制公司，他公司则可看作从属公司。典型的表现为母子型公司（parent/subsidiary companies），其母公司又称控股公司（holding company）。但是许多情况下，控制公司地位的取得并不一定必须持有他公司的多数股份，在股份持

---

[1] 马俊驹主编：《现代企业法律制度研究》，法律出版社2001年版，第356页。

有比较分散的公司中，或许只要占有公司相当的股份，如25%，即可达到控制该公司的目的。这里有三种特殊情况：其一，当一公司持有他公司的全部股份时，则他公司就成了该控制公司的全资性子公司（wholly-owned subsidiary）。其二，当甲公司成为乙公司的控股公司后，乙公司又成为丙公司的控股公司时，则丙公司就成了甲公司的孙公司，而甲公司也自动地成为其孙公司的控制公司，尽管甲公司并未对丙公司直接投资，此种控制公司称为高级控股公司（superior holding company），其对孙公司所施加的影响是间接的。其三，如果公司之间相互向对方投资，每一公司都占有对方的多数股份资本而相互向对方施加直接和间接的决定性影响时，那么这两个公司就被视为互为控制公司与从属公司。我国《台湾公司法》称其为"相互投资关系的关联公司"。

由上可知，在股份资本的参与过程中，如果一公司占有另一公司一定数量的股份而对另一公司可以实施直接或间接的决定性影响时，则该公司就可以被看作一种控制公司，另一公司就有可能被看作从属公司。

2. 合同控制型

关联公司也可通过合同或者契约方式得以形成。此类关联公司，是指一公司通过合同或者契约的约定而享有控制支配另一公司的权力，从而形成一种控制与被控制的关系。依合同能够控制支配他公司的公司为控制公司，受到控制支配的公司则为从属公司。德国法将关联公司划分为"事实上的关联公司"和"契约上的关联公司"两大类。就契约上的关联公司而言，德国法规定控制契约必须采取书面形式，并须得到该股份有限公司股东大会3/4的多数批准，还须办理商事注册手续才能具有法律效力。契约上的关联公司因所订契约的类型不同而又有不同种类，此类契约主要有：①支配契约；②利润上缴契约；③部分利润上缴契约；④盈利集中契约；⑤营业租赁契约；⑥营业委托经营契约。上述众多契约种类为公司按照实际需要而选择不同程度的公司联合形式提供了可能。此外，也允许根据需要订立混合形式的契约，即将上述契约种类结合起来的契约。

值得注意的是，我国《台湾公司法》将关联公司划分为控制与从属关系的关联公司和相互有投资关系的关联公司。其中，所谓有控制与从属关系，主要是指公司间具有以下一种或几种关系：①公司持有他公司有表决权股份或出资额，超过他公司已发行有表决权股份总数或资本总额半数以上者为控制公司，该他公司为从属公司；②公司直接或间接控制他公司的人事、财务或业务经营者亦为控制公司，该他公司为从属公司；③公司与他公司的执行业务股东或董事有半数以上相同者，或者公司与他公司的已发行有表决权股份总数或资本总额有半数以上为相同的股东持有或出资者所拥有，则推定其相互间具有控制与从属关系。而所谓相互投资关系，是指公司与他公司相互投资各达对方有表决权股份总数或资本总额1/3以上者，为相互投资公司；相互投资公司各持有对方已发行有表决权股份总数或资本总数超过半数者，或互可直接或间接控制对方的人事、财务或业务经营者，则互为控制公司与从属公司。这跟前述划分略有不同。

综上可见，关联公司是一个独立公司之间的联合，它们之间在法律上是各自独立的，但在经济事实上又是相互依存的，并形成一种控制支配与从属的关系。正是此种控制支配与从属关系的存在，才展现其法律上的特殊性。这是关联公司内部特质所决定的。

（三）关联公司之间的联合是通过特定的手段实现的

如前所述，关联公司各成员是各自具有独立法律地位的法律实体，他们为了特定的经济目的组成具有控制与从属关系的公司联合体。那么，这种联合又是通过什么样的手段实现的呢？综观国内外关联公司，其实现联合的手段或者方法主要有以下几种：

1. 股权参与

股权参与或者叫做资本渗透，是指以股权参与方式在公司之间形成的控股、参股关系。控股公司一般都是通过股份参与并进而控制子公司的业务活动的。一般来说，一公司持有他公司的多数股份即可达到控制他公司的目的。公司之间通过股份资本的参与而形成关联公司在西方国家是最为普遍和最为重要的一种企业集中形式。股权参与形成的公司联合的典型表现是控股公司（母公司）——子公司这种结构模式。在实践中，控股公司对子公司的控制具体表现为对子公司多数表决权的控制，进而对子公司董事会多数董事成员任免权的控制，反之，对表决权的多寡又取决于控股公司所持子公司股份的多寡来决定的。在此情况下，控股公司一般又称为子公司的大股东，而子公司的其他股东则称为少数股东。如果控股公司掌握了子公司全部股份，包括表决权股和无表决权股，那么，该子公司就是该控股公司的全资子公司。

控股公司对子公司的股份参与形式大致可分为如下三种：其一，新成立子公司或者通过公司分割而成立子公司。前者与一般公司的设立相同；后者是指某一大型公司将其部分营业部门分离出去而单独成立子公司，并将该部门原有业务交由新成立的子公司去经营管理。其二，兼并与收购，即通过取得他公司的股票而获得对他公司的支配权。公司之间通过购并而形成关联公司是经济生活中最为常见的一种方式。其三，仅仅出于投资考虑而投资于特定公司并获取多数表决权股份。

2. 合同机制

通过签订合同方式形成关联公司，在立法上仅见于《德国股份公司法》。该法在其第三编中规定了关联企业，其中以企业合同方式组建关联企业是其立法的侧重点。该法规定了企业合同的定义、种类、签订、修改和终止以及对合同性关联企业中的债权人和少数股东的保护。根据该法的规定，企业合同包括控制性合同和盈余转移合同。前者是指一股份公司或股份两合公司将公司指挥支配的权力置于另一公司之下；后者是指负有将其全部盈余转移给另一公司的义务的合同。股份公司或股份两合公司承诺为另一公司的利益而经营本公司的合同，也被认为是全部盈余转移合同。如果彼此互不依附的公司通过合同方式处于同一支配控制之下，但并不因此而使一公司依附于与之签订合同的另一公司，则此种合同不是支配合同。

3. 其他手段

主要有人事连锁和表决权协议两种。事实上，这两种手段并不是形成公司联合的独立的手段，而是派生于股份参与。其作用主要是在既有的股权控制之下加强其控制而已。所谓人事连锁，是指关联公司的控制公司向其他成员公司派出董事、经理人员、顾问等，致使一人同时兼任两个以上公司董事的情形，只要成员公司的各种行政机构是由相同的人员组成的，就可以产生统一的商业政策。但连锁董事是在持股基础上建立起来的既存联合，而不是独立的集中形式。一般地，公司之间的人事连锁原则上是允许的，只要不违反竞业禁止义务。所谓表决权协议，是指股东相互之间或与第三人之间同意以相同方式表决，他们就可以对公司施行一种控制性影响，进而使得两个或两个以上股东有可能将公司置于其共同的联合控制之下。大多数国家公司法并不禁止表决权协议。在实践中，表决权协议有两种具体表现形式：一是英美国家盛行的表决权信托；二是表决权代理[①]。

三、关联公司的利弊

关联公司是公司制度进一步发展的产物，是公司间为避免两败俱伤，协调其相互间竞争的必然结果。近年来，各种集团公司更是遍布全国，成为推动经济发展的主要力量。关联公司既然为弥补单体公司的不足而应需要产生，说明其必有单体公司无法比拟的优势。那么关联公司的优点何在？此外，关联公司作为市场经济自发形成的产物，它有什么缺点？

（一）关联公司的优点

本书认为，关联公司的优点主要体现在以下几方面。

（1）在市场竞争条件下，关联公司之间可以最大限度地实现优势互补和资源共享，并降低成本，获取最大利润。一方面，关联公司可以使成员之间因为人员调配、资金调度方便，商业信息获取快捷，彼此在相互交易中处于有利地位；另一方面，关联公司之间可以通过将相当一部分外部交易转化为关联公司的内部交易，从而达到既能防止自身各种优势尤其是技术优势的丧失和扩散，又能减少交易成本，最终实现利润最大化这一公司从事生产经营活动的终极目标。

（2）关联公司的形成有利于参与国际经济竞争，提高国内企业的竞争能力，促进国内和国际经济的一体化发展。从世界各国公司发展现状看，大多数公司都隶属于某个

[①] 施天涛：《关联企业法律问题研究》，法律出版社1998年版，第11～13页。

公司集团。不仅如此，国际经济区域一体化和集团化客观上亦要求公司朝着国际化方向发展，跨国公司必将在国际经济舞台上扮演重要角色，一些公司不仅拥有国内的关联公司，而且还拥有国外的关联公司，对世界经济的发展起着重大的推动作用。

（3）从宏观角度看，关联公司的重要意义在于有利于实现资源的优化配置和实现企业的规模经济效益。关联公司可以使各种资源在一定程度上得到优化，取得规模经济效益，加速资金流动，推动公司自身及整个社会经济的发展。现代企业是资本企业，资本的规律必然要追求最大的利润，公司资本又表现为股份、股本、出资额等一些形式，股份资本的自由转让性决定了资本必将流向最有效益的地方去。而实现资本利润的最大化主要有两种，一是通过内部增长方式；二是通过外部扩张方式。虽然两种方式各有优劣，但外部增长则较快速，更容易达到规模经营的目的。由于资本可以在市场上流通，即股权可以转让，这无疑为通过外部扩张方式实现资本利润最大化提供了极大的方便和可能。

（二）关联公司的缺点

一般认为，关联公司的缺点主要体现在以下方面。

（1）关联公司的形成，使得资本在产业间的自由转移变得比较困难，从而在一定程度上限制和阻碍竞争的开展，对市场经济的健康发展产生不利影响。

（2）关联公司可以利用控制与从属关系进行各种内部活动和安排，从而给国家的经济发展和经济秩序带来许多不利影响。如跨国公司为偷税漏税、操纵利润并应付风险，针对关联公司之间的业务往来制定内部转移价格，致使国家税收减少，影响了公平税负与平等竞争。所谓内部转移价格，亦称内部转让价格、内部划拨价格、调拨价格，是指关联公司之间在资金、经营、购销等业务往来中采用的一种内部结算价格。

（3）在关联公司中，处于控制地位的控制公司可能滥用其有限责任原则，以逃避责任，甚至滥用其支配性地位，致使从属公司及其债权人，以及公司的少数股东利益受到损害。

第二节　关联公司的几种表现形态

关联公司这一概念不仅在各国的称谓不同，而且其表现形态亦不一致。综观各国立法和实践，公司之间通过股权参与、相互投资或者签订契约等方式或同时采取上述几种方式而形成关联公司，主要表现为以下一种或几种特殊公司。

一、母公司与子公司

母公司与子公司是两个相对的概念。简单地说，母公司是控制或支配着子公司的公司，而子公司则是被母公司控制或支配的公司。具体言之，对于母公司与子公司的概念，各国公司立法中有不尽一致的表述。

《日本商法》公司篇第211条之二在限制子公司取得母公司股份时表述：①持有相当于其他股份有限公司发行完毕股份总数一半以上的股份或相当于其他有限公司资本半数以上的出资股数的公司为母公司，该股份有限公司或有限公司则为子公司；②母公司及子公司均有或子公司单独拥有相当于其他股份有限公司发行完毕股份半数以上时，于本法的适用，亦将该股份有限公司视为母公司的子公司。母公司及子公司拥有相当于其他有限公司资本半数以上的出资股数时也一样。

《德国公司法》中没有提到母公司和子公司的概念，但其总则中明确了关联企业的概念和范围，并以"拥有多数资产的企业"、"占有其多数股份的企业"、"从属企业"和"支配企业"等术语来确定子公司与母公司的关系。

美国《1935年公共事业控股法》中规定，任何公司已发行的有表决权股票中，如果有10%或更多的数量为另一公司所掌握时，该公司即为另一公司的子公司，另一公司即为该公司的母公司。

从各国法律规定可见，子公司虽受母公司的控制，但母子公司都是独立的法人，都以各自的名义从事各类业务活动，并各自以独立财产承担民事责任，这是母子公司关系最重要的法律特征。母子公司关系的形成既可通过股份或资本控制方式形成，也可以通过订立特殊的支配合同、协议方式，使其相互间处于支配与被支配状态。所以，从关联公司的特征来看，母公司必然是子公司的关联公司，而子公司也必然是母公司的关联公司。

二、控股公司与被控股公司

所谓控股公司，是指持有其他公司一定比例以上的股份而能够对其他公司进行控制的公司。通常，一公司通过购买其他公司全部或相当一部分股份，从而能实际控制他公司，或者由公司本身派生出子公司，并在其子公司中保留全部或大部分股份，从而使其本身成为控股公司。

控股公司分为两类，一类是纯粹控股公司（pure holding company），另一类是混合控股公司（mixed holding company）。纯粹控股公司，是指只为了掌握子公司的股份并对其实行控制，其本身不再从事任何其他生产经营活动而设立的公司。混合控股公司，是指除了掌握子公司的股份之外，其本身也从事经营业务活动的公司。由此看来，母公司一般就是指混合控股公司。

一般情况下，母公司也就是控股公司，但在特殊情况下，母公司与控股公司并不完全相同，如母公司专门设立拥有100%股权的全资子公司，由后者充当控股公司来持有或控制若干家从属公司的股份。在此情况下，相对于母公司而言，控股公司就是它的子公司，而控股公司的子公司则是母公司的孙公司。此外，控股公司与母公司的另一区别是，控股公司仅指持有另一公司一定比例股份并能对其实施控制的公司，并不一定直接参加子公司的业务活动。而母公司则是直接掌握子公司的经营业务。

然而，不论哪一类控股公司，亦不论该控股公司是否具有母公司的性质，从关联公司的角度看，控股与被控股公司之间都存在着控制与从属关系，因而互为关联公司。

三、企业集团

在大多数国家，企业集团是一个学术上的概念，而不是法律用的术语。有学者将其界定为由若干独立的公司及其他经济组织，为了共同的利益而组成的公司群体，是一种具有多元化、多层次结构及股份化特点的垄断性联合组织。[1]无论企业集团具体属于何种类型，但在法律上都具有以下几方面特征。

（1）企业集团是由若干个独立的公司法人组成的联合体，其本身不具有法人地位。组成企业集团的各个成员公司均为法律上独立的公司法人，各有自己独立人格和独立财产，并各自以其独立财产为其活动承担独立责任。在此意义上，企业集团不具有整体的独立财产和责任，亦没有统一的意思决定机关，因此企业集团本身并不是独立的法人。

（2）企业集团以资本或资金等为联结纽带。各个法人要联合起来统一规划与协同经营，其间要以经济手段，以资金或者资本作纽带。集团成员公司之间通过控股、参股或者订立支配合同等方式，形成多层次的控制和从属关系。成员之间也可能以相互持股和投资方式而形成相互依存、相互制约的相互控制和从属关系。此种控制与从属关系是集团内各成员之间联系的法律基础。

（3）企业集团内部具有共同经济利益，集团统一规划与管理。每一个参加企业集团的企业，都是为了追求共同的经济利益。集团有章程，有发展战略和目标，通过统一规划、协调行动，以求得自身业务的发展，发挥集团系统化功能和整体优势。

（4）企业集团具有多层次的组织结构。参加企业集团的成员公司在产权性质、经营内容、联合范围上可以各不相同，自然形成多层次的联合形式。一般地，企业集团在组织结构上可分为四个层次：即核心层、紧密层、半紧密层和松散层。

第一，核心层。即集团公司，是一个具有独立的法人地位经济实体。它通过资产联系（如股份参与）、合同联系或其他联系手段（如人事连锁等）与其他企业法人建立起生产、经营、销售或其他资产关系。它实际上就是企业集团中居于核心地位的母公司，其本身又是由若干个事业部和分公司组成。该核心层既可以由企业集团各成员公司共同出资组建，也可以由若干外部企业的全部财产组合而成。其财产属于该公司所有，并拥有一定数量的子公司或设有专门的控股公司控制一定数量的子公司。此核心层不仅有经营职能，还具有对整个集团经济活动进行规划、协调的职能。

---

[1] 江平主编：《新编公司法教程》，法律出版社2003年版，第229页。

第二,紧密层。即企业集团的骨干企业。主要由核心层母公司所控制的多个子公司或从属公司所构成。它们都是独立的经济实体,各成员之间相互发生密切的资金、生产、经营上的联系。同时,这些紧密层企业之下还控制着大量的子公司或从属公司,他们又受到核心层母公司的间接控制,是核心层母公司的孙公司。

第三,半紧密层。主要是由内部各成员公司之间因相互参股、持股,但未达到控制界线的公司组成。该层的经济组织与处于核心层的母公司有较强的经济联系,但均为独立法人,有较大的独立性,在接受集团公司控制的同时,可以自主进行生产经营活动。

第四,松散层。亦称协作层、外围层。作为企业集团的固定协作层,由若干个协作公司组成。在松散层中,协作公司只是与集团核心公司即集团公司和半紧密层中的骨干公司在某些方面达成总体协议,定期定量地提供一定的产品或服务,是一种单纯的合同关系。因此,处于松散层的经济组织与处于核心层的集团公司之间经济联系较弱,相互之间没有直接的投资或控股的财产联系。

从关联公司的角度看,组成企业集团的各成员公司之间形成一种相互交错、不同程度的控制与从属关系,因而一定意义上讲,关联公司就是企业集团,或者说企业集团是关联公司的一种典型表现形式。

四、跨国公司

跨国公司一词在英文中有着多种表述方式,如跨国公司(transnational corporation)、多国公司(multinational corporation)、国际公司(international enterprises)、世界公司(world enterprises)、全球公司(global enterprises),等等。它是指以一国(通常为本国、又称母国)为基地,通过对外直接投资,在其他国家或地区(称为东道国)设立分支机构如分公司、子公司或者外国投资公司(包括合资经营企业、合作经营企业和外资独资企业),从事国际性或世界性的生产、经营或服务活动的大型企业或企业集团。

从本质上讲,跨国公司并非简单的公司法上概念,或者其在法律上实际已经突破了"公司"的范畴,而是一种跨国经营集团,与前述企业集团具有同样的性质,也是由若干个具有独立法人地位的母公司和子公司共同组成的资本联合体,差异主要在于其所具有的国际性特点。[①]

一般认为,跨国公司具有如下基本特征。

(1) 跨国公司是国内外诸实体组成的企业。这些企业一般以一国为基地,并在其他国家或地区设立分支机构或拥有子公司,进行跨国经营。跨国公司总部所在国或国籍国称为跨国公司的母国(home country)。子公司或分公司所在国称为东道国(host

---

① 江平主编:《新编公司法教程》,法律出版社2003年版,第231页。

country)。

（2）跨国公司诸实体并非简单地组合，而是通过各种复杂的控制关系有机地联系在一起。由于母公司是跨国公司的最高指挥机构，掌握着子公司的所有权或部分股权，客观上存在着千丝万缕的经济联系，从而形成了跨国公司中母公司与子公司之间事实上的管理与被管理关系。因此，跨国公司母公司基于全球性的发展战略，为统一管理或协调各子公司间的经营，甚至设置专门机构负责对所属分公司和子公司的支配和管理。

（3）跨国公司不同于一般垄断企业，其生产过程的各个环节以及产品销售活动的相当部分是在国际范围内进行的。跨国公司在制定发展战略时，针对这种全球性的经营体系，相应地采取了一套全球性经营策略，也就是从跨国公司的整体利益上，而不是从单个公司或地区的利益来考虑跨国公司的发展问题。

（4）跨国公司内部成员之间除上述密切的经济联系外，还存在着一些特殊的法律关系，主要表现为母公司与子公司、总公司与分公司、外资投资一方与外国投资企业之间的关系。这些关系分别或同时由本国或东道国相应的法律规范予以调整。

从关联公司的角度看，参加跨国公司的各公司不仅有境内的关联公司，而且还有境外的关联公司，也因而具有国际性特点。在此意义上讲，跨国公司就是一种跨越国境的典型的关联公司形态。

第三节 关联公司的法律规制

一、关联公司对现行法律的挑战

关联公司的出现对现行法律提出了全面挑战，它牵涉到的法律问题是多方面的，各国也都采取了相应的应对措施。在证券法上，对关联公司的调整，大多采取包括信息披露制度、公司收购制度、统一财务报告制度等对控股公司进行规制；税法中如何应对"非常规交易"及如何避免公司之间利润转移中双重征税等问题；反垄断法中如何抑制垄断而又不至于使关联公司的经营受到影响等。然而作为规制关联公司中心的公司法，主要是对交易时的从属公司的债权保护、从属公司及其小股东的利益保护等问题对关联公司进行规制。我国的《证券法》、《税法》等对关联交易都有所涉及，却都没有明确对关联关系形成系统、完整的界定。我国法律首先在《税法》①中对关联公司的相关问题进行了规定；之后《股票交易条例》及《证券法》中对"上市公司收购"、"内部人

---

① 我国《税收征收管理法实施细则》第36条将关联企业界定为有下列关系的公司、企业或其他经济组织：①在资金、经营、购销等方面，存在直接或者间接的拥有或者控制关系；②直接或者间接地同为第三者所拥有或者控制；③其他在利益上具有相关联的关系。并对于关联企业的税收问题进行了一定的规制。

交易"作了规定;《企业会计准则》则从财务角度对"关联方关系及其交易的披露"作出了要求;由于我国还没有反垄断法,而对于关联公司的反垄断问题的法律问题规定在我国还是空白。为了顺应时代潮流,与全球竞争下的先进公司法制度接轨,满足实践中大量关联交易纠纷对法律的需求,修订后的《公司法》对关联公司的地位、形成等方面作出系统规定,对子公司的法律地位问题也作了界定,对转投资行为的数额也作出调整。

《公司法》对关联公司进行规制,主要源于作为关联公司的成员之间在事实上存在控制与被控制的关系,从属公司须听命于控制公司,受制于控制公司。这种控制权在一定程度上会使从属公司的独立人格具有不完整性,最终会导致从属公司债权人和少数股东的利益受到侵害。因此,对关联公司来说,最主要的涉及到《公司法》上出现的两大问题是:一是如何保护从属公司债权人的问题;二是如何保护从属公司及其少数股东的利益问题。

二、对关联公司中的从属公司债权人利益的保护

在关联公司中,控制公司与从属公司是控制与被支配的关系,尽管他们之间彼此在法律上具有独立性,但由于控制公司是从属公司的拥有多数股份的股东,因此在参与公司的决策和表决权的行使上,往往是从控制公司的整体利益上去衡量的,对从属公司的盈利能力及其债务的清偿必然会产生不利的影响。如何在有效地使控股公司参与从属公司的经营管理,合理地对从属公司及小股东的利益进行保护是关联公司法律规定的一个重要问题,各国或地区的公司法对此一般都采取了相应的措施,对从属公司债权人的利益进行保护。

(一)德国法上的关联公司责任及"推定的关联公司"理论

《德国股份公司法》在"关联企业"一章中将关联公司分为两种类型:协议型关联公司和事实型关联公司。协议型关联公司一般是通过订立联合协议的形式而形成的,是指这个关联公司除存在资本上的控制与被控制的关系以外,相互之间还签订了控股协议或利润转让协议。同时,该法还规定,如果公司之间产生了此种类型的关联公司,则控制公司有权向从属公司下达任务或命令,这时从属公司的利益紧密地依附于控制公司。根据控制协议的规定,控制公司对从属公司的债权人责任的承担,具体有以下几个方面。

(1)法定盈余公积金的提取。根据《德国股份公司法》第300条的规定,在协议型关联公司中,由于签订了利润转移协议,从属公司的营业是否有盈余并没有保障。为了增强从属公司的信用能力,保障从属公司债权人债权的实现,从属公司在盈余的年度内必须提取比一般公司比例更高的公积金。

(2)限定从属公司利润转移的最高数额。为了保障从属公司的债权清偿能力,《德国股份公司法》第301条规定,从属公司利润转移的最高数额限于当年利润转移前的

利润数额减去上年度亏损及所提列的法定公积金的数额。

（3）从属公司损失的承担。依《德国股份公司法》第302条，控制公司必须对从属公司的损失给予年度补偿，即在订立有控制协议的情况下，控制公司对与从属公司在协议有效年度内发生的损失，如果无法在该期间内提列的法定公积金中得到补偿时，控制公司要对该亏损进行补偿。

（4）对从属公司债权人提供担保。依《德国股份公司法》第303条，在控制协议或利润转移协议终止时，控制公司对从属公司债权人，其债权在协议终止登记并依法公告前发生，而于公告后6个月内申报的债权，应提供担保。

（5）控制公司法定代表人的责任。依《德国股份公司法》第309条，控制公司法定代表人对从属公司进行管理、指示时，必须尽到诚信义务。如果法定代表人违反此项义务，对从属公司所受的损害，应与控股公司一起承担连带赔偿责任。对于控制公司法定代表人是否尽到了诚信义务，应由控制公司法定代表人负举证责任；

（6）控股公司董事及监察人的责任。控股公司董事、监察人执行职务有违背诚信义务的，应与控制公司法定代表人共同承担连带责任。对于是否违背忠实管理人的注意义务，则应由从属公司董事、监察人自己负举证责任。

事实型的关联公司是指控制公司与从属公司仅基于纯粹的股权控制关系而产生的，公司之间不存在任何的协议安排的公司。对于事实型的关联公司，德国公司法根据公司的不同类型对股份公司和有限责任公司作了不同的规定。

德国法上关于关联公司的规定虽被誉为最进步的关联公司法律，但是，该法中关于事实型关联公司的规定却显得非常单薄，因其实际的执法成本太高而非常不利于原告。因为在复杂的关联公司之间业务往来中，要求原告举证证明控制公司是否对从属公司施加了不利的影响是非常困难的。为弥补此种缺憾，德国的联邦法院以法官造法的方式创设了"推定的关联公司"理论。所谓"推定的关联公司"，是指在一公司集团里，母公司以其股东身份对其子公司日常事务行使经常和广泛的控制力，此时控制公司对于该子公司负有诚信和注意义务，如法院认为母公司长久且强有力地介入其子公司的经营，则"推定"母公司未尽其忠实及注意义务，因而，应责令母公司直接对子公司的债权人负赔偿责任，除非母公司能举证抗辩，即能证明子公司的损失非由母公司行使经营上的控制所造成，方可免责。这一理论创举巧妙地回避了德国成文法的缺陷，将举证责任转嫁于母公司，并且赋予了子公司债权人对母公司直接的诉权，而母公司的免责亦仅限于子公司的损失非因母公司的控制所造成的情形。[①]

（二）我国台湾地区公司法上关联公司责任的规定

我国《台湾公司法》第369条之四规定，控制公司直接或间接使从属公司为不合

---

① 施天涛：《关联企业法律问题研究》，法律出版社1998年版，第153~154页。

营业常规或其他不利益之经营，而未于营业年度终了时为适当补偿，致从属公司受有损害者，应负赔偿责任。如控制公司负责人使从属公司为前项之经营者，应与控制公司就前项损害负连带责任。控制公司未为第一项之赔偿，从属公司之债权人，得以自己的名义行使前二项从属公司的权利，请求对从属公司为给付。前项权利之行使，不因从属公司就该请求赔偿权利所为之和解或抛弃而受影响。同时，该法第369条之七规定了控制公司对从属公司的债权居次原则，即控股公司直接或间接使从属公司为不合营业常规或其他不利益经营时，如果控股公司对从属公司有债权，在控股公司对从属公司应负担的损害赔偿限度内，不得主张抵消。该条文第二项规定，前项债权无论是否具有优先权或别除权，从属公司依破产法的规定被破产或和解，或者依照公司法的规定重整、清算时，应在从属公司的债权之后进行清偿。该条文规定表明当控制公司直接或间接使从属公司为不合营业常规或其他不利益经营行为的时候，在年度终了又未给予补偿，即应负损害赔偿责任。但考虑到控股公司有可能运用其控制力制造债权主张抵销，从而使从属公司对控股公司之损害赔偿请求落空。遂规定不允许控股公司主张债权抵销；从属公司之财产应是全体债权人之总担保，考虑到控股公司有可能在设立从属公司时滥用股东有限责任之原则，尽量压低从属公司的资本额而增加负债额，甚至设立对控制公司极为有利的担保之债，致使从属公司面临破产时，控股公司可通过别除权或优先权而现行获得补偿，损及其他债权人之利益。故而该条参考美国判例之"深石原则"，规定控股公司之债权无论有无别除权或优先权，均应次于从属公司债权人获得清偿。

（三）英美法上从属公司债权人的保护

在司法上，英美法系国家对关联公司之间债务处理上，使母公司对子公司债务承担债务常用的方法就是"公司人格否认原则"和"衡平居次原则"。所谓"公司人格否认原则"是指在某些特定情形下，为了防止公司独立人格的滥用和保护公司债权人的利益，否定公司与其背后的控股股东各自的独立主体资格，使公司的控股股东直接对公司债务负责，以期达到保护公司债权人和社会公共利益的目。在关联公司中控制公司对从属公司具有支配和控制关系，但并不一定会导致"法人人格否认原则"的适用，这种控制与被控制必须限定在一个合理的限度内，如果控股公司对从属公司实施过度的控制，使从属公司丧失了独立的的法人主体资格时，法院就有必要采取"法人人格否认原则"，使控股股东对从属公司的债务承担直接的连带责任。在司法实践上，各国大都形成了一套判断控制公司对从属公司是否过度控制的标准，总的来说可以概括为：从属公司的经营权是否被完全支配；生产和销售是否有不利从属公司的行为；控制权的行使是否对从属公司的债权及小股东造成损害。另外，法院在运用这些标准时，通常是会对各种因素进行综合考虑。从英美法系的司法实践判例中可以看出，法官在使用这个原则时，一般采取的都是比较保守和谨慎的态度。

三、对从属公司及其少数股东利益的法律保护

在关联公司中,控股公司拥有从属公司的多数股份,是公司的大股东;除因控股公司设立的全资子公司外,从属公司中还会有持有股份的少数股东存在,即从属公司的少数股东。根据"大股东规则原则"的法则,在表决权的行使上控制公司由于具有多数股份,所以在表决权上居于主导地位,股东大会的决议就是控股股东意思的体现与表达。控股公司对从属公司的投资、控制目的无非就是为了扩大自己的经营业务、获取更大的利润空间。因此,在制定公司的经营战略或进行公司决策时,从属公司随时都有可能受到控制公司根据关联公司整体的利益所作出的决策以及关联公司内部之间不正当交易的侵害,使从属公司的经营和利益受到损害,进而影响从属公司少数股东参与公司的决策和股息、红利的分配,使少数股东受到侵害。故各国均采取措施对从属公司及其少数股东予以法律保护。

(一) 美国法上对从属公司和少数股东的保护

美国法上对从属公司和少数股东的保护主要是对控制股东课以诚信义务。诚信义务,又称信托义务、信义义务、诚实义务。在现在公司法中,董事、监事对公司及其他股东负有诚信义务,需对公司股东尽到一个善良管理人的义务,由于股东对公司履行了出资之后,公司和股东是彼此相互独立的法律主体。依照传统的公司法理,此时股东特别是控股股东对公司及其股东不负有诚信义务。对控股股东课以诚信义务是对控股股东权力施加衡平法上的限制,而使子公司和中小股东利益不受侵害的重要手段。由于大股东规则定的原则,控股股东与少数股东之间存在着事实的不平等,控股股东如果滥用公司的控制权,从自身私利出发,把自身利益的意志上升为公司的意志,则将会严重侵犯少数股东基于股东平等原则所享有的利益。控股股东违反诚信义务,可以视为是对少数股东的欺诈行为。所以,现代公司法理论认为,在一般情况下股东对公司不负诚信义务,但由于大股东或控制股东在公司表决权具有控制和主导地位,能够对公司股东大会决议施加决定性影响,因而控制股东在行使其多数表决权时应当遵循不得对少数股东予以损害,并从公司整体利益考虑而诚信行使的原则。Harry G. Heun 指出,从直接方面来讲,控股股东拥有公司的控制权,通过控制权的行使获得了优越的地位,保持优越地位的人依照衡平法的一般原理应负诚信义务;从间接方面讲,如果董事与职员有诚信义务,那么通过影响董事和职员而支配公司的控股股东亦应负有类似的义务。[①] 美国在立法上是最早规定控制股东承担诚信义务,其经历了一个逐渐发展和不断完善的过程。由控制股东在某些特殊情况下对中小股东的披露义务,到少数股东诉权制度的形成,再到

---

① 柳经纬:《上市公司关联交易的法律问题研究》,厦门大学出版社2001年版,第85页。

控制股东对公司承担诚信义务，最终由控制股东对中小股东直接承担诚信义务，形成了一个较为系统周密的传统信托理论的诚信义务。[①] 根据诚信义务的规定，控制股东如有违反诚信义务而进行某一对公司和小股东不利的行为时，即应承担损害赔偿的责任。法院在个案中，一般会采取衡平法上的救济措施，如金钱赔偿、禁止命令、撤销所为的法律行为、宣布所为的法律行为无效等对控股股东进行制约。

此外，美国法还规定了股东代表诉讼制度、独立董事制度、关联交易中董事表决权排除制度等对关联公司中从属公司和少数股东进行保护。

（二）德国法上对从属公司及及少数股东的保护

1965年的《德国股份公司法》将关联公司分为协议型关联公司和事实型关联公司两种，据此，德国法上对从属公司少数股东的保护也就相应分为两种情形：一是存在特定企业协议情形对关联公司中少数股东的保护；二是在事实上形成关联公司时，即非因协议因素形成关联公司情形下对关联公司少数股东的保护。

在协议型关联公司中，控制公司依照达成的协议对从属公司进行支配和控制，特别是在从属公司利润的提取和债务责任的承担上，很容易发生控股公司为了自身的利益，掏空从属公司的利润以及进行不必要的关联交易，增加不必要的债务等，从而损害从属公司及其小股东的利益。

1. 为防止控制公司滥用其控制权，法律设定了保护少数股东权益的措施

（1）控制公司的注意义务。控制公司负责人在依照控制合同而对从属公司下达指示时，应尽其正常与忠实管理人的注意义务。否则，应对从属公司因此所发生的损害承担连带责任。[②]

（2）保障一定股息和红利。依《德国股份公司法》的规定，利润转移协议应当规定给予外部股东（即少数股东）以其持有股份票面金额为准的定额金钱给付。控制性协议在公司未承担转移其全部利润时，应保证给付一定数额的利润分配作为对外部股东的适当补偿。[③]

（3）换取控制公司的股票或现金赎买股份。依《德国股份公司法》的规定，在公司订立有控制协议或利润转移协议时，股东可根据其少数股东地位，接受一定的补偿给付，即股息和红利的分配，也可以要求收购其股份而退出公司，或者换取控制公司的股票成为控制公司的股东。这两种途径，可由股东任意选择其中之一行使。[④]

---

① Recent case Harvard law review vol83 p. 1904.
② 参见《德国股份公司法》第309条。
③ 参见《德国股份公司法》第304条（1）。
④ 参见《德国股份公司法》第307条。

2. 为了规制控股公司对从属公司的过度控制，法律采取保障从属公司及其少数股东权益的措施

(1) 不利影响的限制及控制公司的责任。在没有订立控制合同情形下，控制公司不得利用其影响力使从属公司为不利于从属公司的法律行为，或使其为其他不利于从属公司的行为或措施。[1] 如果在此情形下，控制公司促使从属公司从事不利于从属公司的法律行为，包括作为、不作为或其他措施，致使其蒙受损失或不利益，则应对从属公司及其股东因之所受到的损害承担赔偿责任。但是这里有两个例外：其一是如果该项不利益已获取补偿的除外。该项不利益的补偿一般应在会计年度终了时决定于何时及以何种方式加以补偿。从属公司对该项补偿享有法律上的请求权。其二是就股东的损害赔偿而言，如果股东的损害是因为公司的受损所导致股东损失时除外[2]。

(2) 控制公司负责人的责任。控制公司负责人对其从属公司负有正常与忠实管理人的注意义务，因而，控制公司的负责人如促使从属公司从事不利于自己的行为，如作为、不作为或措施，应与控制公司承担连带责任。[3]

(3) 从属公司董事、监事的责任。从属公司董事、监事同样对其公司的股东负有正常与忠实管理人的注意义务。如违反此种义务，则应与控制公司、控制公司负责人承担连带责任。[4]

(4) 联合报告。在事实型关联公司情形下，为了保护从属公司及其少数股东的利益，从属公司董事会负有编制联合报告的义务，以说明从属公司与其他关联公司之间的交易或其他关系，使从属公司股东得以了解实际情况。[5]

四、相互投资公司中少数股东和债权人的保护

从世界上各国和地区的公司法来看，公司相互进行投资都认定是一种合法行为，对公司间相互投资的行为普遍采取的是鼓励、支持的立场。但公司间相互投资、持股在促进资本的有效流动，实现资本的最大价值的同时，也会导致相互之间资本的重复计算和虚假资增现象的发生，从而可能对公司少数股东及债权人的利益造成侵害。因此，对相互投资公司作出规定，特别是相互投资公司之间表决权的行使进行严格的限制是公司法的重要使命。

（一）相互投资公司的含义

对相互投资公司，一般认为是指两个或两个以上公司之间以直接或间接的方式相互

---

[1] 参见《德国股份公司法》第311条（1）。
[2] 参见《德国股份公司法》第311条（2）、317条（1）。
[3] 参见《德国股份公司法》第317条（4）。
[4] 参见《德国股份公司法》第318条（1）、（2）。
[5] 参见《德国股份公司法》第315条。

持有对方公司一定比例的股权的公司。我国《台湾公司法》第 369 条之九对相互投资公司作出明确的规定，即公司与他公司相互投资各达对方有表决权之股份总数或资本总额 1/3 以上者，为相互投资公司；相互投资公司各持有对方已发行有表决权之股份总数或资本总额超过半数者，或互为直接或间接控制对方之人事、财务或业务经营者，互为控制公司与从属公司。公司相互投资行为，将产生关联公司。根据相互持股的公司数量可知，两个公司相互持股，将导致"交叉持股"。三个及其以上的公司相互持股，将会引发"循环持股"现象的发生。一个公司对另一个公司持股达到控股比例的，将会产生控股公司和从属公司，进而形成关联公司。

（二）相互投资公司的弊端

（1）虚增公司注册资本。无论单向投资持股还是双向投资交叉持股，均可导致公司资本虚增现象的发生。尤其在相互转投资情形下，虚增资本现象更为严重。如甲、乙两公司各有 1000 万元，甲、乙两公司决定各增资 500 万元，并以甲、乙两公司相互向对方公司投资 500 万元的方式来完成。此时，两家公司的资本总额上皆增至 1500 万元，而实际两公司的资本额都没有增加，导致公司资本共虚增 1000 万元的假象。从而虚增公司的资本信用，使公司债权人误认为与之交易的对方具有雄厚的资本作担保，违背公司资本真实原则。

（2）董事、监事和经营者利用相互投资控制本公司股东会。在相互转投资情形中，董事和监事可能利用转投资控制本公司股东会。双方都可利用表决权控制对方的人事、财务、业务经营等活动，而且董事、监事也可利用交叉持股的优势在各自保持在公司的董事、监事的永久资格，控制公司的董事会和监事会。控股公司的董事会或监事会根据大股东规则定的原则，利用股权多数的绝对优势操纵和控制股东会。

（3）危害债权人利益。公司将其资产投向于其他公司或企业组织时，要承担一定的风险，假如所投资的公司或企业组织出现亏损，甚至破产的情形，其投资的资本便付诸东流，难以收回，这势必会导致投资公司偿债资产的消减，弱化对债权人利益的保护。即便所投资公司没有出现亏损，也会因公司转投资资金的占用而削减其资产可变能力和偿债能力。另外，上述相互投资公司资本虚增现象的发生，债权人在不明公司真实资本状况及偿债能力之下，也会造成其对公司的债权无法实现，进而危害债权人的利益。

（三）相互投资公司之间相互持股及其表决权行使的法律规制

各国对相互投资公司的相互持股比例及其表决权的行使之限制情形规定并不相同。《美国示范公司法》及《纽约州公司法》、《特拉华州公司法》等都没有对相互持股公司作出明确的规定。美国法上，根据其《1940 年投资公司法》，除投资公司依照有关规定不得以交叉持股或循环持股的方式持有超过另外一家投资公司 3% 之有表决权证券外,如同允许公司取得自己股份一样。就美国法一般而言,子公司也可以合法购买其母公司的股份。但是,美国法不论在普通法上或在制定法上,均依据"库藏股无表决权"原则,对于子公司持有母公司股份,即类似于母公司持有自己之股份,应亦不得行使表决权。①

此外,美国各州在规范公司交叉持股表决权问题上主要由三种情形:其一,美国有五个州明文禁止公司"直接"或"间接"地行使自己公司股份之表决权。所谓间接地,依法院判例解释,应包括禁止被母公司持有99%股权之子公司行使其对母公司所拥有股份之表决权。而学者在理论上则解释为,应包括过半数股权为母公司所持有之子公司行使其所持有母公司股份表决权之情形在内。其二,美国17个州及《美国模范商事公司法》明文规定,如母公司持有子公司过半数之股权,子公司所持之母公司股份无表决权。其三,美国加州及密西根州是美国境内唯一以立法直接规范被持有低于过半数股权之子公司不得行使其所持母公司股份之表决权。如1977年加州公司法规定:如母公司持有子公司25%之股权,则子公司所持有母公司股份无表决权。密西根州法律则规定,如一公司持有他公司之股权足以选出他公司过半数董事,则他公司所持此一公司之股份无表决权。②

在韩国,《韩国商法》第342条之二(子公司取得母公司股份)规定持有其他公司发行股份总数的50%以上的母公司的股份,除由于股份的笼统交换、股份的笼统转移、公司合并或者受让其他公司的全部营业、在实行公司权利,为达到其目的需要时的情况外,子公司不得取得之。属于第1款各项的情况时,自公司应在自取得该股份之日起6个月内对母公司的股份进行置换。当母公司和子公司,或者子公司持有超过其他公司发行股份总数的50%时,该其他公司根据本法被视为该母公司的子公司。第342条之三(其他公司股份的取得)规定,公司取得超过其他公司的发行股份总数的1/10时,应立即通知该其他公司。

在德国,根据《德国股份法》第19条、第20条的规定:相互参与的企业是指住所在国内,因相互拥有对方1/4以上的股份而有关联关系的资合企业。一相互参与的企业在另一个企业拥有多数参股,或可以对另一个企业直接或间接施加支配性影响的,该企业应被视为支配企业,该另一企业应被视为从属企业。相互均在对方企业拥有多数参股,或均可对对方直接或间接施加支配性影响的,两个企业均被视为控制企业和从属企业。一个企业拥有另一个股份有限公司的1/4以上的股票,应不迟延地书面通知该公司;当一企业拥有多数参股时,也应不迟延地书面通知该公司;应予通知的参股不再存在的,应不迟延地以书面方式向公司进行通知。

---

① 刘连煜:《公司法理论与判决研究》,法律出版社2002年版,第71~72页。
② 刘连煜:《公司法理论与判决研究》,法律出版社2002年版,第74~75页。

在日本，根据《日本商法典》第 211 条之二第 1 款的规定母公司的股份，除因股份交换、转移、公司的设立、合并或者全部受让其他公司的营业时、当实行公司的权利，为达到其目的所必要时之外，子公司不得取得。第 2 款规定如有取得子公司需在适当时期处分母公司的股份。第 3 款规定就母公司及子公司一并或者子公司单独持有其他股份公司全部股东表决权的过半数时使用本法，该股份公司也是为该母公司的子公司。母公司及子公司一并或者子公司单独持有其他有限公司全部股东表决权的超过半数时，亦同。从法条的规定可以看出，日本公司法对相互持股公司区分了母子公司相互持股和非母子公司关系之间的相互持股进行不同的规制。对于子公司取得母公司的股份原则上是禁止的，但有一些例外情况存在，并且对子公司即使在特殊情况下持有母公司的股份，也不能行使表决权。对于非母子关系的相互持股公司，日本公司法对此并非完全限制。

我国《台湾公司法》第 369 条之九对相互投资公司进行了界定。具体而言是指公司与他公司相互投资各达对方有表决权之股份总数或资本总额 1/3 以上者，为相互投资公司；相互投资公司各持有对方已发行有表决权之股份总数或资本总额超过半数者，或互为直接或间接控制对方之人事、财务或业务经营者，互为控制公司与从属公司。

我国《台湾公司法》第 369 条之十专门对相互投资公司之表决权的限制问题作出规定。根据该法条规定，相互投资公司知有相互投资之事实者，其得行使之表决权，不得超过被投资公司已发行有表决权股份总数或资本总额之 1/3。为了更好地对公司表决权进行限制，《台湾公司法》第 369 条之八规定持股份额的告知义务，即当公司持有他公司有表决权的股份总额或资本总额 1/3 时，应在事实发生之日起 1 个月内以书面形式通知其他公司。公司在为第一次通知之后，如其有表决权的股份或出资额有低于 1/3、超过 1/2、再低于 1/2 的变动事项时，应在该事实发生之日起 5 日内以书面形式再为告知。

从各国或地区的立法规定可以看出，大陆法系国家一般对相互投资公司的含义和表决权的形式进行了明确的规定。具体而言，一公司取得另一公司一定比例以上的股份，必须及时通知另一公司，方可行使表决权。对表决权的限制比例，韩国公司法规定是 10% 以上；德国公司法区别不同规定，若另一公司是股份公司时为 25%，另一公司是其他类型公司时为 50% 以上；我国《台湾公司法》规定为 1/3 股份总数或资本总额，而英美法系国家的公司法大多对相互持股公司没有具体的规定。

反观我国的相关规定，修改后的 2005 年《公司法》没有对公司相互投资行为及相互投资情况下股东表决权行使的限制进行规定。只在《公司法》第 125 条对关联公司交易的表决权进行了限制规定："上市公司董事与董事会会议决议事项所涉及的企业有关联关系的，不得对该项决议行使表决权，也不得代理其他董事行使表决权。该董事会会议由过半数的无关联关系董事出席即可举行，董事会会议所作决议须经无关联关系董事过半数通过。出席董事会的无关联关系董事人数不足 3 人的,应将该事项提交上市公司股东大会审议。"从本质上来看,公司相互投资行为是公司对外投资行为的一种特殊表现形式,为了有效地规范既已存在的相互持股公司现象,保护其他股东的权益,我国应借鉴有关国家和地区的相关规定,在以后的司法解释中对相互转投资问题及其表决权之限制问题作出明确规定。

五、我国对关联公司交易的一般规制措施

(一) 控股股东的诚信义务

在公司间关联交易的情况下,如果从属公司为控制公司所控制,则这一控制公司在很大程度上为从属公司的控制股东。由于从属公司在控制公司的控制之下,其少数股东和债权人的利益都易受到控制公司的侵害,所以必须强调控制股东对从属公司机中小股东的诚信义务。公司确立控制股东的诚信义务,对于调整控股股东与从属公司之间,特别是在二者发生关联交易的情形下更具有重要意义。

对控股股东课以忠实义务发端于现代西方国家,对关联交易中保护从属公司及少数股东的一种重要方式,其要旨是控股股东在关联交易中应以公司的利益为优先考虑的目标,不得利用自己的控制地位为自己或他人谋取利益。

我国修订后的《公司法》第 21 条规定:"公司的控股股东、实际控股人、董事、监事、高级管理人员不得利用其关联关系损害公司利益。"这一条是对控股股东、实际控制人、董事、监事、高级管理人员等对公司的诚信义务的规定。在大股东规则下,由于表决权行使的绝对自由思想,控制股东行使表决权完全基于其个人利益,而无须考虑其他公司和股东的利益,在此情况下"有控制股东就公司问题所作的决议,即使给中小股东造成经济上的不合理和不利益,仍对中小股东产生约束力"。①

各国对控股股东承担的相应诚信义务基本形成了共识,这在各主要国家的相关规定中可以得到证实。在英国公司法的传统观念上,各地对公司除了缴纳出资以外,并无其他义务。只有存在欺诈或者合同义务时,股东才对公司和其他股东承担义务。英国法上的控股股东的义务主要是通过对控制股东行使投票权来限制和实现的。控制股东行使投票权所受的限制包括控制股东必须是为了公司的整体利益诚信行事。而美国对控制股东承担诚信义务的规定,经历了一个逐渐发展和不断完善的过程。由控制股东在在某些特殊情况下对中小股东的披露义务,到少数股东诉权制度的形成,再到控制股东对公司承担诚信义务,最终由控制股东对中小股东直接承担诚信义务,形成了一个较为系统周密的传统信托理论的诚信义务。②

---

① 李仕萍:《证券法前沿问题案例研究》,中国经济出版社 2001 年版,第 202 页。
② 王远明、唐智宏:《论控股股东的诚信义务对我国公司法的借鉴》,载《求索》2002 年第 5 期。

（二）信息披露制度

关联交易的信息披露制度，是指关联交易的双方必须就关联交易的内容、数额、条件等签订关联交易协议，并向股东和社会公众披露。

从公司现实来看，目前我国的关联交易大量存在，尤其以上市公司为典型。而在立法上的缺陷与不完善导致了关联交易中普遍存在不公允情形的发生，严重损害了公司自身、公司少数派股东、公司债权人的利益。所以严格规定关联交易的信息披露显得至关重要。关联交易的信息披露制度能够确保会计信息的可靠性和准确性，使广大投资者获得有关企业的有关信息，并可以在一定程度上防止虚假关联交易的产生。

根据《企业会计准则——关联方关系及其交易的披露》，关联交易应当披露的信息主要有：

（1）在存在控制关系的情况下，关联方如为企业时，不论他们之间有没有交易，都应当在会计报表附注中披露如下事实：①企业经济性质或类型、名称、法定代表人、注册地、注册资本及其变化；②企业的主营业务；③所持股份或权益及其变化。

（2）在企业与关联方发生交易的情况下，企业应当在会计报表附注中披露关联方关系的性质，交易类型及一些关于交易的金额或相互比例、定价政策等交易要素。

总之，在公司间形成关联关系的过程中，关联公司应当向被关联公司发出公告，使被关联公司知晓公司股份持有情况的变化，这主要是针对公开发行股票的股份公司而言的。只有在关联关系形成过程中及其形成以后进行信息披露，才能有效地增强关联公司交易的透明度，保障中小股东的知情权，使中小股东能够真实、准确地了解本公司的关联关系状况，进而作出决策安排。

（三）股东代表诉讼制度

关联交易的双方当事人的地位是不平等的，交易一方对另一方拥有控制权或重大影响。关联交易的这一特征就决定了控制人在关联交易中拥有非对称信息的优势，导致受控一方失去平等谈判的能力。这时公司的利益极易受到损害或处于一种不提起诉将会使公司利益受到难以弥补的损害的情形，所以股东派生诉讼制度便显得非常必要。

股东派生诉讼制度虽然并非针对关联交易而专门设定于公司法之中，但与公司法中各部分都有着密切的关系，同一种制度可以为多种法律利益起到保护作用，因而，股东派生诉讼制度作为对关联公司交易的规制的补充措施与关联公司的相关规定一起全面地规范管理交易这一法律问题。

（四）股东大会表决权排除制度

股东大会表决权排除制度是指当某一股东与股东大会讨论的决议事项有特别的利害关系时，该股东与其代理人均不得就其持有的股份行使表决权的制度。该制度并非专为关联交易而设置的，然而在股东大会通过有关的关联交易的议案时却可以使有利害关系人对关联方形成强有力的牵制，有利于实现预防持多数股份的控股股东在与自身有利害关系的交易中滥用表决权的可能性，从而保障关联交易的公平，避免公司极少数股东的权益受损。

由于在涉及利益分配和关联交易等事项时，控制股东个人利益与公司利益和其他股东利益之间是相互冲突的，因此限制股东表决权是必要的。我国修订后的《公司法》第 16 条明确规定："公司向其他企业投资或者为他人提供担保，依照公司章程的规定，由董事会或者股东会，股东大会决议，公司章程对投资或者担保的总额及单项投资或者担保的数额有限额规定的，不得超过规定的限额。公司为公司股东或者实际控制人提供担保的，必须经股东会或者股东大会决议。前款规定的股东或者受前款规定的实际控制人支配的股东，不得参加前款规定事项的表决。该项表决有出席会议的其他股东所持表决权的过半数通过。"

另外，中国证监会发布的《上市公司章程指引》第 72 条也规定：股东大会审议有关关联交易事项时，关联股东不应当参与投票表决，其所代表的有表决权的股份数不计入有效表决总数，股东大会决议的公告应当充分批露非关联股东的表决情况。这一规定和《公司法》共同对关联公司的表决权进行规制，有效地防止上市公司关联交易中欺诈行为的发生，最大限度地维护中小股东的权益。

第十六章 外国公司分支机构

第一节 外国公司分支机构的法律地位

一、外国公司的概念和特征

(一) 外国公司的概念

外国公司是相对于本国公司而言的，区分两者的关键在于公司国籍的不同。一般认为，具有外国国籍的公司为外国公司，具有本国国籍的公司为本国公司。另外，外国公司还有广义和狭义之分，广义的外国公司是指依照外国法律组织成立的公司；而狭义的外国公司仅指依外国法律组织登记，并经国内政府认可的公司。根据《公司法》第192条规定，可将外国公司界定为：外国公司是指依照外国法律在中国境外设立的公司。从本质来看，外国公司实质是一种在境外登记成立的公司。

判断一个公司是否属于外国公司，其主要依据就是确定该公司的国籍。对公司的国籍，学界有不同的认识，归结起来主要有以下三种不同的观点：

(1) 准据地主义。以公司登记注册所在地来确定公司的国籍，即公司设立登记依照哪国的法律，则公司就在该国取得法律上的法人资格。

(2) 所在地主义。以公司主要营业所的所在地来确定公司的国籍。以该标准，公司国籍有公司的住所地决定。公司住所地的确定，世界各国一般采用两种标准：即公司营业中心所在地和公司管理中心所在地。

(3) 控制主义，亦称股东国籍国主义。所谓控制主义是以控制该公司之自然人之国籍，为该公司之国籍。也就是说，以能控制该公司的控股股东的国籍来确定该公司的国籍。

上述关于确定公司的学说或标准，准据地主义是目前多数国家在确定公司国籍时所采用的标准。我国公司的国籍确定也是采用此标准，外国公司的准据地必须在中国境外，必须满足依照外国法律和在中国境外设立两个条件，就当然取得外国公司的资格。

(二) 外国公司的特征

(1) 外国公司的设立依据是外国的法律。外国公司应以外国法律登记成立，外国法律是相对于该外国公司而言的，即是该公司的所属国法律。外国公司依照本国的法律被视为合法存在的，不论它采用何种的公司类型，中国都承认其为外国公司。经我国政府有关部门批准，可以在我国设立分支机构。

（2）外国公司是在我国境外登记成立的公司。境外登记成立是对公司注册登记地的限制性规定，只要在我国境外登记成立的，不管其是在外国或港、澳、台地区以及其投资主体的国籍如何，都称其为外国公司。相反，如在中国境内，即使是外国人设立，也必须依照中国的法律，设立的公司也只能称中国公司或本国公司。

二、外国公司分支机构的法律地位

外国公司的分支机构是指外国公司依照外国法律在本国设立的分支机构。在我国，外国公司的分支机构是指外国公司依照《中华人民共和国公司法》的规定，经中国政府批准，在我国境内设立的以外国公司名义从事生产经营活动的经济实体。外国公司与外国公司分支机构是两个完全不同的概念，外国公司的分支机构是外国公司的一部分，它自身不具有中国法人资格。具体而言，外国公司分支机构的法律地位表现在以下几个方面。

（一）外国公司分支机构不具有独立的法律地位

外国公司分支机构隶属于外国公司，不具有独立的法律地位，是外国公司的组成部分，不能独立于外国公司而存在。外国公司分支机构的设立者是外国公司，其在外部形式上常表现为与法人组织相类似的特征，如有自己的名称或组织机构、有可以支配的财产等，但外国公司分支机构从根本上说不具有中国法人资格，它不能以自己的名义而只能以外国公司的名义从事生产经营活动，外国公司对其分支机构的债务应承担全部责任。我国《公司法》第196条对此规定为：外国公司在中国境内设立的分支机构不具有中国法人资格，外国公司对其分支机构在中国境内进行的经营活动承担民事责任。

（二）外国公司分支机构必须依照中国法律，经中国政府审批，在中国境内设立，并受中国法律的保护和管辖

外国公司在我国境内设立分支机构，它必须符合我国法律规定的条件，并以法定的程序办理设立申请和登记手续，受我国相关行政机关的管辖和监督。另外，分支机构所从事的业务活动必须经过我国政府的审批，不得从事我国法律、行政法规禁止或限制的项目或活动，不得危害我国的国家安全和社会公共利益。这是我国国家主权原则的具体体现。我国《公司法》第197条：经批准设立的外国公司分支机构，在中国境内从事业务活动，必须遵守中国的法律，不得损害中国的社会公共利益，其合法权益受中国法律保护。

（三）外国公司分支机构应当在中国境内设立并从事生产经营活动

外国公司在海外设立分支机构的终极目的是为了扩大公司的生产经营活动的范围，跨过开展经营业务，获取更大的利润。随着经济全球化发展的愈演愈烈，各国把吸引外

资,利用外资作为本国经济发展的优先战略。但在利用外资的同时,为了保护本国的相关产业和利益,我国也制定了一系列的法律、法规和政策对外国分支机构在我国设立所从事的经营活动进行了限制性的规定。外国公司在我国设立分支机构必须指定负责该分支机构的代表人或代理人、制定相关的经营业务活动规则、拨付与其分支机构所从事的经营活动相适应的资金等,以便在我国开展经营活动。

第二节 外国公司分支机构的设立

一、外国公司分支机构设立的概念

外国公司分支机构的设立,是指外国公司依照东道国公司法规定的条件和程序,在东道国境内为其分支机构取得生产经营资格而采取的一系列法律行为。设立既可以指外国分支机构所采取的法律行为,也可以指外国公司分支结构已经取得经营资格的状态。

从各国或地区的公司立法情况看,大多数国家和地区对外国公司本国设立分行支机构的设立均给予了一定的限制。如《美国标准公司法》第106条规定,外国(州)公司从州务卿处获取授权证书之前,无权在该州从事业务活动。我国《公司法》第九章对外国公司分支机构作出了专门规定,也明确地界定了外国公司分支机构的设立应有的含义,使其在法律上与其他外商投资企业形式相区别,同时又与对公司这种企业组织形式的设立等规定相衔接。

二、外国公司分支机构的设立条件

根据我国《公司法》第194条规定,外国公司在中国境内设立分支机构,必须在中国境内制定负责该分支机构的代表人或者代理人,并向该分支机构拨付与其所从事的经营活动相适应的资金。对外国分支机构的经营资金需要规定最低限额的,由国务院另行规定。

具体而言,外国公司在我国设立分支机构符合以下条件:

(1)外国公司首先在其本国是已经合法成立,并已经开始了生产经营活动,其活动产生的法律后果由该外国公司承担。这是前提性的要求,外国公司的分支机构是以外国公司法人的存在为前提的。未取得法人资格的外国公司是不可能到中国境内设立分支机构的。

(2)外国公司必须在中国境内制定负责该分支机构的代表人或代理人。代表人或代理人是外国公司分支机构法律行为的执行人。其中代表人是分支机构的代表人,属于公司及其分支机构的内部人员,而代理人则是受外国公司的委托,以该公司的名义进行活动的人。代表人或代理人可以直接代表公司对外签订合同,到法院起诉或应诉,代表人或代理人在法定权限内代表外国公司的分支机构进行各种民事活动,其行为产生的法律后果由该外国公司承担。

(3) 外国公司必须向该分支机构拨付与其所从事的经营活动相适应的资金。对外国公司分支机构的经营资金需要规定最低限额的,由国务院另行规定。可以说,相应的资金保障是外国公司的分支机构在中国赖以生存的基础。一方面,这样规定是为了保证该外国分支机构的生产经营活动的正常进行;另一方面,这也是防止外国公司在我国境内从事违法犯罪活动,使之承担法律责任的经济基础。

(4) 外国公司的分支机构应当在其名称中标明该外国公司的国籍及责任形式。外国公司的分支机构应当在本机构中置备该外国公司章程。这是我国《公司法》第 195 条的规定。公司法之所以这样规定,其目的在于保障与外国公司与分支机构交往的第三人的合法权益,维护正常的市场经济秩序。

三、外国公司在中国境内设立分支机构的程序

根据我国《公司法》第 193 条规定,外国公司在中国境内设立分支机构,必须向中国主管机关提出申请,并提交其公司章程、所属国的公司登记证书等有关文件,经批准后,向公司登记机关依法办理登记,领取营业执照。外国公司分支机构的审批办法由国务院另行规定。

具体而言,外国公司分支机构的设立程序主要有以下方面:

(1) 设立人提出设立分支机构的申请,并提交相关文件。外国公司在中国境内设立分支机构必须向中国主管机关提出申请。目前管理申请的机关为中国商务部。外国公司向我国有关主管部门提出设立分支机构的申请时,应当提交有关文件,主要包括所申请成立分支机构的外国公司的公司章程,所属国的公司登记证书等有关文件。

(2) 中国主管机关审批。对外国公司申请设立分支机构的审批,属于行政许可,主管机关应当在规定期限内作出批准或不批准的决定。审批机关要依法审查外国公司设立分支机构是否符合设立的条件。经审批符合条件的,审批机关应予以批准。外国公司分支机构的具体审批办法由国务院另行规定。

(3) 依法办理注册登记、领取营业执照。外国公司在中国境内设立分支机构的申请得到批准后,应当持有关证件到我国工商行政管理机构进行设立登记,登记机关发给外国公司分支机构营业执照,分支机构由此成立。该营业执照是其从事经营活动的合法凭证,可以依法开设银行账户,开展经营范围内的经营活动。未经审批机关批准和登记、主管机关核准登记注册,外国公司分支机构不允许在中国境内从事生产经营活动。外国公司的分支机构领取营业执照后,方可开始营业,登记机关签发营业执照的日期即为分支机构成立的日期。

第三节 外国公司分支机构的撤销和清算

一、外国公司分支机构的撤销

外国公司分支机构的撤销是指依法使已设立的外国分支机构归于消灭,结束其在东道国境内的生产经营活动。外国公司分支机构的撤销的情形主要有以下几种:

(1) 外国公司分支机构所属的外国公司被依法解散或撤销,则外国公司所设立的分支机构当然地随之被撤销。

(2) 外国公司分支机构因违法经营被撤销。

(3) 外国公司分支机构擅自歇业被依法撤销。

(4) 外国公司决定自行撤销其分支机构。

在我国,外国公司分支机构的撤销可以概括为两种:其一是所属外国公司自愿主动撤销,不在中国境内从事经营活动;其二是外国公司分支机构在这个境内从事非法活动,我国有关机关责令停止营业,收回执照。

二、外国公司分支机构的清算

我国《公司法》第198条规定了外国公司分支机构的清算,这主要基于保护我国的债权人及其他相关债权人及其国家的合法权益,防止外国公司分支机构因撤销而将其财产转移出境,造成难以挽回的损失。外国公司的分支机构是依我国的法律设立的,其清算同样也应该依我国的法律进行。我国法律明确规定:"外国公司撤销其在中国境内的分支机构时,必须依法清偿债务,按照本法有关公司清算程序的规定进行清算。未清偿债务之前,不得将其分支机构的财产移至中国境外。"

外国公司分支机构依法清算完毕后,应在法定期限内向原公司登记机关办理注销登记手续,上缴营业执照之后,可将其剩余财产移至中国境外。

主要参考文献

一、中文参考书目

1. 张民安. 公司法上的利益平衡. 北京：北京大学出版社，2003
2. 张民安. 现代英美董事法律地位研究. 北京：法律出版社，2007
3. 张民安. 公司法的现代化. 广州：中山大学出版社，2006
4. 张民安，刘兴桂. 商事法学. 广州：中山大学出版社，2002
5. 冯果. 现代公司资本制度比较研究. 武汉：武汉大学出版社，2000
6. 蒋大兴. 公司法的展开与评判. 北京：法律出版社，2001
7. 刘俊海. 股份有限公司股东权的保护. 北京：法律出版社，1997
8. （日）末永敏和. 现代日本公司法. 北京：人民法院出版社，2000
9. 王保树，崔勤之. 中国公司法原理. 北京：社会科学文献出版社，2000
10. 毛亚敏. 公司法比较研究. 北京：中国法制出版社，2001
11. 梅慎实. 现代公司机关权利构造论. 北京：中国政法大学出版社，2000
12. 刘俊海. 股东权保护概论. 北京：人民法院出版社，1995
13. 张开平. 英美公司董事法律制度研究. 北京：法律出版社，1998
14. （美）罗伯特·C. 克拉克著. 公司法则. 北京：工商出版社，1999
15. 张民安. 商法总则制度研究. 北京：法律出版社，2007
16. 范健，蒋大兴. 公司法论. 南京：南京大学出版社，1997
17. 张民安. 公司债权人的法律保护. 商事法论集（第5卷）. 北京：法律出版社，2000
18. 张民安. 董事忠实义务研究. 吉林大学社会科学学报，1997（5）
19. 张民安. 董事的法律地位研究. 现代法学，1998（2）
20. 张民安. 现代英美董事法律地位研究的新特点. 中外法学，1995（4）
21. 张民安. 公司少数股东的法律救济. 法制与社会发展，1995（3）
22. 张民安. 公司少数股东的法律保护. 载梁慧星主编. 民商法论丛（第9卷）. 北京：法律出版社，1998
23. 张民安. 论公司法上的越权行为原则. 法律科学，1995（2）
24. 张民安. 公司债权人权益之保护与我国公司法的原则. 中山大学学报（社会科学版），1996（2）
25. 张民安. 论企业法人民事权利能力之性质. 法制与社会发展，1997（5）

26. 张民安. 派生诉讼研究. 法制与社会发展，1998（6）
27. 张民安. 公司债权人的法律保护. 载王保树主编. 商事法论集（第5卷）. 北京：法律出版社，2000
28. 张民安. 公司设立制度研究. 载王保树主编. 商事法论集（第7卷）. 北京：法律出版社，2002
29. 张民安. 公司设立制度研究. 吉林大学学报（社会科学版），2003（1）
30. 张民安. 公司资本主义原则与我国公司法. 南京大学学报（社会科学版），2003（2）
31. 张民安. 公司契约理论研究. 现代法学，2003（2）

二、英文参考书目

1. Robert R. Pennington, Company Law, 4th ed, London, Butterworths, 1979
2. Clive M. Schmitthoff James H. Thompson, Palmer's Company Law, 21rd ed, London Stevens & Sons Limited, 1968
3. L. C. B. Gower, Gower's Principles of Modern Company Law, 4th ed, London Stevens & Sons, 1979
4. Boyle & Sykes, Gore-Browne on Companies, Vol. 1, Jordans
5. Boyle & Sykes, Gore-Browne on Companies, Vol. 2, Jordans
6. L. H. Leigh V. H. Joffe D. Goldberg, Company Law, 2nd ed, Butterworths, 1981
7. Robert W. Hamilton, The Law of Corporations, West, 1990
8. K. R. Abbott, Company Law, D. P. Publications
9. Robert A. Prentice, Law of Business Organizations and Securities Regulation, 2nd ed, 1994 Prentice – Hall Inc
10. J. C. Shepherd, The Law of Fiduciaries, 1981, The Carswell Company Limited Toronto, Canada
11. Robert Bradgate Nigel Savage, Commercial Law, Butterworths, 1991
12. Frandlin E. Gill, The Continuing Disclosure System: Problem and Participants, Selected American Bar Association, 1991
13. Mark E. Roszkowswi, Business Law, Principles, Cases and Policy, Little, Brown and Company Boston Toronto
14. Paul L. Davies, Gower's Principles of Modern Company Law, sixth edition, London Sweet & Maxwell, 1997

三、法文参考书目

1. Michel Germain, Traité De Droit Commercial, Seizième édition, L. G. D. J
2. Paul Dider, Droit commercial, Presses Universitaires de France, 1997
3. Michel de JUGLART Benjamin IPPOLITO, cours de Droit Commercial, Huitème édition, DITIONS MONTCHRESTIEN
4. Philippe Merle, Sociétés Commerciales, 5e edition, Dalloz
5. George Ripert et René Roblot, Traité De Droit Commercial, seizième édition, L. G. D. J

四、日文参考书目

1. 莲井良宪. 会社法. 东京：法律文化社, 1977
2. 吉原和志, 黑沼悦朗, 前田雅弘, 片木晴彦著. 公司法. 东京：有斐阁, 2000
3. 松田二郎. 公司法概论. 东京：岩波书店, 1968
4. 田中诚二. 三全订公司法详论上卷. 东京：劲草书房, 1993
5. 上柳克郎等编. 新版株式会社法（6）. 东京：成文堂, 1987
6. 加美和照. 董事的权限和责任. 东京：中央经济社, 1994
7. 石井照久. 公司法. 东京：劲草书房, 1972
8. 大隅健一郎, 今井宏. 公司法论. 第3版. 东京：有斐阁, 1992